中国社会科学院创新工程学术出版资助项目

A STUDY
ON THE SYNTACTIC SEMANTIC PROPERTIES
OF HMONG LANGUAGE

苗语动词的句法语义属性研究

李云兵 ◎ 著

中国社会科学出版社

图书在版编目（CIP）数据

苗语动词的句法语义属性研究／李云兵著．—北京：中国社会科学出版社，2015.10
　ISBN 978-7-5161-7064-9

　Ⅰ.①苗…　Ⅱ.①李…　Ⅲ.①苗语-动词-研究
Ⅳ.①H216.4

中国版本图书馆 CIP 数据核字（2015）第 268368 号

出 版 人	赵剑英
责任编辑	任　明
责任校对	王　斐
责任印制	何　艳

出　　版	中国社会科学出版社
社　　址	北京鼓楼西大街甲 158 号
邮　　编	100720
网　　址	http://www.csspw.cn
发 行 部	010-84083685
门 市 部	010-84029450
经　　销	新华书店及其他书店

印刷装订	北京市兴怀印刷厂
版　　次	2015 年 10 月第 1 版
印　　次	2015 年 10 月第 1 次印刷

开　　本	710×1000　1/16
印　　张	20.25
插　　页	2
字　　数	388 千字
定　　价	68.00 元

凡购买中国社会科学出版社图书，如有质量问题请与本社营销中心联系调换
电话：010-84083683
版权所有　侵权必究

目 录

第一章 苗语与苗语动词的研究 ……………………………………（1）
  1.1 苗族和苗族的语言 ………………………………………（1）
    1.1.1 苗族的人口与分布 …………………………………（1）
    1.1.2 苗族的语言与苗语 …………………………………（2）
  1.2 苗语动词的研究 …………………………………………（9）
    1.2.1 语法研究的专著 ……………………………………（9）
    1.2.2 动词词类的研究 ……………………………………（12）
    1.2.3 动词语法功能的研究 ………………………………（15）
  1.3 选题的缘由 ………………………………………………（17）
  1.4 材料依据和研究涉及的内容 ……………………………（18）
  1.5 研究的方法论和理论依据 ………………………………（18）
  1.6 研究的目的和意义 ………………………………………（19）

第二章 苗语动词的语义分类 ………………………………………（21）
  2.1 自主动词与非自主动词 …………………………………（22）
    2.1.1 主语与自主动词、非自主动词 ……………………（22）
    2.1.2 祈使句与自主动词、非自主动词 …………………（27）
  2.2 自主动词和非自主动词列举 ……………………………（31）
  2.3 自主动词和非自主动词的语义特征 ……………………（32）
    2.3.1 自主动词和非自主动词的语义 ……………………（32）
    2.3.2 动词自主义素和非自主义素的指向 ………………（33）
    2.3.3 动词体貌对自主和非自主义素的制约 ……………（40）
    2.3.4 动词自主、非自主义素与感受义素 ………………（43）
    2.3.5 动词自主、非自主义素与致使义素 ………………（44）
    2.3.6 自主动词的他动、自动义素与非自主动词的外动、
         内动义素 …………………………………………（46）
    2.3.7 动词的义项与自主动词和非自主动词 ……………（48）
  2.4 句法结构对自主动词和非自主动词的制约 ……………（51）
    2.4.1 修饰结构对自主动词和非自主动词的制约 ………（52）

2.4.2　述补结构对自主动词和非自主动词的制约……………（54）
　2.5　小结……………………………………………………………（58）
第三章　苗语动词重叠式的构成形式及其语义特征………………（62）
　3.1　AA式及其语义特征…………………………………………（62）
　　3.1.1　自主动词AA式的构成形式及其语义特征……………（62）
　　3.1.2　非自主动词AA式的构成形式及其语义特征…………（68）
　3.2　AABB式及其语义特征………………………………………（71）
　3.3　ABAC式及其语义特征………………………………………（72）
　3.4　苗语动词重叠式的语法功能…………………………………（73）
　3.5　小结……………………………………………………………（76）

第四章　苗语动词的体貌及其语义范畴……………………………（80）
　4.1　体助词与动词体范畴…………………………………………（80）
　　4.1.1　进行持续体…………………………………………………（82）
　　4.1.2　实现体………………………………………………………（84）
　　4.1.3　结果体………………………………………………………（87）
　　4.1.4　终结体………………………………………………………（89）
　　4.1.5　将完成体……………………………………………………（89）
　4.2　状词与动词貌范畴……………………………………………（92）
　　4.2.1　情状貌………………………………………………………（93）
　　4.2.2　速度貌………………………………………………………（94）
　　4.2.3　声音貌………………………………………………………（95）
　　4.2.4　达成貌………………………………………………………（96）
　　4.2.5　动词貌的多样性……………………………………………（99）
　　4.2.6　动词貌的深化和兼类………………………………………（99）
　4.3　小结……………………………………………………………（100）
　　4.3.1　关于苗语动词的体范畴……………………………………（100）
　　4.3.2　关于苗语动词的貌范畴……………………………………（101）
　　4.3.3　苗语动词的体貌范畴与动词类别的关系…………………（102）

第五章　苗语动词的连动结构及其语义特征………………………（106）
　5.1　能愿动词与动词构成的连动结构……………………………（106）
　　5.1.1　能愿动词+V（cwV+V）连动结构………………………（106）
　　5.1.2　动词+能愿动词（V+cwV）连动结构……………………（109）
　　5.1.3　主体+能愿动词+客体[主体]+动词（S+cwV+O[S]+V）
　　　　　连动结构………………………………………………………（110）
　5.2　递系式连动结构………………………………………………（111）

- 5.2.1 $S_1+V_1+O[S_2]+V_2$ 连动结构 …………………………… (111)
- 5.2.2 $S_1+V_1+O[S_2]+V$ 连动结构 ……………………………… (112)
- 5.3 连动式连动结构 …………………………………………………… (112)
  - 5.3.1 $S+V_1+O_1+V_2+O_2$ 连动结构 …………………………… (113)
  - 5.3.2 $S+V_1+O+V_2$ 连动结构 ………………………………… (118)
  - 5.3.3 V_1+O+V_2 连动结构 …………………………………… (120)
- 5.4 小结 ………………………………………………………………… (122)
  - 5.4.1 能愿式连动结构 ……………………………………………… (122)
  - 5.4.2 递系式连动结构 ……………………………………………… (123)
  - 5.4.3 连动式连动结构 ……………………………………………… (123)
  - 5.4.4 V_1+O+V_2 结构 …………………………………………… (127)

第六章 苗语的动补结构及其语义特征 ……………………………… (128)
- 6.1 关于苗语的补语与宾语 …………………………………………… (129)
- 6.2 补语的类型 ………………………………………………………… (131)
  - 6.2.1 补语的结构类型 ……………………………………………… (132)
  - 6.2.2 补语的语义类型 ……………………………………………… (137)
- 6.3 结果补语结构及其语义特征 ……………………………………… (141)
  - 6.3.1 黏着式结果补语结构及其语义特征 ………………………… (141)
  - 6.3.2 动词带 tou^{44} "得"的黏着式结果补语结构及其语义特征 …………………………………………………………… (144)
  - 6.3.3 分裂式结果补语结构及其语义特征 ………………………… (146)
- 6.4 趋向补语结构及其语义特征 ……………………………………… (148)
  - 6.4.1 黏着式趋向补语结构及其语义特征 ………………………… (148)
  - 6.4.2 分裂式趋向补语结构及其语义特征 ………………………… (150)
- 6.5 可能补语结构及其语义特征 ……………………………………… (151)
  - 6.5.1 可能性的动补结构及其语义特征 …………………………… (152)
  - 6.5.2 能力性的动补结构及其语义特征 …………………………… (156)
- 6.6 状态补语结构及其语义特征 ……………………………………… (158)
  - 6.6.1 形容词作状态补语的结构及其语义特征 …………………… (158)
  - 6.6.2 形容词重叠式作状态补语的结构及其语义特征 …………… (163)
  - 6.6.3 动词带 ni^{33} "得"的状态补语结构及其语义特征 ……… (171)
- 6.7 数量补语结构及其语义特征 ……………………………………… (182)
  - 6.7.1 时量补语结构及其语义特征 ………………………………… (182)
  - 6.7.2 动量补语结构及其语义特征 ………………………………… (186)
- 6.8 程度补语结构及其语义特征 ……………………………………… (189)

  6.9 小结 ································ （193）
    6.9.1 关于介引方所题元作补语的问题 ············ （193）
    6.9.2 关于动补结构及其语义特征 ··············· （197）
第七章 苗语动词的句法语义属性 ························ （207）
  7.1 及物、不及物动词与自主、非自主动词和动词配价的
    关系 ··································· （207）
  7.2 动词论元的语义角色 ························· （209）
    7.2.1 确定动词必有论元的方法 ················ （210）
    7.2.2 主事论元的语义角色 ··················· （211）
    7.2.3 客事论元的语义角色 ··················· （215）
    7.2.4 与事论元的语义角色 ··················· （222）
    7.2.5 补事论元的语义角色 ··················· （225）
  7.3 苗语动词的句法语义属性 ······················ （225）
    7.3.1 动词的语义结构模式 ··················· （225）
    7.3.2 一价动词的句法语义属性 ················ （226）
    7.3.3 二价动词的句法语义属性 ················ （227）
    7.3.4 三价动词的句法语义属性 ················ （259）
  7.4 小结 ··································· （272）
    7.4.1 关于苗语的动词及其论元属性 ············· （272）
    7.4.2 关于苗语一价动词的句法语义属性 ·········· （272）
    7.4.3 关于苗语二价动词的句法语义属性 ·········· （272）
    7.4.4 关于苗语三价动词的句法语义属性 ·········· （280）
第八章 关于苗语动词的句法语义属性的基本结论 ············· （284）
  8.1 苗语存在自主动词和非自主动词的对立 ············· （284）
  8.2 苗语的动词有体貌范畴 ······················· （286）
  8.3 苗语动词重叠式是形态变化的语法手段 ············· （286）
  8.4 苗语动词连动结构是动词的线性序列 ·············· （287）
  8.5 苗语动词的补语是对动词句法结构语义的补充 ········· （288）
  8.6 苗语动词的句法语义属性是对苗语动核句法结构的说明 ····· （288）
附录：汉英术语分类对照 ······························ （290）
参考文献 ······································· （303）
后记 ·· （308）

Contents

Chapter 1　Hmong language and its verbs studied ……………… (1)
　1.1　Hmong and Hmong's languages ……………………………… (1)
　　1.1.1　The populations of Hmong and their distribution …………… (1)
　　1.1.2　Hmong's languages and Hmong language …………………… (2)
　1.2　About verbs studied in Hmong language ……………………… (9)
　　1.2.1　Grammar studied in Hmong language ………………………… (9)
　　1.2.2　Verb classes studied in Hmong language …………………… (12)
　　1.2.3　Verbs grammatical functions studied in Hmong language …… (15)
　1.3　The reason of this work ………………………………………… (17)
　1.4　The language materials and involved substance ……………… (18)
　1.5　The methodology and theory evidence ………………………… (18)
　1.6　The purpose and purport ………………………………………… (19)
Chapter 2　The semantics classified of verbs in Hmong language …… (21)
　2.1　The volitional verbs and nonvolitional verbs ………………… (22)
　　2.1.1　The subjects and volitional, nonvolitional verbs …………… (22)
　　2.1.2　The imperative sentence and volitional, nonvolitional verbs …… (27)
　2.2　The examples of volitional verbs and nonvolitional verbs …… (31)
　2.3　The semantic features of volitional verbs and nonvolitional verbs …… (32)
　　2.3.1　The semantic of volitional verbs and nonvolitional verbs …… (32)
　　2.3.2　The orientation of volitional, nonvolitional semanteme ……… (33)
　　2.3.3　The verb aspectualities restricted volitional, nonvolitional
　　　　　　semanteme …………………………………………………… (40)
　　2.3.4　The volitional, nonvolitional semanteme and sentient
　　　　　　semanteme …………………………………………………… (43)
　　2.3.5　The volitional, nonvolitional semanteme and causative
　　　　　　semanteme …………………………………………………… (44)
　　2.3.6　The initiativ, automatic semanteme of volitional verbs and the
　　　　　　extermal, internal semanteme of nonvolitional verbs ……… (46)

2.3.7　The semantic item of verbs and volitional, nonvolitional
　　　　　verbs ···（48）
2.4　The syntactic structures restricted volitional, nonvolitional
　　　verbs ··（51）
　　2.4.1　The modificative structures restricted volitional, nonvolitional
　　　　　verbs ···（52）
　　2.4.2　The predicate-complement structures restricted volitional,
　　　　　nonvolitional verbs ···（54）
2.5　Summary ··（58）

**Chapter 3　The constitution forms and semantic features of verb
　　　　　　reduplications in Hmong language** ·······································（62）
3.1　The AA reduplications and their semantic features ·······················（62）
　　3.1.1　The AA reduplications and their semantic features of
　　　　　volitional verbs ···（62）
　　3.1.2　The AA reduplications and their semantic features of
　　　　　nonvolitional verbs ···（68）
3.2　The AABB reduplications and their semantic features ··············（71）
3.3　The ABAC reduplications and their semantic features ··············（72）
3.4　The grammar functions of the reduplication forms in Hmong
　　　language ··（73）
3.5　Summary ··（76）

**Chapter 4　The verb aspectualities and their semantic categories in
　　　　　　Hmong language** ···（80）
4.1　The aspect auxiliay and verb's aspect categories ·······················（80）
　　4.1.1　The progressive-durative aspect ···（82）
　　4.1.2　The achieved aspect ··（84）
　　4.1.3　The resultative aspect ···（87）
　　4.1.4　The terminative aspect ···（89）
　　4.1.5　Future perfective aspect ··（89）
4.2　Ideophones and aktionsart categories of verbs ·······················（92）
　　4.2.1　The situational aktionsart ··（93）
　　4.2.2　The speed aktionsart ··（94）
　　4.2.3　The vocal aktionsart ··（95）
　　4.2.4　The causative aktionsart ··（96）
　　4.2.5　The multifarious of verb's aktionsarts ·······························（99）

4.2.6	The verb's aktionsarts extend and trans-classes	(99)
4.3	Summary	(100)
4.3.1	About aspect catigeries of verbs in Hmong language	(100)
4.3.2	About aktionsart catigeries of verbs in Hmong language	(101)
4.3.3	The relationship of aspectuality categories and and verb classes	(102)

Chapter 5   The serial verb constructions and their semantic features in Hmong language ········· (106)

5.1	The serial verb constructions of can-wish verb and verbs	(106)
5.1.1	The can-wish verb+verb constructions	(106)
5.1.2	The verb+can-wish+verb constructions	(109)
5.1.3	The subject+can-wish verb+object[subject]+verb constructions	(110)
5.2	The recursive structures of serial verb constructions	(111)
5.2.1	The $S_1+V_1+O[S_2]+V_2$ of serial verb constructions	(111)
5.2.2	The $S_1+V_1+O[S_2]+V$ of serial verb constructions	(112)
5.3	The verbal expression in series of serial verb constructions	(112)
5.3.1	The $S+V_1+O_1+V_2+O_2$ of serial verb constructions	(113)
5.3.2	The $S+V_1+O+V_2$ of serial verb constructions	(118)
5.3.3	The V_1+O+V_2 of serial verb constructions	(120)
5.4	Summary	(122)
5.4.1	About the can-wish verb and verb of constructions	(122)
5.4.2	About recursive structure of constructions	(123)
5.4.3	About the verbal expression in series of constructions	(123)
5.4.4	About the V_1+O+V_2 of constructions	(127)

Chapter 6   The verb-complement structures and their semantic features in Hmong language ········· (128)

6.1	About the complements and objects of Hmong language	(129)
6.2	The types of complement in Hmong language	(131)
6.2.1	The structure types of complement	(132)
6.2.2	The semantic types of complement	(137)
6.3	The resultative complement constructions and their semantic features	(141)
6.3.1	The bound forms of resultative complements and their semantic features	(141)

- 6.3.2 The bound forms with tou^{44} of resultative complements and their semantic features ……………………………………（144）
- 6.3.3 The split structures of resultative complements and their semantic features ………………………………………（146）
- 6.4 The directional complement constructions and their semantic properties ……………………………………………………（148）
  - 6.4.1 The bound forms of directional complements and their semantic features ………………………………………（148）
  - 6.4.2 The split structures of directional complements and their semantic features ………………………………………（150）
- 6.5 The potential complement constructions and their semantic properties ……………………………………………………（151）
  - 6.5.1 The possibility of potential complements and their semantic features ………………………………………（152）
  - 6.5.2 The ability of potential complements and their semantic properties ……………………………………………（156）
- 6.6 The stative complement constructions and their semantic features ………………………………………………………（158）
  - 6.6.1 The adjectival of stative complements and their semantic properties ……………………………………………（158）
  - 6.6.2 The adjective reduplication of stative complements and their semantic features ………………………………（163）
  - 6.6.3 The verb with ni^{33} of stative complements and their semantic properties …………………………………（171）
- 6.7 The quantitive complement constructions and their semantic features ………………………………………………………（182）
  - 6.7.1 The time persistence of quantitive complements and their semantic properties ………………………………（182）
  - 6.7.2 The motional quantity of quantitive complements and their semantic properties ………………………………（186）
- 6.8 The degree complement constructions and their semantic features …（189）
- 6.9 Summary ……………………………………………………（193）
  - 6.9.1 The issue of prepositional phrase as complements …………（193）
  - 6.9.2 About verb-complement structures and their semantic features ……………………………………………………（197）

Chapter 7　The syntactic semantic property of verbs in
　　　　　　Hmong language ·· (207)
　7.1　The relationship of transitive, intransitive, volitional, nonvolitional
　　　verbs and verbal valence ·· (207)
　7.2　The semantic roles of arguments of verb ································ (209)
　　　7.2.1　The methods to determined the obligatory arguments of
　　　　　　verb ··· (210)
　　　7.2.2　The semantic roles of subject argument ························· (211)
　　　7.2.3　The semantic roles of object argument ·························· (215)
　　　7.2.4　The semantic roles of dative argument ·························· (222)
　　　7.2.5　The semantic roles of completive argument ··················· (225)
　7.3　The syntactic semantic property of verbs ································ (225)
　　　7.3.1　The semantic structure patters of verb ························· (225)
　　　7.3.2　The univalent of verbs of syntactic semantic properties ······· (226)
　　　7.3.3　The bivalence of verbs of syntactic semantic properties ······ (227)
　　　7.3.4　The trivalence of verbs of syntactic semantic properties ······ (259)
　7.4　Summary ·· (272)
　　　7.4.1　About verbs and their argument properties in Hmong
　　　　　　language ··· (272)
　　　7.4.2　About univalent of verbs of syntactic semantic properties ···· (272)
　　　7.4.3　About the bivalence of verbs of syntactic semantic
　　　　　　properties ·· (272)
　　　7.4.4　About the trivalence of verbs of syntactic semantic
　　　　　　properties ·· (280)
Chapter 8　The basic conclusions of verbs of syntactic semantic
　　　　　　properties in Hmong language ·· (284)
　8.1　The volitional, nonvolitional verbs are antagonistic to each
　　　others in Hmong language ·· (284)
　8.2　The verb aspectualities are divided to aspect categories and
　　　aktionsart catigeries ·· (286)
　8.3　The verb reduplications are grammar methods of
　　　morphological ·· (286)
　8.4　The serial verb constructions are linear sequence of verbs ········· (287)
　8.5　The complements are supplemented the syntactic structure of
　　　verbs ··· (288)

    8.6   The syntactic semantic property of verbs are explained the verb core structures ··· (288)
Appendix: The classification of Chinese-English terms ················ (290)
References ··· (303)
Postscript ··· (308)

第一章 苗语与苗语动词的研究

1.1 苗族和苗族的语言

1.1.1 苗族的人口与分布

苗族（Hmong ethnic）先民经过数千年的生息繁衍，尽管历代封建王朝对苗族曾登记造册，使其纳税赋贡，但始终没有确切的苗族人口数据，民国时期也是如此。新中国成立后，把苗族先民生息繁衍下来的具有共同经济、共同地域、共同文化、共同心理的族群识别为苗族。苗族人口，据历次人口普查，1953年第一次人口普查有2490874人，1964年第二次人口普查有2782088人，1982年第三次人口普查有5021175人，1990年第四次人口普查有7383622人，2000年第五次人口普查有8940116人，2010年第六次人口普查有9426007人，其中，贵州省有3968400人，湖南省有2060426人，云南省有1202705人，重庆市有482714人，广西壮族自治区有475492人，浙江省有309604人，四川省有164642人，湖北省有114790人，福建省有88017人，海南省有74482人，江苏省有49535人，安徽省有13856人，北京市有12957人，河北省有9703人，江西省有9125人，山东省有8414人，新疆维吾尔自治区有7626人，辽宁省有3952人，天津市有3751人，河南省有3421人，内蒙古自治区有3349人，陕西省有2787人，黑龙江省有2575人，山西省有2205人，吉林省有1446人，甘肃省有1212人，宁夏回族自治区有1113人，青海省有911人，西藏自治区有416人。这些地区的苗族，除贵州省、湖南省、云南省、四川省、重庆市、广西壮族自治区、湖北省、海南省、北京市等省、自治区、直辖市的苗族为世居民族外，其他省、自治区、直辖市的苗族绝大多数都是农民工流动人口。

由于苗族历史上的迁徙和战争的原因，清乾隆年间有部分苗族流徙出中国国境线进入越南北部山区，进而流徙到老挝、泰国，1975年越南战争结束后，沦为难民的苗族逐渐为一些西方国家安置，使得苗族分散到欧美、澳洲，依相关文献估算，国外苗族的人口大体为：越南苗族有1068189人，泰国苗族有124000人，老挝苗族有31500人，缅甸苗族有30000人，美国苗族有260076人，法国苗族有15000人，法属圭亚那苗族有1800人，澳大利亚苗族有1600人，加拿大苗族有1200人，阿根廷苗族有250人，新西兰苗族有150人。

1.1.2 苗族的语言与苗语

1.1.2.1 苗族的语言及其分布

苗族的语言（Hmong languages）指苗族所使用的语言，而苗语（Hmong language）则指属苗瑶语族苗语支的苗语。苗语包含于苗族的语言，苗族的语言的内涵比苗语大，包含苗语。苗族的语言包括苗族使用的苗语、汉语、侗语、瑶语，苗语包括苗族、瑶族、畲族使用的苗语。

苗族绝大多数使用苗语。有140多万的苗族分别使用汉语的西南官话、老湘语、平话及瑶语金门方言、侗语。使用汉语西南官话的苗族主要分布在重庆东南部、鄂西、黔北，使用汉语老湘语的苗族主要分布在黔东南、湘西南、黔西南，使用汉语平话的苗族主要分布在湘西南、桂西北毗邻地带，使用侗语的苗族主要分布在黔东南、桂西北，使用瑶语金门方言的苗族集中在海南岛。

苗语分为湘西方言、黔东方言、川黔滇方言。根据苗语的实际情况，湘西方言、黔东方言只分土语。川黔滇方言复杂，下分川黔滇次方言、滇东北次方言、贵阳次方言、惠水次方言、麻山次方言、重安江次方言、罗泊河次方言和平塘次方言，次方言下又分土语。苗语主要分布在中国的贵州省、湖南省、云南省、广西壮族自治区、四川省、重庆市、湖北省等省、自治区、直辖市，及东南亚的越南、泰国、老挝、缅甸，美洲的美国、加拿大、法属圭亚那、阿根廷，欧洲的法国，大洋洲的澳大利亚、新西兰。

1.1.2.2 苗语的方言及其分布

苗语湘西方言分东部、西部两个土语。西部土语主要分布在湖南湘西土家族苗族自治州花垣县雅西、补抽、大龙洞、吉卫、两河、民乐、排吾、猫儿、雅桥、麻栗场、排碧、排料、董马库、窝勺、龙潭、道二、团结、长乐、花垣等乡镇，凤凰县茶田、茨岩、新场、黄合、阿拉营、落潮井、廖家桥、都里、麻冲、板畔、山江、千工坪、木里、吉信、两头羊、腊尔山、两林、禾库、柳薄、米良、三拱桥、竿子坪等乡镇，吉首市市直、乾州、矮寨、寨阳、社塘坡、己略、马颈坳、毛坪等乡镇，保靖县水田河、中心、夯沙、堂朗、葫芦等乡镇，古丈县墨戎、坪坝等乡镇，湖北省恩施土家族苗族自治州宣恩县高罗乡茅坡营，重庆市秀山县梅江、石堤、龙池等乡，湖南省怀化市新晃县米贝乡，麻阳县石羊哨、郭公坪等乡，贵州省铜仁市川硐、滑石等乡镇，松桃县迓驾、木树、长兴堡、黄板、九江、盘石、世昌、长坪、盘信、正大、沙坝、牛郎、大兴等乡镇，黔东南苗族侗族自治州榕江县计划乡，黔西南布依族苗族自治州望谟县石屯镇，广西壮族自治区河池市侧岭乡，南丹县大厂、车河等镇，环江县驯乐乡，都安县下坳乡，使用人口约有 100 万人。东部土语主要分布在湖南省湘西土家族苗族自治州吉首市排绸、丹青、排吼、太平等乡，泸溪县小章、解放岩、梁家塘、潭溪、洗溪、八什坪等乡镇，古丈县坪坝、河蓬、山枣、岩头寨等乡，龙山县隆头、里耶、内溪、长潭等乡镇，永顺县首车乡，使用人口约有 7 万人。

苗语黔东方言分东部、西部、南部、北部四个土语。北部土语是苗语黔东方言使用人口最多、分布最广的一个土语，使用人口约有 130 万人，主要分布于黔东南苗族侗族自治州凯里市市直、炉山、大风洞、万潮、龙场、湾水、旁海、凯棠、三棵树、鸭塘、舟溪等乡镇，麻江县杏山、碧波、贤昌、谷硐、景阳、坝芒、下司、龙山、宣威等乡镇，黄平县旧州、上塘、浪洞、平溪、一碗水、新州、崇仁、黄飘、重安、重兴、翁坪、谷陇、苗陇等乡镇，台江县台拱、方召、革东、排羊、南宫、台盘、革一、老屯、施洞等乡镇，雷山县丹江、望丰、朗德、西江、方祥、大塘、桃江、永乐、达地等乡镇，丹寨县龙泉、扬武、长青、兴仁、南皋、排调等乡镇，施秉县城关、杨柳塘、双井、马号、牛大场等乡镇，镇远县㵲阳、涌溪、金堡、报京等乡镇，三穗县八号、台烈、良上、瓦寨等乡镇，剑河县柳川、久仰、观么、岑松、太拥、南哨等乡镇，榕江县平阳、两汪等乡镇；黔南布依族苗族自治州都匀市小围寨、沙堡、甘塘、坝固、王司、奉合、阳和、基场等乡镇，福泉市城厢、黄丝、马场坪、凤山、藜山、地松、龙昌、谷汪、牛场、高石等乡镇，瓮安县草塘、永和、老坟嘴等乡镇，三都县三合、拉揽、交梨、普安等乡镇；安顺市镇宁县打帮、六马、良田等乡镇，关岭县花江、板贵等乡镇；黔西南布依族苗族自治州贞丰县岷古、龙场、者相、挽澜、白层等乡镇，安龙县普坪、戈塘等乡镇；此外，清镇市、平坝县、兴仁县、望谟县也有少数分布。黔东方言南部土语使用人口有 50 多万人，主要分布于贵州省和广西壮族自治区。在贵州省主要分布于黔东南苗族侗族自治州的丹寨县雅灰乡，雷山县达地镇，榕江县兴华、八开、计划等乡，黎平县德凤、中潮、九潮、岩洞、口江、双江、水口、雷洞、肇兴、龙额、地坪、洪州等乡镇，从江县丙妹、高增、谷坪、西山、雍里、翠里、斗里、下江、停洞、车朗、加鸠、宰便、加勉、刚边等乡镇。在黔南布依族苗族自治州主要分布于三都县打鱼、都江、羊福、巫不等乡镇，荔波县朝阳、佳荣等乡镇。在广西壮族自治区柳州市主要分布在融水县融水、永乐、和睦、四荣、香粉、安太、洞头、三防、汪洞、滚贝、杆洞、安陲、大浪、白云、拱洞、大年等乡镇，融安县大巷、大将、板榄等乡镇，三江县丹洲、老堡、良口、富禄、梅林、同乐等乡镇。东部土语使用人口有35万人左右，主要分布在黔东南苗族侗族自治州剑河县南寨、南加、磻溪、南明等乡镇，黎平县德化、尚重、平寨、大稼、孟彦、罗里等乡镇，锦屏县三江、茅坪、平略、偶里、河口、固本、启蒙、钟灵、隆里、铜鼓、敦寨等乡镇，天柱县兰田、瓮洞、远口、坌处、竹林、地湖等乡镇；湖南省会同县漠滨、炮团、地灵等乡镇，靖州县大堡子、三锹等乡镇，通道县播阳、大高坪、独坡等乡镇。西部土语使用人口约有1万人，主要分布在贵州省黔东南苗族侗族自治州麻江县龙山、宣威等乡镇和黔南布依族苗族自治州都匀市洛帮镇。

苗语川黔滇方言比较复杂，分为川黔滇、滇东北、贵阳、惠水、麻山、罗泊河、重安江、平塘等八个次方言，有些次方言又各分若干土语。

川黔滇次方言分第一、第二两个土语。第一土语主要分布于川南、川西南、黔北、黔西北、黔中、黔南、黔西南、桂西北、滇东北、滇东、滇东南、滇西南、滇西北以及越南、泰国、老挝、缅甸和美国、法国、加拿大、阿根廷、澳大利亚、新西兰，使用人口总计有300余万人。中国使用苗语川黔滇方言川黔滇次方言第一土语的苗族分布于四川省盐边县红宝乡，木里县白碉、固增等乡，叙永县枧槽、合乐、白腊等乡镇，古蔺县大寨、乌龙、马嘶、箭竹等乡镇，长宁县梅硐、双河、富兴等乡镇，高县仁爱乡，珙县罗渡、观斗、玉和等乡镇，筠连县团林、联合、高坪等乡镇，兴文县麒麟、大河、沙坝、仙锋、玉秀等乡镇；贵州省息烽县九庄镇，修文县六广镇，六盘水市滥坝、老鹰山、凤凰、月照、德坞等乡镇，水城县勺米、阿嘎、米箩、蟠龙、红岩、猴场、果布嘎、野钟、杨梅、鸡场、新街、花嘎等乡镇，六枝特区平寨、新窑、堕脚、箐口、中寨、毛口、洒志、折溪、大用、木岗、落别等乡镇，盘县保基、马场、羊场、坪地、普古、刘官、石桥、民主、响水等乡镇，遵义县南白、石板、乌江、鸭溪、泮水、松林等乡镇，赤水市天台、葫市、元厚等乡镇，仁怀市坛厂、鲁班、茅坝、五马、长岗、后山等乡镇，习水县回龙、桑木、醒民、良村、温水等乡镇，福泉市城厢、地松、陆坪、龙昌、谷汪等乡镇，安顺市蔡官、轿子山、宋旗、大西桥、旧州等乡镇，平坝县齐伯、平乐等乡镇，普定县马官、龙场、马场、鸡场坡、坪上、补郎、猫洞、猴场等乡镇，镇宁县丁旗、大山、扁担山、黄果树等乡镇，关岭县永宁、新铺、岗乌、沙营、坡贡、白水等乡镇，兴义市下五屯、巴结、马岭等乡镇，兴仁县屯脚、巴岭、李关、四联、潘家庄、雨樟等乡镇，普安县白沙、罐子窑、地瓜、青山等乡镇，望谟县忙结乡，安龙县洒雨、龙广、龙山、兴隆、戈塘等乡镇，晴隆县中营、花贡、大田等乡镇，毕节市七星关区灵峰寺、鸭池、长春堡、何官、海子街、燕子口、普宜、清水铺、小吉场、阴底、杨家湾、朱昌、林口、龙场营等乡镇，大方县响水、双山、坡脚、马场、理化、鸡场、百纳、达溪、漂井、长石、沙厂、竹园、八堡、兴隆等乡镇，黔西县城关、甘棠、定新、仁和、洪水、金坡、红林、林泉、金碧、五里、沙井、羊场、新仁、大关、雨朵等乡镇，金沙县清池、石场、桂花、箐门、坪坝、西洛、岩孔、新化、大田、安洛等乡镇，织金县以那、金龙、茶店、八步、官寨、绮陌、三甲、普翁、牛场、马场、自强、化起、龙场、大平、纳雍、桂果、实兴、猫场、营合、上坪寨等乡镇，纳雍县维新、化作、沙包、乐治、老凹坝等乡镇，赫章县野马川、平山、威奢、古达等乡镇；广西壮族自治区那坡县百省、百南等乡镇，西林县普合、足别、那佐等乡镇，隆林县德峨、猪场、蛇场等乡镇；云南省石林县圭山镇，师宗县龙庆、五龙、高良等乡镇，罗平县罗雄、大水井、八大河等乡镇，镇雄县泼机、以萨、芒布、塘房、母亨、坡头、大湾、雨河、五德、罗坎、牛场、杉树、林口、以古等乡镇，彝良县洛旺、柳溪、牛街等乡镇，威信县双河、高田、罗布、扎西、旧城等乡镇，个旧市大屯、鸡街、倘甸、乍甸、老厂、贾沙、卡房、黄草坝等乡镇，开远市城关、乐百道、小龙潭、羊街、大庄、马者哨、中和营、吉德等乡镇，蒙自市城关、红寨、雨过铺、新安所、新民、草坝、冷泉、水田、芷村、期路白、鸣鹫、老寨、西北勒等乡镇，屏边县玉屏、滴水层、新现、和平、白河、白云、新华、湾塘等乡镇，建水县普雄、岔科、坡头、利民、漾田、盘江、面甸等乡镇，弥勒市卫卢、新哨、东山、江边、巡检司、竹园、五山、西一、西二等乡镇，泸西县向阳、永宁等乡镇，元阳县嘎娘、上新城、小新街、逢春岭、大坪、黄茅岭等乡镇，金平县城关、十里村、铜厂、勐拉、老集寨、大寨、马鞍底、营盘、老勐、勐拉农场等乡镇，河口县瑶山、桥头、老范寨、莲花滩、河口农场、蚂蝗堡农场、坝洒农场、南溪农场等乡镇，文山县城关、攀枝花、前进、追栗街、古木、柳井、平坝、新街、小街、马坛、老会龙、喜古、他披、红甸、德厚、乐诗冲等乡镇，砚山县阿舍、平远、稼依、维莫、子马、盘龙、八嘎、蚌蛾、者腊、阿猛、阿基、干河等乡镇，西畴县鸡街、发斗、董马、坪寨、柏林、兴街、新马街、莲花塘、蚌古等乡镇，麻栗坡县麻栗坡、大坪山、南温河、坝子、金厂、八布、六河、杨万、铁厂、马街、新寨、董干等乡镇，马关县城关、马白、南捞、山车、坡脚、大栗树、浪桥、八寨、篾厂、古木箐、仁和、木广、夹寒箐、小坝子、都笼、金厂等乡镇，丘北县城关、下寨、八达哨、天星、平寨、树皮、腻脚、新店、舍得、曰者、官寨、戈寒、双龙营、温浏等乡镇，广南县莲峰、董堡、伯英、杨柳井、板蚌、八宝、黑支果、珠街、冲天、那洒、五珠、珠琳、者太、阿科、八达等乡镇，富宁县城关、阿用、花甲、里达、木央、郎恒、田蓬等乡镇，保山市芒宽、丙麻、瓦窑、瓦马、汶上等乡镇，昌宁县柯街、更戛、珠街、耇街等乡镇，丽江市金山、龙山、七河、金江、红岩、金庄、鸣音、大东等乡镇，华坪县中心、大兴、新庄等乡镇，永胜县大安、团街等乡镇，宁蒗县拉伯乡，凤庆县诗礼、新华、大寺、勐佑、凤山、三岔河、营盘等乡镇，永平县水泄、龙街等乡镇，鹤庆县松桂、朵美、黄坪、六合等乡镇，南涧县乐秋、碧溪等乡镇，漾濞县上街、龙潭等乡镇，祥云县禾甸、米甸等乡镇，云龙县团结、漕涧、布麻等乡镇，宾川县大营镇，巍山县庙街、永建、五印、青华等乡镇，云县涌宝、幸福等乡镇，永德县乌木龙乡，镇康县忙丙、勐捧、南伞等乡镇，香格里拉县金江乡，镇沅县振太乡，景东县景屏乡，华宁县盘溪、通红甸、华溪、青龙等乡镇，澄江县海口镇，勐腊县磨憨镇。第二土语主要分布在六盘水市、毕节市，使用人口约有 7 万人，具体分布地区包括六盘水市大河、汪家寨等乡镇，水城县陡箐、比德、董地、青林、南开、木果、金盆等乡镇，六枝特区龙场、岩脚、新场、梭嘎、牛场等乡镇，纳雍县百兴、曙光、阳长、新房、鬃岭、猪场、左鸠戛、昆寨、姑开、羊场等乡镇，织金县三塘、后寨、中寨、珠藏、黑土、熊家场、少普、阿弓、白泥、鸡场等乡镇，赫章县白果、珠市、兴发、雉街、松林坡等乡镇。

  滇东北次方言主要分布于黔西北、滇东北、滇中和滇北，使用人口约有 30 万。具体的分布状况是贵州省六盘水市大湾等乡镇，水城县双嘎乡，威宁县二塘、板底、幺站、金斗、黑石头、麻乍、哲觉铺、秀水、观风海、斗古、玉龙、迤那、牛棚、中水、黑土河、石门、龙街、云贵、兔街、大街、辅处、羊街、雪山、小海等乡镇，赫章县妈姑、铁匠、可乐、结构、朱明、财神、德卓、河镇等乡镇；云南省昆明市西山区、盘龙区及东川区的新村、碧谷、绿茂、法者、拖布卡、因民等乡镇，禄劝县崇德、屏山、茂山、翠华、团街、云龙、中屏、九龙、双化等乡镇，寻甸县鸡街、河口、羊街、先锋、板桥、金所、柯渡、阿旺、功山、甸沙、六哨、金源、凤仪等乡镇，富民县东村、款庄、散旦、大营、勤劳、永定、者北、罗免、赤鹫等乡镇，安宁市鸣矣河、县街、禄脿、草蒲、温泉等乡镇，嵩明县白邑、阿子英、大哨等乡镇，宜良县北羊街、南羊、耿家营、竹山等乡镇，沾益县盘江、炎方、大坡、菱角、白水等乡镇，宣威市热水、西泽、倘塘等乡镇，会泽县娜姑、马路、大井等乡镇，马龙县通泉、马鸣、旧县、马过河、王家庄、月望等乡镇，昭通市市辖盘河、靖安、博禄、永丰、洒渔、苏甲、炎山、大山包等乡镇，巧家县新华、荞麦地、小河、大寨、东坪等乡镇，大关县上高桥、青龙、翠华、悦乐、黄格、寿山、吉利、天星、高桥、木杆等乡镇，永善县井底、佛滩、团结、桧溪、黄华、马楠、莲峰、墨翰、茂林、码口、五寨等乡镇，彝良县角奎、塘房、大河、茅坪、奎香、龙街、荞山、海子、龙安、两河、龙海、树林等乡镇，鲁甸县龙头山、龙树、梭山、乐红、水磨等乡镇，盐津县城关、艾田、兴隆、普洱、滩头、牛寨、庙坝、豆沙、柿子等乡镇，水富县两碗、太平等乡镇，绥江县板栗乡，楚雄市子午、吕合、前进、云龙等乡镇，双柏县妥甸乡，牟定县江波乡，大姚县湾碧乡，元谋县老城、羊街、华同等乡镇，武定县近城、九厂、插甸、田心、发窝、高桥、白路、尼嘎吉、猫街、万德、石腊等乡镇，禄丰县碧城、金山、近山、中村、和平、大路溪、腰站、土官、川街、勤丰、仁兴、舍资等乡镇，易门县龙泉、浦坝、六街等乡镇。此外，贵州省普定县、织金县、紫云县、望谟县也有少数分布。

　　贵阳次方言分为北部、南部、西北部、西南部、中南部五个土语。北部土语主要分布在贵阳市辖区，安顺市、毕节市、黔南布依族苗族自治州也有一些分布，使用人口约有 7 万；贵阳市主要分布在花溪区花溪、青岩、黔陶、燕楼、孟关、马铃、党武、石板、麦坪、久安等乡镇，小河区小碧乡，白云区艳山红、沙文等镇，乌当区金华、朱昌、野鸭、永乐、东风、偏坡、下坝、水田、新场、白宜、新堡等乡镇，清镇市红枫湖、百花湖、麦格、王庄、新店等乡镇，开阳县哨上、禾丰、双流、永温等乡镇，息烽县青山、石洞、西山、九庄等乡镇，修文县谷堡、洒坪等乡镇；安顺市主要分布在安顺市宁谷、新场、岩腊、龙宫、幺铺等乡镇，平坝县马场镇，镇宁县大山、朵卜陇、募役、江龙、革利等乡镇；毕节市主要分布在黔西县重新、中建、花溪、中坪等乡镇，金沙县新化、大田、安洛、禹谟等乡镇，织金县自强、化起、龙场、大平等乡镇；黔南布依族苗族自治州主要分布在龙里县谷龙、洗马、哪旁、醒狮、谷脚、龙山、麻芝、三元、水场等乡镇，贵定县沿山、盘江、定南、定东等乡镇。南部土语使用人口有 2 万多人，主要分布在安顺市辖区，包括安顺市宁谷、新场、岩腊等乡镇，镇宁县募役、江龙、革利等乡镇。西南部土语使用人口约有 6 万人，主要分布在贵阳市和安顺市辖区，包括贵阳市花溪区马铃、党武、湖潮、麦坪等乡镇，乌当区金华、朱昌等镇，白云区麦架镇，清镇市站街、犁倭、流长等乡镇，安顺市旧州、刘官、黄腊、东屯、双堡、鸡场、杨武等乡镇，平坝县城关、夏云、十字、白云、天龙、羊昌、马场等乡镇，紫云县松山镇，长顺县广顺、改尧、凯佐、马路等乡镇。西北部土语使用人口约有 6000 人，分布在贵州清镇市卫城、暗流等乡镇，黔西县铁石、钟山、洪水、谷里、甘棠等乡镇及广西隆林县蛇场乡。中南部土语使用人口约有 6000 人，主要分布在紫云县松山镇，镇宁县江龙镇。

惠水次方言分为北部、中部、东部、西南部四个土语。北部土语使用人口有近 6 万人，主要分布在贵阳市郊及黔南布依族苗族自治州，包括贵阳市花溪区高坡乡，龙里县摆省、湾寨、羊场等乡镇，贵定县云雾、铁厂等乡镇，惠水县长田、大坝、甲烈、岗度等乡镇。中部土语使用人口有 4 万多人，主要分布在惠水县宁旺、摆金、和平、高镇等乡镇及长顺县改尧镇。东部土语使用人口有 1 万多人，主要分布在惠水县摆榜乡和平塘县大塘镇、新塘乡。西南部土语使用人口有 5 万人左右，主要分布在惠水县鸭绒、雅水、斗底、三都、大龙、断杉、甲戎、王佑、抵季、羡塘等乡镇，长顺县摆塘、威远等乡镇。

麻山次方言分为北部、南部、中部、西部、东南部、西南部六个土语。北部土语使用人口约有 3 万人，主要分布在长顺县鼓场、睦化、交麻、代化、敦操等乡镇，惠水县长安、打引等乡，罗甸县栗木、边阳、董王、罗沙等乡镇。南部土语使用人口约有 8000 人，主要分布在望谟县郊纳、乐旺、麻山、桑朗等乡镇。中部土语使用人口有 5 万多人，分布在紫云县板当、宗地、大营等乡镇，望谟县打易、坎边、岜饶等乡镇，罗甸县董王、纳坪、逢亭等乡镇。西部土语使用人口有 1 万多人，主要分布在紫云县水塘、四大寨、猴场等乡镇。东南部土语使用人口约有 5000 人，主要分布在罗甸县木引、逢亭等乡镇。西南部土语使用人口有 4000 多人，主要分布在望谟县桑朗、纳夜、昂武等乡镇，罗甸县罗苏、罗暮等乡。

罗泊河次方言使用人口有 4 万多人，主要分布在黔中一带，包括贵州省福泉市的马场坪、黄丝、岔河、仙桥、龙昌、谷汪、道坪等乡镇，瓮安县的建中、白沙、中坪等乡镇，贵定县的洛北、德新、新铺、新巴等乡镇，龙里县的洗马、巴江等乡镇，开阳县的龙岗、毛云、南龙等乡镇，凯里市的大风洞、凯棠等乡。

重安江次方言使用人口有 4 万多人，主要分布在贵州省黔东南苗族侗族自治州凯里市与黄平县接壤的狭长地带，包括黄平县的崇仁、重兴、重安、翁坪等乡镇，凯里市的龙场、湾水、大风洞等乡镇。此外，贵州省黔西县、织金县也有少量分布。

平塘次方言分为北部、东部、南部、西部四个土语。北部土语使用人口有 1 万多人，主要分布在贵州省黔南布依族苗族自治州平塘县卡罗、牙舟、谷洞、摆茹、者密等乡镇。东部土语使用人口约有 4000 人，主要分布在贵州省黔南布依族苗族自治州独山县尧棱、基长等乡镇。南部土语使用人口约有 6000 人，主要分布在贵州省罗甸县平岩、董架等乡，平塘县鼠场乡，广西壮族自治区南丹县中堡乡。西部土语使用人口约有 3000 人，主要分布在贵州省黔西南布依族苗族自治州望谟县油迈乡。

1.2 苗语动词的研究

苗语的研究从 19 世纪末到现在已经经历了一个多世纪，但是对苗语语法体系中的动词的专门研究成果很少。涉及动词研究的相关论著，国内有：张济民的《苗语语法纲要（川黔滇方言）》(1963)，用传统语法框架介绍了苗语川黔滇方言川黔滇次方言的语法；王春德的《苗语语法（黔东方言）》(1986)，用传统语法框架介绍了苗语黔东方言的语法；罗安源的《现代湘西苗语语法》(1990)，介绍了苗语湘西方言的语法；王辅世主编的《苗语简志》(1985)，也用传统语法框架介绍了苗语黔东方言的语法；马学良主编的《汉藏语概论》(1991[2003])介绍了苗语语法的一些基本情况；向日征的《吉卫苗语研究》(1999)，用传统语法框架介绍了湖南省花垣县吉卫镇腊乙坪苗语的语法。国外有：Mottin, Jean（1978）的《黑苗语基础语法》（Elements de Grammaire Hmong Blanc）；Lyman, Thomas Amis（1979）的《青苗语语法：描写语言学的研究》（Grammar of Mong Njua [Green Miao]: A Descriptive Linguistic Study）；Chrisstaller, Rev. J.G. 的《苗语表目的和来源的动词间的派生词》（Derivation between goal and source Verbs in Hmong）(1980) 及《苗语的某些助动词》（Some auxiliary Verbs in Hmong）(1982)；Li, Charles N., Bettina Harriehausen, Donald Littion（1986）《象似性：青苗语连动式的观察》（Iconicity: A View from Green Hmong Serial Verbs）；Riddle, Elizabeth（1989）《白苗语的连动式与命题》（Serial Verbs and Propositions in White Hmong）；Nerida Jarkey（1991）《白苗语的连动式：功能语言学的方法》（Serial Verbs in White Hmong: A Functional Approach）。以上这些研究成果对苗语的动词都作了不同程度、不同层面的考察和研究，但在多数专著中，"动词"和"动词结构"只是其中的个别章节，所占的篇幅很小，而且都是简单的介绍和零散的描写，研究的深度和系统性不够。一些专门研究动词的论文，只就苗语动词中的某个问题或现象作专题性的研究，虽然有一定的深度，但是涉及的面又比较窄，不能涵盖苗语动词的句法语义属性。但这些成果，对后人研究苗语动词打下了一定的基础。

1.2.1 语法研究的专著

中国学者已有的苗语语法研究的专著，除对苗语总体研究中相关的语法内容外，主要是为新创制苗文的推行和教学而编写的，语法体系和研究方法主要参照现代汉语传统的语法体系和研究方法。国外学者对苗语语法研究的专著，尽管书名新颖，但内容比较简单。不管是何种形式的专著，苗语语法的体系都尚未建立健全，研究的深度和广度都不够。从下面一些与苗语动词研究有关的文献就能看得出来。

中国科学院少数民族语言研究所主编的《中国少数民族语言简志·苗瑶语部分·苗语简志》(1959)，对苗语湘西方言湖南花垣县腊乙坪话、黔东方言贵州凯里养蒿话、川黔滇方言川黔滇次方言贵州毕节大南山话三个方言土语的语法进行了初步而简单的比较，包括词类、词组结构的类型、句子成分、词序和虚词在句子结构中的作用、单句的基本格式和复句，这些比较具有比较语法的意义。此外，还简要介绍了苗语三个方言土语各自的语法特点及汉语语法对苗语的影响。

张济民先生的《苗语语法纲要（川黔滇方言）》(1963)，参照现代汉语传统的语法体系，同时注重苗语的语法特点，对苗语川黔滇方言川黔滇次方言贵州毕节大南山话的名词、代词、指示词、数词、量词、动词、形容词、状词、副词、介词、连词、助词、叹词的基本特点和句法功能进行了初步描写，对主语、谓语、宾语、补语、定语、状语的位置、构成形式、语义特征及句法结构中的复指与插说进行了初步描写，还对单句、复句的结构和结构关系进行了简要描写。这本书是为推行苗文而编写的，囿于时代，可深入的地方还很多。

Thomas Amis Lyman 的《青苗语语法：描写语言学研究》(1979)语法的描写很简单，主要采用结构主义语言学家早期的生成转换观念，所以显得比较狭隘。语言结构主要描写构词法，包括词的复合、重叠和语音变换及形态类、语法范畴。话语材料主要是会话、格言，但没有很好的标注，翻译也有一定的随意性，话语材料本身很有价值，不过对于语法的作用，没进一步的研究。

王辅世先生主编的《苗语简志》(1985)，以苗语黔东方言贵州凯里养蒿话的语法为代表，对名词、代词、指示词、数词、量词、动词、形容词、状词、副词、介词、连词、助词、叹词的基本特点和句法功能及词组进行了描写，对主语、谓语、宾语、补语、定语、状语的位置、构成形式进行了说明并对句子进行了分类，还就苗语湘西方言湖南花垣县腊乙坪话、黔东方言贵州凯里养蒿话、川黔滇方言川黔滇次方言贵州毕节大南山话三个方言土语的语法进行了简单的比较，用来说明苗语方言的共性与差异。由于是简志，所以对有些问题未展开深入的探讨。

王春德先生的《苗语语法（黔东方言）》(1986)，对苗语黔东方言贵州凯里养蒿话的名词、代词、指示词、数词、量词、动词、形容词、状词、副词、介词、连词、助词、叹词的基本特点和句法功能进行了描写，对主语、谓语、宾语、补语、定语、状语的位置、构成形式、语义特征及句法结构中的辅助成分与独立成分进行了描写，还对单句、复句的结构、结构关系以及陈述句、疑问句、祈使句和感叹句进行了必要的说明。该书的框架与《苗语简志》基本相同。

罗安源先生的《现代湘西苗语语法》（1990），对苗语湘西方言贵州松桃臭脑话的语法进行描写，包括名词、代词、指示词、数词、量词、动词、形容词、状词、副词、介词、连词、助词、叹词、冠词的基本特点和句法功能，还对联立词组、限制词组、补充词组、支配词组、表述词组的构成形式以及主语、谓语、宾语、定语、状语、补语的位置进行了说明，也还分析了单句、复句的基本模式。此外，还收录了作者以往发表的一些论文作为散论。这本书的主要特点表现为，提出了苗语句法成分的可移动性和苗语具有冠词的观点。

Martha Ratliff 的《声调的意义：白苗语复合词、形式类与状词短语的声调形态研究》（1992）认为，白苗语有七个声调，其中的一些声调具有一定限度的形态功能，第八调只具有形态的功能。这本书很有意思，因为在亚洲的孤立型语言中，声调具有形态的功能就很不寻常。作者从三个主要的方面讨论白苗语声调的形态功能：复合词的连读变调、声调区分词类和双音节状词的声调。书中附有四个较为有用的附录。尽管书中有一些印刷上的错误，但对研究苗语川黔滇方言及东南亚语言的学者而言颇具参考价值，而且对声调、音义、类型学及语言变化的研究也有一定的意义。

陈其光先生在马学良先生主编的《汉藏语概论·苗瑶语篇》（1991[2003]）的有关章节，以苗语黔东方言贵州凯里养蒿话为主，对名词、代词、指示词、数词、量词、动词、形容词、状词、副词、介词、连词、助词、叹词的基本特点和句法功能进行了描写，还对构词形态、词组的构成形式以及主语、谓语、宾语、定语、状语、补语的位置进行了说明，还分析了单句、复句的结构关系。

向日征先生的《吉卫苗语研究》（1999），对苗语湘西方言湖南花垣县吉卫话的名词、冠词、代词、指示词、数词、量词、动词、形容词、状词、副词、介词、连词、助词、叹词的基本特点和句法功能进行描写，对词组的构成形式和语法关系，对主语、谓语、宾语、补语、定语、状语的位置、构成形式、语义特征及句法结构中的辅助成分与独立成分进行了描写，还对单句、复句的结构、结构关系以及陈述句、疑问句、祈使句和感叹句进行了必要的说明。

杨再彪博士的《苗语东部方言土语比较》（2004），对苗语湘西方言西部土语花垣吉卫、吉首阳孟、保靖中心、泸溪小章、吉首丹青、龙山蹬上六个语言点的语法形式、构词形态语素、词类、句子成分、词序的特点进行初步的比较，找出苗语东部方言不同土语之间的语法共性和差异。但对动词的研究没有很好地涉及。

罗安源先生的《松桃苗话描写语法学》（2005），用描写语言学的方法对苗语湘西方言贵州松桃苗话进行描写。这本书基本上是在《现代湘西苗语语法》的基础上扩充的，分为上、下两编。上编名为"语法体系"，以有调语言句法的语段分层对接分析法为指导，对松桃苗话的语法体系进行描写，内容与《现代湘西苗语语法》大体相当。下编名为"语法词典"，选取松桃苗话的 19 类基本词语共 881 条，对每条基本词语所负载的主要语法信息加以重点描写，以保存语料、提供研究参考为目的，并试图起到以语法信息呼应语法体系的作用。

1.2.2 动词词类的研究

苗语的动词就作为一个词类而言，比较简单，但动词的句法关系应该说是比较复杂的。已有苗语动词专题研究的成果不多。目前所见文献主要有如下一些。

王辅世先生的《我对苗语语法上几个问题的看法》（1982）讨论了苗语系词的问题，认为苗语的系词是一种虚词，与判断动词无关。也就是说，苗语的系词不是动词。

王辅世先生、王德光先生的《威宁苗语动词形容词的形态变化》（1997），用大量的实例对贵州威宁苗语动词、形容词的形态变化作了详尽的分析，指出威宁苗语的动词、形容词有形态变化，单音节动词、形容词形态变化的方式相同。动词、形容词的本形是肯定形，在本形前面加一个音节构成的双音节词是变形，是不肯定形。所加音节的声母和本形的声母相同，如果本形的声母是带鼻冠音的浊送气闭塞音声母，则去掉浊送气成分，浊闭塞音变为清闭塞音，如果本形的声母是浊送气连读音，则去掉浊送气成分，只保留浊连读音；所加音节的韵母由本形的韵母决定，如果本形的韵母是 a、ai、i、ie，则所加音节的韵母是 u，如果本形的韵母是 o、y 或 au、ey，则所加音节的韵母是 i 或 u，但以 i 为常用；所加音节的声调第 1 调，调值 55。肯定形表示动作或性状是肯定的，不肯定形表示动作是随便的、不认真的、性状不稳定的、不确切的、减弱的或加强的。

张永祥先生的《黔东苗语的谓词》（1984），对黔东苗语的谓词进行了探讨，并与汉语作对比，认为黔东苗语谓词分四小类：动词（谓$_1$）、形容词（谓₂）、判断词（谓₃）、助动词（谓₄）。动词和形容词是谓词中的主要部分，其语法功能：能作谓语；能作定语，动词、形容词都可以修饰名词或量词；能作补语；能受否定副词a⁵⁵"不"的修饰；能受程度副词poŋ⁴⁴wa⁴⁴"很"的补充；能后带疑问词qei⁵⁵ɕi⁵³"什么"表示提问；能受状词修饰；能重叠；能后带体词。动词后带名词和代词，形容词后带名词、量词或代词。部分谓词能变形，单音节的动词、形容词都可以变形，规律是：谓词声母+u+谓词声调+谓词，增加"随意"的含义，这类谓词又可按ABAta⁴⁴的格式变形。部分谓词受sha⁴⁴"最"的修饰。动词受形容词修饰。谓体结构是广义的谓宾关系。

罗安源先生的《松桃苗话词的形态》（1986），指出苗语的形态没有很强的系统性，并对贵州松桃苗话的形态进行研究后，指出松桃苗话的个别名词和量词有"少数"和"多数"的区别；形容词有重叠、嵌音重叠、加上前加成分构成动词三种形态。状词有单叠音和双叠音两类，认为状词的形态是苗语历史上形态变化的一种遗迹。

曹翠云先生的《苗语动词ʈo⁵的虚实兼用现象》（1999），从句法功能论证黔东苗语动词ʈo⁵的虚实兼用现象，认为黔东苗语的ʈo⁵是个动词性很强的多义词，在句法结构中，既可以用作动词，也可以用作介词，还可以用作助动词，虚实并存并用。

石怀信的《苗语形态初探》（1987），认为湘西苗语有形态，词缀是形态的标记。名词的形态有qo³⁵、ta³⁵、a⁴⁴、te³⁵、pi⁴⁴等5个前缀。动词、形容词的形态有tɕi⁴⁴、ma³¹两个前缀。而实际上，作者所说的名词的形态是名词分类的一种形式，而不是形态，动词、形容词的形态仅是一种构词法。

李炳泽先生的《黔东苗语词的重叠》（1984），对黔东苗语词的重叠作了探讨，指出黔东苗语能重叠的词类有名词、动词、形容词、量词、状词和方位词。黔东苗语词的重叠都只表示语法意义。《黔东苗语的一小类动词》（1993），指出黔东苗语中，有一小类动词，一些特点与一般动词不同，其宾语大多指工具。这类动词可与名词、部分动词、数量词结合，在句法结构中作状语，表示动作行为进行凭借的工具或动作行为进行的次数；小类动词还可作谓语，用介词ʈo⁴⁴（在、于）连接宾语。《黔东苗语介词形成初探》（1997）认为，黔东苗语的介词是从动词变化来的，有的介词还有动词的意义。za⁶作为动词，可以在其他及物动词后表示结果，出现于动词及"za⁶+名"结构中表示"不好"的意义。zi⁵作为动词最初的意思是"播种"，后起的意义是"敷/治疗/投毒""起名/命名""穿/戴""安装器具捕猎"等，最后发展成了表示方向和位置的介词。ʈo⁶/nei⁶意为"跟随"，变成介词后表示比较、对象、方式、方向等。还分析了tei³、ɕhaŋ⁵、pi²、kaŋ⁴/tshoŋ⁸、paŋ⁶等介词的形式和出现过程。《黔东苗语动词的音节形态》（1999）认为，苗语黔东方言属单音节语素语言，动词也是单音节的，单音节是动词的正常词形，而多音节动词是非正常词形，是形态变化的标志，单音节动词重叠也属形态变化，并进一步认为，黔东苗语历史上曾经企图通过变化单音节的声母或韵母、声调来构造新词，但未形成规律。

李云兵博士的《苗语的形态及其语义语法范畴》（2003），指出苗语诸方言的名词、代词、指示词、数词、量词、动词、形容词、状词有形态变化，形态变化的语法手段包语音屈折、重叠和附加前加成分三种，语音屈折形态变化主要分布于量词、代词和指示词，包括声调屈折、韵母屈折和音节转换屈折。重叠形式中，有的存在语音变化或屈折，有的没有语音变化或屈折，有语音变化或屈折的重叠形式主要分布于名词、动词、形容词和状词。附加前加成分的绝大多数情况都改变词性，只有个别不改变词性。附加前加成分的形态变化，主要分布于数词、量词、动词和形容词。苗语形态变化的语义语法范畴主要是数、指称、类化、时量、情状和貌。《苗语动词重叠式的语义及结构特征》（2003），讨论了苗语动词重叠式的语义及结构特征，认为苗语的自主动词和非自主动词都可以重叠。自主动词只有非定量的才能重叠，重叠式有AA式、一A一A式、AABB式和ABAC式。非自主动词只有表示感知、形状的、非定量的才能重叠，重叠式有AA式、一A一A式。AA式的语义特征既可以表示时量短、动量小，也可以表示时量长、动量大。一A一A式只表示时量短、动量小。AABB式和ABAC式的语义特征，时量上表示短时、延续、反复，动量上表示量小、轻微、惯常，情态范畴上表示轻松、随意、舒缓、悠闲。苗语动词重叠式的句法功能的句法位置比较固定，充当句法结构的谓语动词。动词重叠式是一种形态语法手段，属构词形态范畴。《苗语重叠式的构成形式、语义和句法结构特征》（2006），用描写语言学的方法结合当代语言学理论对苗语方言间名词、量词、动词、形容词和状词重叠式的构成形式、语义特征和句法结构特征进行描写、分析和比较，认为尽管不同的词类重叠式的构成形式不完全相同，但重叠作为一种抽象的语法手段在苗语中得到普遍而广泛的运用，有为各个词类所遵循的共同的、稳固的语法意义，它表示数量范畴，使重叠式相对的单个或基式的概念义定量化；不同词类的重叠具有共同的句法功能，表现为确立词类的性质、限定词类的句法位置和只有肯定形式没有否定形式；不同词类的重叠具有稳固的语音表达形式，包括有规律的词类的直接重叠和有规律的语音屈折变化，重叠式的语音屈折变化是比较典型的构词形态；重叠是一种形态语法手段，属构词形态范畴。

石德富博士的《黔东苗语动词虚化初探》(1999)指出苗语黔东方言有一些动词已经虚化为介词和连词,有些动词只虚化为介词,有些动词只虚化为连词,有些动词可虚化为介词,也可虚化为连词。

1.2.3 动词语法功能的研究

苗语的句法以词序和虚词为主要语法手段。对苗语句法的研究主要考察句法结构的组合关系,基本不考虑虚词的作用。在苗语句法的研究中,有就某种句型进行研究的,但成果不多;有就苗语的语序类型和苗语与汉语某种句法现象进行对比研究以及苗语的体貌研究的。苗语动词句法功能的研究是比较薄弱的,从已有研究成果就可以看得出来。

王辅世先生的《我对苗语语法上几个问题的看法》(1982),在讨论名词、量词与形容词组合,能愿动词与动词组合的结构关系时,认为名词、量词出现于形容词之后,是补充形容词意义之不足,是补充关系,而不是形容词的宾语;能愿动词和后接动词的关系也是补充关系,后面的动词是补足语。王辅世先生关于形容词后附名词、量词组合构成的结构的语法性质可以作进一步讨论。

罗安源先生的《苗语(湘西方言)的"谓—主"结构》(1983),从句法结构分析苗语湘西方言的"谓—主"结构,指出词序是汉藏语言的重要语法手段,苗语主语与谓语的位置有:"主+谓""谓+主",在"谓+主"结构中,充当谓语的都是表示性质的形容词,主语则由名词或量词充当。他进一步指出,与这种结构类似的有动宾结构、限制结构、偏正结构,应予区分。虽然形容词在名词之前,但形容词前有谓冠词ma^{31},使整个结构的性质改变成偏正结构,认为如果是单独的表示性质的形容词放在名词之前,则必定是"谓+主"结构;如果是带有前缀或带谓冠词的形容词放在名词之前,则不是"谓+主"结构,进而认为,在苗语"形容词+名词"形式中,如果一部分表性质的形容词转为及物动词而带宾语,则是动宾结构。而《苗语句法成分的可移动性》(1987)是对《苗语(湘西方言)的"谓—主"结构》的进一步提升,认为语言的句法成分在句子中的位置不能随便变动或根本不能变动,但苗语湘西方言句法成分中的主、谓、宾、定、状语等都可前后移动,即句法成分的可移动性。"主+谓"结构主要由动词充当谓语,"谓+主"结构主要由形容词充当谓语。部分动词亦可作前谓语。"谓+宾"结构较为普遍,而"宾+谓"结构多出现于成语。偏正结构,由数量词、方位词充当前定语;正偏结构多由形容词、动词、名词充当后定语,形容词、动词做前定语时,前加冠词ma^{31},后加助词$naŋ^{44}$,数量词、名词也可作前定语。表排行的词既可作前定语,亦可作后定语。状—被修饰语结构,由苗语固有范围副词、汉语借词的副词充当，被修饰语—状结构，由苗语固有程度副词、汉语借词的副词充当。形容词可作前状语，也可作后状语，但形容词前须加冠词tçi^{44}。补语总在谓语之后，构成"谓+补"结构，而不能构成"补+谓"结构。作为回应罗安源先生的观点，杨再彪博士写了《关于〈苗语句法成分的可移动性〉及其补正》（1993），首先对罗安源先生提出的"苗语句法成分的可移动性"的基本要点进行简述，然后引用苗语方言土语、瑶语、现代汉语和古代汉语的材料为佐证，补充论证"句法可移动性"对研究湘西苗语语法的意义。

张永祥先生、曹翠云先生的《黔东苗语的谓$_2$—体结构》（1984），以贵州凯里养蒿苗语为依据，对黔东苗语的"谓$_2$+体"结构作了分析，指出黔东苗语动词和形容词在句法功能上有许多共同点，把动词称为第一类谓词，形容词为第二类谓词，名词、量词和代词合称为体词。动词和体词结合为"谓$_1$+体"结构，类似通常说的"动+宾"结构，形容词也可和体词结合为"谓$_2$+体"结构，体词是形容词描述的对象或是指形容词出现的原因。"谓$_2$+体"结构在句中的主要功能是充当谓语，主语可以是名词或名词性词组。"谓$_2$+体"结构的其他特点是：能受前、后的状语修饰；能受补语补充；可作补语；能修饰量词或名词；可以构成无主句。含有"谓$_2$+体"结构的句子，与含有动宾结构的句子有相似性，主要表现为：动宾结构的"宾"和"谓$_2$+体"结构的"体"，都可以提到句首；动宾结构的"宾"和"谓$_2$+体"结构的"体"的后面都可出现补语。

Cassandre Creswell，Kieran Snyder 的《苗语的被动句与相似被动句》（2000），用类型学的方法研究苗语的被动句，认为苗语有两种不同的形式可描述被动句，表现为选择不同的助动词、宾语的语义角色、动词体的特征和名词性短语提升为受事成分的程度。助动词有"着""是"等，用"着"的被动句，宾语是主题的受事，用"是"的被动句，宾语是主题的经历者。用助动词的被动句有标记。苗语也可以不用标记表被动，这样的被动句即是相似被动句。

李云兵博士的《论苗语动词的体貌》（2002），通过对苗语动词与动态助词、状词的组合所反映出的语法意义的分析，指出苗语的动词有体和貌的语法范畴。体范畴由动词附加不同的动态助词来表达，貌范畴由动词附加状词表达。表达体范畴的动态助词较少，大多是由动词语法化来的，有的还明显具有动词的痕迹。表达貌范畴的状词很丰富。体范畴分为现在体、将来体、进行持续体、实现体、结果体、终结体和将完成体，貌范畴分为情状貌、速度貌和声音貌。论文对动词的体、貌及其句法结构进行了描写和阐述，认为苗语是以貌为主，以体为辅来表达动词的词汇语法意义的。

体范畴表达动词的客观时间概念，貌范畴表达动词的主观感知印象。

石德富博士的《黔东苗语动词的体范畴系统》（2003），对黔东苗语的体范畴进行探讨和描写，认为苗语的体范畴可分为"完成体""非完成体"和"混合体"三大范畴。完成体又可以细分为已始体、已行体、持续体、经历体，已行体再分为一般已行体和过去已行体。非完成体包括进行体、将行体、先行体和一般体。混合体有完成体同进行体混合而成的完成进行体和完成体跟将行体混合而成的即行体。完成体、非完成体和混合体的语法表现手段大体分为在句末加体助词、在动词之前加上表示体含义的副词、在动词之后加表示体含义的补语三类。

黎意博士的《苗语的述补结构：兼与汉语对比》（2005），认为汉语述补结构存在黏着型和分析型，黏着型产生的时间比分析型早，分析型比黏着型发达，从目前发展来看，黏着型基本上是封闭型的，分析型则是开放型的，具有很强的能产性。苗语的述补结构，川黔滇苗语只有黏着型，没有分析型，黔东苗语、湘西苗语都存在黏着型和分析型两类结构类型，但以黏着型为主。相比之下，黔东苗语的分析型要比湘西苗语发展得丰富一些。黔东苗语、湘西苗语的分析型述补结构，连接述语和补语的是两个不同的词，没有同源关系。通过对黏着型和分析型在苗语中的分布及结构情况的考察，以及苗语现有述补结构的结构类型及表义类型的考察，并参照汉语述补结构产生、发展的研究成果，可以将述补结构在苗语中的发展大体上分为三个层次：黔东苗语的述补结构相对发展得比较充分，述补类型及表义都较为丰富，属于发达型；湘西苗语次之，属于中等发达型；川黔滇苗语相对发展得不够充分，属于初等发达型。与汉语相比，苗语存在具有补语特征的名词。这种现象与量词发展程度的高低有关，苗语量词发展的程度较高于北方汉语。与汉语相比，苗语存在差比句补语。造成这种区别的原因是苗语的SVO型和前置词型特征比汉语典型。与现代汉语相比，苗语存在丰富的状词补语。这种类型的补语与古汉语中的联绵词补语在结构和表义上具有共性特征，但它们在两种语言中发展方向不同，汉语趋向于衰退，很多联绵词补语已经转化为状词，苗语则趋向于丰富、细腻。

从上述的一些研究文献来看，苗语动词的研究还只是零星的、不成系统的，特别是苗语动词的语义、句法及句法属性有待细致的、系统的、深入的研究，以期建立苗语语法研究的框架。

1.3 选题的缘由

苗语是形态不丰富的语言，其语法手段主要靠词序和虚词，虚词只起辅助性的作用，而且多数是后起的，在基本的句子结构中几乎不需要虚词，所以，语序在苗语语法中占有重要的位置。苗语没有格标记，语序的排列决定句子结构的语义，不同的语序有不同的语义特征。语序序列构成的句子结构需要有一个中心和核心，只有这个中心和核心存在，句子结构才能成立。苗语语序语法手段的中心和核心是"谓词"，谓词包括动词和形容词。苗语的语序序列如果缺少了谓词，语序序列就没有任何意义了，所以，要研究语序序列中心和核心成分以外的其他序列的语义特征和结构特征，就必须研究中心和核心序列的语义特征、结构特征及句法语义属性。苗语的谓词有许多共同特征，如果揭示了动词的语义特征、结构特征及句法语义属性，也就揭示了形容词的大部分语义特征、结构特征及句法语义属性。这是本书选题的缘由。

1.4　材料依据和研究涉及的内容

本书所用的主体材料是使用人口为 300 余万人的苗语川黔滇方言川黔滇次方言第一土语的材料。材料来源除了笔者的母语外，还通过广泛的田野调查获得并验证母语材料。苗语滇东北次方言、黔东方言、湘西方言的材料是笔者多年从事苗语研究积累的。

在写作本书之前，笔者收集了 2000 多个不同义项的动词，对其语义特征、结构特征及句法语义属性用计算机作了处理并建立了 Access、Excel 数据库，然后对动词的语义特征、结构特征及句法语义属性进行提取、分析和归类，建立了苗语动词语义特征、结构特征及句法语义属性的信息系统库。本书的研究，就是在这个基础上完成的。

本书研究涉及的内容有：苗语的自主动词和非自主动词、及物动词和不及物动词、动词的体貌范畴、动词重叠式的语义特征、连动结构的语义特征、动补结构的语义特征和动词的句法语义属性。

1.5　研究的方法论和理论依据

现代语言学理论的迅速发展，促进了语言本体研究水平的提高。在中国，汉语学界对现代语言学理论的运用比较成熟，值得民族语言学界借鉴。随着中西方语言学界的交流，一些现代西方语言学理论在中国方兴未艾，诸如格语法（case grammar）、功能语法（functional grammar）、配价语法（valency grammar）、形式语法（formal grammar）等用于汉语语法的研究都获得了新的进展，取得了很好的效果。在中国本土，有的语言学家提出了句法（syntax）、语用（pragmatic）、语义（semantic）三个平面语法研究的理论，强调语法的研究必须把三个平面有效地结合起来，才能很好地揭示语法的规律和解释一些特殊的语法现象。此外，词汇语法和语义语法的研究也取得了一些成就。本书重视吸收国内外有关语法研究的新理论和新方法，针对不同的问题采取不同的理论、方法加以解释。如，在对动词的语义研究时，主要运用词汇语法和语义语法的理论和方法；在对以动词为中心的语义结构和句法语义属性研究时，既考虑到格语法和配价语法的论元理论和方法，也考虑到句法平面和结构的研究方法，而且由于句法结构可以转换，句法结构的转换可以导致语义结构特征的改变，即语义结构特征改变时，动词的一些必有论元可以话题化或焦点化，因而重视功能语法的话题、焦点理论的应用。总之，本书把各种适合于苗语语法研究的理论和方法融合在一起进行应用，以期对苗语动词的句法语义属性进行较为清楚的解释。

1.6　研究的目的和意义

本书从微观的角度，用描写语言学的方法，细致深入地研究和揭示苗语动词的语义特征、结构特征及句法语义属性，探讨苗语词类的研究方法。过去曾有人认为像苗瑶语、侗台语这样分析性较强的民族语言的语法与汉语差不多，没有什么可研究的，也研究不出什么结果，这是一种不乐观的观点。汉语是分析性较高的语言，但汉语的研究比较深入，用不同的理论和方法，取得了不同的研究成果，而且不断把汉语的研究引向一个高的水平。

人类语言的句法结构都带有一定的标记性成分，只不过是有的语言在话语过程中，句法结构的标记性成分隐现或标记性成分低或无标记性成分，而有的语言在话语过程中，句法结构的标记性成分显现或标记性成分高或有标记性成分。汉语、侗台语、苗瑶语、仡央语、孟高棉语、越芒语的诸多语言的句法结构的标记性成分隐现或标记性成分低或无标记性成分，研究起来难度较大，但是，如果研究苗瑶语、侗台语这样分析性较强的语言的学者也能像研究汉语的学者那样，能从不同的理论和方法入手，从不同的角度切入，那么，苗瑶语、侗台语的语法的研究也会有新的发展和突破并引向深入。

通过本书的研究，笔者认为，其实分析性较强的语言的很多语法特点都是隐性的，苗语也是如此，苗语语法研究虽然难度较大，但却大有可为，能揭示出大量的特点，做出很有价值的成果。如果本书的探索和研究能为像苗语这样分析性较强的民族语言研究迈出新的一步，推动分析性较强的民族语言的研究并使之出现一个崭新的局面，那么，这就是本书研究的目的和意义。

第二章　苗语动词的语义分类

苗语的动词（V，verb）是根据苗语词的词汇意义（lexical meaning）和语法特点（grammar character）划分出来的一个词类（word classe）。关于苗语动词的再分类，虽然前人有一些论著，但是比较简单，如，张济民先生的《苗语语法纲要（川黔滇方言）》（1963）、王辅世先生主编的《苗语简志》（1985）、王春德先生的《苗语语法（黔东方言）》（1986）都把苗语的动词分成表示动作、行为、变化与心理活动的动词和判断动词、能愿动词三类，后两类是前一类的附类；罗安源先生的《现代湘西苗语语法》（1990）把苗语的动词分成单纯动词、合成动词和单向动词、双向动词四类；向日征先生的《吉卫苗语研究》（1999）把苗语的动词分成表示动作、行为、变化与心理活动的动词和能愿动词、趋向动词、判断动词，后三类是前一类的附类。前辈学者对苗语动词的分类虽各有特点，但都未能充分反映苗语动词的语法功能（grammatical function）和语义特征（semantic feature）。

苗语动词的分类主要是按照它的语法特点来划分的，但是由于划分的角度不同、目的不同，存在不同的分类。如果研究动词的目的是研究句子的语义结构（semantic structure），那么就要根据动词和它所支配（dominate）的语义成分（semantic component）之间的关系来给动词分类。如果根据动词与主体（subject）的关系，苗语的动词可以分成自主动词（volitional verb）和非自主动词（nonvolitional verb）两类；如果根据动词与主体的领属关系（possessive relationship）、系属关系（relative relationship）还可以划分出领属动词（possessive verb）和系属动词（relative verb）。如果根据动词与它所支配的客体（object）关系，苗语的动词可以分成及物动词（transitive verb）、不及物动词（intransitive verb）、关系动词（relational verb）和能愿动词（can-wish verb）四类；如果根据动词与主体、客体的关系，苗语的动词可以分成他动词（initiative verb）、自动词（automatic verb）、外动词（external verb）和内动词（internal verb）四类；根据动词核心（verb core）所联系的主事论元（subject argument）的性质，可以把苗语的动词分成动作行为动词（behavioral verb）、经验动词（experiential verb）、性状动词（state verb）和关系动词四类；根据动词在语义平面（semantic plane）上的论元（argument），苗语的动词可以分成一价动词（univalent verb）、二价动词（bivalent verb）和三价动词（trivalent verb）三类。

本章主要根据苗语动词的语法、语义特点（semantic characteristic）对动词进行多角度的分类和描写。

2.1 自主动词与非自主动词

苗语的自主动词和非自主动词是根据动词与主体的关系划分出来的类别。

自主动词表示有意识的动作行为，即能由动作者自己做主、主观决定、自由支配的动作行为；非自主动词表示无意识的、不能自由支配的变化或属性。例如：

tua^{44}杀（自主动词） ↔ tua^{13}死（非自主动词）
lo^{55}擗（自主动词） ↔ lo^{55}折（非自主动词）
nti^{44}吐（自主动词） ↔ nto^{44}吐（自主动词） ↔ ntua^{55}呕吐（非自主动词）

从上面的例子可以看出，苗语有的自主动词和非自主动词存在一定的语音相似性，语义也有一定的相关性，如tua^{13}"死"是tua^{44}"杀"的结果；lo^{55}"折"是lo^{55}"擗"的结果。有的语义虽然没有因果关系，但还是相关的，如nti^{44}吐↔ntua^{55}呕吐↔nto^{44}吐。

有些自主动词和非自主动词成对出现，虽语音上没有相似性，但语义上相关。例如：

noŋ^{13}听（自主动词） ↔ ṇau^{55}听见（非自主动词）
nua^{24}看（自主动词） ↔ po^{24}看见（非自主动词）

ṇau^{55}"听见"是noŋ^{13}"听"的结果；po^{24}"看见"是nua^{24}"看"的结果。

苗语大多数自主动词和非自主动词，在语音上没有相似性，语义上也没有相关性，但在语法上则各有自己的特点。

2.1.1 主语与自主动词、非自主动词

由于自主动词和非自主动词是根据动词与主体的关系划分出来的类别，因而要区分自主动词和非自主动词，首先要从"主体"这一角度来考虑。所谓"主体"指的是句子结构中的主语（subject）。如果动词前面的主体是施事主语（agentive subject），动作行为是由主体主语有意识发出的，动词与主体的关系是施事关系（agent relationship），这个动词就是自主动词；如果动词前面的主体是当事主语（experiencer subject），动作行为不是主语有意识地发出的，动词与主体的关系则是当事关系（experienceral relationship），这个动词就是非自主动词。这是划分自主动词和非自主动词

的一条重要标准。例如：

I. noŋ¹³听 ↔ n̥au⁵⁵听见

a) o⁵⁵noŋ¹³ni²¹thaŋ²⁴tso³¹.（施事主语，自主动词）我听他唱歌。↔
　我　听　他　唱　歌
　o⁵⁵n̥au⁵⁵ni²¹thaŋ²⁴tso³¹.（当事主语，非自主动词）我听见他唱歌。
　我听见　他　唱　歌

b) kau³¹noŋ¹³la¹³tʂa⁴⁴n̥tau⁵⁵?（施事主语，自主动词）你听什么响？↔
　你　听　什么　响
　kau³¹n̥au⁵⁵la¹³tʂa⁴⁴n̥tau⁵⁵?（当事主语，非自主动词）你听见什么响？
　你　听见　什么　响

noŋ¹³"听"是"用耳朵接受声音"，而n̥au⁵⁵"听见"是"声音从耳孔进入，通过鼓膜的振动传到大脑中枢后作出接收到信息的反映"。noŋ¹³"听"是动作行为者有意识发出的或实施的动作，动词与主体的关系是施事（agent）的关系，所以动词是自主的；而n̥au⁵⁵"听见"是动作者被动的或无意识的、受刺激而产生的反应动作，动词与主体的关系是当事（experiencer）的关系，所以动词是非自主的。"我听他唱歌"，是我有意识地用耳朵去接收他的歌声，而"我听见他唱歌"，是他的歌声传入我的耳孔，再经鼓膜振动在大脑中枢作出的反应，所以，noŋ¹³"听"是自主动词，n̥au⁵⁵"听见"是非自主动词。

II. nua²⁴看 ↔ po²⁴看见

a) o⁵⁵mo²¹hou⁴⁴ka⁴³nua²⁴ni²¹.（施事主语，自主动词）我到街里去看他。↔
　我　去　里　街　看　他
　o⁵⁵mo²¹hou⁵⁵ka⁴³po²⁴ni²¹.（当事主语，非自主动词）我在街里看见他。
　我　去　里　街　看见他

b) ni²¹mo²¹nua²⁴tʂhi³³.（施事主语，自主动词）他去看羊。↔
　他　去　看　山羊
　ni²¹mo²¹po²⁴to²¹tʂhi³³.（当事主语，非自主动词）他去的时候看见一只羊。
　他　去　见　只　山羊

nua²⁴"看"是"使视线接触事物"，po²⁴"看见"是"事物经视网膜传入大脑中枢对事物形状作出的反映"。前者是有意识的，动词与主体的关系是施事的关系，因而动作是自主的，动词是自主动词；而后者是无意识的，动词与主体的关系是当事的关系，因而行为是无意识的，动词是非自主动词。

III. tua⁴⁴杀 ↔ tua¹³死

a) ni²¹ʑi¹³tua⁴⁴pei⁴³to²¹qai⁴³.（施事主语，自主动词）他家杀三只鸡。↔
　他家杀　三　只　鸡

ni²¹ẓi¹³tua¹³pei⁴³to²¹qai⁴³.（当事主语，非自主动词）他家死三只鸡。

他 家 死 三 只 鸡

b) to⁴³ɲa¹³tua⁴⁴nen⁴³ta²¹.（施事主语，自主动词）土匪杀人了。↔

土匪 杀 人 了

to⁴³ɲa¹³tua¹³nen⁴³ta²¹.（当事主语，非自主动词）土匪死了人了。

土匪 死 人 了

tua⁴⁴"杀"与tua¹³"死"存在一定的因果关系，但这种因果关系既不充分，也不充要。tua⁴⁴"杀"是动作行为者使用某种工具或通过某种方式致使对方受到伤害或死亡，动作行为通常指向动物，由动作行为者主动发出，是自主动作行为，tua⁴⁴"杀"为自主动词；tua¹³"死"是生物体生命结束的表现形式，可以是tua⁴⁴"杀"的结果，也可以是因疾病死亡或其他原因结束生命，tua¹³"死"所反映的是一种非主观意愿的现象，是非自主的，tua¹³"死"为非自主动词。

IV. lo⁵⁵擘 ↔ lo⁵⁵折

a) o⁵⁵lo⁵⁵lɛ²⁴au⁴³to²¹tɕi¹³.（施事主语，自主动词）我擘了两根枝。↔

我 擘了 两 根 枝

tʂau⁴³naŋ⁴⁴lo⁵⁵lɛ²⁴au⁴³to²¹tɕi¹³.（当事主语，非自主动词）这棵折了两根枝。

棵 这 折了 两 根 枝

b) ni²¹lo⁵⁵tou⁴⁴i⁴³tei⁵⁵paŋ³¹.（施事主语，自主动词）他擘了一枝花。↔

他 擘 得 一 枝 花

to²¹ɲo³¹i⁴⁴lo⁵⁵lɛ²⁴i⁴³taŋ³¹ko⁴³.（当事主语，非自主动词）那头牛断了一只角。

头 牛 那 断了 一 只 角

lo⁵⁵"擘"与lo⁵⁵"折"也存在一定的因果关系，但这种因果关系既不充分，也不充要。lo⁵⁵"擘"通常由具有手的动物，包括人，用手作为工具施力于长条物体的动作行为，由动作行为者主动发出，lo⁵⁵"擘"为自主动词；lo⁵⁵"折"通常是长条物体因外力作用断裂的现象，物体的断裂是因外力的作用而非自主支配的变化，所以，lo⁵⁵"折"是非自主动词。

V. nti⁴⁴吐 ↔ ntua⁵⁵呕吐 ↔ nto⁴⁴吐

a) ni²¹nti⁴⁴phlou⁴³tou²⁴.（施事主语，自主动词）他吐豆壳。↔

他 吐 壳 豆

ni²¹ntua⁵⁵qua⁵⁵.（当事主语，非自主动词）他呕吐。↔

他 呕 屎

ni²¹nto⁴⁴qo⁴³ɲ.tɕou³¹.（施事主语，动词只能用于人，自主动词）他吐口水。

他 吐 口水

b) tḷei⁵⁵nti⁴⁴pau⁴³tshaŋ⁴⁴.（施事主语，自主动词）狗吐骨头。↔

  狗 吐 骨头

 ni²¹ʐɛ²⁴ntua⁵⁵ṇtʂhaŋ⁵⁵.（当事主语，非自主动词）他爷爷吐血。↔

  他 爷爷 呕 血

 ni²¹nto⁴⁴ṇtʂu¹³.（施事主语，动词只能用于人，自主动词）他吐痰。

  他 吐 鼻涕

 nti⁴⁴"吐"、ntua⁵⁵"呕吐"、nto⁴⁴"吐"等三个动词都与身体部位ntɕou³¹"嘴"有关，但有所不同，nti⁴⁴"吐"是把固体废弃物从口腔排出，动作行为由施动者（agent）主动实施，nto⁴⁴"吐"是使上、下呼吸道或口腔分泌物等体液从口腔排出，动作行为由施动者主动实施，ntua⁵⁵"呕吐"是体内物体倒流通过口腔排出的现象，是一种非自主的变化属性（variation property）。

  通过以上五组例子的分析可以看出，苗语句法结构（syntactic structure）的主语有施事主语与当事主语的区别。凡是与施事主语结合的动词都是自主动词，与当事主语结合的动词都是非自主动词。不过，在苗语的句法结构中，存在动词前的主语既非施事主语，也非当事主语的现象。例如：

a) mplei³¹ḷai³³taŋ²¹ta²¹.（受事主语）稻子割完了。

  稻 割 完 了

b) ʂou⁴⁴tshaŋ³¹tḷai⁴⁴lo⁴³cou³³.（处所主语）墙上挂着顶斗笠。

  上面 墙 挂 顶 斗笠

c) ʂou⁴⁴ntoŋ⁴⁴tsi⁴⁴lo⁴³tsi⁵⁵.（处所主语）树上结个果子。

  上面 树 结 个 果

d) ṇoŋ⁴³naŋ⁴⁴lo²¹naŋ¹³.（时间主语）今天下雨。

  天 这 下 雨

e) ʈaŋ⁴³ṇen⁵⁵i⁴⁴tʂi⁴⁴tʂhen²⁴tei²¹.（工具主语）那把弩不称手。

  把 弩 那 不 称 手

  非施事主语和非当事主语句子中的动词不易区分哪些是自主动词，哪些是非自主动词。这种情况，可以通过句式转换来检测和验证动词的自主、非自主分类。在苗语句式转换中，若有一定的语用条件，受事宾语（patient object）可以位移充当受事主语（patient subject），填补原施事主语因缺省而形成空语类（empty category）的位置，可知，受事主语后面的动词，是自主动词。通过用句式转换的方法把主语还原出来，从而检测、验证并证明受事主语后的动词是自主动词。例如：

a) mplei³¹ḷai³³taŋ²¹ta²¹.（受事主语，自主动词）稻子割完了。→

  稻 割 完 了

o⁵⁵l̥ai³³mplei³¹.（施事主语，自主动词，受事宾语）我割稻子。
我 割 稻

或 o⁵⁵l̥ai³³mplei³¹l̥ai³³taŋ²¹ta²¹.（施事主语，自主动词，受事宾语）
我 割 稻 割 完 了
我割稻子割完了。

或 o⁵⁵mua⁴³mplei³¹l̥ai³³taŋ²¹ta²¹.（施事主语，自主动词）我把稻子割完了。
我 把 稻 割 完 了

b) ɴqai³¹tshoŋ⁵⁵ʐoŋ⁴⁴ta²¹.（受事主语，自主动词）肉切好了。→
肉 切 好 了

ni²¹tshoŋ⁵⁵ɴqai³¹.（施事主语，自主动词，受事宾语）他切肉。
他 切 肉

或 ni²¹tshoŋ⁵⁵ɴqai³¹tshoŋ⁵⁵ʐoŋ⁴⁴ta²¹.（施事主语，自主动词，受事宾语）
他 切 肉 切 好 了
他切肉切好了。

或 ni²¹mua⁴³ɴqai³¹tshoŋ⁵⁵ʐoŋ⁴⁴ta²¹.（施事主语，自主动词）他把肉切好了。
他 把 肉 切 好 了

若主语是非施事主语、非当事主语或非受事主语时，可以根据动词的功能和分布特征（distribution characteristics），用替代方法（alternative method）来鉴别动词的自主性或非自主性。规则是：用能施动的体词性成分替换（replace）句子中的非施事主语、非当事主语和非受事主语成分。如果替换后的主语是施事主语，那么句子中的动词是自主动词；如果替换后的主语成为当事主语或者主语替换后句子不能成立，那么句子中的动词是非自主动词。例如（符号*→表示不能转换为；星号*表示不能成句，下同）：

a) ʂou⁴⁴tshaŋ³¹tl̥ai⁴⁴lo⁴³cou³³.（处所主语）墙上挂着把伞。→
上 墙 挂 把 伞

o⁵⁵tl̥ai⁴⁴lo⁴³cou³³tou⁴⁴ʂou⁴⁴tshaŋ³¹.（施事主语，自主动词）我挂把伞在墙上。
我 挂 把 伞 在 上 墙

b) qen³¹ŋtua²¹ŋtau⁵⁵ŋten²¹.（工具主语）笙鼓喧腾。*→
笙 鼓 响 震响貌

* ni²¹ŋtau⁵⁵ŋten²¹.（句子不能成立，非自主动词）他轰轰地响。
他 响 震响貌

c) vaŋ⁴³loŋ¹³ŋtua⁴³po⁵⁵ta²¹.（工具主语）大簸箕装满了。→
簸箕 大 装 满 了

na²⁴mua⁴³van⁴³loŋ²¹ɳʈua⁴³po⁵⁵ta²¹.（施事主语，自主动词）
母　把　簸箕大　装　满了
母亲把大簸箕装满了。

d) tɕa⁴⁴ki²¹ʑa⁴⁴lo²¹naŋ¹³.（时间主语）明天要下雨。→
明天　要　下　雨
nto³¹ʑa⁴⁴lo²¹naŋ¹³ta²¹.（当事主语）天要下雨了。*→
天空要　下　雨　了

* kau³¹ʑa⁴⁴lo²¹naŋ¹³.（句子不能成立，非自主动词）你要下雨。
你　要　下　雨

2.1.2 祈使句与自主动词、非自主动词

经研究表明，苗语的动词能进入祈使句（imperative sentence）的是自主动词，不能进入祈使句的是非自主动词。所以，祈使句也是区分苗语自主动词与非自主动词的一条重要标准。关于这点，可以用苗语祈使句的句式来验证。苗语祈使句的格式有如下四种：

第一式　Ⅰ　V+{祈使语气/祈使语气词}
第二式　Ⅱ　V+O+{祈使语气/祈使语气词}
第三式　Ⅲ　lo²¹来/mo²¹去+V+{祈使语气/祈使语气词}
第四式　Ⅳ　lo²¹来/mo²¹去+V+O+{祈使语气/祈使语气词}

{祈使}表示祈使语气（imperative mood），语气（mood）也是一种语素（morpheme），一般可以用感叹号（!）表示。{祈使语气词}是用语气助词（modal particle）来表示祈使的语气。苗语表示祈使语气的助词有：ta²¹ "啦/吧"、tʂai⁵⁵ "吧"、la²⁴ "吧"、ʂa³³ "吧"。ta²¹ "啦/吧"表示催促和相劝的语气，不过它可兼表陈述语气和动词的完成体，而且经常与否定副词 tʂi⁴⁴ti³³ "别"搭配，构成 "tʂi⁴⁴ti³³别+V+{祈使ta²¹}" 的句式。tʂai⁵⁵ "啦/吧"表示按要求直接进行的语气。la²⁴ "吧"表示强调的语气。ʂa³³ "吧"表示同意要求的语气。先看第一式：

I. V+{祈使语气/祈使语气词}

a) { nua²⁴!看！
　　 tʂi⁴⁴ti³³nua²⁴ta²¹!别看啦！
　　 nua²⁴tʂai⁵⁵!看吧！
　　 na²⁴la²⁴!看吧！
　　 nua²⁴ʂa³³!看吧！ }

b) { *po²⁴!看见！
　　 *tʂi⁴⁴ti³³po²⁴ta²¹!别看见啦！
　　 *po²⁴tʂai⁵⁵!看见吧！
　　 *po²⁴la²⁴!看见吧！
　　 *po²⁴ʂa³³!看见吧！ }

c) $\begin{cases} \text{noŋ}^{13}!听！\\ \text{tṣi}^{44}\text{ti}^{33}\text{noŋ}^{13}\text{ta}^{21}!别听啦！\\ \text{noŋ}^{13}\text{tṣai}^{55}!听吧！\\ \text{noŋ}^{13}\text{la}^{24}!听吧！\\ \text{noŋ}^{13}\text{ṣa}^{33}!听吧！\end{cases}$
d) $\begin{cases} *\text{n̥au}^{55}!听见！\\ *\text{tṣi}^{44}\text{ti}^{33}\text{n̥au}^{21}\text{ta}^{21}!别听见啦！\\ *\text{n̥au}^{55}\text{tṣai}^{55}!听见吧！\\ *\text{n̥au}^{55}\text{la}^{24}!听见吧！\\ *\text{n̥au}^{55}\text{ṣa}^{33}!听见吧！\end{cases}$

e) $\begin{cases} \text{nau}^{31}!吃！\\ \text{tṣi}^{44}\text{ti}^{33}\text{nau}^{31}\text{ta}^{21}!别吃啦！\\ \text{nau}^{31}\text{tṣai}^{55}!吃吧！\\ \text{nau}^{31}\text{la}^{24}!吃吧！\\ \text{nau}^{31}\text{ṣa}^{33}!吃吧！\end{cases}$
f) $\begin{cases} *\text{mau}^{43}!病！\\ *\text{tṣi}^{44}\text{ti}^{33}\text{mau}^{43}\text{ta}^{21}!别病啦！\\ *\text{mau}^{43}\text{tṣai}^{55}!病吧！\\ *\text{mau}^{43}\text{la}^{24}!病吧！\\ *\text{mau}^{43}\text{ṣa}^{33}!病吧！\end{cases}$

上列句式中，不带星号（*）的成句，其中的动词是自主动词；带星号（*）的不成句，句式中的动词是非自主动词。再来看第二式：

II. V+O+{祈使语气/祈使语气词}

a) hou³³tḷei³¹!喝水！
　　喝　水
　　tṣi⁴⁴ti³³hou³³tḷei³¹ta²¹!别喝水啦！
　　别　　喝　水　啦
　　hou³³tḷei³¹tṣai⁵⁵!喝水吧！
　　喝　水　吧
　　hou³³tḷei³¹la²⁴!喝水吧！
　　喝　水　吧
　　hou³³tḷei³¹ṣa³³!喝水吧！
　　喝　水　吧

b) *mau⁴³plaŋ⁴³!肚子疼！
　　疼　肚子
　　*tṣi⁴⁴ti³³mau⁴³plaŋ⁴³ta²¹!别肚子疼！
　　别　疼　肚子　啦
　　*mau⁴³plaŋ⁴³tṣai⁵⁵!肚子疼吧！
　　疼　肚子　吧
　　*mau⁴³plaŋ⁴³la²⁴!肚子疼吧！
　　疼　肚子　吧
　　*mau⁴³plaŋ⁴³ṣa³³!肚子疼吧！
　　疼　肚子　吧

c) ntou³³nti⁵⁵!打鸡毛毽！
　　打　鸡毛毽
　　tṣi⁴⁴ti³³ntou³³nti⁵⁵ta²¹!别打羽毛球啦！
　　别　打 鸡毛毽 啦
　　ntou³³nti⁵⁵ tṣai⁵⁵!打羽毛球吧！
　　打　鸡毛毽 吧
　　ntou³³nti⁵⁵ la²⁴!打羽毛球吧！
　　打　鸡毛毽 吧
　　ntou³³nti⁵⁵ ṣa³³!打羽毛球吧！
　　打　鸡毛毽 吧

d) *pou⁴³ntɛ⁵⁵!知书（达理）！
　　知　书
　　*tṣi³³ti³³pou⁴³ntɛ⁵⁵ta²¹!别知书（达理）！
　　别　知　书　啦
　　*pou⁴³ntɛ⁵⁵tṣai⁵⁵!知书（达理）吧！
　　知　书　吧
　　*pou⁴³ntɛ⁵⁵la²⁴!知书（达理）吧！
　　知　书　吧
　　*pou⁴³ntɛ⁵⁵ṣa³³!知书（达理）吧！
　　知　书　吧

能进入祈使句"V+O+{祈使语气/祈使语气词}"格式的动词是自主动词，不能进入的动词是非自主动词。用这种祈使句格式来鉴别自主和非自主动词，适用于能够带宾语的动词。例如第三式：

III. lo²¹来/mo²¹去+V+{祈使语气/祈使语气词}

a) lo²¹/mo²¹pu⁴⁴!来/去睡！

　来　去　睡

tʂi⁴⁴ti³³lo²¹/mo²¹pu⁴⁴ta²¹!别来/去睡啦！

　别　　来 去　睡　啦

lo²¹/mo²¹pu⁴⁴tsai⁵⁵!来/去睡吧！

　来　去　睡 吧

lo²¹/mo²¹pu⁴⁴la²⁴!来/去睡吧！

　来　去　睡　吧

lo²¹/mo²¹pu⁴⁴ʂa³³!来/去睡吧！

　来　去　睡　吧

b) *lo²¹/mo²¹qo⁴⁴!来/去咳！

　来　去 咳嗽

*tʂi⁴⁴ti³³lo²¹/mo²¹qo⁴⁴ ta²¹!别来/去咳啦！

　别　　来 去　咳嗽　啦

*lo²¹/mo²¹qo⁴⁴tsai⁵⁵!来/去咳吧！

　来　去　咳嗽　吧

*lo²¹/mo²¹qo⁴⁴la²⁴!来/去咳吧！

　来　去　咳嗽 吧

*lo²¹/mo²¹qo⁴⁴ʂa³³!来/去咳吧！

　来　去　咳嗽 吧

c) lo²¹/mo²¹po⁴³!来/去喂！

　来　去　喂

tʂi⁴⁴ti³³lo²¹/mo²¹po⁴³ta²¹!别来/去喂啦！

　别　　来 去 喂　啦

lo²¹/mo²¹po⁴³tsai⁵⁵!来/去喂吧！

　来　去　喂　吧

lo²¹/mo²¹po⁴³la²⁴!来/去喂吧！

　来　去　喂　吧

lo²¹/mo²¹po⁴³ʂa³³!来/去喂吧！

　来　去　喂　吧

d) *lo²¹/mo²¹poŋ⁴³!来/去落！

　来　去　落

*tṣi⁴⁴ti³³lo²¹/mo²¹po⁴³ta²¹!别来/去落啦！

　　　别　　来　去　落　啦

　　*lo²¹/mo²¹poŋ⁴³tṣai⁵⁵!来/去落吧！

　　　来　去　落　吧

　　*lo²¹/mo²¹poŋ⁴³la²⁴!来/去落吧！

　　　来　去　落　吧

　　*lo²¹/mo²¹poŋ⁴³ṣa³³!来/去落吧！

　　　来　去　落　吧

能进入祈使句"lo²¹来/mo²¹去+V+{祈使语气/祈使语气词}"格式的动词是自主动词，不能进入的动词是非自主动词。再看可以带宾语的第四式：

IV. lo²¹来/mo²¹去+ V+O+{祈使语气/祈使语气词}

a) lo²¹/mo²¹ua⁴⁴noŋ²⁴!来/去做活儿！

　　来　去　做　活儿

tṣi⁴⁴ti³³lo²¹/mo²¹ua⁴⁴noŋ²⁴ta²¹!别来/去做活儿啦！

　别　　来　去　做　活儿　啦

lo²¹/mo²¹ua⁴⁴noŋ²⁴tṣai⁵⁵!来/去做活儿吧！

　来　去　做　活儿　吧

lo²¹/mo²¹ua⁴⁴noŋ²⁴la²⁴!来/去做活儿吧！

　来　去　做　活儿　吧

lo²¹/mo²¹ua⁴⁴noŋ²⁴ṣa³³!来/去做活儿吧！

　来　去　做　活儿　吧

b) *lo²¹/mo²¹ȵto̠¹³tl̠ei³¹!来/去滴水！

　　来　去　滴　水

*tṣi⁴⁴ti³³lo²¹/mo²¹ȵto̠¹³tl̠ei³¹ta²¹!别来/去滴水啦！

　别　　来　去　滴　水　啦

*lo²¹/mo²¹ȵto̠¹³tl̠ei³¹tṣai⁵⁵!来/去滴水吧！

　来　去　滴　水　吧

*lo²¹/mo²¹ȵto̠¹³tl̠ei³¹la²⁴!来/去滴水吧！

　来　去　滴　水　吧

*lo²¹/mo²¹ȵto̠¹³tl̠ei³¹ṣa³³!来/去滴水吧！

　来　去　滴　水　吧

从以上两组例子可以看出，能进入"lo²¹来/mo²¹去+V+O+{祈使语气/祈使语气词}"句式的动词是自主动词，不能进入句式的动词是非自主动词。

在祈使句的四种句式中，凡是能够进入其中任何一种句式的动词都是自主动词，凡是不能进入任何一种句式或进入句子不能成立的动词都是非自主动词。

综上所述，苗语的自主动词和非自主动词的区分，可以从动词与主体的关系上来区分，施事主语后面的动词是自主动词，当事主语后面的动词是非自主动词。从句法结构上可以判断出受事主语后面、受事宾语前面的动词是自主动词，因为只有施事主语才会有受事宾语，受事主语是受事宾语位移填补原施事主语空位的结果；若不能确定其他主语后面、非受事宾语前面的动词是否为自主动词时，可以采用句子成分的替换来考察。替换的原则是用能施事的体词替换原来的主语。如果句子能成立，那么动词是自主动词；若句子不能成立，则动词是非自主动词；其他情况可以用带入祈使句的方法来区分，能进入祈使句的动词是自主动词，不能进入祈使句的是非自主动词。

2.2 自主动词和非自主动词列举

根据区分自主动词和非自主动词的语法原则，本书对苗语的自主动词和非自主动词作了排列，现各略列举如下供参考：

自主动词

pa^{55}讲	pei^{44}拜	pei^{13}打	pla^{44}贴	plei^{44}蜇	plen^{55}涂抹
plen^{13}糊田埂	plɛ^{33}锁边	ploŋ^{13}游逛	ploŋ^{31}封	po^{43}喂	po^{43}给
po^{33}拐编	po^{33}蒙眼睛	pou^{31}赔偿	pua^{43}捏	pua^{13}抱	pua^{44}铺床
pu^{21}提亲	pu^{44}睡	tsha^{43}烤火	tshau^{43}刨	tshei^{24}摘菜	tshɛ^{43}熏老鼠
tshɛ^{43}推	tshɛ^{24}攒钱	tsha^{55}揉皮绳	tsha^{24}烦扰	tshaŋ^{43}掺	tshaŋ^{43}揭
tʂhau^{24}拱	tʂhau^{43}耕	tʂhei^{55}端	tʂhei^{24}撤	tʂhɛ^{43}抖草	tʂi^{43}间苗
tʂho^{43}转头	tʂho^{55}吹奏	tʂhou^{44}筛	tʂhou^{44}蛀	tʂho^{31}唆	tʂhua^{43}吹
tʂhua^{43}纺	tʂhua^{43}刮风	tʂhua^{55}欠	tʂhua^{55}翻地	tʂhu^{43}指使	tʂhi^{43}劈柴
tshi^{24}砌	tshi^{44}锯	tshi^{44}割	tsho^{43}填	tsho^{43}蹲	tsho^{43}跪
tshoŋ^{55}切	tshou^{55}浇火	tshou^{43}唆狗	tshou^{33}灌药	tshou^{44}捯线	tsho^{31}蹭
tshua^{55}拔火罐	ta^{24}招待	tai^{33}挟	tai^{33}镶衣边	tai^{31}叨	taŋ^{44}跑
tau^{55}搅拌	tau^{21}等待	ta^{13}垫	tei^{43}回答	tei^{55}剥	tɛ^{43}招惹
tɛ^{24}出	tɛ^{33}点灯	tɛ^{44}指	ti^{33}穿牛鼻绳	ti^{13}侧头	tlai^{44}挂

非自主动词

a^{43}苦	au^{44}肿	pla^{43}扁	plua^{55}瘪	plua^{33}涩	pou^{13}轰鸣
tsha^{43}烘	tshaŋ^{55}楚酸	tshaŋ^{24}呛	tshɛ^{33}沙哑	tshai^{43}饿	tsho^{44}轰鸣
tshou^{44}激	tei^{44}照耀	tla^{21}痛	tlen^{13}震	tlɛ^{44}咸	tli^{13}屎尿急
toŋ^{13}聒	to^{44}寒	tua^{55}轰响	tua^{31}动心	qaŋ^{43}甜	qou^{13}醉

qou¹³ 病	qou¹³ 昏沉	qou¹³ 厌恶	ko⁴³ 烫	ko⁴³ 热衷	ŋau⁵⁵ 感觉
tɕai⁵⁵ 厌	tɕi⁴⁴ 晃	tɕi⁴⁴ 亮	khua⁴⁴ 躁	khu⁴³ 哀	ɴqei³³ 渴
ɴqhei³³ 馋	ɴqhua⁴³ 潮动	lo⁴³ 积食	lou⁴⁴ 瘦	mau⁴³ 痛	ntshen⁴⁴ 回荡
ntshai⁴⁴ 害怕	ɴqhaŋ⁴⁴ 舒畅	ntha⁴⁴ 轰鸣	ntsa¹³ 沉寂	ntsi¹³ 激	ntsi¹³ 合乎
ntshe⁴⁴ 羡慕	nthou⁴³ 振奋	ntsɛ⁵⁵ 气盛	ntsou⁴³ 激	ntsi²¹ 惦	nta⁵⁵ 灼
ntaŋ⁴⁴ 回荡	nto⁴³ 湿	noŋ¹³ 激	noŋ⁴⁴ 怯	ntha⁴⁴ 卡牙	ntse³¹ 喧腾
ntsu⁴⁴ 唠叨	ntou¹³ 舒缓	ntua²¹ 唠叨	ntɕo⁴⁴ 想念	ntɕa⁴⁴ 喳	ntɕa⁴⁴ 哽咽
ntɕhai⁵⁵ 梦魇	ntɕho⁴⁴ 熏	ntɕhaŋ⁴⁴ 震荡	ntsau⁴³ 闹腾	ntsi¹³ 辣	ntsi¹³ 冻
he⁴³ 觍	ntsi¹³ 喜欢	ntso⁴³ 憎	ntsou²⁴ 透	tɕhaŋ⁴³ 僵	za⁴³ 晒
za⁴⁴ 粘	zɛ³³ 箍	sen⁵⁵ 泛恶心	ʂo⁵⁵ 热	ʂu⁴⁴ 脏	si³³ 惯
si³³ 激动	tsa²¹ 凉	tsu⁴⁴ 臭	sua⁴⁴ 泛恶心	tlua⁵⁵ 腻	tha⁴³ 惧
tha⁴³ 懔	tʂo⁴⁴ 胀	vu²¹ 捂	zoŋ⁴³ 惊	tʂou³³ 暗	tsi⁴⁴ 拥挤

2.3 自主动词和非自主动词的语义特征

2.3.1 自主动词和非自主动词的语义

苗语自主动词和非自主动词的区别不仅反映动词语法特点的差异,而且还反映动词语义特征的不同。自主动词的语义表示有意识的、自由支配的或主观决定的、可以控制的动作行为,其语义特征可以标记为[+自主],[动作]。非自主动词的语义表示无意识的、非主观的、不能自由支配的动态动作行为,也表示客观的变化或事物之间的关系、属性等静态的变化、属性,这样的动词不受施事主体的控制,其语义特征可以标记为[−自主],[变化]/[属性]。

根据语义学理论,语义特征就是义素(sememe)。自主动词含有[+自主]义素,非自主动词不含[+自主]义素。从理论上讲,动词在语义结构(semantic structure)中都应该有自主义位(sememe),如果用数轴表示,动词义位值不等于 0,而是趋于 1 或为 1 时,具有自主义;倘若动词义位等于 0 或趋于负值时,动词没有自主义:

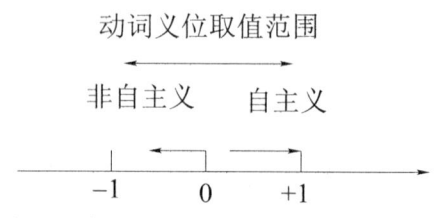

动词义位取值范围

非自主义　　自主义

−1　　0　　+1

自主义位的设定,目的是用来解释自主动词和非自主动词在兼用中出现的自主义和非自主义的转换，也就是自主义的显性或隐性问题。

在前面关于自主动词和非自主动词的区别的阐述中，已经指出苗语自主动词主要与施事主体、受事主体结合，非自主动词主要与当事主体结合，这就存在义素指向（semanteme orientation）的问题。此外，能否进入祈使句是自主动词和非自主动词相区别的鉴别格式，祈使句式是自主义动词出现的格式，格式意义的多样性，诸如请求义、劝告义或命令意义等，从而使得动词的自主义成为众多动词的语义成分（semantic component）。

苗语的动词除了具有自主义或非自主义外，还具有其他义素特征，如体貌义素（aspectuality semanteme）、使动义素（causative semanteme）、感受义素（sentient semanteme）、动作行为义素（behavioural semanteme）等。自主义与其他义素之间有的是兼容关系，有的是相斥关系，于是自主动词的自主义有的比较明显，有的则不确定。这就需要对其中的因素作出分析。这些因素主要是：自主义素的指向、体貌义素、感受义素、致使义素和动词义项的类别与义素的增损。

2.3.2 动词自主义素和非自主义素的指向

苗语动词的自主义素只要进入句子与句中的其他成分的语义连接，就会产生义素的指向。依前面的论述，动词的自主义素通常指向能够施动的施事主体，包括人、动物和苗族认知系统中有生命的、可施动的自然物体，诸如太阳、月亮、星星、雷、风、水等，人、动物和可施动的自然物体，是广义上的动物，都具有[+动物]的语义特征。虽然动词自主义素指向有生命的施事主体，但是施事主体不一定占据主语的位置，也不一定在句子中出现，所以，自主义素就不一定都指向施事主体。只有当主语位置为施事主体占据时，自主义素才指向施事主体。这是一方面。另一方面，施事主体或因缺省形成空位时，自主义素所涉及的受事客体可以位移（displacement）填补空位，构成受事主体，这时自主义素不指向施事主体，而是指向受事主体，受事主体的语义特征具有双重性，既可以是[+动物]，也可以是[-动物]，标记作[±动物]。实际上施事主体缺省时，受事客体位移作主体与否并不重要，重要的是自主义素必须涉及受事客体，只要受事客体存在，自主义素一定会指向它。但也有自主义素不指向受事客体的，这是由自主义素排斥受事客体的特点决定的。这种自主义素的动词是自主不及物动词。如上所述，自主义素的指向是双向的，向前指向施事主体，向后指向受事客体，受事客体可以位移充当受事主体，形成受事客体空位。其关系可用下图示意：

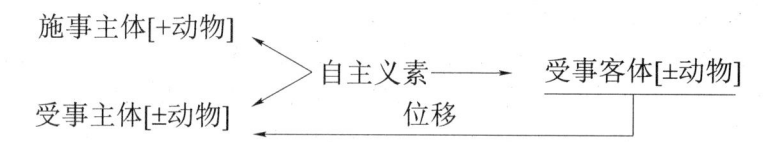

```
    施事主体[+动物]
                    ↘
                      自主义素 ——→ 受事客体[±动物]
                    ↗         
    受事主体[±动物]       位移
```

动词自主义素指向的例子如下：

a) ni²¹tɕua⁴³tou⁴⁴noŋ¹³ta²¹. 他套着鸟了。　　b) tl̥ei⁵⁵to²⁴tʂhi³³. 狗咬山羊。
　　他　套　得　鸟　了　　　　　　　　　　　　狗　咬　山羊

c) so⁴³tua⁴⁴tho⁵⁵. 雷劈松树。　　　　　　　d) ɲo³¹nau³¹ɲaŋ⁴³. 牛吃草。
　　雷　殛　松树　　　　　　　　　　　　　　　牛　吃　草

这四个句子，动词自主义素既指向施事主体[+动物]，又指向受事客体[±动物]构成自主义素的双向指向：

ni²¹ ← tɕua⁴³ → noŋ¹³　　　　　　tl̥ei⁵⁵ ← to²⁴ → tʂhi³³
他　　套　　　鸟　　　　　　　　　狗　　　咬　　　山羊

so⁴³ ← tua⁴⁴ → tho⁵⁵　　　　　　ɲo³¹ ← nau³¹ → ɲaŋ⁴³
雷　　殛　　　松树　　　　　　　　牛　　　吃　　　草

但是，如果自主义素排斥受事客体时，或者施事主体空位，自主义素涉及受事客体时，自主义素的指向是单向的。施事主体空位，受事客体位移填补时，自主义素的指向也是单向的。例如：

自主义素指向施事主体

a) ɲua¹³qua³¹ta²¹. 小孩哭了。　　　　　　　b) cou⁵⁵ɲcou¹³ɴqai²¹lɛ²⁴ta²¹. 麂子跳下去了。
　　小孩　哭　了　　　　　　　　　　　　　　麂子　跳　下　了　了
　　ɲua¹³ ← qua³¹　　　　　　　　　　　　cou⁵⁵ ← ɲcou¹³
　　小孩　　哭　　　　　　　　　　　　　　麂子　　跳

c) ni²¹ʂu⁴³ɲo⁴³nau⁵⁵lɛ²⁴ta²¹. 他缓缓而去。　d) noŋ¹³la³¹noŋ¹³lo⁵⁵tu³³ɕi⁴⁴. 莺歌燕舞。
　　他　移　缓慢貌　　去　了　　　　　　　　鸟　鹧鸟　燕　滑翔　轻盈貌
　　ni²¹ ← ʂu⁴³　　　　　　　　　　　　　noŋ¹³la³¹noŋ¹³lo⁵⁵ ← tu³³
　　他　　移动　　　　　　　　　　　　　　鸟　鹧鸟　燕　　　滑翔

自主义素指向受事客体

a) lo²¹nau³¹mau⁴⁴! 吃饭来！　　　　　　　　b) mo²¹mua²¹pen⁵⁵ntɛ⁵⁵lo²¹. 去买本书来。
　　来　吃　饭　　　　　　　　　　　　　　　去　买　本　书　来
　　nau³¹ → mau⁴⁴　　　　　　　　　　　　mua²¹ → ntɛ⁵⁵
　　吃　　　饭　　　　　　　　　　　　　　买　　　书

c) tl̥ei⁴⁴tsi⁵⁵nau³¹! 摘果子吃！　　　　　　d) mua⁴³ʑin⁴³hou³³! 拿烟抽！
　　摘　果　吃　　　　　　　　　　　　　　　拿　烟　喝
　　tl̥ei⁴⁴ → tsi⁵⁵　　　　　　　　　　　　mua⁴³ → ʑin⁴³

摘　　果子　　　　　　　　　拿　　烟

自主义素指向受事主体

a) mpua⁴⁴tua⁴⁴ʐoŋ⁴⁴ta²¹. 猪杀好了。　　b) tɕei³¹ntou³³taŋ²¹ta²¹. 荞麦打完了。

　　猪　杀　好　了　　　　　　　荞麦　打　完　了

　　mpua⁴⁴ ← tua⁴⁴　　　　　　　tɕei³¹ ← ntou³³

　　猪　　　杀　　　　　　　　　荞麦　　打

c) ȵqai³¹hou⁴⁴ʂa⁵⁵lɛ²⁴ta²¹. 肉煮熟了了。　d) mplei³¹nthua⁴⁴taŋ²¹lɛ²⁴ta²¹. 秧薅完了。

　　肉　煮　熟　了　了　　　　　稻　薅　完　了　了

　　ȵqai³¹ ← hou⁴⁴　　　　　　　mplei³¹ ← nthua⁴⁴

　　肉　　　煮　　　　　　　　　稻　　　薅

自主动词的[+自主]义素的指向是施事主体[+动物]和受事客体[±动物]。非自主动词[-自主]义素的指向不是当事主体[±动物]，而是主体宾语（subjective object）[-动物]或客体宾语（objective object）[-动物]。非自主动词的[-自主]义素指向如下图所示：

当事主体[±动物]* ← [-自主]，[变化]/[属性] → 主体/客体宾语[-动物]

非自主义素指向的例句如下：

a) tsi⁵⁵qa⁵⁵tɛ¹³paŋ³¹ta²¹! 葡萄开花了。

　　果葡萄　开　花　了

　　tsi⁵⁵qa⁵⁵* ← tɛ¹³ → paŋ³¹

　　果葡萄　　　开　　　花

b) to²¹ȵo³¹naŋ⁴⁴lo⁵⁵ko⁴³lɛ²⁴. 这头牛断了角。

　　头　牛　这　折　角　了

　　ȵo³¹* ← lo⁵⁵ → ko⁴³

　　牛　　　　折　　角

a) 句中的当事主体是tsi⁵⁵qa⁵⁵"葡萄"，动词tɛ¹³"开"具有[-自主]，[变化]义素，它应当指向当事主体。但是由于动词的[变化]义素不是由当事主体使然，而是由位于客体位置上的主体宾语paŋ³¹"花"的自然生长带来的变化，因而[-自主]义素指向主体宾语。动词的[-自主]义素指向可形式化为：当事[±动物←]*[-自主]，[变化]→主体[-动物]。又如：

1a) to²¹ȵua¹³i⁴⁴lou⁵⁵ntʂu¹³tl̩hei⁵⁵. 那个小孩趿拉着鼻涕。

　　个　小孩　那　趿拉　鼻涕　下垂貌

2a) qhau⁵⁵tshaŋ⁴³tsa⁴⁴ṇtʂhaŋ⁵⁵tsei⁵⁵. 疮口血淋淋的。

　　洞　疮　渗出　血　渗流貌

b) 句中动词lo⁵⁵"折"的[-自主]，[变化]义素应当指向当事主体ȵo³¹"牛"，但是动词的[变化]义素是通过外力作用于客体位置上客体宾语ko⁴³

"角"的断裂来实现的,所以动词的[−自主]义素指向客体宾语。动词的义素指向可以概括为：当事[±动物]* ← [−自主],[变化]→客体[−动物]。又如：

1b) to²¹tlei⁵⁵naŋ⁴⁴tʂi⁴⁴kau²⁴ɕi³³tlua⁴⁴n̥ua¹³. 这条狗尚未下过崽。
　　　只　狗　这　未曾　生　过　崽

2b) tei³¹ntoŋ⁴⁴kau⁴⁴tsi⁴⁴n̥au¹³tsi⁵⁵ta²¹. 那些树应该能结果了。
　　　些　树　那　结　得　果　了

苗语的非自主动词除具有[−自主],[变化]义素特征外,还具有[−自主],[属性]义素特征。[−自主],[属性]义素的指向与[−自主],[变化]义素是一致的,稍有不同的是[−自主],[变化]义素表示事物的变化,而[−自主],[属性]义素则表示事物的属性,包括领属属性（possessive attribution）和系属属性（relative attribution）。[−自主],[属性]义素的指向可表示为：

当事主体[±动物]*←[−自主],[属性]义素→领属/系属客体[±动物]

根据非自主动词的[−自主],[属性]义素的指向,"当事主体[±动物]*←[−自主],[属性]义素→领属客体[±动物]"的用例如下：

a) o⁵⁵mua³¹to²¹n̥o³¹lai³¹. 我有头耕牛。
　　我　有　头　牛　耕
　　o⁵⁵* ← mua³¹ → n̥o³¹
　　我　　　有　　　牛

b) ni²¹mua³¹i⁴³na²⁴tʂhai⁴⁴thoŋ³¹hau³¹. 他有一大串铜钱。
　　他　有　一　大　串　铜　豪
　　ni²¹* ← mua³¹ → thoŋ³¹hau³¹
　　他　　　有　　　铜　豪

c) taŋ⁵⁵o³³qhei⁵⁵ʐau¹³ni²¹ʑi¹³ni⁴⁴. 那群鸭是他家的。
　　群　鸭　那　是　他　家　的
　　o³³* ← ʐau¹³ → ni²¹ʑi¹³ni⁴⁴
　　鸭　　　是　　　他　家　的

d) o⁵⁵vai²⁴ʐau¹³la⁴³ɕoŋ⁴⁴. 我父亲属猴。
　　我父亲　是　猴年
　　vai²⁴* ← ʐau¹³ → la⁴³ɕoŋ⁴⁴
　　父亲　　　是　　　猴年

这四个例句中的动词都是表示领属关系（possessive relationship）的动词,具有[−自主],[属性]义素。a)、b)两句表示当事主体（experiencer subject）对领属客体（possessive object）的领有,领属属性动词义素的指向不是当事主体,而是领属客体。c)、d)两句表示当事主体隶属于属性客体,领属属性动词义素指向属性客体（attributive object），而非当事主体。

下面再看"当事主体[±动物]*←[-自主]，[属性]义素→系属客体[±动物]"的用例：

a) ni²¹ʐau¹³o⁵⁵ʑɛ²⁴. 他是我爷爷。

  他 是 我 爷爷

  ni²¹* ← ʐau¹³ → ʑɛ²⁴

  他   是   爷爷

b) ni²¹ʐau¹³to²¹ua⁴⁴qoŋ⁴³nen⁴³. 他是个庄稼人。

  他 是 个 做 庄稼 人

  ni²¹* ← ʐau¹³ → ua⁴⁴qoŋ⁴³nen⁴³

  他   是   做 庄稼 人

c) ntshai³³l̥o⁴³ta⁵⁵ɲcou³¹, to⁴³l̥o⁴³ta⁵⁵ɲtou¹³. 女儿长成了姑娘，儿子长成了小伙子。

  女   长 成 姑娘 儿 长 成 小伙子

  ntshai³³* ← ta⁵⁵ → ɲcou³¹;   to⁴³* ← ta⁵⁵ → ɲtou¹³

  女   成   姑娘   儿   成   小伙子

这三个句子中的动词表示事物间的关系为判断关系（assertive relationship），当事主体是动词作出判断的起事（initial event），系属客体是判断的止事（terminative event），系属属性动词义素指向系属客体（relative object）。又如：

d) to²¹ni³³ntshai³³naŋ⁴⁴mpei⁴⁴ho⁴⁴ua⁴⁴ɲcou³¹ɲtsua⁴³. 这小女孩名叫小青。

  个 小 女孩 这 名字 叫 作 姑娘 青

  mpei⁴⁴* ← ho⁴⁴ → ɲcou³¹ɲtsua⁴³

  名字   叫   姑娘 青

e) ni²¹ʑi¹³ʐau¹³qhua⁴⁴tɕai⁴⁴ʑi¹³. 他家姓李。

  他 家 是 客 李 家

  ni²¹ʑi¹³* ← ʐau¹³ → qhua⁴⁴tɕai⁴⁴

  他 家   是   客 李

这两句中的动词表达事物间的关系为表称关系（appellative relationship），当事主体是动词表称的起事，系属客体是动词义素指向的止事，系属属性动词义素的指向是系属客体。再如：

f) o⁵⁵tʂi⁴⁴tɕua¹³ni²¹. 我不如他。

  我 不 及 他

  o⁵⁵* ← tɕua¹³ → ni²¹

  我   及   他

g) ni²¹su³³ni²¹na²⁴. 她像她母亲。

　　她　像　她　母亲

　　ni²¹* ← su³³ → na²⁴

　　她　　　像　　母亲

h) to²¹naŋ⁴³naŋ⁴⁴lua³¹n̥au¹³tl̥ou⁴⁴nthaŋ⁴³nai³³! 这条蛇会有楼条那么大呢!

　　条　蛇　这　大如　能　楼条　楼　　呢

　　naŋ⁴³* ← lua³¹ → tl̥ou⁴⁴nthaŋ⁴³

　　蛇　　　　大如　　楼条　楼

i) kau³¹ni⁴⁴tʂi⁴⁴mpou²⁴ni²¹ni⁴⁴. 你的不如他的多。

　　你　的　不　多如　他　的

　　kau³¹ni⁴⁴* ← mpou²⁴ → ni²¹ni⁴⁴

　　你的　　　　多如　　　他的

这四句中的动词表示事物之间的比较关系（comparative relationship）。事物之间的可比性，是动词指向的事物相互间具有相互性（reciprocity）或可逆性（reversibility）。但是动词的义素指向不是当事主体，而是系属客体。

如上所述，动词语义中的自主和非自主的区别，与句法结构中表示主体的名词（N, noun）的语义是否含有[+动物]和是否为施事有关。主体名词含有[+动物]义、为施事或受事主体时，动词语义是[+自主]，[动作]，主体名词含有[±动物]义、为当事主体时，动词语义是[-自主]，[变化]/[属性]。下面是动词 V 和主体名词 N 的三种关系：

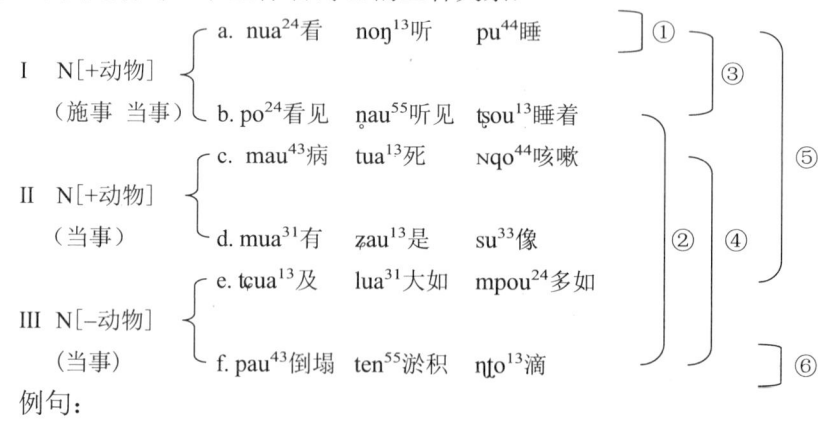

```
                  ┌ a. nua²⁴看    noŋ¹³听     pu⁴⁴睡      ┐ ①
  I  N[+动物]    ┤                                        ├ ③
     （施事 当事） └ b. po²⁴看见   n̥au⁵⁵听见   tʂou¹³睡着  ┘
                  ┌ c. mau⁴³病    tua¹³死     ɴqo⁴⁴咳嗽   ┐
  II N[+动物]    ┤                                        ├ ② ④ ⑤
     （当事）     └ d. mua³¹有    ʐau¹³是     su³³像      ┘
                  ┌ e. tɕua¹³及   lua³¹大如   mpou²⁴多如  ┐
  III N[-动物]   ┤                                        ├ ⑥
     （当事）     └ f. pau⁴³倒塌  ten⁵⁵淤积   ŋto¹³滴     ┘
```

例句：

a) kau³¹nua²⁴la¹³tʂa⁴⁴? 你看什么?

　　你　看　什么

　　o⁵⁵noŋ¹³ʂou³³ʐin³³tɕi³³. 我听收音机。

　　我　听　收音机

第二章　苗语动词的语义分类　　39

ni²¹pu⁴⁴tḷaŋ⁴³nto⁴³lɛ²⁴ta²¹. 他睡觉去了。
他　睡　瞌睡　了了

b) o⁵⁵tʂi⁴⁴po²⁴ ni²¹ ei³³! 我没看见他呵！
我 不 看见 他 呵

kau³¹hai³³la¹³ni²¹la²¹tʂi⁴⁴tsɛ³¹ŋau⁵⁵. 你说他也听不见。
你　说　吧 他 也 不会 听见

to²¹n̥ua¹³naŋ⁴⁴tsou¹³lɛ²⁴ta²¹. 这小孩睡着了。
个 小孩　这 睡着 了 了

c) ni²¹mau⁴³lɛ²⁴, ŋoŋ⁴³naŋ⁴⁴tʂi⁴⁴tou⁴⁴tua³¹. 他病了，今天没有来。
他 病　了 日　这 不 得 来

tḷei⁵⁵tua¹³tou⁴⁴au⁴³pei⁴³ŋoŋ⁴³ta²¹. 狗死了两三天了。
狗　死　得 两 三 日 了

o⁵⁵ɴqo⁴⁴ŋtsei⁵⁵hen⁵⁵. 我因盐刺激而咳得厉害。
我 咳嗽　盐 很

d) ni²¹na⁴⁴mua³¹tɕua¹³tɕoŋ⁴⁴ta²¹. 他母亲有九十岁了。
他 母 有　九 十 岁 了

to²¹na²⁴ʑai²⁴kau⁴⁴ʑau¹³to²¹na²⁴ʑai²⁴ʂua⁵⁵. 那位老人是个汉族人。
个 大 佬 那　是 个 大 佬 汉人

to²¹ntshai³³naŋ⁴⁴pei⁵⁵su³³ni²¹na²⁴la³³! 这姑娘太像她母亲啦！
个 姑娘　这 特别 像 她 母 啦

e) tɕua¹³mi²¹la²¹tɕua¹³tɕua¹³mplei³¹tha⁴³nɛ³³. 玉米饭也赶得上米饭呢。
饭 玉米 也 及 饭　稻 和 呢

tei³¹qau³³naŋ⁴⁴tʂo¹³lua³¹ni³³qei⁴⁴ɴqua⁴³. 这些芋头只有斑鸠蛋那么大。
些 芋头 这 只 大如小　蛋 斑鸠

tɕau⁵⁵tsho⁵⁵qhei⁵⁵la²¹mpou²⁴tɕau⁵⁵naŋ⁴⁴tha⁴³. 那些小米也有这些多的。
些 小米 那 也 多如 些 这 和

f) tʂaŋ¹³la³¹pau⁴³lɛ²⁴ta²¹. 田埂塌了。
埂　田 倒塌 了 了

hou⁵⁵ki⁵⁵ten⁵⁵tḷei³¹tsɛ⁵⁵. 路上积水了。
里 路 淤积 水 停滞貌

kua⁴⁴mua¹³ŋto¹³nta¹³. 眼泪簌簌流了下来。
泪　眼　滴　连续滴落貌

如上图所示，如果把施事限制在动作行为发出者的范围内，那么，对动词自主义素和非自主义素的指向可以形成如下六点认识：① 自主动词一般只与作主体的施事或受事名词相联系；② 非自主动词有些可以与施事名词联系，但这时的名词不是施事主体而是当事主体；有些则不一定与施事名词联系；③能与施事名词联系的动词，如果施事名词充当施事主体，那么，动词是自主的，如果施事名词充当当事主体，那么动词是非自主的；④只与作主体的非施事名词联系的动词，只能是非自主动词；⑤与含有[+动物]义名词联系的动词，既有自主动词，也有非自主动词，这时要看[+动物]义名词是充当施事主体，还是充当当事主体；⑥只与含有[–动物]义联系的动词，是非自主动词。

2.3.3 动词体貌对自主和非自主义素的制约

苗语的动词有体貌范畴（aspectuality category）。苗语动词的体貌（aspectuality）对动词的自主和非自主义素有一定的影响和制约。

2.3.3.1 体范畴对动词自主和非自主义素的制约

苗语表示结果体的体助词tou^{44}"得、了"主要用于动词的自主义素，非自主义素不用。例如：

动词自主义素	动词非自主义素
te^{55}tou^{44}剥了	*tau^{13}tou^{44}沉了
剥 得	沉 得
tl̥e^{31}tou^{44}挖了	*tl̥e^{13}tou^{44}噎了
挖 得	卡 得
sɛ^{33}tou^{44}缝了	*sou^{44}tou^{44}漏了
缝 了	漏 了
chɛ^{33}tou^{44}捡了	*ʂɛ^{55}tou^{44}起（泡）了
捡 得	起 得
tl̥i^{43}tou^{44}骗了	*tl̥i^{13}tou^{44}漏（气）了
骗 得	漏 得

动词自主义素与表示结果体的体助词tou^{44}"得、了"结合时，表示动作行为的结果，即动词的结果体；动词的非自主义素与体助词tou^{44}"得、了"结合时，既不表示动作行为的结果，也不成句。

苗语表示将完成体的体助词tɕa^{44}"起来"、taŋ^{44}"掉"用于动词的自主义素，非自主义素不用。例如：

动词自主义素	动词非自主义素
与将完成体体助词tɕa^{44}"起来"的结合	
ploŋ^{31}tɕa^{44}封起来	*phli^{33}tɕa^{44}蜕变起来
封 起来	蜕变 起来
tl̥ai^{44}tɕa^{44}挂起来	*lei^{44}tɕa^{44}脱落起来
挂 起来	脱落 起来

ʈoŋ²¹tɕa⁴⁴遮掩起来　　　　　　*tɛ¹³tɕa⁴⁴裂起来
遮掩　起来　　　　　　　　　　裂　起来

cɛ⁴⁴tɕa⁴⁴关起来　　　　　　　　*ɳʈhou⁴⁴tɕa⁴⁴扎（根）起来
关　起来　　　　　　　　　　　扎　起来

qhou⁵⁵tɕa⁴⁴包起来　　　　　　　*tʂhi⁴⁴tɕa⁴⁴潲（雨）起来
包　起来　　　　　　　　　　　潲　起来

与将完成体体助词taŋ⁴⁴"掉"的结合

tʂhi⁴³taŋ⁴⁴间（苗）掉　　　　　*pua²¹taŋ⁴⁴坏掉
间　掉　　　　　　　　　　　　坏　掉

tl̥au⁴³taŋ⁴⁴拔掉　　　　　　　　*pua¹³taŋ⁴⁴耗费掉
拔　掉　　　　　　　　　　　　耗费　掉

nau³¹taŋ⁴⁴吃掉　　　　　　　　*ɳʈha⁴⁴taŋ⁴⁴（肉）塞（牙）掉
吃　掉　　　　　　　　　　　　塞　掉

lau²¹taŋ⁴⁴埋掉　　　　　　　　*tʂi¹³taŋ⁴⁴醒掉
埋　掉　　　　　　　　　　　　醒　掉

l̥i⁵⁵taŋ⁴⁴倒掉　　　　　　　　　*poŋ⁴³taŋ⁴⁴落掉
倒　掉　　　　　　　　　　　　落　掉

动词自主义素与表示将完成体的体助词tɕa⁴⁴"起来"、taŋ⁴⁴"掉"结合时，表示动作行为将要完成，而动词非自主义素与它们结合时，既不表示动作行为将要结束，也不能成句。

苗语表示完成体的体助词ta²¹"了"主要用于动词非自主义素，表示事物变化的完成，用于动词自主义素时成为祈使语气助词。例如：

动词自主义素　　　　　　　　　动词非自主义素

nau³¹ta²¹吃吧　　　　　　　　　tshɛ⁵⁵ta²¹出（穗）了
吃　吧　　　　　　　　　　　　出　了

ntou³³ta²¹打吧　　　　　　　　pai²⁴ta²¹（脓）流出来了
打　吧　　　　　　　　　　　　流　了

hai³³ta²¹拉吧　　　　　　　　　ɳʈho⁴⁴ta²¹（雾）消退了
拉　吧　　　　　　　　　　　　消　了

tua⁴⁴ta²¹杀吧　　　　　　　　　mpou⁴⁴ta²¹（水）开了
杀　吧　　　　　　　　　　　　沸　了

l̥ai³³ta²¹割吧　　　　　　　　　tua³¹ta²¹（米酒）发酵了
割　吧　　　　　　　　　　　　发酵　了

hou³³ta²¹喝吧　　　　　　　　　tɕi¹³ta²¹（柴）燃了
喝　吧　　　　　　　　　　　　燃　了

如上所述，苗语的体范畴对动词的自主和非自主义素有一定的制约性，动词的自主义素可以与表结果体、将完成体的体助词组合，表达动作行为的体范畴，动词的非自主义素则不能与表结果体、将完成体的体助词组合；动词的非自主义素可以与表完成体的体助词组合，表变化属性的体范畴，而动词的自主义素与表完成体的体助词组合，不表动作行为的体范畴，只构成对动作行为的祈使，构成请求式祈使句。

2.3.3.2 貌范畴对动词自主和非自主义素的制约

苗语动词貌范畴用状词置于动词之后表达。

动词貌范畴中的速度貌，用表达速度的状词 lau^{44}"快速貌"、za̱u^{13}"快速貌"和 ɲcou^{33}"快速貌"置于动词之后，它们只与动词的自主义素结合，不与动词非自主义素结合。例如：

动词自主义素　　　　　　　　动词非自主义素

tsau^{44}lau^{44}/za̱u^{13}/ɲcou^{33}很快地放　　*sou^{44}lau^{44}/za̱u^{13}/ɲcou^{33}漏
　放　快速貌　　　　　　　　　　漏　快速貌

qhou^{44}lau^{44}/za̱u^{13}/ɲcou^{33}很快地扳倒　*tl̥haŋ^{33}lau^{44}/za̱u^{13}/ɲcou^{33}脱（臼）
　扳倒　快速貌　　　　　　　　　脱　快速貌

n̥aŋ^{55}lau^{44}/za̱u^{13}/ɲcou^{33}很快地穿　　*hɛ^{44}lau^{44}/za̱u^{13}/ɲcou^{33}泻（肚子）
　穿　快速貌　　　　　　　　　　泄　快速貌

ntsau^{44}lau^{44}/za̱u^{13}/ɲcou^{33}很快地咬住　*sua^{44}lau^{44}/za̱u^{13}/ɲcou^{33}泛（呕）
　咬　快速貌　　　　　　　　　　泛　快速貌

mua^{43}lau^{44}/za̱u^{13}/ɲcou^{33}很快地拿　　*toŋ^{44}lau^{44}/za̱u^{13}/ɲcou^{33}（穗儿）下垂
　拿　快速貌　　　　　　　　　　下垂　快速貌

苗语动词中，表示情状貌的状词只与动词的非自主义素结合，不与自主义素结合。例如：

动词自主义素　　　　　　　　动词非自主义素

与情状状词 nti^{44}"封闭貌""闭塞貌"的结合

*pua^{13}nti^{44}抱　　　　　　　n̥tso^{21}nti^{44}（门）锁得严严实实的
　抱　　　　　　　　　　　　　锁闭　紧闭貌

*pua^{44}nti^{44}铺　　　　　　　tua^{13}nti^{44}死气沉沉的
　铺　　　　　　　　　　　　　死　无生机貌

*pei^{44}nti^{44}拜　　　　　　　cɛ^{44} nti^{44}（门）关得严严实实的
　拜　　　　　　　　　　　　　关闭　紧闭貌

*tsha^{43}nti^{44}烘烤　　　　　　qei^{44}nti^{44}有气无力地闭着（眼）
　烘烤　　　　　　　　　　　　闭　无精神貌

与情状状词 len^{21}"直挺貌""直干干貌"的结合

*tʂhou⁴⁴len²¹ 筛 　　筛	taŋ⁵⁵len²¹ 横亘亘的 横　　横亘貌
*tʂhua⁴³len²¹ 吹 　　吹	ʂen⁴⁴len²¹ 茫无目的的 徘徊　无目的貌
*noŋ¹³len²¹ 听 　　听	laŋ³¹len²¹（眼睛）斜干干的 斜　　眼斜貌
*mphoŋ⁴⁴len²¹ 撒 　　撒	ki⁵⁵len²¹ 溜溜转 转动溜转貌
*nthen⁴⁴len²¹　烙 　　烙	ntsen⁵⁵len²¹ 四脚朝天地仰翻着 翻　仰翻貌

与情状状词 ɳʈen²¹ "闭塞貌""不停貌"的结合

*ɳʈha⁴⁴ɳʈen²¹　绣 　　绣	po³³ɳʈen²¹ 紧紧地蒙着 蔽　　紧闭貌
*nthua⁴⁴ɳʈen²¹ 薅 　　薅	tai³¹ɳʈen²¹ 不停地唠叨着 唠叨　喋喋不休貌
*ntsa²¹ɳʈen²¹ 编织 　编织	mpau⁴⁴ɳʈen²¹ 闷声不出气地憋着 闷　　憋气貌
*ntsua⁵⁵ɳʈen²¹ 洗 　　洗	ɳʈhaŋ⁴⁴ɳʈen²¹ 圆鼓鼓地挺着 伸展　往外凸起貌
*ntsi⁵⁵ɳʈen²¹ 缝补 　缝补	tsho⁴³ɳʈen²¹ 闭塞得阴森森的 闭塞　阴沉貌

如上所述，苗语的自主动词[+自主]，[动作]义素的貌范畴主要是表示速度的，而非自主动词[-自主]，[变化][属性]义素的貌范畴主要是表示情状的。

2.3.4　动词自主、非自主义素与感受义素

苗语中有表示感受的动词，可称之为感受动词（sensative verb），具有[+感受]义素。苗语具有感受义素的动词略举例如下：

a⁴³苦	plua³³涩	tʂhaŋ⁵⁵酸痛	tʂhaŋ²⁴呛	tʂhai⁴³饿	tʂhou⁴⁴激
tla²¹晕眩	tlɛ⁴⁴咸	tli¹³屎尿急	toŋ¹³耽	to⁴⁴寒心	qaŋ⁴³甜
qou¹³醉	qou¹³昏沉	ko⁴³热衷	nau⁵⁵感觉	khu⁴³哀	ɴhei³³渴
lo⁴³积食	mau⁴³痛	ntʂhai⁴⁴害怕	ɴqhaŋ⁴⁴舒畅	nthou⁴³振奋	nta⁵⁵灼
noŋ¹³激	noŋ⁴⁴怯	ntou¹³舒缓	ntsi¹³辣	ntsi¹³冻	tɕhaŋ⁴³僵
sen⁵⁵泛恶心	ʂo⁵⁵热	su⁴⁴脏	si³³惯	tsa²¹凉	tʂu⁴⁴臭
sua⁴⁴泛恶心	tlua⁴³腻	tha⁴³惧	ten⁵⁵中意	so⁴³悚	tua³¹动心

khua⁴⁴焦躁	lou⁴⁴饥	ho⁴³麻	nau⁴⁴冷	mpo⁴³烦闷	tsau⁴³焦愁
tʂou¹³疲软	tʂua¹³淡	ntsu¹³害羞	ŋaŋ⁴⁴愁	ntsha⁴⁴隐痛	ŋtoŋ¹³困倦

苗语的这些动词表示客观事物造成的某种感受，即视觉、听觉、味觉、嗅觉、触觉对客观事物的感受和大脑对客观事物映射（mapping）的感知。它们不是由施事主体赋予的动作行为，不具有[+自主]义素，其义素是[-自主]，所以，动词是非自主性的。由此推断，苗语动词的[+自主]义素与表示感受的动词的[+感受]义素是相互排斥的，即有[+感受]义素的动词是非自主动词，具有[-自主]义素。进一步说，非自主动词除具[-自主]义素外，还可以具有[±感受]义素，[+感受]义素包含于[-自主]义素，所以，非自主动词和感受动词是相容的，感受动词包含于非自主动词。例如：

a) nau³¹kua²⁴tɕei³¹mua³¹ŋtsi³³lo⁴³ʂa⁴³. 吃荞疙瘩饭感觉有点积食。[+感受][-自主]
　　吃　粗饭荞　有　点　硌肝

b) kaŋ⁴³pou³³tʂhi³³tha⁴³nen⁴³lou⁴⁴ni³³. 大毛毛虫使人感到悚然。[+感受][-自主]
　　虫　大毛毛虫　憷　人　不得了

c) zi¹³tu¹³ki⁴³qua⁴⁴qho⁴³tshan²⁴qa³³ qhei⁴⁴? 哪家炒辣椒呛人得很？[+感受][-自主]
　　户　哪　炒　辣椒　呛　前缀　冲鼻貌

d) ŋoŋ⁴³naŋ⁴⁴tsi⁴⁴nau⁵⁵nau⁴⁴. 今天不感觉冷。[+感受][-自主]
　　日　这　不　感觉　冷

2.3.5 动词自主、非自主义素与致使义素

苗语的动词有致使义素，致使义素也就是使动义素，不过，苗语具有致使义素的动词不是很多。致使义素可以分为他动致使义素和外动致使义素。他动致使就是由施事者发出的动作行为涉及他事物，并使该事物产生某种结果，其语义具有致使义素。外动致使是由事物内部的变化或属性涉及外部事物，主要是人的感觉器官，并使之对事物变化的性质、性状或属性在意识上产生某种感知。苗语具有致使义素的动词举数例如下：

他动致使义素动词

pua²¹毁名声	tʂhua⁵⁵扫面子	tsho⁴³扭头	tsho⁴³跪	ti¹³转脸
tɭau⁵⁵蜷伏	tɭo³¹埋头	nthaŋ⁴³叉开腿	nthaŋ⁴⁴伸开脚	nau⁴⁴俯
ntsu³¹扭头	ntsi¹³伸进	ntso⁴³挺，鼓	ntsua⁵⁵洗面子	phlei⁴⁴露出
ki⁵⁵转动	qu⁵⁵并拢	to⁵⁵止血	thoŋ⁵⁵迁	thou⁴⁴调头
thou⁴³热冷饭	ɕaŋ⁴³伸手	qai³¹歪头	qei⁴⁴闭眼	qo³³关
khoŋ⁵⁵弓腰	tʂaŋ⁴⁴竖起	Nqua⁴⁴叉开	ntei⁴⁴晒	ɲcou²⁴缩
tʂaŋ³¹耸	tʂu³¹稳住	ntua³³蹬	ntɕaŋ⁴³伸展	tʂau⁴⁴放开

第二章 苗语动词的语义分类

外动致使义素动词

a⁴³苦	tshou⁴⁴激	ɴqhaŋ⁴⁴舒畅	noŋ¹³激	mau⁴³疼
nthou⁴³振奋	ɳtʂi¹³辣	ɳtʂi¹³冻	ɳtʂi¹³激	ɳtʂi¹³合乎
tɕhaŋ⁴³僵	ʂo⁵⁵热	si³³顺	so⁴⁴逆	sua⁴⁴泛
tha⁴³惧	tha⁴³懔	ko⁴³热衷	toŋ¹³聒	to⁴⁴寒心
kaŋ³¹亮	qaŋ⁴³爽	qou¹³醉	mpo⁴³烦	ɴqei¹³甘
tsa²¹凉	tsou¹³疲	tsau⁴³搅扰	lo⁴³积	ɳtua³¹稳

从以上例子中大体可以看出，具有他动致使义素的动词，都是动作动词，具有[+动作]的语义，具有该语义的动词具有[+自主]义素。具有他动致使义素的动词是自主动词，与[+自主]义素相容。具有外动致使义素的动词都是感受动词，具有[+感受]义素。[+感受]义素与[+自主]义素相互排斥，前者是非自主动词，具有[-自主]义素。外动致使义素的动词也具有[+感受]义素和[-自主]义素，也与[+自主]义素相互排斥，是非自主动词，它与感受动词相容。

在句法结构上，他动致使义素的动词和外动致使义素的动词都可以构成"V+N"的结构。例如：

他动致使义素动词

ntsua⁵⁵phlo⁴⁴恢复名誉，使名誉恢复　　　qo³³toŋ³¹关门，使门关上
　洗　　脸　　　　　　　　　　　　　　关　门

ɴqua⁴⁴tɕi¹³叉开腿，使双腿叉开　　　　qu⁵⁵ɳtsei³¹耳朵并拢，使双耳并拢
叉开　肢　　　　　　　　　　　　　　并拢 耳朵

外动致使义素动词

ɴqei¹³ʂa⁴³心甘情愿，使感觉到心情爽快　tha⁴³nen⁴³惧怕，使人感觉到毛骨悚然
　消　肝　　　　　　　　　　　　　　懔　人

qaŋ⁴³lo⁴⁴爽口，使感觉到合乎口味　　　tshou⁴⁴tshaŋ⁴⁴寒风刺骨，使感觉到冻激骨头
香　口　　　　　　　　　　　　　　　激　骨

但是在句式转换上，外动致使义素的动词不能进入"mua⁴³把+N+V…"的句式，他动致使义素动词可以进入这样的句式。例如：

a) mua⁴³phlo⁴⁴ti¹³thua⁵⁵taŋ²¹. 把面子都扫尽了。
　 把　脸面　都　扫　尽

b) mua⁴³ko⁴⁴tu⁵⁵ki⁵⁵ɳtɕi¹³lau¹³. 把尾巴摆来摆去。
　 把　尾巴　转　旋转　摆动貌

c) mua⁴³tei²¹ɳtsi¹³tou⁴⁴hou⁴⁴ho³¹pau⁴³. 把手伸到荷包里。
　 把　手　伸　得　里　荷包

d) mua⁴³qhau⁵⁵toŋ³¹qo³³tɕa⁴⁴. 把门关起来。
　 把　洞　门　关　起来

尽管如此，自主致使义素在表达致使结果处于情状貌时，动词的自主性显得有些淡化，语义特征出现一定程度的不稳定性，有些自主致使义素具有非自主致使义素的用法。不过，只要其义素不变，动词仍然是自主动词。例如：

qei⁴⁴mua¹³闭眼，使眼睛闭上 ↔ qei⁴⁴mua¹³nti⁴⁴/ʈhei⁵⁵有气无力地闭着眼
闭 眼   闭 眼 无力貌

qo³³toŋ³¹关门，使门关上 ↔ qo³³toŋ³¹nti⁴⁴门户紧闭
关 门   关 门 紧闭貌

ȵau⁴⁴hou⁴⁴俯首，使头低下 ↔ ȵau⁴⁴hou⁴⁴lu²¹耷拉着脑袋
俯 头   俯 头 下垂貌

tʂaŋ⁴⁴nʦei³¹竖耳朵，使耳朵竖起来 ↔ tʂaŋ⁴⁴nʦei³¹nʂha³³耳朵直直地竖着
竖 耳朵   竖 耳朵 直立貌

2.3.6 自主动词的他动、自动义素与非自主动词的外动、内动义素

他动致使义素和外动致使义素，是就动词涉及客体产生的致使义来说的。如果撇开致使义素，那么，自主动词涉及客体时具有[+他动]义素，不涉及客体时具有[−他动]义素，标记为[+自动]义素。非自主动词涉及客体时具有[+外动]义素，不涉及客体时具有[−外动]义素，标记为[+内动]义素。

他动义素是自主动词[动作]涉及他物的义素，即自主及物义素，这样的动词是他动动词。自动义素是自主动词的[动作]只凝聚于自身，不涉及他物的义素，亦即自主不及物义素，这样的动词是自动动词。例如：

自主及物义素动词，即他动动词

pou³¹赔偿	pua¹³抱	tshau⁴³刲	tshei²⁴摘	pei⁴⁴拜
ploŋ⁴³摸	tʂhou⁴⁴筛	tʂhua⁴³吹	tʂho⁵⁵奏	tɛ³³点灯
tʂhou³³灌药	tʂhou⁴⁴捯线	tau⁵⁵搅拌	tei⁵⁵剥	ti³³起名
tlaŋ⁴⁴滚	tlau⁴³拔	tlau⁵⁵卷	tlɛ³¹挖	nthua⁵⁵打开
nthua⁵⁵薅	nʦei⁴⁴和面	pua⁴⁴劈	tɕhi⁴³扫	lou²⁴钻

句子示例：

a) ni²¹mo²¹pou³¹ɴqei⁴⁴. 他去还账。
 他 去 还价

b) kau³¹nʈo¹³o⁵⁵pua¹³ȵua¹³. 你帮我抱小孩。
 你 跟 我 抱 小孩

c) kau³¹tua³¹tha⁴³o⁵⁵tshau⁴³mpa⁴⁴. 你来帮我刲猪。
 你 去 和 我 刲 猪

d) ni²¹tʂho⁵⁵qen³¹tʂho⁵⁵tʂi⁴⁴zoŋ⁴⁴. 他吹芦笙吹得不好。
 他 吹 芦笙 吹 不 好

自主不及物义素动词，即自动动词

taŋ⁴⁴飞跑	mphou⁴⁴拥	ʂɛ⁵⁵站立	ʂu⁴³挪	su⁴⁴爬行
to²⁴吠	fai⁴³分辨	faŋ⁵⁵私奔	qou⁴³ₛₕₑ交媾	tʂo³³笑
qua⁴⁴ₘₐₗₑ啼	hen⁴⁴ₘₐₗₑ嘶	Nqau⁵⁵黄牛叫	ɲcou¹³蹦	tsai²¹唶
zi¹³推辞	tsu²¹吊唁	lou¹³趔	tɕa⁴⁴搁	so³¹窥

句子示例：

a) tei³¹ntsou²⁴i⁴⁴su⁴⁴qa³³sa⁵⁵. 蚂蚁熙熙攘攘地爬着。
　　些　蚂蚁　那 爬 前缀 熙攘貌

b) to²¹ntshai³³i⁴⁴faŋ⁵⁵ lɛ²⁴ ta²¹. 那个姑娘私奔了。
　　个 姑娘 那 私奔 去 了

c) ni²¹to³³ntshi⁴⁴ni⁴⁴lɛ²⁴. 他笑嘻嘻地走了。
　　他 笑 眯笑貌的 去

d) kau³¹ʂu⁴³taŋ⁵⁵lo²¹i⁴³ɳtʂi³³. 你挪过来一点。
　　你　挪　横 来 一 点

外动义素是非自主动词[变化]或[属性]关涉到外部事物的义素，即非自主及物义素，这样的动词是外动动词。内动义素是非自主动词只在其内部[变化]，不涉及外部事物的义素，亦即非自主不及物义素，这样的动词是内动动词。例如：

非自主及物义素动词，即外动动词

poŋ⁴³掉	pou⁴³懂	pai²⁴流₍血₎	tʂhi⁴⁴飘₍小雨₎	tli¹³瞎
ntɕho⁴⁴冒₍烟₎	ɳtha⁴⁴扎₍根₎	ntson²⁴染₍病₎	phli³³蜕	sen⁵⁵醒
ʂɛ⁵⁵起₍泡儿₎	sou⁴⁴漏	laŋ⁵⁵发₍芽₎	ɕi³³生₍蛊₎	tli¹³₍屎尿₎急
ŋkhi³³豁	tau⁴⁴穿₍孔₎	tʂhua⁴⁴思念	ntɕo⁴⁴想念	pua¹³耗

句子示例：

a) to²¹ɲua¹³naŋ⁴⁴tɕi⁴⁴pou⁴³taŋ⁴³. 这个小孩不懂事。
　　个小孩 这 不 懂 事

b) naŋ⁴³phli³³tɛ⁴⁴. 蛇蜕皮。
　　蛇　蜕　皮

c) ni²¹qhau⁵⁵ni⁴⁴sen⁵⁵tɕɛ⁵⁵. 他刚醒酒。
　　他　刚　醒　酒

d) lo⁴³thoŋ⁴³naŋ⁴⁴sou⁴⁴tlei³¹. 这只桶漏水。
　　只　桶　这　漏 水

非自主不及物义素动词，即内动动词

| pau⁴³塌 | tʂhen⁴⁴颤抖 | ɳtɕo⁴⁴记住 | ɳtso⁴³喘 | phau⁴³浮肿 |
| zen¹³凋零 | ʂen⁴⁴徘徊 | ʂou³³凹陷 | sua⁴⁴起₍风疹₎ | ɲi⁴⁴飘落 |

tua¹³死　　　tua³¹发酵　　qou³¹败谢　　hai⁵⁵倾倒　　tɕi¹³燃烧

lou²⁴起ᵦ　　mpou⁴⁴沸　　tl̥oŋ¹³翻腾　　ntaŋ⁴³浮　　ʐaŋ³¹融化

句子示例：

a) tʂei⁵⁵pau⁴³lɛ²⁴ta²¹. 房子塌了。
　　房　　塌　　了 了

b) mploŋ³¹ntoŋ⁴⁴ʐen²¹hɛ⁵⁵. 树叶唰唰地掉下来。
　　叶　　树　　凋零　唰唰响声貌

c) tl̥ou³³mpo⁴⁴ʐaŋ³¹ta²¹. 冰雪融化了。
　　冰　雪　融化 了

d) l̥ua⁵⁵tɛ²¹tɕi¹³qua³¹voŋ²¹. 火呼呼地燃烧着。
　　火　　　燃烧 叫　呼呼响声貌

2.3.7 动词的义项与自主动词和非自主动词

苗语的动词有的只有一个义项（semantic item），有的可以有多个义项。不同的义项，语法功能不同，可以具有自主和非自主义素。多义项动词有含自主义素的义项，也有不含自主义素的义项。含有自主义素的义项即是自主义项，不含自主义素的义项是非自主义项。在自主义项下具备自主动词的条件时，是自主的，在非自主义项下不符合自主动词条件时，是非自主的。

确定多义项动词的自主和非自主，可以从动词与主语和宾语的关系来考察。主语和宾语限定动词的意义，对明确动词的意义、确定动词的义项有重要的作用。有些动词带不同的主语或宾语，表示不同的意义，可以具有[+自主]或[−自主]义素。动词与包含它的主谓结构（subject-predicate structure）或述宾结构（predicate-object construction）在意义上存在一致性，即主谓结构或述宾结构含有自主义，动词归入自主动词，不含自主义，动词一般是非自主的。不过，主谓结构的动词含有自主义时，动词可以带宾语；主谓结构不含自主义时，动词带宾语的情况不多。例如：

a) pua²¹坏

ni²¹pua²¹o⁵⁵tl̥ua⁴³mpei⁴⁴.（施事主语，他动致使宾语，自主动词）他坏我名声。
他　坏　我　名声

toŋ³¹pua²¹lɛ²⁴ta²¹.（当事主语，非自主动词）桌子坏了。
桌　坏　了 了

b) tl̥au⁵⁵滚

kau³¹tʂi⁴⁴ti³³tl̥au⁵⁵pau⁴³ʐei.（施事主语，受事宾语，自主动词）你别滚石头。
你别　　　滚　石头

pau⁴³zei⁴³tḷau⁵⁵ɴqei²¹lo²¹ta²¹.（当事主语，非自主动词）石头滚下来了。
石头　　滚　下　来了

c) ḷaŋ⁴³烫
ni²¹mo²¹ḷaŋ⁴³mpua⁴⁴lɛ²⁴.（施事主语，受事宾语，自主动词）他去烫猪了。
他　去　烫　猪　了
tḷei³¹ko⁴³ḷaŋ⁴³tou¹³o⁵⁵.（当事主语，客体宾语，非自主）开水烫着我。
水　　烫　　烫　着我

以上三例中，各句的动词属于同一义项的不同句法功能。处在施动主语之后，受事宾语或他动致使宾语之前时，具有自主义项，是自主动词；处在当事主语之后，主体宾语、客体宾语之前时，是非自主动词。

d) tʂhua⁴³吹；吹_{刮风}
kau³¹tha⁴³o⁵⁵tʂhua⁴³lua⁵⁵tɛ²¹.（施事主语，受事宾语，自主动词）你帮我吹火。
你　跟　我　吹　火
ṇoŋ⁴³naŋ⁴⁴tsi³³tsɛ³¹tʂhua⁴³tɕua⁴⁴.（时间主语，主体宾语，非自主动词）
日　这　不　会　吹　风
今天不会刮风。

e) qa¹³罅；罅开
qa¹³ṇtsi³³toŋ³¹tou⁴⁴.（他动致使宾语，自主动词）给开点门。
罅　点　门　给
lo⁴³thoŋ⁴³naŋ⁴⁴qa¹³lɛ²⁴ta²¹.（当事主语，非自主动词）这只桶罅了。
只　桶　这　罅　了了

以上两例中，各句的动词具有两个义项，动词在施动主语之后，受事宾语、他动致使宾语之前为自主义项，具有自主性，是自主动词；动词在时间主语、当事主语之后，主体宾语之前为非自主义项，不具有自主性，是非自主动词。

f) ntou³³打；打杀；打_霜
kau³¹tsi⁴⁴ti³³ntou³³ni³³ṇua¹³.（施事主语，受事宾语，自主动词）你别打小孩。
你　别　　打　小孩
pei⁴³ntou³³to²¹ṇo³¹tou³³ni²¹.（施事主语，受事宾语，自主动词）
我们打　头牛　给他
我们杀头牛给他。
tai³³ki²¹naŋ⁴⁴ntou³³tei⁴⁴ta²¹.（时间主语，主体宾语，非自主动词）今晨打霜了。
早晨　这　打　霜　了

g) lo²¹来；下_雨；流_{鼻涕}
ni²¹lo²¹ta²¹.（施事主语，自主动词）他回来了。
他　来　了

ņoŋ⁴³naŋ⁴⁴ņtshai⁴⁴za⁴⁴lo²¹naŋ¹³. (时间主语，主体宾语，非自主动词)
日　这　恐怕　要　来　雨
今天怕要下雨。

a³³naŋ¹³o⁵⁵lo²¹ņtsu¹³ņtsha⁴³. (当事主语，客体宾语，非自主动词)
昨天　我　来　鼻涕　清
昨天我流清鼻涕。

以上两例中，各句的动词各有三个义项，后两个义项为引申义（extended meaning）。三个义项可以看成三个动词。在句法结构中，施事主语之后，受事宾语之前的动词为自主义项，具有自主性，是自主动词；当事主语之后，主体宾语、客体宾语之前的动词为非自主义项，不具有自主性，是非自主动词。

h) to⁴⁴扯断；断案；断裂；断绝；伤心
o⁵⁵to⁴⁴maŋ⁴³lo²¹khi⁴⁴pau⁴³mi²¹. (施事主语，受事宾语，自主动词)
我　扯断　藤　来　拴　苞　米
我曳藤子来拴玉米。

o⁵⁵tha⁴³ni²¹to⁴⁴nto³¹. (施事主语，受事宾语，自主动词) 我帮他断案。
我　跟　他　断　天

lua⁴⁴tɛ⁵⁵to⁴⁴lɛ²⁴ta²¹. (当事主语，非自主动词) 皮绳断了。
绳　皮　断　了　了

qai⁴³to⁴⁴noŋ⁴³lɛ²⁴ta²¹. (当事主语，结果宾语，非自主动词) 鸡死绝了。
鸡　断　绝种　了　了

ni²¹mua³¹ņtsi³³to⁴⁴sa⁴³. (当事主语，外动致使宾语，非自主动词) 他有点伤心。
他　有　点　断　肝

i) tua³¹来；升起；发酵；萌发；动心
ni²¹tua³¹ta²¹. (施事主语，自主动词) 他来了。
他　来　了

ņoŋ⁴³tua³¹ta²¹. (施事主语，自主动词) 太阳升起来了。
日　来　了

tɕɛ⁵⁵mau²¹tua³¹ta²¹. (当事主语，非自主动词) 米酒发酵了。
酒　嫩　发酵　了

qau³³tua³¹cou²¹ta²¹. (当事主语，结果宾语，非自主动词) 芋头发芽了。
芋头　发　芽　了

o⁵⁵mua³¹ņtsi³³tua³¹sa⁴³. (当事主语，外动致使宾语，非自主动词)
我　有　点　动　肝
我有点动心。

上面两例中，各句的动词各有五个义项，其中存在引申义项，各义项可以看作不同动词的义项。在句法结构中，施事主语后，受事宾语前的动词含有自主义项，具有自主性，是自主动词；当事主语后，结果宾语、外动致使宾语前的动词不含有自主义项，不具有自主性，是非自主动词。下面再举一个有六个义项的动词：

j) l̪ei⁴⁴ 脱；擤；伸出 舌头；鼓起；脱落；伸 舌头

l̪ei⁴⁴tʂhau⁴⁴lo²¹tou⁴⁴o⁵⁵ŋaŋ⁵⁵.（受事宾语，自主动词）脱衣服来给我穿。
脱　衣　来　给　我　穿

l̪ei⁴⁴ɳtʂu¹³taŋ⁴⁴.（受事宾语，自主动词）擤掉鼻涕。
擤　鼻涕　掉

kau³¹l̪ei⁴⁴mplai¹³tɕ²⁴lo²¹.（施事主语，他动致使宾语，自主动词）你伸舌头出来。
你　伸出　舌　出　来

ni²¹l̪ei⁴⁴mua¹³l̪au⁴⁴.（施事主语，他动致使宾语，自主动词）他突然鼓着眼睛。
他　鼓起　眼　迅速貌

to²¹n̪ua¹³naŋ⁴⁴l̪ei⁴⁴n̪a⁵⁵ta²¹.（当事主语，客体宾语，非自主动词）
个　小孩　这　脱落　牙　了
这个小孩换牙了。

to²¹tl̪ei⁵⁵i⁴⁴l̪ei⁴⁴mplai¹³lei¹³.（当事主语，外动致使宾语，非自主动词）
个　狗　那　伸　舌　耷拉貌
那狗耷拉着舌头。

六个义项中的后五个义项皆为引申义，同样可以看作不同的动词，在可视句法结构中，带施事主语、受事宾语或他动致使宾语的动词，含有自主义项，具有自主性，是自主动词；带当事主语、外动致使宾语或客体宾语的动词不含有自主义项，不具有自主性，是非自主动词。

2.4　句法结构对自主动词和非自主动词的制约

自主动词和非自主动词的句法结构，主要是指其所在句子中的主谓结构、修饰结构（modificative structure）、述宾结构、述补结构（predicate-complement structure）、重叠结构（reduplicative structure 和体貌结构（aspectuality structure）。

在主谓结构中，施事主语后面的动词是自主动词，当事主语后面的动词是非自主动词。如果主语既不是施事主语，也不是当事主语，可以用句式转换的方法或用是否能进入祈使句的方法来鉴别。关于自主动词和非自主动词在主谓结构上的差别，前面已经讨论过，这里不再赘述。

在述宾结构里，受事宾语、他动致使宾语前面的动词是自主动词，客体宾语、主体宾语和外动致使宾语前面的动词是非自主动词。前面也已经讨论过，此处不再重复。

重叠结构、体貌结构将在专章讨论。下面将着重讨论修饰结构和述补结构。

2.4.1 修饰结构对自主动词和非自主动词的制约

苗语动词的修饰结构，大体上有形容词（Adj，adjective）修饰动词、副词（Adv，adverb）修饰动词、动词修饰名词三种。

2.4.1.1 形容词修饰动词

苗语能修饰动词的形容词，主要是表示数量、时间、性质的形容词，如ntou^{44}"多"、tsɛ^{13}"少"、ɲcen^{21}"懒"、ntso^{55}"早"、zoŋ^{44}"好，容易"、naŋ^{31}"难"，等等。

受形容词修饰的动词都是自主动词，也就是说自主动词可以受形容词的修饰，非自主动词不能受形容词的修饰。例如：

自主动词	非自主动词
ntou^{44}ʂou^{44}多收	*ntou^{44}m̥au^{55}多思念
多　收获	多　　思念
tsɛ^{13}ʂo^{44}少休息	*tsɛ^{13}lo^{43}少生长
少　休息	少　生长
ɲcen^{21}mo^{21}懒去	*ɲcen^{21}tɕa^{31}懒活
懒　去	懒　活
ntso^{55}tua^{31}早来	*ntso^{55}zoŋ^{44}早忍/挨
早　来	早　忍/挨
zoŋ^{44}nau^{31}好吃	*zoŋ^{44}khau^{55}好凝固
好　吃	好　凝固
zoŋ^{44}ua^{44}容易做	*zoŋ^{44}pou^{13}容易落入
容易　做	容易　落入
naŋ^{31}noŋ^{13}难听	*naŋ^{31}n̥au^{55}难听见
难　听	难　听见

2.4.1.2 副词修饰动词

苗语的副词可以分为表示时间、反复、范围、程度、方式和否定等6个小类。动词受时间副词（temporal adverb）、反复副词（frequency adverb）、范围副词（range adverb）、程度副词（degree adverb）、方式副词（manner adverb）等的修饰时，在格式上不能明显区分出自主动词和非自主动词。苗语的否定副词有tʂi⁴⁴"不"、tʂi⁴⁴kau²⁴"未曾"、tʂi⁴⁴tou⁴⁴"没得"、tʂi³³ti³³"别"、tʂi⁴⁴ɕau⁴³"不消",其中,tʂi⁴⁴"不"、tʂi⁴⁴kau²⁴"未曾"、tʂi⁴⁴tou⁴⁴"没得"既可以修饰自主动词,又可以修饰非自主动词,表示陈述语气,但是,只有tʂi⁴⁴ti³³"别"、tʂi⁴⁴ɕau⁴³"不消"修饰动词时,才可以明确区分自主动词和非自主动词。

苗语否定副词tʂi⁴⁴ti³³"别"、tʂi⁴⁴ɕau⁴³"不消"对动词的修饰,表示禁止的祈使语气。前面已经谈到能进入祈使句的动词是自主动词,祈使句中存在祈使语气。由此,可知受副词tʂi⁴⁴ti³³"别"、tʂi⁴⁴ɕau⁴³"不消"修饰的动词都是自主动词,即它们只修饰自主动词,不修饰非自主动词。例如:

tʂi⁴⁴ti³³"别"修饰动词

tʂi⁴⁴ti³³lai³³别割　　　　　　* tʂi⁴⁴ti³³taŋ²¹别完
别　　割　　　　　　　　　别　　完

tʂi⁴⁴ti⁴⁴ȵaŋ⁵⁵别穿　　　　　* tʂi⁴⁴ti³³ȵƫho⁴⁴别消退
别　　穿　　　　　　　　　别　　消退

tʂi⁴⁴ti³³ȵtɕɛ³³别挖　　　　　* tʂi⁴⁴ti³³ȵtsou²¹别ᵢ手指起倒欠
别　　挖　　　　　　　　　别　　起倒欠

tʂi⁴⁴ɕau⁴³"不消"修饰动词

tʂi⁴⁴ɕau⁴³cu⁵⁵别挑ᵢ水　　　* tʂi⁴⁴ti³³hɛ⁴⁴别泄ᵢ拉肚子
不消　　挑　　　　　　　　不消　　泄

tʂi⁴⁴ɕau⁴³tlou³³别㞗　　　　* tʂi⁴⁴ɕau⁴³mplua⁴⁴别溢出
不消　　㞗　　　　　　　　不消　　溢出

tʂi⁴⁴ɕau⁴³nto⁴⁴别剁　　　　* tʂi⁴⁴ɕau⁴³mphau⁴³别褪ᵢ色
不消　　剁　　　　　　　　不消　　褪

一些非自主动词,一旦被认为是有心的、主观的发出的动作行为或有意识控制的行为或强调要主观控制的行为时,也可以受副词tʂi⁴⁴ti³³"别"和 tʂi⁴⁴ɕau⁴³"不消"的修饰,这时非自主动词取得了临时的自主性,具有自主动词的性能。例如:

a) tʂi⁴⁴ti³³ɴqo⁴⁴, ȵau⁴³ȵtɕua³³la¹³ȵau⁵⁵lɛ²⁴. 别咳嗽,待会儿别人听到了。
别　咳　在　会儿　别人　听见了

b) tʂi⁴⁴ti³³ȵtsaŋ³¹, toŋ¹³qhau⁵⁵ȵtsei³¹hen⁵⁵lɛ²⁴. 别哼,聒耳朵很。
别　呻吟　聒　耳朵　得很

c) tʂi⁴⁴ɕau⁴³ki³³mau⁴³lo²¹tou⁴⁴pei⁴³. 别把病传染来给我们。
不消　传染病　来　给　我们

d) kau³¹tʂi⁴⁴ɕau⁴³mua³¹to²¹la¹³tsa⁴⁴ɕaŋ⁵⁵fa³¹. 你别有什么想法。
你　不消　有　个　什么　想法

2.4.1.3 动词修饰名词

苗语动词修饰名词时，名词位于动词之前，整个修饰结构只表达名词的语义性质，属关系子句（relative clause）。非自主动词不能修饰名词，能修饰名词的动词都是自主动词。例如：

lu²¹ki⁴³炒茄子 炒的茄子　　　　　ʐei⁴³ho⁵⁵磨石 磨刀的石头
　茄　炒　　　　　　　　　　　　石　磨

qai⁴³ʂi³³阉鸡 阉过的鸡　　　　　　tʂhi³³saŋ²⁴骟羊 骟了的山羊
　鸡　阉　　　　　　　　　　　　山羊　骟

ȵtɕei³¹nto³³织架 织布的架柱　　　ta⁴³ȵtaŋ³¹蜡染裙 蜡染的裙子
　柱　织　　　　　　　　　　　　裙　蜡染

苗语有一些类似动词修饰名词的结构，这些结构表面上看是名词修饰动词，但是在结构上是主谓结构，动词语义不指向名词，整个结构不表达名词的语义性质。例如：

qai⁴³tua¹³鸡死 死鸡　　　　　　　qei⁴⁴qou³¹蛋寡 寡蛋
　鸡　死　　　　　　　　　　　　蛋　寡

tou⁴³ti³¹瓜萎谢 蔫瓜　　　　　　　tɛ⁴⁴ȵtɕua³³脚裂 龟脚，一年四季都开裂的脚
　瓜　萎谢　　　　　　　　　　　脚　龟裂

表层相同的两种结构，可以从动词的完成体来进行区分，能表达完成体的是主谓结构，不能表达完成体的是修饰结构。例如：

主谓结构　　　　　　　　　　　**修饰结构**

qai⁴³tua¹³lɛ²⁴. 鸡死了。　　　　　　*ȵtɕei³¹nto³¹lɛ²⁴. 织架了。
　鸡　死　了　　　　　　　　　　　　柱　织　了

tou⁴³ti³¹lɛ²⁴. 瓜萎谢了。　　　　　　*ʐei⁴³ho⁵⁵lɛ²⁴. 磨石了。
　瓜　萎　了　　　　　　　　　　　　石　磨　了

2.4.2 述补结构对自主动词和非自主动词的制约

苗语的述补结构由述语和补语两部分构成，补语包括结果补语（resultative complement）、趋向补语（directional complement）、数量补语（quantitative complement）、可能补语（potential complement）、程度补语（degree complement）和原因补语（causative complement）。这些补语中，只有可能补语、程度补语可以构成区别自主动词和非自主动词的述补结构。

2.4.2.1 可能补语与自主、非自主动词

可能补语由能愿动词与动词（Cw+V）、动词与能愿动词（V+Cw）构成。苗语固有的能愿动词有tei²⁴"肯、让"、tsɛ³¹"会、能"、ȵau¹³"能，可以"、tou⁴⁴"能，得，可以"、tou²¹"能，……得动"等。tei²⁴"肯"、tsɛ³¹"会"

用在动词的前面，作补语结构的核心，动词作补语。

自主动词能补充能愿动词tei^{24}"肯"，表能愿达成的动作行为，非自主动词不能补充能愿动词tei^{24}"肯"。例如：

自主动词	非自主动词
tei^{24}noŋ^{13}让听	*tei^{24}ŋau^{55}让听见
肯　听	肯　听见
tei^{24}pu^{44}让睡	*tei^{24}tʂou^{13}让睡着
肯　睡	肯　睡着
tei^{24}nua^{24}让看	*tei^{24}po^{24}让看见
肯　看	肯　看见
tei^{24}nto^{44}让吐 口水，痰	*tei^{24}ntua^{55}让呕吐
肯　吐	肯　呕吐
tei^{24}nau^{31}让吃	*tei^{24}tʂi^{13}让醒
肯　吃	肯　醒
tei^{24}hou^{33}让喝	*tei^{24}tʂhen^{44}让颤抖
肯　喝	肯　颤抖

苗语的能愿动词tsɛ^{31}"会"，可以表达可能和能力两个语义，这两个语义经常受其后面动词的影响。tsɛ^{31}"会"能出现在自主动词和非自主动词之前，表层结构相同，但是，语义结构不同，出现在自主动词之前时，既表示有可能，也表示能力。例如：

tsɛ^{31}ha^{43}会编织、有能力从事编织	tsɛ^{31}ua^{44}会做、能做、有能力做
会　编	会　做
tsɛ^{31}hai^{44}会拉、有能力拉	tsɛ^{31}hai^{33}会说、能说会道
会　拉	会　说
tsɛ^{31}hai^{55}会耙地、有能力耙地	tsɛ^{31}hai^{43}会献祭、有能力主持献祭活动
会　耙	会　献祭

tsɛ^{31}"会"出现在非自主动词之前时，不表示有能力，只表示可能。例如：

tsɛ^{31}mau^{43}会病、有可能生病	tsɛ^{31}tua^{13}会死、有可能死
会　病	会　死
tsɛ^{31}tʂhaŋ^{55}会晴、有可能晴	tsɛ^{31}pou^{43}会知道、有可能知道
会　晴	会　知道
tsɛ^{31}qou^{13}会醉、有可能醉	tsɛ^{31}tɕi^{13}会燃起来、有可能燃起来
会　醉	会　燃

苗语的能愿动词ȵau^{13}"能，可以"、tou^{44}"能，得，可以"、tou^{21}"能，……

得动"用在动词的后面,作补语结构核心动词的可能补语。ȵau^{13} "能、可以"、tou^{44} "能,得,可以"表达动作行为在能愿的可能性,两者功能相同;tou^{21} "能,……得动"表达动作行为能愿的能力。后置的能愿动词只能与自主动词结合构成可能补语述补结构,不能与非自主动词结合。例如:

表示可能性的述补结构

nau^{31}ȵau^{13}/tou^{44}能吃,吃得,可以吃　　*ti^{31}ȵau^{13}/tou^{44}能萎谢,可以萎谢
吃　能　能　　　　　　　　　　　萎谢　能　能

mo^{21}ȵau^{13}/tou^{44}能去,去得,可以去　　*ntsaŋ^{31}ȵau^{13}/tou^{44}能呻吟,可以呻吟
去　能　能　　　　　　　　　　　呻吟　能　能

lai^{31}ȵau^{13}/tou^{44}能犁,犁得,可以犁　　*tsi^{13}ȵau^{13}/tou^{44}能醒,可以醒
犁　能　能　　　　　　　　　　　醒　能　能

表示能力的述补结构

ua^{44}tou^{21}做得动,有能力做　　　　　*nti^{44}tou^{21}剥落得了,能够剥落
做　能　　　　　　　　　　　　　剥落　能

ntou^{31}tou^{21}走得动,能够走　　　　　*mpou^{44}tou^{21}开得了,能够沸
走　能　　　　　　　　　　　　　沸　能

ntou^{33}tou^{21}打得动,能够打,时时在打　*sou^{44}tou^{21}漏得动,能够漏
打　能　　　　　　　　　　　　　漏　能

后置的能愿动词表达的是一种有心的、主观的愿望。这种主观的愿望可以使非自主动词受能愿动词的补充,使非自主动词临时具有一种虚拟的自主性,这种虚拟的自主性成为对事物发展变化的主观判断,但是,主观愿望能否实现和主观判断正确与否,并不能由非自主动词的虚拟自主性决定,只能由动词的变化或属性决定,所以,只要动词的非自主义素不变,它仍旧是非自主动词。例如:

a) tei^{31}mplei^{31}naŋ^{44}toŋ^{44}ȵau^{13}naŋ^{43}ta^{21}. 这些稻子应该垂穗了(其实还没有)。
　　些　稻　这　下垂得　穗　了

b) za^{13}naŋ^{44}tou^{44}ȵau^{13}tou^{21}ta^{21}. 这次应该能得到了(其实未必)。
　　次　这　得到　能　能　了

c) o^{55}ntɕo^{44}ȵau^{13}tou^{44}ta^{21}. 我能记得了(其实不一定)。
　　我　记得　能　能　了

d) tu^{21}ȵau^{13}tou^{44}mo^{21}ta^{21}. 能淌得去了(其实不一定)。
　　流　能　能　去　了

2.4.2.2　程度补语述补结构与自主、非自主动词

苗语可以作补语的程度副词有lou^{43}ni^{44} "很、得很"、hen^{55}lɛ^{24} "很、厉

害得很"、tʂi⁴⁴tɕi¹³ "不得了"。hen⁵⁵lɛ²⁴ "很、得很"的程度比lou⁴³ni⁴⁴ "很、得很"高，tʂi⁴⁴tɕi¹³ "不得了"的程度比 hen⁵⁵lɛ²⁴ "很、得很"高，不过它们的句法结构相同，如何使用，则由述说者根据要表达的程度决定。

  苗语能带程度补语的动词基本上是表示感受的动词，感受动词具有非自主义素，所以带程度补语的动词都是非自主动词，自主动词不能带程度补语。带程度补语的动词一般都带宾语，宾语紧接动词，补语位于宾语之后，一般结构形式为：动词+宾语+程度补语。如果宾语是客体宾语，不能前移作主语，结构形式为：动词+客体宾语+程度补语；如果宾语是主体宾语，宾语可以前移作当事宾语，结构形式为：动词+主体宾语+程度补语→当事主语+形容词+程度状语。例如：

动词+客体宾语+程度补语

a) tlə⁴⁴ŋtʂei⁵⁵lou⁴³ni³³/hen⁵⁵lɛ²⁴ / tʂi⁴⁴tɕi¹³. 盐咸得很/得厉害得很/得不得了。
  咸 盐 得很 厉害得很 不得了

b) Nqhei³³tlei³¹lou⁴³ni³³/hen⁵⁵lɛ²⁴ / tʂi⁴⁴tɕi¹³. 渴水得很/得厉害得很/得不得了。
  渴 水 得很 厉害得很 不得了

c) toŋ¹³qhau⁵⁵ŋtʂei³¹lou⁴³ni³³/hen⁵⁵lɛ²⁴/tʂi⁴⁴tɕi¹³. 聒耳朵得很/得厉害得很/得不得了。
  聒 孔 耳 得很 厉害得很 不得了

d) tʰa⁴⁴na̠⁵⁵lou⁴³ni³³/hen⁵⁵lɛ²⁴/tʂi⁴⁴tɕi¹³. 塞牙得很/得厉害得很/得不得了。
  塞 牙 得很 厉害得很 不得了

动词+主体宾语+程度补语→当事主语+形容词+程度状语

a) tla̠²¹tou⁴³hou⁴⁴lou⁴³ni³³/hen⁵⁵lɛ²⁴ / tʂi⁴⁴tɕi¹³. 头疼得很/得厉害得很/得不得了。→
  疼 头 得很 厉害得很 不得了
  tou⁴³hou⁴⁴tla̠²¹lou⁴³ni³³/hen⁵⁵lɛ²⁴/ tʂi⁴⁴tɕi¹³. 头疼得很/得厉害得很/得不得了。
  头   疼 得很 厉害得很 不得了

b) tʂhai⁴³plaŋ⁴³lou⁴³ni³³/hen⁵⁵lɛ²⁴/tʂi⁴⁴tɕi¹³. 肚子饿得很/得厉害得很/得不得了。→
  饿 肚 得很 厉害得很 不得了
  plaŋ⁴³naŋ⁴⁴tʂhai⁴³lou⁴³ni³³/hen⁵⁵lɛ²⁴/tʂi⁴⁴tɕi¹³.
  肚 这 饿 得很 厉害得很 不得了
  这肚子饿得很/得厉害得很/得不得了。

c) ŋtʂɛ⁵⁵tɛ²¹lou⁴³ni³³/hen⁵⁵lɛ²⁴/tʂi⁴⁴tɕi¹³. 冒火(生气)得很/得厉害得很/得不得了。→
  冒 火 得很 厉害得很 不得了
  to³¹tɛ²¹naŋ⁴⁴ŋtʂɛ⁵⁵lou⁴³ni³³/hen⁵⁵lɛ²⁴/tʂi⁴⁴tɕi¹³.
  个 火 这 冒 得很 厉害得很 不得了
  这火冒(生气)得很/得厉害得很/得不得了。

d) tsau⁴³lo⁴³ʂa⁴³lou⁴³ni³³/hen⁵⁵lɛ²⁴/tʂi⁴⁴tɕi¹³. 沤心得很/得厉害得很/得不得了。→
糟 个 肝 得很   厉害得很 不得了
lo⁴³ʂa⁴³i⁴⁴tsau⁴³lou⁴³ni³³/hen⁵⁵lɛ²⁴ / tʂi⁴⁴tɕi¹³. 沤心得很/得厉害得很/得不得了。
个 肝 那 糟 得很   厉害得很 不得了

2.5 小结

上文对苗语自主动词和非自主动词的划分及其语义特征和句法结构的制约性进行了分析和阐述，扼要总结如下。

苗语的自主动词和非自主动词是根据动词与主体的关系划分出的动词的次类。与施事主语、受事主语相结合的动词是自主动词。受事主语通常是由受事宾语前移充当主语构成的，故而与受事宾语相结合的动词也是自主动词。与当事主语结合的动词是非自主动词。在句法结构中，如果主语是施事、受事和当事以外的主语，宾语是受事以外的宾语时，可以用句式转换的方法或替换主语的方法来区分动词的自主和非自主。句式转换或主语替换后，主语为施事主语的，动词是自主动词，主语为当事主语的或不能成句的，动词是非自主动词。能否进入祈使句，也是区分自主动词和非自主动词的语法标准，能进入祈使句的动词是自主动词，不能进入祈使句的动词是非自主动词。

根据动词与主体的组合关系，自主动词主要是能施动的动作行为动词，非自主动词主要是表示变化、属性的动词，包括非动作行为动词、关系动词、系属动词和能愿动词。

苗语自主动词和非自主动词的区分，不仅反映了它们与主体关系的不同，而且还反映了它们的语义特征的不同。自主动词具有[+自主]义，标记为[+自主]，[动作]；非自主动词不具有[+自主]义素，标记为[-自主]，[变化]/[属性]。

苗语的动词除具有自主和非自主义外，还具有其他义素特征，如体貌义素、使动义素、感受义素等。这些义素的存在，影响到自主义素和非自主义素的确定。其制约因素主要是：义素指向、体貌义素、感受义素、致使义素和动词义项的类别与义素的增损。

动词的义素指向，包括动词自主义素的指向和非自主义素的指向。动词的自主义素通常指向能够施动的施事主体，包括人、动物和苗族认知系统中有生命的、可施动的自然物体，也指向受事主体和受事客体，所以自主义素的指向是双向的，向前指向施事主体或受事主体，向后指向受事客体。非自主动词的[-自主]义素的指向不是当事主体[±动物]，而是主体宾语[−动物]或客体宾语[−动物]。动词语义中的自主和非自主的区别,与句法结构中表示主体的名词的语义是否含有[+动物]和是否为施事有关。主体名词含有[+动物]义、为施事或受事主体时,动词语义是[+自主],[动作],主体名词含有[±动物]义、为当事主体时,动词语义是[−自主],[变化]/[属性]。

  苗语的自主动词和非自主动词,都具有体貌义素。但是,表示结果体的体助词tou^{44}"得、了"主要用于动词的自主义素,非自主义素不用;表示将完成体的体助词tɕa^{44}"起来"、taŋ^{44}"掉"用于动词的自主义素,非自主义素不用;表示完成体的体助词ta^{21}"了"主要用于动词非自主义素,表示事物变化的完成,用于动词自主义素时成为祈使语气助词。表达速度的状词l̥au^{44}"快速貌"、ʐau^{13}"快速貌"和ɲcou^{33}"快速貌"置于动词之后,它们主要与动词的自主义素结合,不与动词非自主义素结合;表示情状貌的状词只与动词的非自主义素结合,不与自主义素结合。

  苗语的一些动词具有感受义素。[+自主]义素与表示感受的动词的[+感受]义素相互排斥,具有[+感受]义素的动词是非自主动词,不具有[+自主]义素。非自主动词既具有[−自主]义素,也具有[±感受]义素,[+感受]义素包含于[−自主]义素。

  苗语的一些动词具有致使义素。自主动词具有他动致使义素,他动致使义素与[+自主]义素相容。非自主动词具有外动致使义素,具有外动致使义素的动词都是感受动词,感受动词具有[+感受]义素,[+感受]义素与[+自主]义素相互排斥,具有[+感受]义素的动词是非自主动词,具有[−自主]义素;外动致使义素的动词也具有[+感受]义素和[−自主]义素,也与[+自主]义素相互排斥,但与感受动词相容。他动致使义素动词可以进入"mua^{43}把+N+V…"的句式,外动致使义素的动词不能进入这样的句式。

  自主动词涉及客体时具有[+他动]义素,不涉及客体时不具有[+他动]义素,标记为[+自动]义素,非自主动词涉及客体时具有[+外动]义素,不涉及客体时不具有[+外动]义素,标记为[+内动]义素。具有[+他动]义素的动词是他动动词,具有[+自动]义素的动词是自动动词,具有[+外动]义素的动词是外动动词,具有[+内动]义素的动词是内动动词。

  苗语的动词经常含有多个义项,不同的义项的语法功能不同。由于所含义素的数量和性质的不同,形成了不同的义项。多义项动词既可以含自主义素的义项,也可以不含自主义素的义项。在自主义项下具备自主动词的条件时,是自主的,在非自主义项下不符合自主动词的条件时,是非自主的。确定动词义项,可以从动词的主语和宾语成分来考察。主语和宾语限定动词的意义,对明确动词的意义、确定动词的义项有重要的作用。主谓结构或述宾结构含有自主义，动词归入自主动词，不含自主义，动词一般是非自主的。

苗语的句法结构对动词的自主和非自主有一定的限制作用，不同的句法结构对动词的自主和非自主的限制不同，有的结构只选择自主动词，有的结构只选择非自主动词。苗语表示数量、时间、性质的形容词，如ntou^{44}"多"、tṣɛ^{13}"少"、ȵcen^{21}"懒"、ntso^{55}"早"、zoŋ^{44}"好，容易"、naŋ^{31}"难"等，只修饰自主动词，不修饰非自主动词。苗语否定副词tṣi^{33}ti^{33}"别"、tṣi^{44}ɕau^{43}"不消"对动词的修饰，表示禁止的祈使语气，只修饰自主动词，不修饰非自主动词。苗语动词修饰名词时，名词位于动词之前，整个修饰结构只表达名词的语义性质。非自主动词不能修饰名词，能修饰名词的动词都是自主动词。苗语的自主动词和非自主动词都可以带补语，但是，不同的补语对动词的自主和非自主有一定的限制作用。苗语能愿动词tei^{21}"肯"用在动词的前面，作述补结构的核心时，只受自主动词的补充，不受非自主动词的补充。苗语能愿动词ȵau^{13}"能，可以"、tou^{44}"能，得，可以"、tou^{21}"能，得动"用在动词的后面，作述补结构核心的可能补语时，只能充当自主动词的可能补语，不能充当非自主动词的可能补语。苗语的程度副词lou^{43}ni^{44}"很、得很"、hen^{55}lɛ^{24}"很、厉害得很"、tṣi^{44}tɕi^{13}"不得了"，可以作述补结构动词核心的程度补语。苗语能带程度补语的动词基本是表示感受的动词，感受动词具有非自主义素，所以，带程度补语的都是非自主动词，自主动词不能带程度补语。

苗语的自主动词和非自主动词的语法差异，既有词法的表现，又有句法的表现。语义的差别影响到词语间的组合，也影响到句型。动词自主和非自主义素的对立构成了一对语法范畴。苗语动词的自主和非自主只有少数可以成对出现并显示出它们的关系。例如：

noŋ^{13}听（自主） ↔ ȵau^{55}听见（非自主）

nua^{24}看（自主） ↔ po^{24}看见（非自主）

pu^{44}睡（自主） ↔ tṣou^{13}睡着（非自主）

nti^{44}吐（自主） ↔ nto^{44}吐（自主） ↔ ntua^{55}呕吐（非自主）

自主、非自主动词的对立，有的表现为声母的不同，有的表现为韵母的不同，有的表现为声调的不同，但是，缺少严格意义的形态变化。动词自主和非自主的对立是苗语动词内部屈折残留的痕迹。

综上所述，苗语的动词可以有如下的分类系统：

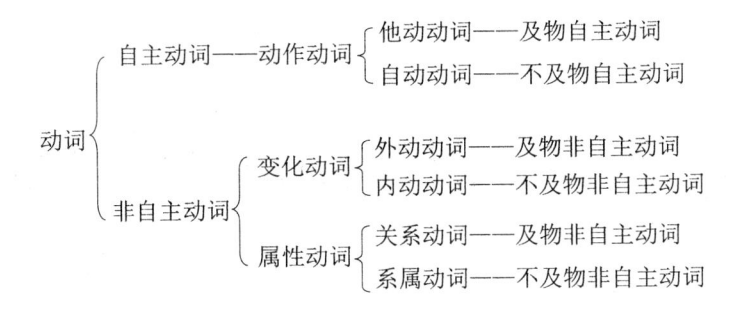

```
                  ┌ 自主动词——动作动词 ┌ 他动动词——及物自主动词
                  │                    └ 自动动词——不及物自主动词
         动词 ┤
                  │                    ┌ 变化动词 ┌ 外动动词——及物非自主动词
                  │                    │         └ 内动动词——不及物非自主动词
                  └ 非自主动词 ┤
                                       │ 属性动词 ┌ 关系动词——及物非自主动词
                                       └         └ 系属动词——不及物非自主动词
```

依据上图，苗语的全部动词都可以纳入这个分类系统，自主动词和非自主动词是苗语动词的基本类别。

第三章 苗语动词重叠式的构成形式及其语义特征

苗语动词重叠式（verb reduplication）的构成形式及其语义特征，老一辈学者有过一些研究，像张济民先生的《苗语语法纲要（川黔滇方言）》、王辅世先生主编的《苗语简志》、王春德先生的《苗语语法（黔东方言）》、罗安源先生的《现代湘西苗语语法》、向日征先生的《吉卫苗语研究》等论著中，均有对苗语不同方言单音节动词的重叠式其语义特征作的内容，他们认为苗语单音节动词的重叠形式有 AA 式或 A一A 式两种，其语义特征都是"试一试"或者"随便尝试"，其他形式的重叠式没有涉及。

一般认为苗语的动词绝大多数都可以重叠，其实不尽然。数据统计表明，在 1719 个义项动词中，自主及物动词有 1135 项，能构成 AA 式的只有 400 项，自主不及物动词有 41 项，能构成 AA 式的只有 8 项，非自主及物动词有 399 项，能构成 AA 式的只有 120 项，非自主不及物动词有 127 项，能构成 AA 式的只有 58 项。可见，不是所有的动词或绝大多数动词都可以重叠，可以重叠的动词不会超过整个动词的一半。苗语的部分双音节动词也可以重叠。苗语动词重叠式的构成形式有：AA 式、AABB 式、ABAC 式三种。不同的重叠式构成形式有不同的语义特征，同一重叠形式受不同语法功能的限制，语义特征也不同。

3.1 AA 式及其语义特征

苗语动词的一般重叠形式是动词直接叠加，即 AA 式，这种构成形式在苗语的一些方言土语中有语音屈折变化。单音节动词的重叠式都有基式，基式就是动词本身。

3.1.1 自主动词 AA 式的构成形式及其语义特征

自主动词重叠式的构成形式是动词直接叠加。例如：

基式	词义	重叠式	词义	基式	词义	重叠式	词义
nua^{24}	看	nua^{24}nua^{24}	看看	pua^{13}	抱	pua^{13}pua^{13}	抱抱
ntshua^{44}	洗	ntshua^{44}ntshua^{44}	洗洗	za^{43}	晒	za^{43}za^{43}	晒晒

第三章　苗语动词重叠式的构成形式及其语义特征

ŋa⁴⁴ 闻　　ŋa⁴⁴ŋa⁴⁴ 闻闻　　pu⁴⁴ 睡　　pu⁴⁴pu⁴⁴ 睡睡

苗语可以构成重叠 AA 式的自主动词如下：

po³³蒙	pou³¹还账	pua⁴³捏	pua¹³抱	pu⁴⁴睡	tsha⁴³烘
tshau⁴³劁	tshen²⁴撑	tshɛ⁴³熏	tshɛ⁴³推	tshɛ⁴³扶助	tshɛ²⁴积攒
pa⁵⁵摆设	pa⁵⁵摆古	paŋ⁴³搬	paŋ⁴³争论	paŋ⁴³帮	paŋ⁵⁵绑
paŋ²⁴办	pau⁵⁵投射	pei¹³打	pla⁴⁴贴	plei⁴⁴蛰	plen⁵⁵涂抹
tʂha⁵⁵鞣皮子	tʂha⁵⁵亏待	tʂhau⁵⁵吵	tʂhau⁴³秒	tʂhau²⁴翻	tʂei⁵⁵端
tʂhei²⁴撒	tʂhɛ⁴³抖	tʂhi⁴³间苗	tʂhou⁴⁴筛	tʂho⁵⁵吹奏	tshi²⁴砌
tshi⁴⁴割	tshi⁴⁴锯	tsho²⁴锉	tsho³¹蹭	tai³³挟	tai³¹叨
thaŋ²⁴唱	tau⁵⁵搅和	tau²¹等	ta¹³垫	tei⁵⁵剥	tɛ⁴³逗
tɛ²⁴出	tɛ³³点灯	tɛ⁴⁴指	ti⁵⁵抵	ti⁵⁵顶	ti³³套
ti³³结缔	ti¹³转	tḻai⁴⁴挂	tḻaŋ⁴⁴游	tḻaŋ⁴⁴打滚	tḻau⁵⁵滚
tḻau⁵⁵卷	tḻei⁴⁴摘	tḻei⁴⁴掰	tḻɛ²¹冲撞	tḻɛ³¹挖	tḻi⁴³诓
tḻi¹³挑刺儿	tḻoŋ¹³颠	tḻo⁴⁴搅拌	tḻa⁴³拔	tḻou³³铲	tḻua⁴⁴撕
ɳtɕɛ³³点头	ɳtɕɛ³³挖	ɳtha⁵⁵找	nthua⁴⁴薅	nua²⁴看	ɳau⁴³在
ntsa⁵⁵找寻	ntsai³³吸	ntsa²¹编	ntsau⁴⁴咬	ntsɛ²¹砸	ntsai¹³挪
ɳtʂa⁴⁴掐	ɳtʂa⁴⁴订钉子	ɳtʂɛ²⁴摔	ɳtʂɛ³³塞	ɳtʂai³³藏	ɳtʂua³³嚼
ɳtʂua²¹量	ntso²¹砍	ntsua³¹簸	ou⁵⁵背	phai³³穿越	phai³³划
phei⁵⁵烧	phua⁴⁴剖	phua⁴⁴劈	tɕhau²⁴撬	za⁴⁴张贴	zen²⁴认
zɛ⁵⁵洗	zɛ³³抹	zi¹³缠绕	zo⁵⁵守	zou²⁴坐	sai⁵⁵选
sai³³缝	ɕaŋ⁵⁵想	sau⁵⁵拦	sau⁴⁴嚼	sɛ⁴³搜	ʂau⁴⁴拭
ʂo⁴³烘	ʂou⁴⁴收	ʂua⁵⁵数	ʂu⁵⁵喝	so³¹看	sua⁴³搓
sua⁵⁵吹口哨	si⁵⁵逗引鸟	sua³³摸	su⁵⁵哄	su⁴⁴拢	thai⁴⁴挡
then⁴³摊	thau⁴³掏	thau⁴⁴掏	then²⁴磨蹭	thɛ⁴³揉	thi⁴⁴箍
tḻha⁴⁴跳	tḻhua⁴⁴吞	tho⁴³热	thou⁴³退	thai³³插	tho⁴⁴拔
thou⁴³热	vu⁵⁵盖	vou²⁴埋	ɕau⁴³擅	ɕau⁴³闩	tḻu³³绞
to²⁴咬	to⁴⁴扯	tou¹³游逛	tou¹³跟随	tai³³追	taŋ¹³跑
tau⁵⁵回	ti³³背	ti¹³绕	tou⁴³刨	tou⁵⁵烧	tou⁴⁴穿
tua⁵⁵春	tua⁵⁵踩	tua²⁴蹬	tua²⁴搭	tua³¹来	tu⁵⁵赌
tu²¹削	fai⁴³分	cɛ²⁴读	cɛ³³啃	qau⁴³请	qei⁵⁵借
qou⁴⁴喊叫	qou⁴⁴叫	ki⁴³炒	cou³¹背	ku⁵⁵挑	ku²⁴顾
hai³³说	hai³³舀	hai⁴⁴拉	lai³³割	lei⁴⁴脱衣服	lei⁴⁴擤
tɕi⁴⁴烧	tɕo¹³接	tɕo⁴⁴摇	tɕou²⁴揪	tɕua⁴³安装	tɕua⁴⁴嚼
khau⁴³敲	chen⁴⁴刮	chɛ²⁴扣	chɛ³³捡	qhai⁴³捆	qhaŋ⁴⁴炕
qha⁴⁴教	qhou⁵⁵包	khi⁴⁴拴	khoŋ⁵⁵焖	kho⁴⁴治	khuaŋ⁵⁵聊

lai^{24}扔	lai^{31}犁	lau^{43}捞	lau^{24}闹_鱼_	lei^{24}勒	li^{55}挤
lo^{55}擗	lo^{44}糊	lou^{43}倒	lou^{24}钻	lua^{24}磨	lua^{31}砍
lu^{55}赌嘴	lu^{13}修枝	mo^{21}去	mua^{43}拿	mua^{13}卖	mua^{21}买
hou^{44}煮	hua^{33}抢	tɕai^{31}骑	tɕaŋ^{43}牵	nau^{13}吃_草_	nau^{31}吃
mpɛ^{33}扭	mplɛ^{24}鞭打	mpli^{21}骗	mpo^{13}盖	mpo^{44}捞	mpou^{43}刨
mpo^{31}打	mpua^{55}含	mpua^{31}拍	ɳʈʂhi^{44}撕	ɳʈʂhua^{44}擗	ntshua^{44}洗
nta^{13}拉	ntei^{21}捉	ntei^{44}烤	nti^{44}挣扎	nto^{55}浇	nto^{33}织
nto^{21}分	ntoŋ^{44}戴	ɳʈei^{44}撑	ɳʈei^{21}站立	ɳʈoŋ^{44}哼	ɳʈou^{44}抵
ɳʈou^{31}留	ɳʈua^{43}装	ɳʈu^{44}找	ntua^{33}蹲	ŋkaŋ^{13}进	ŋkaŋ^{13}爬
ɲɕɛ^{33}打结	ɴqaŋ^{13}晾	ɴqaŋ^{44}抬	ɴqau^{21}吞	ɴqei^{21}下	ɴqei^{44}钩
ɴqo^{21}拉	ɴqo^{44}迈	ɴqo^{21}吸气	ɲcou^{24}躲	ŋko^{31}扳倒	n.tɕau^{44}够
n.tɕi^{44}爬	n.tɕɛ^{33}挖	ʐai^{24}舔	ʐaŋ^{44}飞	ʐau^{55}搂	ʐo^{21}涮
ʐo^{13}养	ʐua^{55}要	ʐua^{21}搂	tsai^{24}砍	tsai^{33}接	tsai^{33}借
tsai^{21}按	tsau^{31}跟随	tʂai^{55}端	tʂau^{55}找	tʂau^{44}放	tʂɛ^{21}熬
tʂi^{55}逃跑	tʂoŋ^{31}交媾	tʂoŋ^{44}敲	tʂo^{44}拧	tʂou^{13}沌	tʂou^{31}叫
tʂua^{55}剁	tso^{44}放	tsua^{33}连接	tsua^{33}嫁接	ʐoŋ^{31}看	ʂɛ^{55}站
lua^{13}笑	ɴqau^{55}嗷叫	ɲcou^{44}纵	pua^{44}铺床	tʂhua^{43}吹	noŋ^{13}听

自主动词能重叠与否，与动词的"定量（quantitative）"和"非定量（nonquantitative）"有直接的关系。存在"定量"范畴的动词不能重叠，也就是说，动词对其宾语的数量词成分有特殊要求，要么其后的宾语必须有一个数量成分，要么其后的宾语不能有任何数量成分。这样的动词都不能重叠。只有"非定量"范畴的动词才能重叠，这就是，动词对其后的宾语或数量成分不作特殊要求，重叠后使动词定量化。定量化后的重叠式的宾语只能是光杆的，不带任何数量成分的体词。试比较：

非定量动词		定量动词	
基式	AA 式	基式	*AA 式
nua^{24}看	nua^{24}nua^{24}看看	tei^{43}答	*tei^{43}tei^{43}答答
noŋ^{13}问	noŋ^{13}noŋ^{13}问问	tl̥i^{13}渡_河_	*tl̥i^{13}tl̥i^{13}渡渡_河_
ɳa^{44}闻	ɳa^{44}ɳa^{44}闻闻	pu^{21}提_亲_	*pu^{21}pu^{21}提提_亲_
ɳʈʂi^{33}梳_头_	ɳʈʂi^{33}ɳʈʂi^{33}梳梳_头_	qua^{44}嫁	*qua^{44}qua^{44}嫁嫁

既然能重叠的自主动词都是非定量的动词，而重叠后的动词重叠式是定量的，那么，由此可知，动词的重叠式表示的是动作行为的量，动作行为的量可以从动作行为延续时间长短来看，也可以从动作行为反复次数的多少来看，即时量和动量，自主动词重叠式兼表时量和动量。概括地说，苗语动词 AA 式的语义特征是表达"量"的概念和"量"的范畴。

苗语 AA 式表达量的概念，有两种量的范畴，一种是时量短、动量小，表量的减弱，另一种是时量长、动量大，表量的加强。

表达量的减弱时，在句法结构上可以带光杆名词性宾语，也可以不带宾语。例如：

a) qa³³lou²¹ua⁴⁴tʂi⁴⁴tou²¹noŋ²⁴, i⁴³ŋoŋ⁴³tʂo¹³n̪au⁴³qaŋ⁴³vaŋ³¹tau¹³tʂei⁵⁵ɕi³³ɕi³³n̪ua¹³,
   前缀 老 做 不能 活 一天 只 在 底 园 后 屋 领 领 小孩
   zo⁵⁵zo⁵⁵qai⁴³mpua⁴⁴, za⁴³za⁴³tʂhaŋ⁵⁵, ŋto¹³tei³¹lou²¹i⁴⁴n̪au⁴³n̪au⁴³, khuaŋ⁵⁵khuaŋ⁵⁵.
   守 守 鸡 猪 晒 晒 太阳 跟 些 老 那 坐 坐 聊 聊
   老人做不了活儿，一天只在房前屋后带带小孩、看看禽畜、晒晒太阳、跟老人们坐坐、聊聊。

b) ni²¹ni⁴⁴zen²⁴vu²⁴tɕou²⁴ʂi³³ʐau¹³ntshua⁴⁴ntshua⁴⁴tʂhau⁴⁴, po⁴³po⁴³qai⁴³, tl̪ei⁴⁴tl̪ei⁴⁴
   她 的 任务 就 是 是 洗 洗 衣服 喂 喂 鸡 摘 摘
   zou⁴³mpua⁴⁴, zo¹³zo¹³n̪o³¹, lai³³lai³³zou⁴³nen²¹, ua⁴⁴ua⁴⁴tʂhai³³mau⁴⁴.
   草 猪 养 养 牛 割 割 草 马 做 做 早饭 晚饭
   她的任务就是洗洗衣服、喂喂鸡、找找猪草、放放牛、割割马草、做做早晚饭。

这些重叠式都表示短的时量和小的动量，"带带小孩、看看禽畜、晒晒太阳、坐坐、聊聊"是说"带一会儿小孩、看一会儿禽畜、晒一会儿太阳、坐一会儿、聊一会儿""洗洗衣服、喂喂鸡、找找猪草、放放牛、割割马草、做做早晚饭"是说"洗一洗衣服、喂一喂鸡、找一找猪草、放一放牛、割一割马草、做一做早晚饭"。表示动量小的重叠式，常常也表示一种尝试。例如：

a) kau³¹mo²¹sua³³sua³³ki³³ ha³¹ʂo⁵⁵, la²¹ʂi³³n̪a⁴⁴n̪a⁴⁴ki³³tʂu⁴⁴, tʂi⁴⁴naŋ⁴⁴tʂei¹³kau³¹
   你 去 摸 摸 是否还热 或者 闻 闻是否香 不 这 的话你
   tl̪e³¹i⁴³tɕau⁵⁵nau³¹nau³¹ki³³qaŋ⁴³?
   挖 一 坨 吃 吃 是否甜
   你去摸摸看还热不热，或者闻闻看香不香，要不你抠一块吃吃看甜不甜？

b) tsau⁴³nton⁴⁴naŋ⁴⁴ʂa⁴³hen⁵⁵, tɕa⁴⁴o⁵⁵mo²¹n̪tɕi⁴⁴n̪tɕi⁴⁴sai⁴³ki³³n̪tɕi⁴⁴n̪au¹³mo²¹?
   棵 树 这 高 很 让 我 去 爬 爬 看 是否 爬 得 去
   这棵树很高，让我爬爬看能不能爬得上去？

从总体来看，在时间范畴上，AA 式表示"时量短"，在动量范畴上，表示"动量小"，在情态范畴上，表示"尝试""试探"。

表示时量长、动量大，量加强时，要受到句法结构的限制。在句法结构中，动词重叠后带宾语，是非强制性的，但是一定要带结果补语，而且通常是否定形式的补语。AA 式表示时量长、动量大，量加强的语义体现为"V 都 V"或"怎么 V 都 V"。例如：

a) ki⁵⁵tḻei⁴³hen⁵⁵, mo²¹mo²¹tṣi⁴⁴tso¹³. 路很远，走都走不到（怎么走都走不到）。
   路 远 很　 去 去 不 到

b) tei³¹qua⁵⁵ṇṣua³³naŋ⁴⁴tei⁵⁵tei⁵⁵tṣi⁴⁴tou⁴⁴nau³¹. 这些甘蔗怎么抔都抔不得吃。
   些 秆 高粱 这 剥 剥 不得 吃

c) tei³¹ẓou⁴³naŋ⁴⁴tshei²⁴tshei²⁴tṣi⁴⁴taŋ²¹. 这些菜拣都拣不完。
   些 菜 这 摘 摘 不完

d) ni²¹hai³³tei³¹lo²¹i⁴⁴pei⁴³noŋ¹³noŋ¹³tṣi⁴⁴tou⁴⁴. 他说的那些话我们怎么听都听不懂。
   他 说 些 话 那 我们 听　 听 不得

这种 AA 重叠式的语义特征首先表现为动作行为的延续和反复，体现在时间范畴上，不是短摆，而是相对的延长。在量的范畴上，是动作次数的增多和动作频度的增大，即矢量增加、摆幅增大。所以，具有时量长、动量大的语义特征。

能构成 AA 式的自主动词，受句法结构限制时，有些动词的重叠式既能表示时量短和动量小，又能表示时量长、动量大的语义特征。例如：

a) o⁵⁵ẓa⁴⁴mo²¹nua²⁴nua²⁴o⁵⁵tɕo⁴³tei⁴³i⁴⁴.（时量短、动量小）我要去看看我那块地。
   我 要 去 看 看 我 块 地 那
   o⁵⁵nua²⁴nua²⁴tṣi⁴⁴po²⁴ni²¹.（时量长、动量大）我看都看不见他。
   我 看 看 不见 他

b) kau³¹mua⁴³tei³¹tou²⁴i⁴⁴hou⁴⁴hou⁴⁴.（时量短、动量小）你把那些豆子煮煮。
   你 把 些 豆 那 煮 煮
   tei³¹tou²⁴i⁴⁴hou⁴⁴hou⁴⁴tṣi⁴⁴mua²¹.（时量长、动量大）那些豆子煮都煮不软。
   些 豆 那 煮 煮 不 软

c) o⁵⁵ẓa⁴⁴mo²¹ṇtɕɛ³³ṇtɕɛ³³o⁵⁵tɕo⁴³qau³³i⁴⁴.（时量短、动量小）
   我 要 去 挖 挖 我 块 芋头 那
   我要去挖挖我那块芋头。
   o⁵⁵tɕo⁴³qau³³i⁴⁴ṇtɕɛ³³ṇtɕɛ³³tṣi⁴⁴taŋ²¹.（时量长、动量大）
   我 块 芋头 那 挖 挖 不完
   我那块芋头怎么挖都没挖完。

d) kau⁴³ntei²¹ntei²¹tei³¹ṇua¹³qai⁴³i⁴⁴cɛ⁴⁴tɕa⁴⁴.（时量短、动量小）
   你 捉 捉 些 小 鸡 那 关 起来
   你捉一捉小鸡关起来。
   tei³¹ṇua¹³qai⁴³i⁴⁴ntei²¹ntei²¹tṣi⁴⁴tou⁴⁴.（时量长、动量大）小鸡捉都捉不着。
   些 小 鸡 那 捉 捉 不得

但是有些能构成 AA 式的自主动词，自身就表示时量短、动量小，重叠后只能表示时量长、动量大的语义特征。例如：

a) ȵcɛ³¹plei⁴⁴plei⁴⁴ua⁴⁴ni²¹lo⁴³hou⁴³au⁴⁴mpɛ⁵⁵.
   蜂　蜇　蜇 使 他 个 头　肿 泡肿貌
   群蜂不断地蜇使得他的头肿得不得了。

b) lo⁴³qhau⁵⁵toŋ³¹naŋ⁴⁴ɕau⁴³ɕau⁴³tʂi⁴⁴tou⁴⁴. 这个门闩都闩不上。
   个 洞 　 门 这 闩 闩 不 得

c) ŋoŋ⁴³naŋ⁴⁴tʂhai⁴³plaŋ⁴³hi⁵⁵lɛ²⁴, tua³¹tua³¹tʂi⁴⁴tou²¹.
   日 这 饿 肚 很 了 来 来 不 能
   今天肚子饿得很，来都来不动。

d) tei³¹qai⁴³i⁴⁴mpou⁴³mpou⁴³ua⁴⁴tʂhou⁵⁵ti⁴⁴na⁴³. 那些鸡不停扑土扑得尘土乱飞。
   些 鸡 那 扑　 扑 使 灰 扬 浮起貌

苗语自主动词构成重叠 AA 式的语义特征，除了表示时量短、动量小和时量长、动量大外，还可以表示动作行为在空间上的持续状态，这种状态跟时量和动量的关系不是很明显，在句法结构上要受到结构助词 ni⁴⁴"的"的限制，构成 AA+ni⁴⁴"的"式。重叠式带宾语时，ni⁴⁴"的"位于宾语之后。例如：

a) to²¹n̥ua¹³i⁴⁴taŋ¹³taŋ¹³ni⁴⁴tua³¹ta²¹. 那小孩蹦蹦跳跳地跑着来了。
   个 小孩 那 跑 跑 的 来 了

b) kaŋ⁴³mpou³¹ȵtɕi⁴³ʐaŋ⁴⁴ʐaŋ⁴⁴ni⁴⁴ti¹³tei³¹i⁴⁴. 飞蚂蚁在对面那些地方飞舞着。
   虫 蛾 菌 飞 飞 的 对面 些 那

c) lou⁴⁴qai⁴³mpua³¹mpua³¹ti³³ni⁴⁴ʐa⁴⁴po²⁴ki⁵⁵ta²¹.
   公 鸡 拍 　拍 翅膀 的 要 见 路 了
   公鸡不时拍打着翅膀，天快要亮了。

d) au⁴³to²¹mpua⁴⁴i⁴⁴ha³¹tʂei²⁴tl̥hua³³tl̥hua³³qhou⁵⁵ni⁴⁴. 那两头猪还在吞食着猪食的。
   二 头 猪 那 还 在 吞 　吞 猪食 的

苗语自主动词的 AA 重叠式可以派生"一 A 一 A+ni⁴⁴"式，这种重叠式的语义特征也是表示动作行为在空间上持续的状态，与动作行为的时量和动量的关系也很不明显，主要是表示情态范畴的。例如：

a) to²¹cou⁵⁵i⁴⁴i⁴³ȵcou¹³i⁴³ȵcou¹³ni⁴⁴tl̥ha⁴⁴ɴqai²¹lo²¹.
   只 麂 那 一 蹦 一 蹦 的 跳 下 来
   那只麂子一蹦一蹦地跳下来。

b) to²¹n̥ua¹³i⁴⁴i⁴³ntua³³i⁴³ntua⁴⁴ni⁴⁴hou⁵⁵phau⁴³paŋ¹³i⁴⁴.
   个 小孩 那 一 蹬 一 蹬 地 里 床 棉被 那
   那小孩在被窝里一踢一踢的。

c) ʐa⁴⁴mo²¹tʂei¹³mo²¹ka¹³, tʂi⁴⁴ti³³i⁴³ȵtei²¹i⁴³ȵtei²¹ni⁴⁴. 要去快点去，别一站一站的。
   要 去 若 去 快 别 一 站 一 站 的

d) n̠o³¹nau³¹n̠tṣei⁵⁵tṣo¹³ʑau¹³i²⁴ʑɛ²⁴i²⁴ʑɛ²⁴ni⁴⁴. 牛吃盐只是一舔一舔的。
　　牛　吃　盐　只是 一 舔 一 舔 的

有的人认为，苗语的 AA 式中间可以插入 i⁴³ "一" 构成 "A一A" 式，这种重叠式的语义特征都是表示 "试一试" 或者 "随便尝试"。例如：

基式　　　　　　　　　　　重叠式
n̠a⁴⁴闻　　　　　　　　　　n̠a⁴⁴i⁴³n̠a⁴⁴闻一闻
sɛ³³缝　　　　　　　　　　sɛ³³i⁴³sɛ³³缝一缝
noŋ¹³问　　　　　　　　　noŋ¹³i⁴³noŋ¹³问一问

但事实上，苗语的 AA 式并不能派生这种结构。这种构成形式是苗语仿照汉语 "A一A" 构造的一种重叠式。苗语一般不嵌入 i⁴³ "一"，一旦嵌入 i⁴³ "一"，可以把 "i⁴³（一）A" 看成一个数量结构，作为前一动词的数量补语，表动作行为的量。例如：

ni²¹ʑi²⁴tou⁴⁴i⁴³plo³¹, ha²⁴tou⁴⁴ke⁵⁵nen³¹mplua⁴⁴i⁴³to³¹, ni²¹ʑi²⁴tou⁴⁴i⁴³tua¹³,
他 家 得 一 消失 害 得 亲友　　滑 　一 步　他 家 得 一 死
ha²⁴tou⁴⁴ke⁵⁵tṣaŋ⁵⁵mplua⁴⁴i⁴³mplua⁴⁴.
害 得 亲友　滑　一 滑

他家遭人祸，害得亲友受害，他家遭人祸，害得亲友遭殃（城门起火，殃及鱼池）。

这是苗族《丧葬祭辞》中的一句话。苗族的 "辞" 讲究对仗，有时为了避免重复，经常采用相关的形式，mplua⁴⁴i⁴³to³¹ "滑一步" 和 mplua⁴⁴i⁴³mplua⁴⁴ "滑一滑" 在结构上是一样的，都是述补结构，意思都是 "摔了一跤"。可以用苗语黔东方言养蒿苗话作旁证：

基式　　　　　　　　　　　重叠式
ma⁵⁵拍　　　　　　　　　　ma⁵⁵i³³ma⁵⁵拍一拍，即拍一巴掌
tei⁴⁴踢　　　　　　　　　　tei⁴⁴i³³tei⁴⁴踢一踢，即踢一脚

3.1.2　非自主动词 AA 式的构成形式及其语义特征

苗语的非自主动词具有[-动作]的语义特征，亦即非自主动词都是非动作动词，所以，不存在 "动量" 的问题，但是，可以存在 "时量"，它与自主动词一样都有 "定量" 与 "非定量" 的范畴，定量的非自主动词不能重叠，非定量的非自主动词可以重叠。例如：

基式	重叠式	基式	*重叠式
mau⁴³病	mau⁴³mau⁴³病病	n̠au⁵⁵听见	*n̠au⁵⁵n̠au⁵⁵听见听见
lo²¹下雨	lo²¹lo²¹下下雨	tṣhua⁵⁵剩	*tṣhua⁵⁵tṣhua⁵⁵剩剩
mpou⁴⁴冒泡儿	mpou⁴⁴mpou⁴⁴冒冒泡儿	po²⁴看见	*po²⁴po²⁴看见看见
tɛ¹³开花	tɛ¹³tɛ¹³开开花	lo⁵⁵断裂	*lo⁵⁵lo⁵⁵断裂断裂

第三章　苗语动词重叠式的构成形式及其语义特征

苗语非自主动词重叠 AA 式的构成形式是动词直接叠加，动词本身就是重叠式的基式。例如：

基式	重叠式	基式	重叠式
po^{55}满	po^{55}po^{55}满满	tau^{44}通	tau^{44}tau^{44}通通
ṇtha^{44}塞牙	ṇtha^{44}ṇtha^{44}塞塞牙	ṇtcho^{44}冒烟	ṇtcho^{44}ṇtcho^{44}冒冒烟
phli^{33}蜕变	phli^{33}蜕变蜕变	tua^{13}死	tua^{13}tua^{13}死死

苗语可以构成 AA 式的非自主动词如下：

poŋ^{43}掉	tshɛ^{55}涌	tshɛ^{55}抽	tshɛ^{33}嘶哑	a^{43}苦	au^{44}肿
pai^{24}流脓	pai^{24}冒芽	pla^{43}扁	plua^{55}瘪	plua^{33}涩	tṣhai^{43}饿
tṣhaŋ^{55}晴	tṣha^{44}淌雨	tshɛ^{33}耀	tsi^{44}飘毛毛雨	tsou^{44}激	tɛ^{13}开花
tḷa^{21}疼	tḷau^{55}滚	tḷi^{13}漏气	tḷi^{13}急	tḷou^{13}生虫	ṇtco^{44}想念
ṇtcho^{44}冒烟	ṇa^{55}哀号	ṇtsaŋ^{31}呻吟	ṇtṣo^{44}起露水	sou^{44}漏水	sua^{44}起风疹
tha^{43}懔	tha^{43}惧	toŋ^{13}瓿	qou^{13}醉	hɛ^{43}鼩	hɛ^{44}拉稀
khau^{55}凝	lo^{43}硌	lo^{43}积食	lo^{21}下雨	lo^{44}粘	lua^{21}瘸
ṇoŋ^{33}咳	mpou^{44}沸	ṇtshai^{44}怕	nti^{44}脱落	lei^{44}脱皮	ṇtau^{13}滚
ṇto^{13}滴	ṇtou^{13}花	mpou^{44}冒泡	ntua^{55}呕吐	ntu^{21}流	Nqo^{21}打呼噜
tsa^{44}渗水	tṣo^{44}胀	tṣou^{33}暗	tṣou^{13}疲	tṣu^{44}臭	tsi^{44}结果
pau^{43}倒塌	tṣhen^{44}颤抖	tḷoŋ^{13}淤	nthei^{44}鸣	ṇtṣo^{43}喘	ou^{55}黄
saŋ^{43}浮肿	sei^{43}锈	ṣo^{44}膨	sua^{44}泛恶心	tci^{44}燃烧	ṇaŋ^{43}皱眉头
zaŋ^{31}化	ko^{43}烧心	mau^{43}痛	qua^{31}泣	po^{33}起雾	Nqhei^{33}馋肉

AA 式只有在句法结构中，其语义特征才能体现出来。苗语非自主动词重叠 AA 式的语义特征有两种，一种是表示时量的，另一种是表示状态的。

苗语 AA 式表示时量时，在句法结构中不受其他成分的限制，它可以带宾语，也可以不带宾语，这时它的语义特征体现为"时量长"。例如：

a) lo^{43}nto^{31}naŋ^{44}lo^{21}lo^{21}naŋ^{13}i^{43}ṇoŋ^{43}tṣou^{33}nto^{31}. 这老天爷一天到晚都在下雨。
　个　天空　这　下　下　雨　一　日　暗　天空

b) ni^{21}qou^{13}qou^{13}tcɛ^{55}za^{44}tua^{13}. 他酒醉醉得要死。
　他　醉　醉　酒　要　死

c) ni^{21}mau^{43}mau^{43}i^{43}coŋ^{44}ntau^{44}coŋ^{44}. 他一年到头都在病。
　他　病　病　一　年　出　年

d) qua^{44}qho^{43}tṣhaŋ^{24}tṣhaŋ^{24}ua^{44}ni^{21}Nqo^{44}qho^{43}qhoŋ^{55}. 辣椒呛得他不停地咳嗽。
　辣椒　呛　呛　使　他　咳　咳声貌

e) to^{21}nen^{43}mau^{43}i^{44}ṇtsaŋ^{31}tsaŋ^{31}tṣo^{13}tca^{44}ni^{44}tua^{13}to^{21}　lɛ^{24}
　个　人　病　那　呻吟　呻吟　只　就　的　死　无声貌　了

那病人哼着哼着就死了。

苗语非自主动词构成 AA 式表示状态时，在句法结构中要受到结构助词ni⁴⁴"的"的限制，构成"AA+ni⁴⁴（的）"式。与自主动词的构成形式相同，重叠式带宾语时，结构助词位于宾语之后，也与自主动词重叠式的句法结构相同。例如：

a) tei³¹paŋ³¹tɕua⁴⁴i⁴⁴tɛ̠¹³tɛ̠¹³ni⁴⁴ta²¹. 那些杜鹃花争奇斗艳的了。
　 些　花　杜鹃　那 开 开 的　了

b) tei³¹pau⁴³mi²¹naŋ⁴⁴ua⁴⁴tɕaŋ²¹tsi⁴⁴pou⁴³tua̠¹³tua̠¹³ni⁴⁴.
　 些　苞　米　这　怎么 不知道 死 死 的
　 这些玉米不知怎的都蔫巴了。

c) ni²¹lo⁴³tu³¹ i⁴⁴pai²⁴pai²⁴pou¹³ni⁴⁴. 他那毒疮不断渗着脓。
　 他 个 毒疮 那 渗 渗 脓 的

d) pha³¹ha⁵⁵lo⁴³qhau⁵⁵ṇtsu̠¹³i⁴⁴mpou⁴⁴mpou⁴⁴mpua²¹ni⁴⁴.
　 螃蟹　　 个 孔 鼻 那 冒　 冒　 泡沫　的
　 螃蟹的鼻子不断冒着泡儿。

e) tei³¹ɴqai³¹naŋ⁴⁴tl̠ɛ⁴⁴tl̠ɛ⁴⁴ṇtsei⁵⁵ni⁴⁴, nau³¹taŋ²¹ɴqhei³³ɴqhei³³tl̠ei³¹ni⁴⁴.
　 些 肉 这 咸 咸 盐 的　吃 完 渴　 渴　 水 的
　 这些肉咸得很，吃过后渴得不得了。

苗语非自主动词构成重叠 AA 式表示状态时，如果需要强调状态的情态，可以派生"一A一A+ni⁴⁴（的）"式。这种重叠式除了表示状态的语义特征外，还可以表示"随意的、自由自在的"的情态范畴。例如：

a) ʂou⁴⁴lo⁴³tʂhau⁴⁴tso³¹qaŋ⁴¹so⁵⁵i⁴⁴i⁴³ʐaŋ⁴⁴i⁴³ʐaŋ⁴⁴ni⁴⁴.
　 上面 件 衣 根 尾 线 那 一 飘 一 飘 的
　 衣服上那根线头一飞一飞的。

b) to²¹qaŋ⁵⁵lo⁴³plaŋ⁴³i⁴⁴i⁴³ʂoŋ⁵⁵i⁴³ʂoŋ⁵⁵ni⁴⁴. ·青蛙的那肚子一翕一翕的。
　 只 青蛙 个 肚 那 一 翕 一 翕 的

c) lo⁴³ṇoŋ⁴³qo⁴³i⁴⁴i⁴³tɕi⁴⁴i⁴³tɕi⁴⁴ni⁴⁴. 那颗星星光一闪一闪的。
　 颗 星星　那 一 晃 一 晃 的

d) to²¹ṇua¹³i⁴⁴ṇtɕou³¹i⁴³pla⁴³i⁴³pla⁴³ni⁴⁴ʐa⁴⁴qua³¹ta²¹.
　 个 小孩 那 嘴　一 扁 一 扁 的 要 哭 了
　 那小孩嘴一扁一扁的要哭了。

苗语非自主动词重叠 AA 式不能构成重叠"A一A"式。

3.2 AABB 式及其语义特征

构成 AABB 式的动词都是自主动词，由动词 A 和动词 B 各自重叠后复合而成，没有基式。AABB 式中的动词虽然也是"非定量"的动词，只有非定量的动词才能重叠，但是，能构成 AABB 式的动词除了是非定量的动词外，还必须是诸如 nau^{31} "吃"、hou^{33} "喝" 等为数不多的成对的、语义相关或相反的动词，否则，不能构成重叠式。由于这个条件限制得比较死，所以，苗语中能够成 AABB 式的动词不多。下面先举一些例子。

成对的、语义相关的：

nau^{31}吃 ↔ hou^{33}喝　　　　　　　ntou^{31}走 ↔ ŋtaŋ^{13}跑

nau^{31}nau^{31}hou^{33}hou^{33}吃吃喝喝　　ntou^{31}ntou^{31}ŋtaŋ^{13}ŋtaŋ^{13}走走跑跑
吃　吃　喝　喝　　　　　　　　　　走　走　跑　跑

成对的、语义相反的：

mo^{21}去 ↔ lo^{21}来　　　　　　　ntɕi^{44}上 ↔ ɴqai^{21}下

mo^{21}mo^{21}lo^{21}lo^{21}熙熙攘攘　　　　ntɕi^{44}ntɕi^{44}ɴqai^{21}ɴqai^{21}上上下下
去　去　来　来　　　　　　　　　　上　上　下　下

苗语能够成 AABB 式的动词都是自主动词。AABB 式在句法结构中，一般不带宾语，在语义特征上表示反复进行的动作行为，在时量上表示短时、延续、反复，在动量上表示量小、轻微、惯常，在情态范畴上表示轻松、随意、舒缓、悠闲。例如：

a) ni^{21}i^{43}ʐaŋ^{24}tsi^{44}ua^{44}tso^{13}ʐau^{13}nau^{31}nau^{31}hou^{33}hou^{33}.
　 他　一样　不　做　只　是　吃　吃　喝　喝
他什么都不做只是吃吃喝喝。

b) ku^{55}ti^{31}nen^{31}tsaŋ^{44}ʐa^{44}ntou^{31}ntou^{31}ŋtaŋ^{13}ŋtaŋ^{13}ni^{44}zoŋ^{44}.
　 弟兄　亲戚　要　走　走　跑　跑　才　好
亲戚朋友要常往来才好。

c) hou^{55}ka^{43}tei^{31}nen^{43}mo^{21}mo^{21}lo^{21}lo^{21}. 街里人来人往。
　 里　街　些　人　去　去　来　来

d) taŋ^{55}la^{43}i^{44}nau^{43}ti^{13}phaŋ^{43}tsua^{44}ntɕi^{44}ntɕi^{44}ɴqai^{21}ɴqai^{21}tɬha^{44}ua^{44}ʂi^{44}.
　 群　猴　那　在　对面　堵　悬崖　上　上　下　下　跳　玩耍
那群猴子在对面的悬崖上上蹿下跳在玩耍。

苗语的 AABB 式还有下面一些例子：

qua^{31}哭 ↔ n̩a^{55}哭　　　　　　　tɕaŋ^{43}牵 ↔ hai^{44}拉

qua^{31}qua^{31}n̩a^{55}n̩a^{55}哭哭啼啼　　　tɕaŋ^{43}tɕaŋ^{43}hai^{44}hai^{44}拉拉扯扯

哭　哭　哭　哭	牵　牵　拉　拉
ntshua^{44}洗 ↔ zɛ^{55}淘	phaŋ^{31}搬 ↔ ȵtsai^{13}挪
ntshua^{44}ntshua^{44}zɛ^{55}zɛ^{55}淘淘洗洗	phaŋ^{31}phaŋ^{31}ȵtsai^{13}ȵtsai^{13}搬搬挪挪
洗　洗　淘　淘	搬　搬　挪　挪
tu^{21}削 ↔ tɕhai^{33}削	mpo^{13}盖 ↔ vu^{55}盖
tu^{21}tu^{21}tɕhai^{33}tɕhai^{33}削削	mpo^{13}mpo^{13}vu^{55}vu^{55}盖盖
削　削　削　削	盖　盖　盖　盖
mpou^{44}冒火 ↔ ȵtsɛ^{55}冒火	tʂhei^{55}抬 ↔ ɴqaŋ^{44}抬
mpou^{44}mpou^{44}ȵtsɛ^{55}ȵtsɛ^{55}发怒	tʂhei^{55}tʂhei^{55}ɴqaŋ^{44}ɴqaŋ^{44}抬抬
冒　冒　冒　冒	抬　抬　抬　抬
sau^{55}栅 ↔ thai^{55}拦	tsai^{21}唔 ↔ tsa^{55}唔
sau^{55}sau^{55}thai^{55}thai^{55}拦拦	tsai^{21}tsai^{21}tsa^{55}tsa^{55}唔唔
栅　栅　拦　拦	唔　唔　唔　唔
tua^{55}舂 ↔ tʰu^{44}舂	ȵau^{43}坐 ↔ zou^{24}坐
tua^{55}tua^{55}tʰu^{44}tʰu^{44}舂舂	ȵau^{43}ȵau^{43}zou^{24}zou^{24}坐坐
舂　舂　舂　舂	坐　坐　坐　坐
tʂhou^{44}筛 ↔ ntsua^{31}簸	tʂhai^{43}抖 ↔ ȵtɕho^{33}抖
tʂhou^{44}tʂhou^{44}ntsua^{31}ntsua^{31}筛筛簸簸	tʂhai^{43}tʂhai^{43}ȵtɕho^{33}ȵtɕho^{33}抖抖
筛　筛　簸　簸	抖　抖　抖　抖

3.3 ABAC 式及其语义特征

苗语动词重叠 ABAC 结构有两种情况，一种是形式比较固定的四音格，一种是语用形成的重叠式。例如：

四音格

ua^{44}tsen^{31}ua^{44}ȵtɕhua^{55}洒落
　使　洒　使　泼

ti^{33}koŋ^{43}ti^{33}so^{55}穿针引线
　穿　针　穿　线

tʂou^{13}tɭua^{43}tʂou^{13}zo^{13}无精打采
　软　影子　软　力气

重叠式

ua^{44}mo^{21}ua^{44}tua^{31}做来做去
　做　去　做　来

tɑŋ^{13}ȵtɕi^{44}tɑŋ^{13}ɴqai^{21}跑上跑下
　跑　上　跑　下

nua^{24}mo^{21}nua^{24}lo^{21}看来看去
　看　去　看　来

苗语的四音格主要由两个支配式短语复合而成，也有由两个动结式复合而成，如 ua^{44}tsen^{31}ua^{44}ȵtɕhua^{55} "洒落"，不过，这种情况不多。这里不对非重叠式的四音格 ABAC 式进行讨论，只讨论由自主动词重叠构成的 ABAC 式。

苗语 ABAC 式的构成形式有 A+mo²¹（去）+A+tua³¹（来）、A+mo²¹（去）+A+lo²¹（回来）、A+ȵtɕi⁴⁴（上）+A+ɴqai²¹（下）、A+tau⁵⁵（回）+A+tai³³（赶）四种。它们在句法结构中的情况依次如下：

a) ni²¹hai³³mo²¹hai³³tua³¹hai³³tlua⁴⁴qhau⁵⁵tu¹³lɛ²⁴ti¹³tsi⁴⁴pou⁴³?
  他 说 去 说 来 说 过 处 哪 了 都 不 知
  他说来说去不知说哪儿去了？

b) ni²¹tloŋ¹³ȵtɕi⁴⁴tloŋ¹³ɴqai²¹ua⁴⁴la¹³tsa⁴⁴?他上蹿下跳的干什么呀？
  他 颠 上 颠 下 做 什 么

c) ni²¹nua²⁴mo²¹nua²⁴lo²¹nua²⁴tsi⁴⁴tou¹³. 他看来看去没看上。
  他 看 去 看 来 看 不 中

d) ni²¹taŋ¹³tau⁵⁵taŋ¹³tai³³la²¹ɕi³³tsi⁴⁴tou⁴⁴i⁴³to²¹lo²¹. 他跑来跑去也没娶回一个来。
  他 跑 回 跑 赶 也 领 不 得 一 个 回来

从表面结构看，ABAC 式中的 B、C 都是表示趋向的动词，在意义上都是相对的，tau⁵⁵"回"和tai³³"赶"，似乎不相对，不过"赶"本身隐含"去"的意思，不"去"何以"赶"。从深层结构看，这种"V+来+V+去"或"V+上+V+下"隐含的语义特征是动作行为在进行和完成中，形成一个循环过程，通俗地说就是"一个来回"。这种循环过程展示了动作行为的时量、动量和情态。在时量上表示短时、反复，在动量上表示量小、轻微，在情态范畴上表示尝试、不经意、活泛、松散。

3.4 苗语动词重叠式的语法功能

苗语不论是自主动词或是非自主动词，只要是"非定量"的都可以重叠，重叠使基式的概念义（conceptual meaning）定量化，定量化进而使动词的语法功能确定化。句法功能的确定包含两层意思：一是词类的确定，动词一旦重叠，就不能转化为其他词类；二是句法位置的固定，与单个动词或基式相比，重叠式只能出现在少数几个句法位置上，单个动词或基式的句法总是比其相应的重叠式的句法活跃得多。概括地说，就是动词的重叠式具有单个动词或动词基式的功能，但只能作句子结构的核心动词，同时，失去了单个动词或动词基式的许多功能。

单个动词或基式动词可以加ni⁴⁴"的"作定语修饰名词，相应的重叠式则不能。例如：

a) kau³¹za⁴⁴nua²⁴ni⁴⁴ntɛ⁵⁵tsau⁴⁴qhei⁵⁵naŋ⁴⁴. 你要看的书放这儿。
  你 要 看 的 书 放 处 这

*kau³¹ʐa⁴⁴nua²⁴nua²⁴ni⁴⁴ntɛ⁵⁵tʂau⁴⁴qhei⁵⁵naŋ⁴⁴. 你要看看的书放这儿。
　你　要　看　看　的　书　放　处　这

*kau³¹ʐa⁴⁴i⁴³nua²⁴i⁴³nua²⁴ni⁴⁴ntɛ⁵⁵tʂau⁴⁴qhei⁵⁵naŋ⁴⁴. 你要一看一看的书放这儿。
　你　要　一　看　一　看　的　书　放　处　这

*kau³¹ʐa⁴⁴nua²⁴mo²¹nua²⁴lo²¹ni⁴⁴ntɛ⁵⁵tʂau⁴⁴qhei⁵⁵naŋ⁴⁴.
　你　要　看　去　看　来　的　书　放　处　这
你要看来看去的书放这儿。

b) tɕau⁵⁵naŋ⁴⁴ʐau¹³o⁵⁵ntou³³ni⁴⁴tɕɛ⁵⁵. 这些是我打的酒。
　些　这　是　我　打　的　酒

*tɕau⁵⁵naŋ⁴⁴ʐau¹³o⁵⁵ntou³³ntou³³ni⁴⁴tɕɛ⁵⁵. 这些是我打打的酒。
　些　这　是　我　打　打　的　酒

*tɕau⁵⁵naŋ⁴⁴ʐau¹³o⁵⁵i⁴³ntou³³i⁴³ntou³³ni⁴⁴tɕɛ⁵⁵. 这些是我一打一打的酒。
　些　这　是　我　一　打　一　打　的　酒

*tɕau⁵⁵naŋ⁴⁴ʐau¹³o⁵⁵ntou³³n̥tɕi⁴⁴ntou³³ɴqai²¹ni⁴⁴tɕɛ⁵⁵. 这些是我打上打下的酒。
　些　这　是　我　打　上　打　下　的　酒

单个动词或基式动词可以加ni⁴⁴"的"名词化，而相应的重叠式则不能。例如：

c) nau³¹ni⁴⁴n̥aŋ⁵⁵ni⁴⁴ti¹³mua³¹. 吃的穿的都有。
　吃　的　穿　的　都　有

*nau³¹nau³¹ni⁴⁴n̥aŋ⁵⁵n̥aŋ⁵⁵ni⁴⁴ti¹³mua³¹. 吃吃的穿穿的都有。
　吃　吃　的　穿　穿　的　都　有

*i⁴³nau³¹i⁴³nau³¹ni⁴⁴i⁴³n̥aŋ⁵⁵i⁴³n̥aŋ⁵⁵ni⁴⁴ti¹³mua³¹. 一吃一吃的一穿一穿的都有。
　一　吃　一　吃　的　一　穿　一　穿　的　都　有

*nau³¹n̥tɕi⁴⁴nau³¹ɴqai²¹ni⁴⁴n̥aŋ⁵⁵mo²¹n̥aŋ⁵⁵lo²¹ni⁴⁴ti¹³mua³¹.
　吃　上　吃　下　的　穿　来　穿　去　的　都　有
吃上吃下的穿来穿去的都有。

d) khau⁵⁵ni⁴⁴tʂau⁴⁴i⁴³ʂaŋ⁴³, tʂi⁴⁴khau⁵⁵ni⁴⁴tʂau⁴⁴i⁴³ʂaŋ⁴³.
　凝固　的　放　一　边　不　凝固　的　放　一　边
凝固的放一边，不凝固的放一边。

*khau⁵⁵khau⁵⁵ni⁴⁴tʂau⁴⁴i⁴³ʂaŋ⁴³, tʂi⁴⁴khau⁵⁵khau⁵⁵ni⁴⁴tʂau⁴⁴i⁴³ʂaŋ⁴³.
　凝固　凝固　的　放　一　边　不　凝固　凝固　的　放　一　边
凝固凝固的放一边，不凝固凝固的放一边。

*i⁴³khau⁵⁵i⁴³khau⁵⁵ni⁴⁴tʂau⁴⁴i⁴³ʂaŋ⁴³, tʂi⁴⁴i⁴³khau⁵⁵i⁴³khau⁵⁵ni⁴⁴tʂau⁴⁴i⁴³ʂaŋ⁴³.
　一　凝固　一　凝固　的　放　一　边　不　一　凝固　一　凝固　的　放　一　边
一凝固一凝固的放一边，不一凝固一凝固的放一边。

*khau⁵⁵mo²¹khau⁵⁵lo²¹ni⁴⁴tʂau⁴⁴i⁴³ʂaŋ⁴³, tʂi⁴⁴khau⁵⁵mo²¹khau⁵⁵lo²¹ni⁴⁴tʂau⁴⁴i⁴³ʂaŋ⁴³.
凝固 去 凝固 来 的 放 一 边 不 凝固 去 凝固 来 的 放 一 边
凝固来凝固去的放一边，不凝固来凝固去的放一边。

尽管如此，动词重叠式的动词性没有改变，它在句子结构中，仍然处于动词核心的位置，充当句子的谓语，而且 AA 式、AA+ni⁴⁴ "的"式还可以带宾语，一A一A式、一A一A+ni⁴⁴ "的"式、AABB 式和 ABAC 式不常带宾语，但是也可以带宾语。例如：

a) ni²¹mo²¹lai³¹lai³¹i⁴³ŋoŋ⁴³tei⁴³tso¹³ʂa⁵⁵qhei⁴⁴. 他去犁犁一天地累得很。
   他 去 犁 犁 一天 地 累 疲惫貌

b) to²¹n̠ua¹³i⁴⁴thau³¹thau³¹plaŋ⁴³ni⁴⁴. 那小孩时不时地闹肚子。
   个 小孩 那 拉 拉 肚子 的

c) tʂua¹³tua³¹hou⁵⁵qhau⁵⁵i⁴³ɴqo²¹i⁴³ɴqo²¹lo⁴³pau⁴³mi²¹i⁴⁴.
   老鼠 从 里 洞 一 逮 一 逮 个 苞 米 那
   老鼠从洞里一拉一拉那个苞玉米。

d) to²¹n̠o⁴⁴i⁴⁴tso¹³i⁴³ʑɛ²⁴i⁴³ʑɛ²⁴tɕau⁵⁵qhou⁵⁵tɕɛ²⁴lɛ²⁴.
   头 牛 那 只 一 舔 一 舔 些 食 就 去
   那头牛只舔了舔那饲料就走了。

e) naŋ²¹n̠tɕua⁵⁵ tl̥ha⁴⁴n̠tɕi⁴⁴tl̥ha⁴⁴ɴqai²¹hou⁵⁵lo⁴³tu⁴³i⁴⁴. 松鼠在笼里上蹿下跳的。
   松鼠   跳 上 跳 下 里 个 笼 那

苗语的动词中，含有非定量概念义的动词可以被否定，而含有定量概念义的动词，一般不能被否定，或者否定受到很大的限制。例如：

ntou³³打（非定量）   → tʂi⁴⁴ntou³³不打（能被否定）
ntou³³i⁴³tei²¹打一拳（定量） → *tʂi⁴⁴ntou³³i⁴³tei²¹不打一拳（不能被否定）

由于动词的重叠式是表示一个定量化的概念，所以，动词重叠式在句法结构中的另一个重要特征是重叠式的否定受到很大的限制，它们一般只出现在肯定结构中。苗语的否定副词有 tʂi⁴⁴ "不"、tʂi⁴⁴ti³³ "不必、别"、tʂi⁴⁴ɕau⁴³ "不消"，其中，tʂi⁴⁴ "不"表陈述语气，tʂi⁴⁴ti³³ "不必、别"、tʂi⁴⁴ɕau⁴³ "不消"表祈使语气。自主、非自主的单个动词或基式动词都可以被这三个否定副词否定。非自主动词的重叠式完全不能被否定。自主动词的重叠式能被 tʂi⁴⁴ti³³ "不必、别"、tʂi⁴⁴ɕau⁴³ "不消"这两个否定副词否定。自主动词的重叠式在带有表疑问、催促或批评语气的句子里也可以被 tʂi⁴⁴ "不"否定。例如：

a) ni²¹tʂi⁴⁴nua²⁴. 他不看。
   他 不 看

b) ni²¹tʂi⁴⁴ti³³nua²⁴. 他别看。
   他 不 必 看

c) ni^{21}tʂi^{44}çau^{43}nua^{24}. 他不消看。
　　他 不 消 看

d) *ni^{21}tʂi^{44}nua^{24}nua^{24}. 他不看看。
　　他 不 看 看

e) ni^{21}tʂi^{44}nua^{24}nua^{24}? 他不看看？
　　他 不 看 看

f) ni^{21}tʂi^{44}nua^{24}nua^{24}ɣei^{33}?! 他不看看哎？！
　　他 不 看 看 哎

g) kau^{31}tʂi^{44}/tʂi^{44}ti^{44}/tʂi^{44}çau^{43}nua^{24}nua^{24}nua^{24}tʂou^{33}nto^{31}lɛ^{24}. 你别看看看到天黑了。
　　你 不 不必 不 消 看 看 看 暗 天空 了

h) kau^{31}tʂi^{44}/tʂi^{44}ti^{44}/tʂi^{44}çau^{43}i^{43}nua^{24}i^{43}nua^{24}ni^{44}. 你别一看一看的。
　　你 不 不必 不 消 一 看 一 看 的

i) kau^{31}tʂi^{44}/tʂi^{44}ti^{33}/tʂi^{44}çau^{43}nua^{24}mo^{21}nua^{24}lo^{21}. 你别看来看去。
　　你 不 不必 不 消 看 来 看 去

j) kau^{31}tʂi^{44}/tʂi^{44}ti^{33}/tʂi^{44}çau^{43}nua^{24}nua^{24}so^{31}so^{31}tɕou^{24}si^{33}i^{43}noŋ^{43}.
　　你 不 不必 不 消 看 看 窥 窥 就 是 一 天
　　你别瞧瞧看就是一天。

3.5 小结

上文对苗语自主动词和非自主动词重叠式的构成形式、语义特征和语法功能作了描写和分析，扼要小结如下。

苗语的自主动词和非自主动词都可以构成重叠式，但是，要受到一定条件的限制，其中，最主要的是"定量"和"非定量"这两个因素。定量动词不能重叠，非定量可以重叠，重叠后定量化。所谓定量动词，就是对其宾语或补语有特殊数量成分要求的或宾语不带数量成分，宾语或补语中的数量成分不能随意添加或删掉的动词。例如：

a) o^{55}tʂhua^{55}au^{43}pua^{44}tlai^{24}. 我欠两百块。
　　我 欠 二 百 块

　　*o^{55}tʂhua^{55}tlai^{24}. 我欠块。
　　我 欠 块

　　*o^{55}tʂhua^{55}tʂhua^{55}au^{43}pua^{44}tlai^{24}. 我欠欠两百块。
　　我 欠 欠 二 百 块

b) o^{55}tso^{13}po^{24}tlua^{44}i^{43}mua^{13}. 我只见过一面。
　　我 只 见 过 一 眼

*o⁵⁵po²⁴tļua⁴⁴mua¹³. 我见过面。
　我　见　过　　眼

*o⁵⁵tṣo¹³po²⁴tļua⁴⁴i⁴³mua¹³. 我只见见过一面。
　我只　见　见　过　一眼

c) o⁵⁵mo²¹ŋto¹³ni²¹pu²¹tṣhoŋ⁴³. 我去帮他提亲。
　我　去　跟　他　说　亲

*o⁵⁵mo²¹ŋto¹³ni²¹pu²¹i⁴³tṣhoŋ⁴³. 我去帮他提一亲。
　我　去　跟　他　说　一亲

*o⁵⁵mo²¹ŋto¹³ni²¹pu²¹pu²¹tṣhoŋ⁴³. 我去帮他提提亲。
　我　去　跟　他　说　说　亲

非定量动词，就是对其宾语的数量成分不作特殊的要求，增加或删去数量成分句子能成立的。例如：

a) ni²¹ku⁵⁵i⁴³ntaŋ⁴⁴tɛ²¹lo²¹ ta²¹. 他挑一挑柴回来了。
　他　挑　一　担　柴　回来了

ni²¹ku⁵⁵tɛ²¹lo²¹ ta²¹. 他挑回来了。
　他　挑　柴　回来了

kau³¹tha⁴³o⁵⁵mo²¹ku⁵⁵ku⁵⁵tei³¹tɛ²¹i⁴⁴. 你和我去挑挑那些柴。
　你　和　我去　挑　挑　些柴那

b) ni²¹tha⁴³o⁵⁵ntshua⁴⁴au⁴³lo⁴³tṣhau⁴⁴. 他帮我洗两件衣服。
　他　和　我　洗　　二　件　衣

ni²¹tha⁴³o⁵⁵ntshua⁴⁴tṣhau⁴⁴. 他帮我洗衣服。
　他　和　我　洗　　衣

kau³¹tha⁴³o⁵⁵ntshua⁴⁴ntshua⁴⁴au⁴³lo⁴³tṣhau⁴⁴i⁴⁴. 他帮我洗洗那两件衣服。
　他　　和　我洗　　洗　　二　件衣　那

苗语自主动词中，能重叠的动词可以构成 AA 式、AA+ni⁴⁴"的"式、一 A 一 A+ ni⁴⁴"的"式、AABB 式和 ABAC 式等 5 种重叠形式。这些重叠式都具有单个动词或基式动词的基本性能，在句法结构中处于动词核心的位置，经常充当句子的谓语。这些重叠式在句子结构中的否定形式受到很大的限制。自主动词的重叠式能被tṣi⁴⁴ti³³"不必、别"、tṣi⁴⁴ɕau⁴³"不消"这两个否定副词否定。自主动词的重叠式在带有表疑问、催促或批评语气的句子里，也可以被否定副词tṣi⁴⁴"不"否定。在语义特征上，AA 式既可以表示时量短、动量小，也可以表示时量长、动量大。AA+ni⁴⁴"的"式和一 A 一 A+ ni⁴⁴"的"式是 AA 式的派生形式，它们主要是表示动作行为的状态的，与时量和动量没有明显的关系，如果有关系的话，主要表示时量短、动量小。AABB 式和 ABAC 式在重叠式的构成形式上不同，但是，语义特征相近，基本上都是表示短时、反复、量小、轻微、尝试、不经意、活泛、松散。

苗语非自主动词中，能重叠的动词只能构成 AA 式、AA+ni[44]"的"式、一A一A+ni[44]"的"式等 3 种重叠形式。后两者是前一者的派生形式。这 3 种重叠形式都不能被否定。在语义特征上，与自主动词构成的重叠式有所不同，由非自主动词的[−自主][−动作]决定了它们的重叠式没有动量特征，只有时量特征，但是，由于非自主动词中的一些动词具有[+感知]义素和可以表示[+变化]的状态，所以，它们的重叠式具有表示状态的语义特征，这种特征可以看成是一种连续量。AA 式的语义特征主要表示时量长、连续量大。AA+ni[44]"的"式和一A一A+ni[44]"的"式主要是强调连续量的特征，其语义特征主要是时量短、连续量小，同时，表示"随意的、自由自在的"的情态范畴。

苗语动词的重叠是一种构词形态（word form）。苗语有 13 类词，能够构成重叠式的有 7 类，重叠有为各个词类所遵循的共同的、稳固的语法意义，动词重叠表示数量范畴，使重叠式相对的单个或基式动词的概念义定量化。重叠式的句法功能表现为重叠式确立词类的性质、限定词类的句法位置和动词的肯定形式。苗语动词的重叠有语音屈折（inflection）形态变化（morphologic change）。

在苗语黔东方言里，动词重叠 AA 式第一个音节的声母、声调与基式相同，韵母为u。重叠式的语义特征是时量短、动量小，在情态范畴上是尝试、随意。例如：

基式	重叠式
ten^{31}踩	tu^{31}ten^{31}乱踩，随便踩踩
ma^{31}砍	mu^{31}ma^{31}乱砍，随便砍砍
pe^{33}缝	pu^{33}pe^{33}乱缝，随便缝缝
ti^{33}打	tu^{33}ti^{33}乱打，随便打打

在苗语滇东北次方言里，如果基式的韵母为 i 或以 i 开头的韵母，那么，重叠式的第一个音节的韵母为 i 或 u，其他韵母为 u。重叠式的语义特征是时量短、动量小，在情态范畴上是粗略、随意。例如：

基式	重叠式
nfia^{31}看	nu^{55}nfia^{31}略看，随便看看
nfiau^{35}吃	nu^{55}或ni^{55}nfiau^{35}略吃，随便吃吃
lu^{55}换	lu^{55}或li^{55}lu^{55}随便换，随便换换

重叠式的第一个音节的声母同基式，基式的声母带浊送气时去掉浊送气成分，声调为高平调，韵母为u。如果基式的韵母是u、o、au、ey、y、

那么，重叠式的第一个音节的韵母可以是i，也可以是u。

在苗语黔东方言里，AA 式可以派生 AAAB 式，即在 AA 式后面再重叠一个 AB。这种重叠式也有语音屈折，语义特征表时量短、动量小，表粗略、随意的情态范畴。例如：

基式	重叠式	变体 AAAB 式
tei^{44}踢	tu^{44}tei^{44}乱踢	tu^{44}tei^{44}tu^{44}ta^{44}胡乱踢
ma^{31}砍	mu^{31}ma^{31}乱砍	mu^{31}ma^{31}mu^{31}ta^{44}胡乱砍
ɬen^{35}翻	ɬu^{31}ɬen^{31}乱翻	ɬu^{31}ɬen^{31}ɬu^{31}ta^{44}胡乱翻

在苗语湘西方言里，带前缀的动词可以构成 XAXA 式，X 是动词的前缀虚语素，A 是词根语素，重叠式的基式在后，重叠时，基式前面的 A 的韵母要发生变化，基式词根语素的韵母为前元音，则基式前的 A 的韵母为 ei，若基式 A 的韵母为后元音，则基式前的 A 的韵母为 i。例如：

基式	重叠式
tɕi^{44}we^{35}摇摆	tɕi^{44}wei^{35}tɕi^{44}we^{35}摇来摆去
tɕi^{44}qa^{31}偏倒	tɕi^{44}qei^{31}tɕi^{44}qa^{31}偏来倒去
tɕi^{44}cɔ^{44}围绕	tɕi^{44}ci^{44}tɕi^{44}cɔ^{44}东缠西绕
tɕi^{44}ɬɯ^{22}差错	tɕi^{44}ɬi^{22}tɕi^{44}ɬɯ^{22}阴差阳错

苗语是有声调的语言，独立出现的语音单位是音节，所以苗语的形态（morphology）要么用整个音节来表示，要么用音质音位或非音质音位——超音段语音特征来表示。对整个苗语来说，二者兼而有之。也就是说，有的方言土语由于表形态变化的语音屈折现象的消失，只用特定的音节结构来表示特定的语法；有的方言土语还保留表示形态变化的语音屈折现象，其中，既有音质音位的屈折，主要是韵母元音的屈折，也有非音质音位的屈折，主要是声调的屈折。这三种语法手段构成了苗语动词的重叠形态（reduplicative morphology）。

第四章 苗语动词的体貌及其语义范畴

印欧语的"体（aspect）"范畴，一般是通过动词的形态变化来表示的。但对形态不发达的语言来说，动词有没有"体"范畴，"体"范畴如何表达，语言学界有过讨论，特别是对汉语动词所显示的动作行为在进程中所处不同阶段的状态进行了不少的研究。但各家有不同的看法，术语上也不尽统一，有"情貌"或"貌"（王力，1985）、"动相"（吕叔湘，1982）、"态"（高名凯，1957）、"动态"（赵元任，1979；张志公，1982）、"体"（高名凯，1957）等，也有用"体貌"者。近几年，在现代汉语语法"体"范畴的研究中，比较认同于"体"的提法，而且比较注重动词与时间的关系，一般认为汉语是以"体"范畴为主的语言，"体""貌"合而为一，只有"体"，没有"貌"；有的认为，特别是研究汉语方言的学者认为汉语的"体""貌"分开，以"体"为主，以"貌"为辅（李如龙，1996）。

在汉语的亲属语言中，藏缅语有相对发达的形态变化，有较为明显的体标记，对其"体"范畴的研究取得一些重要的研究成果。而苗瑶语、侗台语与汉语一样，没有系统的形态变化，要研究其"体"，难度比较大。关于苗语动词的体貌问题，前人几乎没有研究或者研究得很少。《苗语简志》《苗语语法（黔东方言）》《现代湘西苗语语法》中，没有涉及苗语动词的体貌问题，《苗语语法纲要（川黔滇方言）》谈到了苗语动词的"时态"和状词所表达的语义，其中，把"时态"分为进行时、完成时和过去时，把状词所表达的语义分为情状、速度、声音。在苗语语法研究中，首先采用"体""貌"术语的是王辅世先生、王德光先生的《威宁苗语的状词》（1987），不过，论文中提及的"体""貌"，实际上只是状词体现出来的貌。

下面通过苗语的体助词（aspect auxiliary）、状词（ideophone，expressive）与动词所显示的动作行为、变化属性在进程中所处不同阶段的状态的关系，阐述它们与动词组合所体现出来的动词的体范畴和貌范畴。

4.1 体助词与动词体范畴

苗语的助词可以分为结构助词、体助词、语气助词三个小类，结构助词、语气助词与动词的体范畴没有直接的联系。不过，语气助词中，ta²¹ "了"相当于现代汉语的"了₂"，在一定的条件下可由语气助词语法化为体助词。

苗语的动词后面可以附加体助词表示动作行为和事物变化发展历程状态体现出来的词汇语法范畴（lexical grammar category）。否定副词（negative adverb）与体助词有互斥性，体助词不能被否定，能被否定的是动词或能愿动词。例如：

a) i⁴³ɕoŋ⁴⁴tʂi⁴⁴tou⁴⁴lo⁴³tʂhau⁴⁴ɳaŋ⁵⁵. 一年得不到一件衣服穿。（动词）
　　一年　不　得　件　衣　穿

b) i⁴³ɕoŋ⁴⁴ua⁴⁴tʂi⁴⁴tou⁴⁴lo⁴³tʂhau⁴⁴. 一年做不了一件衣服。（能愿动词）
　　一年　做　不得　件　衣

c) i⁴³ɕoŋ⁴⁴ua⁴⁴tou⁴⁴lo⁴³tʂhau⁴⁴. 一年做了一件衣服。（体助词，完成体）
　　一年　做　得　件　衣

d) ni²¹ntou³³tou⁴⁴voŋ²⁴ta²¹. 他做好犁具了。（体助词，完成体）
　　他　打　得　犁　了

苗语的体助词有tʂo²¹ "着"、tou⁴⁴ "着"、lɛ²⁴ "了"、ta²¹ "了"、tou⁴⁴ "得"、tou¹³ "着"、tlua⁴⁴ "过"、taŋ⁴⁴ "掉"、tɕa⁴⁴ "起来"、tou⁴⁴ "给"等。这些体助词附着在动词之后，可以表达进行持续体（progressive-durative aspect）、实现体（achieved aspect）、结果体（resultative aspect）、终结体（terminative aspect）和将完成体（future perfect aspect）等不同的语法范畴。除此而外，苗语还可以表达现在进行（present progressive）或将来进行（future progressive）的动作行为和事物的变化发展。

苗语表达现在进行的动作行为和事物变化发展的句子属于一般的描述句。例如：

a) pei⁴³nau³¹mau⁴⁴. 我们吃饭。
　　我们　吃　饭

b) mei³¹ẓei²¹i⁴⁴mo²¹n̩tɕi¹³ka⁴³. 他们去逛街。
　　你们　群　那　去　转　街

表达将来进行的动作行为和事物的变化发展的句子也属于一般的描写句，但要受时相（time phase）、时制（tense phase）的限制，即在句子中要出现时间词或表能愿的词。例如：

a) tɕa⁴⁴ki²¹o⁵⁵mo²¹lai³³ɳaŋ⁴³pua⁴⁴ŋkua³¹tʂhi³³. 明天我去割草垫羊圈。（时间词）
　　明天　我　去　割　草　垫　圈　羊

b) ni²¹ẓa⁴⁴mo²¹nua²⁴ni²¹na²⁴. 他要去看他母亲。（能愿词）
　　他　要　去　看　他　母亲

c) naŋ^{13}ki^{21}ni^{21}za^{44}mo^{21}n̠tɕɛ^{33}ɳtʂi^{33}tʂhua^{31}. （时间词、能愿词）
　　后天　他　要　去　挖　点　草药
　　后天他要去采点草药。

苗语关于"现在"和"将来"的表达，不用体助词，不属于体范畴，这里不作过多的讨论。下面着重讨论进行持续体、实现体、结果体、终结体和将完成体。

4.1.1 进行持续体

苗语动词的进行持续体是在动词之后加体助词tʂo^{21}"着"和tou^{44}"着"来表现。

4.1.1.1 体助词 tʂo^{21} "着" 与进行持续体

苗语的体助词tʂo^{21}"着"的语义完全虚化，已经看不出其来源。它附着在动作行为动词和状态动词（stative verb）之后，表示动作行为进行中的持续状态（durative situation）。例如：

nau^{31}tʂo^{21}吃着　　ntshua^{44}tʂo^{21}洗着　　hai^{44}tʂo^{21}拖着
吃　着　　　　洗　　着　　　　拖　着

tau^{21}tʂo^{21}等着　　ȵau^{43}tʂo^{21}坐着　　tlɛ^{44}tʂo^{21}挂着
等　着　　　　坐　　着　　　　挂　着

动作行为动词和状态动词在时间上不受限制，可以无限地延续下去。体助词体现的语法范畴，可以看成一种持续的进行体，此处称为"进行持续体（progressive-durative aspect）"。

在句法结构上，tʂo^{21}"着"与不带宾语的动词结合时，后面还需要带一个动词。结构形式是：V+tʂo^{21}"着"+V。例如：

a) tua^{24}tshi^{31}ȵau^{43}tʂo^{21}kha^{43}hui^{24}. 大家坐着开会。
　　大　家　坐　着　开　会

b) mei^{31}ʐou^{24}tʂo^{21}hai^{33}. 你们坐着说。
　　你们　坐　着　说

与带宾语的动词结合时，体助词位于动词和宾语之间。结构形式是：V+tʂo^{21}"着"+O/NP。例如：

c) hua^{24}kə^{33}ȵoŋ^{43}tɬhou^{44}qhau^{55}, pe^{43} tʂei^{24}ua^{44}tʂo^{21}noŋ^{24}.
　　时候　助词　日　落　洞　我们　还　做　着　活儿
　　太阳下山时，我们还在做着活。

d) mei^{31}ʐei^{21}i^{44}ki^{44}ntshua^{44}tʂo^{21}tʂhau^{44}ki^{44}khuaŋ^{55}tʂo^{21}tou^{24}tlaŋ^{43}.
　　你们　群　那边　洗　着　衣服　边　摆　着　故事

第四章　苗语动词的体貌及其语义范畴　　83

　　他们边洗着衣服边讲着故事。

e) kau³¹na³¹noŋ⁴³zo⁵⁵tʂo²¹o⁵⁵, pei⁴³nau³¹la¹³tsa⁴⁴? 你整天守着我，我们吃什么？
　　你　每　天　守着我　我们 吃　什么

f) ȵcou³¹cɛ³³zou²⁴tʂo²¹ntua⁴³nen⁵⁵nen²¹. 蛤蟆在马蹄印里蹲着。
　　姑娘　蛤蟆 坐　着　中间　脚印 马

4.1.1.2　体助词tou⁴⁴"着"与进行持续体

苗语的体助词tou⁴⁴"着"由动词tou⁴⁴"得"引申而来。苗语的动词tou⁴⁴"得"的本意是非自主及物动词"得、得到、获得"，它可以引申为能愿动词tou⁴⁴"可以、能"。例如：

a) tɕau⁵⁵ȵtɕi⁴³naŋ⁴⁴nau³¹tsi⁴⁴tou⁴⁴. 这些蘑菇不能吃。
　　些 菌 这 吃 不 能

b) tso³¹ki⁵⁵qhe⁵⁵tʂhei⁴³mo²¹tou⁴⁴nɛ³³. 那条路可以走车的。
　　条 路 那 车 去 可以 呢

非自主及物动词tou⁴⁴"得、得到、获得"语义虚化后引申为体助词tou⁴⁴"着"时，附着在动词之后强调动作的状态，既可以表示动作的动态持续（dynamic continuity），也可以表示动作的静态持续（static continuity）。例如：

ȵau⁴³tou⁴⁴坐着　　　tsai³³tou⁴⁴接着　　　nau³¹tou⁴⁴吃着
坐　着　　　　　　接　着　　　　　　吃　着

tsau³¹tou⁴⁴跟着　　　nua²⁴tou⁴⁴看着　　　zo⁵⁵tou⁴⁴守着
跟　着　　　　　　看　着　　　　　　守　着

在句法结构上，体助词tou⁴⁴"着"，可以附着在不带宾语的动词之后，也可以附着在带宾语的动词的后面。附着在不带宾语的动词之后的，句法结构形式为：V+tou⁴⁴"着"。例如：

a) kau³¹ȵau⁴³tou⁴⁴, o⁵⁵mo²¹tsau⁵⁵ni²¹lo²¹. 你坐着，我去找他来。
　　你　坐着　我 去 找 他 来

b) mei³¹ua⁴⁴ntei³¹mo²¹tou⁴⁴, o⁵⁵tsau³¹qaŋ⁴³tua³¹. 你们先走着，我随后来。
　　你们 作 前 走着 我 跟 后 来

c) kau³¹nua²⁴tou⁴⁴, tsi⁴⁴ti³³chɛ³³ni²¹tsi⁵⁵lɛ²⁴. 你看着，别让他跑了。
　　你 看着 别 让 他 跑 了

d) lo⁴³toŋ³¹naŋ⁴⁴tsi⁴⁴tua³¹, mua⁴³tlai²⁴mplai⁴⁴tɛ²¹ta¹³tou⁴⁴.
　　个 桌 这 不 稳　拿 块 片 柴 来 垫着
　　这张桌子不稳，拿块木片垫着。

e) mua⁴³ntsei⁵⁵lo²¹laŋ²¹tou⁴⁴. 拿盐来腌着。
　　拿　盐　来 腌 着

附着在带宾语的动词之后的，句法结构形式是：V+tou⁴⁴"着"+O/NP。例如：

a) ṇoŋ⁴³tɕi⁴⁴za²¹ za⁴³tou⁴⁴tei³¹hou⁴⁴sɛ³³, li⁴⁴tɕi⁴⁴zi¹³za⁴³tou⁴⁴tei³¹hou⁵⁵pla³¹.
   太阳 亮 闪亮 晒 着 些 额头　月亮亮明亮晒 着 些　额头
   红日照着容颜，明月映着脸庞。

b) na²⁴i⁴³ṇoŋ⁴³za⁵⁵li²¹tou⁴⁴na²⁴tɕi²¹ten³¹qoŋ⁴³. 母亲整天要操理着农事。
   母 一 天 要理着 母 支农事

4.1.2 实现体

苗语的实现体由体助词 lɛ²⁴"了"、ta²¹"了"附着在动词之后来表达。这两个体助词可以单用，也可以连用。连用的顺序是：lɛ²⁴"了"+ ta²¹"了"。单用时，它们的语法意义稍有不同，lɛ²⁴"了"用在动词后面，主要表示动作行为或变化历程的实现状态；ta²¹"了"用在句末，肯定事态出现了变化或即将出现变化，有成句的作用。

4.1.2.1 体助词 lɛ²⁴"了"与实现体

苗语的体助词 lɛ²⁴"了"由实意动词 lɛ²⁴"去"虚化而来，一般置于句末。动词带名量宾语和时量、动量补语时，lɛ²⁴"了"直接附着在动词之后，两种结构分布的语法意义都是表示动作行为或事物变化发展成为事实的状态。位于句末的，有两种结构形式。一种结构形式是：V+lɛ²⁴"了"。例如：

a) to²¹ɴqaŋ³¹ɕoŋ⁴³i⁴⁴lo⁵⁵lɛ²⁴. 那根竹竿断了。
   根 竿 竹 那断 了

b) ʐei²¹la³¹naŋ⁴⁴qhua⁵⁵lɛ²⁴. 这丘田干了。
   丘 田 这 干 了

c) pei⁴³mua⁴³to²¹tʂou¹³i⁴⁴ntou³³tua¹³lɛ²⁴. 我们把那只豪猪打死了。
   我们 把 只 豪猪 那 打 死 了

另一种结构形式是：V+VP+lɛ²⁴"了"。例如：

d) o⁵⁵na²⁴mei³¹mo²¹tɬau⁴³tou²⁴pou⁵⁵lɛ²⁴. 我母亲他们去拔黄豆去了。
   我 母 们 去 拔 黄豆 了

e) taŋ⁵⁵ʐaŋ³¹kə⁴³qhau⁵⁵loŋ⁵⁵tɬua⁴⁴plou i⁴⁴tʂau⁴⁴tɬua⁴⁴phua⁴⁴ti¹³o⁴⁴lɛ²⁴.
   群 羊 助 刚 割 过 毛 那 牧 到 远 对面那 了
   刚剪过毛的那群绵羊放到很远的对面那边去了。

体助词lɛ²⁴"了"直接附着于带数量宾语（quantitive object）或数量补语（quantitive complement）的动词之后时，表动作行为或变化历程实现的时或量。结构形式为：V+lɛ²⁴"了"+NP。例如：

V+lɛ²⁴"了"+数量宾语 NP

a) pei⁴³to²¹n̥o³¹nau³¹tḷau⁴⁴lɛ²⁴plou⁴³ẓei²¹la³¹. 三头牛吃光了四丘田。
   三 头 牛 吃 光了 四 丘 田

b) ni²¹ntso²¹lɛ²⁴ɕaŋ⁴⁴ẓi¹³tou³³to²¹naŋ⁴³i⁴⁴ti¹³tʂi⁴⁴tua¹³.
   他 剁了 七 八 斧 条 蛇 那 都 不 死
   他剁了七八斧那条蛇都没有死。

V+lɛ²⁴"了"+数量补语 NP

c) to²¹na²⁴tʂhi³³i⁴⁴plo³¹lɛ²⁴i⁴³n̥oŋ⁴³ni⁴⁴tsau⁵⁵tou⁴⁴. 那只母山羊丢了一天才找着。
   只 母 山羊 那 失 了 一 天 才 找 得

d) o⁵⁵mo²¹lɛ²⁴i⁴³taŋ¹³n̥oŋ⁴³ti¹³ha³¹tʂi⁴⁴kau²⁴mo²¹tso¹³. 我去了一半天都还没去到。
   我 去 了 一 半 日 都 还 不 曾 去 到

e) o⁵⁵n̥tɕɛ³³lɛ²⁴au⁴³n̥tɕɛ¹³tɛ⁴⁴tḷei⁵⁵tɕou²⁴ṣɛ⁵⁵tʂi⁴⁴ṣɛ⁵⁵lo²¹. 我踢了两脚狗就起不来了。
   我 踢 了 二 踢 脚 狗 就 站 不 起 来

f) ni²¹taŋ¹³lɛ²⁴au⁴³pei⁴³za⁴³kau³¹ti¹³tʂi⁴⁴tou⁴⁴tau⁵⁵lo²¹. 他跑了两三趟你都没回来。
   他 跑了 二 三 次 你 都 没 得 回 来

4.1.2.2 体助词 ta²¹"了"与实现体

苗语的体助词ta²¹"了"是一个纯粹的助词,兼有语气词的作用,语法意义是表示动作行为或事物的变化发展历程。即指原来没有变化,现在有了新的动态变化,而且这种变化是实现状态的变化,亦指动词所代表的动作行为或变化属性从时间位于其出现前的某一点,可称为"前时点(preceding time point)",到自身出现的发展过程,这个过程就是一个实现过程。例如:

lo²¹naŋ¹³ta²¹. 下雨了。
下 雨 了

原来没有"下雨",现在"下雨了",从"没下"到"下"有一个过程,这个过程就是从前时点到实现点(achieved point)的一个过程。尽管体助词ta²¹"了"表达的是实现的状态,但更强调到现在为止实现的状态。它的位置永远位于句末。其句法结构形式有:V+ta²¹"了"、V+V1+ta²¹"了"和V+N+ta²¹"了"。例如:

V+ta²¹"了"

a) tḷei³¹mpou⁴⁴ta²¹. 水开了。
   水 沸 了

b) mplei³¹ṣou⁴⁴taŋ²¹ta²¹. 稻谷收完了。
   稻谷 收 完 了

c) ni²¹mpau³¹mua³¹cou²⁴ntou⁴⁴noŋ⁴³tṣi⁴⁴tau⁵⁵lo²¹ta²¹. 他们有十多天没回来了。

　　他　群　有　十　多　日　不　回　来　了

d) noŋ⁴³mi²¹mua⁴³tau⁵⁵lo²¹ta²¹. 玉米种拿回来了。

　　种　玉米　拿　回　来　了

V+N+ta²¹"了"

e) tou⁴⁴ɕaŋ⁴⁴noŋ⁴³tṣi⁴⁴lo²¹naŋ¹³ta²¹. 六七天不下雨了。

　　六　七　日　不　下　雨　了

f) n̥oŋ⁴³naŋ⁴⁴tṣhaŋ⁵⁵nto³¹ta²¹. 今天天晴了。

　　日　这　晴　天空　了

4.1.2.3　体助词 lɛ²⁴"了"、ta²¹"了"与实现体

苗语体助词lɛ²⁴"了"、ta²¹"了"的单用句法功能和语义语法范畴如上所述。这两个体助词除单用功能外，还可以连用，连用的句法结构有两种形式：lɛ²⁴"了"+ta²¹"了"和lɛ²⁴"了"+NP+ta²¹"了"。这两种句法结构形式的语法意义稍有不同。

lɛ²⁴"了"+ta²¹"了"，一般紧接动词位于句末。其句法结构形式为：V+lɛ²⁴"了"+ta²¹"了"、V1+V+lɛ²⁴"了"+ta²¹"了"或V+N+lɛ²⁴"了"+ta²¹"了"，强调动作行为、事物变化发展的历程现在已实现。例如：

V+lɛ²⁴"了"+ta²¹"了"

a) ni²¹tau⁵⁵lo²¹lɛ²⁴ta²¹. 他已回来了了。

　　他　回　来　了　了

b) lo⁴³tou⁴³naŋ⁴⁴ţi³¹ lɛ²⁴ta²¹. 这个瓜萎谢了了。

　　个　瓜　这　萎谢　了　了

V1+V+lɛ²⁴"了" + ta²¹"了"

c) a⁴³ntou⁴³naŋ⁴⁴nto³³ʑi¹³lɛ²⁴ta²¹. 这面布织歪了了。

　　面　布　这　织　歪　了　了

d) ʑa²¹tḷei³¹naŋ⁴⁴thou⁴³lou⁴⁴lɛ²⁴ta²¹. 这锅水烧折了了。

　　锅　水　这　烧　折　了　了

V+N+lɛ²⁴"了" + ta²¹"了"

e) lo⁴³cɛ²⁴i⁴⁴tau⁴⁴qaŋ⁴³lɛ²⁴ta²¹. 那个背篓穿底了了。

　　个　篓　那　通　底　了　了

f) n̥oŋ⁴³poŋ⁴³qhau⁵⁵lɛ²⁴ta²¹. 太阳落山了了。

　　日　掉　洞　了　了

lɛ²⁴"了"+NP+ta²¹"了"，表示现在已实现的量，NP 一般是量词短语（quantifier phrase），NP 为名量词短语（CNP, classifier-norminal phrase）时，

作动词的宾语，NP 为动量词短语（AQP，action quantifier phrase）或时量短语（TQP，time quantifier phrase）时，作动词的补语（complement）。例如：

lɛ²⁴ "了" + CNP+ta²¹ "了"

a) zei²¹la³¹naŋ⁴⁴nthua⁴⁴lɛ²⁴i⁴³ŋtaŋ⁴³ta²¹. 这丘田薅了一半了。
　　丘　田　这　薅　了　一半　了

b) pei⁴³hou³³lɛ²⁴pei⁴³tou⁵⁵ta²¹. 我们喝了三瓶了。
　　我们　喝　了　三　瓶　了

c) ni²¹ti¹³ ṭi³³lɛ²⁴i⁴³cɛ²⁴ta²¹, ṭau⁵⁵tua³¹ua⁴⁴la¹³tṣa⁴⁴? 他都背了一箩了，又来干什么？
　　他　都　背　了　一　箩　了　又　来　干　什么

d) to²¹mpua⁴⁴naŋ⁴⁴tua⁴⁴lɛ²⁴au⁴³ta²¹ta²¹, ha³¹tṣi⁴⁴tua¹³. 这头猪杀了两刀了，还没死。
　　头　猪　这　杀　了　二　刀　了　还　不　死

lɛ²⁴ "了" +AQP/TQP+ta²¹ "了"

e) ko⁵⁵hai³³lɛ²⁴plou⁴³tṣi⁴³za̠¹³ta²¹. 我说了四五次了。
　　我　说　了　四　五　次　了

f) ṇoŋ⁴³naŋ⁴⁴nau³¹lɛ²⁴au⁴³pei⁴³plua²¹ta²¹. 今天吃了两三顿了。
　　日　这　吃　了　二　三　顿　了

g) ni²¹tua²¹lɛ²⁴i⁴³ɕoŋ⁴⁴ta²¹. 他死了一年了。
　　他　死　了　一　年　了

h) tɕo⁴³tei⁴³naŋ⁴⁴nthua⁴⁴lɛ²⁴au⁴³ṇoŋ⁴³ta²¹. 这块地薅了两天了。
　　块　地　这　薅　了　二　天　了

4.1.3　结果体

结果体表示动作行为或变化历程有了结果。正在进行或持续的动作行为或变化历程是没有结果的，实现了的动作行为或变化历程也只表示历程的实现，不见得有结果。结果体则表示动作行为或变化历程不仅完成而且有了结果。苗语表示结果体的体助词有tou⁴⁴ "得"、ṭou¹³ "着"。

4.1.3.1　体助词tou⁴⁴ "得" 与结果体

苗语的体助词tou⁴⁴ "得" 由非自主及物动词tou⁴⁴ "获得、得到" 虚化而来，尽管在语音上两者同形，但是在语法意义上差别较大。试比较：

a) po²⁴tou²¹tou⁴⁴tṣi⁴⁴tou²¹. 见得了得不到。（动词）
　　见　能　得　不　能

b) ua⁴⁴tou⁴⁴lo⁴³tṣhau⁴⁴. 做了件衣服。（体助词）
　　做　得　件　衣服

带结果宾语的动词，如果附加表示结果体的体助词tou⁴⁴"得"，宾语通常要增加数量词，表示动作行为结果的数量，在句法结构中作数量宾语。试比较：

o⁵⁵ua⁴⁴tʂhau⁴⁴tou⁴⁴kau³¹n̥aŋ⁵⁵. 我做件衣服给你穿。→
我 做 衣服 给 你 穿

o⁵⁵ua⁴⁴tou⁴⁴tʂhau⁴⁴tou⁴⁴kau³¹n̥aŋ⁵⁵. 我做了衣服给你穿。→
我 做 得 衣服 给 你 穿

o⁵⁵ua⁴⁴tou⁴⁴lo⁴³tʂhau⁴⁴tou⁴⁴kau³¹n̥aŋ⁵⁵. 我做了件衣服给你穿。
我 做 得 件 衣服 给 你 穿

苗语表示结果体的体助词tou⁴⁴"得"，应用比较广泛，与中古、近古汉语的"得"的用法有相似之处。但是，苗语的体助词tou⁴⁴"得"，还可以引申出"到""住"等义项，这是一种语境的运用，在语法意义上表示的也是动作行为或变化历程的结果。例如：

a) o⁵⁵ua⁴⁴tl̥aŋ³¹te²¹lua²⁴tl̥ai⁴⁴tou⁴⁴ni²¹qaŋ⁴³tʂhau⁴⁴. 我张开双手拽住他的衣角。
我 作 庹 手 张貌 拽 住 他 底 衣服

b) ntsu²¹tʂu⁵⁵tl̥aŋ⁴³lo²¹toŋ²¹tou⁴⁴n̥cou³¹n̥oŋ⁴³ki⁵⁵. 妖魔鬼怪挡住了太阳的路。
妖魔鬼怪 来 挡 住 姑娘 太阳 路

c) nua²⁴tou⁴⁴tei³¹nen⁴³mpou⁴⁴n̥tʂɛ²¹lo²¹mpou²⁴mploŋ³¹. 看到涌动的人群多如树叶。
看 得 些 人 沸腾 涌动貌 来 多 如 叶

d) tʂou³³nto³¹tʂou³³nti⁴⁴ lo²¹tou⁴⁴ɕaŋ⁴⁴ɕoŋ⁴⁴. 天昏地暗了七年。
暗 天 暗 暗貌 来 得 七 年

e) ua⁴⁴tou⁴⁴ɕaŋ⁴⁴n̥oŋ⁴³ɕaŋ⁴⁴m̥au⁴⁴ni⁴⁴ua⁴⁴taŋ²¹. 做了七天七夜才做完。
做 得 七 天 七 夜 才 做 完

苗语体助词tou⁴⁴"得"表达的结果体，既可以仅表动作行为的结果，也可表动作行为结果的量。仅表动作行为的结果时，动词所带的宾语通常为光杆名词或名词性短语NP（NP, normial phrase），作受事宾语，而表动作行为结果的量时，动词所带的宾语或补语，一般为量词短语，作数量宾语或数量补语。

4.1.3.2 体助词 tou¹³"着"与结果体

苗语的体助词 tou¹³"着"由实意动词tou¹³"中"虚化而来，相当于现代汉语的tʂau³⁵"着"。用法上近似中古汉语的"着"。苗语的体助词 tou¹³"着"，在句法的分布上，位于动词之后。例如：

a) n̥oŋ⁴³naŋ⁴⁴ni²¹n̥tʂi²¹tou¹³pei⁴³. 今天他遇着我们。
日 这 他 遇 着 我们

b) tɬei⁵⁵to²⁴tou¹³mpua⁴⁴ko⁴⁴tu⁵⁵. 狗咬着猪的尾巴。
   狗　咬　着　猪　　尾巴
c) mei³¹hei²⁴tou¹³o̥⁵⁵ta²¹. 你们吓着我了。
   你们　吓　着　我　了
d) tʂo¹³tsai²⁴tou¹³au⁴³tou³³. 只砍着两斧头。
   只　砍　着　二　斧
e) tʂo²⁴ni²¹ntou³³tou¹³pei⁴³ŋi¹³. 被他打着三拳。
   被　他　打　着　三　拳

苗语体助词tou¹³"着"表达的结果体，可以表动作行为的结果，也可以表动作行为结果的量。表动作行为的结果时，动词所带的宾语通常为代词、光杆名词或名词性短语NP，作对象宾语，而表动作行为结果的量时，只能作动词的数量补语。

4.1.4　终结体

苗语的终结体只由动词tɬua⁴⁴"过"引申而来的体助词tɬua⁴⁴"过"附加在动词之后表达，表动作行为或变化历程已经终结。终结体，强调动作行为或变化历程的终结，这个终结点（terminal point），不是表示现在的，而是表示过去的。例如：

a) o⁵⁵po²⁴tɬua⁴⁴ni²¹. 我见过他。
   我　见　过　他
b) ni²¹ua⁴⁴tɬua⁴⁴n̥o³¹lua²⁴. 他做过牛生意。
   他　做　过　牛生意
c) mo²⁴ɕi³³ni²¹lo²¹tɬua⁴⁴tɬei³¹ʐaŋ²¹nto¹³taŋ²¹, lo²¹tɬua⁴⁴taŋ²¹tɬei³¹ʐaŋ²¹nto¹³tei⁴³.
   巫　领　他　回 过　水　段　边　坝　回 过 完　水　段　边　地
   巫师带他回来，越过了河边的坪坝，穿过了河边的平原。（《丧葬祭祀辞》）
d) tsi⁵⁵ʐɛ²⁴pli¹³lo⁴³tɬua⁴³qou¹³zen²¹, qou¹³tɬa⁴⁴tsu³¹n̥o¹³nto³¹ʐaŋ²¹ki⁵⁵.
   祖辈　魂　个　影　倒　倒下貌　倒　过　玉皇　天　段　路
   祖辈的身影倒下了，倒到了玉皇的天庭。（《丧葬祭祀辞》）

4.1.5　将完成体

将完成体表示在某一时刻动作行为或变化历程将要去进行并完成。苗语用于表达将完成体的体助词有 taŋ⁴⁴"掉"、tɕa⁴⁴"起来"、tou⁴⁴"给"，它们一般位于句末。

4.1.5.1　体助词taŋ⁴⁴"掉"与将完成体

苗语的体助词taŋ⁴⁴"掉"从词义上看，是一个表动作行为或变化历程完成的体助词，但是，在句法结构中所表现出来的词汇语法范畴却是将要进行并完成的动作行为或变化历程，表动态。在句法结构的分布上，有位于句末和位于句间两个位置。

体助词 taŋ⁴⁴"掉"位于句末或分句之末，这种句法结构构成的句型通常是祈使句。例如：

a) tṣi⁴⁴ti³³mua⁴³tei³¹chou⁴³tṣhau⁴⁴i¹⁴lai²⁴taŋ⁴⁴. 别把那些旧衣服扔掉。
　　不必 把 些 旧 衣 那 扔 掉

b) mua⁴³toŋ³¹ṇtṣai¹³taŋ⁴⁴. 把桌子挪开。
　　把 桌 挪移 掉

c) mua⁴³lo⁴³qhau⁵⁵tṣua¹³i¹⁴tsu²⁴taŋ⁴⁴. 把那个老鼠洞堵掉。
　　把 个 洞 鼠 那 堵 掉

d) mua⁴³to²¹tḷei⁵⁵tua¹³naŋ⁴⁴lau²¹taŋ⁴⁴. 把这只死狗埋掉。
　　把 只 狗 死 这 埋 掉

e) ʐo⁴³mi²¹tua⁴³hen⁵⁵ta¹³, ʐa⁴⁴mua⁴³i⁴³tsha⁴⁴tṣhi⁴³taŋ⁴⁴.
　　秧 玉米 密 很 真 要 把 一 些 间 掉
　　玉米苗太密了，要把一些间掉。

体助词 taŋ⁴⁴"掉"位于句子的中间位置，实际上是位于整个句子第一个话题之后，接下来的是另一个话题，即位于第一个即将完成的动作行为或变化历程之后和另一个在此动作行为或变化历程后将接着要完成的动作行为或变化历程之前，这种句法结构构成的句型，一般是陈述句。例如：

a) o⁵⁵mua⁴³tḷei³¹ku⁵⁵ṭau⁵⁵mo²¹taŋ⁴⁴ni⁴⁴tua³¹to¹³kau³¹ua⁴⁴.
　　我 把 水 挑 回 去 掉 才 来 跟 你 做
　　我把水挑回去后，再来跟你做。

b) nau³¹m̥au⁴⁴taŋ⁴⁴ni²¹ʐa⁴⁴mo²¹nua²⁴ṇaŋ⁴³. 吃掉晚饭后，他要去相亲。
　　吃 晚饭 掉 他 要 去 看 媳妇

4.1.5.2 体助词 tɕa⁴⁴"起来"与将完成体

体助词 tɕa⁴⁴"起来"由实意动词 tɕa⁴⁴"搁置"虚化而来，但是，作为体助词时，没有动词的性能。它在句法结构中的分布、句法功能及构成的句型与体助词 taŋ⁴⁴"掉"基本一致，差别只在语义上，tɕa⁴⁴"起来"表达动作行为或变化历程将要完成的状态，即 tɕa⁴⁴"起来"主要是表静态的体助词。

体助词 tɕa⁴⁴"起来"位于句末结构时，句型一般是祈使句。例如：

a) khɛ³³tḷai²⁴ntɛ⁵⁵lo²¹mua⁴³lo⁴³qhau⁵⁵i⁴⁴ploŋ³¹tɕa⁴⁴. 拿张纸来把那个洞封起来。
　　拿 张 纸 来 把 个 洞 那 封 起来

b) lo⁴³ṭoŋ³¹naŋ⁴⁴tṣi⁴⁴tua³¹, mua⁴³mplai⁴⁴tshai³³vua²¹lo²¹ta¹³tɕa⁴⁴.
　　张 桌 这 不 牢 拿 块 碎 瓦 来 垫 起来

这张桌子不稳，拿块瓦片来垫起来。

c) tʂhei⁵⁵tei³¹tʂhau⁴⁴naŋ⁴⁴mo²¹tlai⁴⁴tou⁵⁵ʂou⁴⁴so⁴³ɳtʂaŋ⁵⁵tɕa⁴⁴.
  抬　些　衣　这　去　挂　在　上　墙　起来
  拿这些衣服去挂到墙上。

d) tu⁵⁵tshaŋ³¹naŋ⁴⁴za⁴⁴qou¹³ta²¹, kau³¹mo²¹ku⁵⁵to²¹ntoŋ⁴⁴lo²¹ɳtei²¹tɕa⁴⁴.
  堵　墙　这　要　倒　了　你　去　扛　根　树　来　抵　起来
  这堵墙要塌了，你去扛根木头来撑起来。

体助词tɕa⁴⁴"起来"位于句子中间结构时，实际上是位于整个句子第一个话题之后，接下来的是另一个话题，即位于第一个即将完成的动作行为或变化历程之后和另一个在此动作行为或变化历程后将接着要完成的动作行为或变化历程之前。这种句法结构构成的句型，通常为陈述句。例如：

a) ni²¹mua⁴³ɳo³¹khi⁴⁴tɕa⁴⁴ni⁴⁴ŋkaŋ¹³lo²¹tʂei⁵⁵ntei⁴⁴tɛ²¹. 他把牛拴起来才进屋来烤火。
  他　把　牛　拴起来　才　进　来屋　烤火

b) mploŋ³¹ntoŋ⁴⁴ntsoŋ⁵⁵to²¹noŋ¹³i⁴⁴tɕa⁴⁴nua²⁴tʂi⁴⁴po²⁴. 树叶遮住了那只鸟看不见。
  叶　树　遮　只　鸟　那　起来　看　不　见

c) ni²¹mua⁴³ni²¹mpo⁴⁴tɛ²⁴lo²¹laŋ²⁴tɕa⁴⁴ni⁴⁴mo²¹ua⁴⁴noŋ²⁴.
  他　把　它　捞　出　来　晾起来　才　去　做　活
  他把它捞出来晾着才去做活儿。

d) ni²¹mua⁴³tei³¹ɳua¹³lai²⁴tɕa⁴⁴tou⁴⁴hou⁴⁴tʂei⁵⁵ta⁴³to²¹tau⁵⁵mo²¹ni²¹na²⁴zi¹³.
  她　把　些小孩　扔起来　在　里　屋　独个　回　去　她　娘家
  她把小孩丢在家里自个儿回娘家去。

4.1.5.3　体助词tou⁴⁴"给"与将完成体

苗语的体助词tou⁴⁴"给"由予与动词tou⁴⁴"给"虚化而来，它有时作为介词用，但是作为体助词用时，没有动词和介词的性能，在句法结构中位于句尾，也可以位于句子中间，强调动作行为或变化历程完成后的语义指向（semantic orientation），即动词行为或变化是针对主语来完成的。

体助词tou⁴⁴"给"位于句末，动词带数量宾语时，体助词位于宾语之后。其句法结构形式为：V+NP+tou⁴⁴"给"。例如：

a) zei²¹la³¹naŋ⁴⁴tlei³¹qhua⁵⁵lɛ²⁴ta²¹, tsau⁴⁴ntʂi³³tlei³¹tou⁴⁴.
  丘　田　这　水　干　了　了　放　点　水　给
  这丘田水干了，给引点水来。

b) taŋ⁴³lou⁴⁴i⁴⁴ko⁴⁴lo⁵⁵lɛ²⁴, kau³¹ua⁴⁴to²¹ko⁴⁴tou⁴⁴.
  把　锄　那　柄　断　了　你　做　根　柄　给
  那把锄头把儿断了，你给做根把儿。

体助词tou⁴⁴"给"位于句末，动词带工具宾语时，可以位于宾语之后，也可以位于作用于宾语的动词之后，句法结构形式为：V+O/NP+tou⁴⁴"给"或 V₁+O/NP+V₂+V+tou⁴⁴"给"。例如：

a) tei³¹ɴqai³¹naŋ⁴⁴ʐa⁴⁴laŋ²¹ɳtʂei⁵⁵tou⁴⁴. 这些肉要腌上盐。→
些 肉 这 要 腌 盐 给
tei³¹ɴqai³¹naŋ⁴⁴ʐa⁴⁴chɛ³³ɳtʂei⁵⁵lo²¹laŋ²¹tou⁴⁴. 这些肉要用盐来给腌着。
些 肉 这 要 拿 盐 来 腌 给

b) tso³¹ki⁵⁵naŋ⁴⁴ŋko³³hen⁵⁵, mphoŋ⁴⁴ɳtʂi³³mplua¹³sua⁴⁴tou⁴⁴. →
条 路 这 泥泞 很 撒 点 壳 糠 给
这条路泥泞得很，给撒上点谷壳。
tso³¹ki⁵⁵naŋ⁴⁴ŋko³³hen⁵⁵, mua⁴³ɳtʂi³³mplua¹³sua⁴⁴lo³¹mphoŋ⁴⁴tou⁴⁴.
条 路 这 泥泞 很 拿 点 壳 糠 来 撒 给
这条路泥泞得很，拿点谷壳来给撒上。

体助词 tou⁴⁴"给"位于句末的，一般置于工具宾语之后，句法结构形式也是：V+O/NP+tou⁴⁴"给"或 V₁+O/NP+V₂+V+tou⁴⁴"给"。例如：

a) taŋ⁴³tou³³naŋ⁴⁴ʐa⁴⁴ti³³ɳtʂi³³qhua⁵⁵tou⁴⁴ni⁴⁴zoŋ⁴⁴tsai²⁴.
把 斧 这 要 背 点 钢 给 才 好 砍
这把斧头要给加点钢才好使。

b) tɕhɛ⁴⁴ntou⁴³naŋ⁴⁴ʐau¹³ta¹³kau³¹tʂi⁵⁴ɳau⁴⁴au⁴³ɴqau²¹tou⁴⁴tsei¹³tʂhai⁴⁴ʐa⁴⁴nto³³ʐi¹³lɛ²⁴.
圈 布 这 是 真 你 不 喂 两 梭 给 如果 恐 要 织 歪 了
这圈布要是你不给补两梭子的话，恐怕会织歪了。

c) tei³¹qau³³naŋ⁴⁴ʐa⁴⁴tsau⁴⁴tɕhi⁵⁵tou⁴⁴ni⁴⁴tsɛ³¹nto¹³. 这些芋头要给施肥才会硕大。
些 芋头 这 要 放 粪 给 才 会 粗

d) mua⁴³tlai²⁴mplai¹¹tɛ²¹lo²¹ta¹³tou⁴⁴, nua²⁴ʈua³¹tʂi⁴⁴ɳʈua⁴⁴.
拿 块 片 柴 来 垫 给 看 稳 不 稳
拿块木片来给垫上看稳不稳。

4.2 状词与动词貌范畴

苗语的状词（ideophone, expressive）是一类独立的词类，只有附着在动词或形容词后面，才能显示其词汇语法意义和语义语法范畴（semantic-grammatical category），即貌（aktionsart）和貌范畴（aktionsart category）。例如，状词 pli⁵⁵，附着在动词之后表示动作短暂，即动作的闪动貌，附着在状态形容词后，表情态的减弱：

a) ni²¹qhau⁵⁵mua¹³ɳtʂai³³pli⁵⁵. 他的眼睛一闪一闪地眨。
他 眼睛 眨 闪动貌

b) paŋ³¹tsi⁵⁵tl̥ua³¹la⁴³pli⁵⁵. 桃花倒红不红的。
　　花　果　桃　红 微红貌

苗语的动词、形容词对状词各有选择，受到一定的限制，一般来说，动词有动词的状词，形容词有形容词的状词，动词不能选择形容词的状词，但是，有时形容词可以选择动词的状词，这时形容词具有动词的性能，属静态动词（stative verb）。

苗语动词的貌范畴由动词附着状词来体现，根据状词与动词结合时所隐含的词汇语法范畴（lexical grammar category），动词的貌可以分成情状貌（situational aktionsart）、速度貌（speedy aktionsart）、声音貌（vocal aktionsart）和达成貌（caused aktionsart）等4种。不管状词附着于动词表达何种貌范畴，状词在句法结构中的功能都是充当补语，补充说明动作行为或变化的貌，状词充当的补语可以叫做动相补语（phase complement）。

4.2.1 情状貌

情状貌（situational aktionsart）表示的是主观上对动作行为或事物变化发展历程的情状（situation）的感观描写。可以附加状词表达情状貌的动词，既有自主及物动词和自主不及物动词，也有非自主及物动词和非自主不及物动词。但是，自主及物动词和自主不及物动词必须是可以持续的或者是其自身就是表示某种状态（state）的动作行为状态动词（state verb）。稍纵即逝的或非动作行为状态的自主及物动词和自主不及物动词，不能附加状词表达情状貌。

动词的情状貌在句法结构上，有V+状词、V+qa³³+状词、V+O+状词等3种。动词带宾语，但还要强调动词的情状时，表情状的状词位于宾语之后，这种结构也可以在宾语和状词之间插入表强调的词汇性成分前缀qa³³，构成V+qa³³+O的形式。

4.2.1.1　V+状词

这种结构是一般情状貌，由状词直接附着在动词之后来表达，状词可以是单音节的，也可以是双音节的。例如：

tɛ⁴⁴ŋki⁴⁴怒指　　　　　　　　lo²¹lau¹³雨不停地下
指　怒貌　　　　　　　　　　下　不停貌

plo³¹pla¹³隐约地消失　　　　　ɳtʂou⁴³ɳtʂua⁴⁴头朝下猛然跌落
消失 隐约貌　　　　　　　　　俯冲　下跌貌

ntu²¹ntshen⁴⁴ntsa¹³水坦荡地流淌　tʂou³¹ɳtʂo¹³ʐou¹³飞禽嘈杂地乱叫
流　　顺畅貌　　　　　　　　鸣叫　杂乱貌

tua³¹nto⁵⁵ʐo²¹蜂拥而来　　　　　　　tl̺ua⁴⁴nto⁴³nton¹³远影遥去
来　攒动貌　　　　　　　　　　　过　渐去貌

4.2.1.2　V+qa³³+状词

这种结构是强调情状貌，表示动作行为或事物变化发展历程情状的加强。其中，状词只能是单音节的，qa³³是表强调的词汇性成分前缀。例如：

tl̺a⁴⁴tl̺en⁵⁵猛然地跳脱出来　　　→　　tl̺a⁴⁴qa³³tl̺en⁵⁵更猛然地跳脱出来
跳　猛然蹦出貌　　　　　　　　　　跳　前缀猛然蹦出貌

nti⁴⁴nta⁴⁴伸手蹬脚地频繁地乱动　→　nti⁴⁴qa³³nta⁴⁴伸手蹬脚地更频繁地乱动
挣　乱动貌　　　　　　　　　　　　挣　前缀乱动貌

tɛ¹³vau¹³花争奇斗艳地绽放　　　　→　tɛ¹³qa³³vau¹³百花争奇斗艳地绽放
绽放绽放貌　　　　　　　　　　　　绽放前缀绽放貌

ntua⁵⁵ʐen²¹舒展地张开　　　　　→　ntua⁵⁵qa³³ʐen²¹更舒展地张开
张开　舒展貌　　　　　　　　　　　张开　前缀舒展貌

tua¹³ʐua⁵⁵有气无力地瘫着　　　　→　tua¹³qa³³ʐua⁵⁵有气无力地死瘫着
死　瘫痪貌　　　　　　　　　　　　死　前缀瘫痪貌

qei⁴⁴nti⁴⁴眼皮耷拉地闭着眼睛　　　→　qei⁴⁴qa³³nti⁴⁴眼皮耷拉地木然地闭着眼睛
闭　合拢貌　　　　　　　　　　　　闭　前缀合拢貌

4.2.1.3　V+O+状词

这是及物动词带宾语表动作行为或事物变化发展历程情状貌的结构。如果需要强调情状时，可以衍生出 V+O+qa³³+状词的结构，但状词一般只是单音节的。例如：

tʂhaŋ⁵⁵nti¹³晴朗朗的→tʂhaŋ⁵⁵nto³¹nti¹³天空晴朗朗的→tʂhaŋ⁵⁵nto³¹qa³³nti¹³万里无云
晴　晴朗貌　　　　　晴　天空　晴朗貌　　　　　　晴　天空　前缀晴朗貌

to²⁴ŋki⁴⁴咬紧牙关→to²⁴n̺a⁵⁵ŋki⁴⁴牙关咬得紧紧的→to²⁴n̺a⁵⁵qa³³ŋki⁴⁴咬牙切齿
咬　紧闭貌　　　　咬　牙　紧闭貌　　　　　　　咬　牙　前缀紧闭貌

plo³¹loŋ⁴⁴隐隐消失→plo³¹qaŋ⁴³loŋ⁴⁴背影隐隐消失→plo³¹qaŋ³³qa³³loŋ⁴⁴无影无踪
消失轻盈貌　　　　消失后背　轻盈貌　　　　　消失后背　轻盈貌

l̺ou⁵⁵tl̺hei⁵⁵悬垂着→l̺ou⁵⁵ntʂu¹³tl̺hei⁵⁵鼻涕耷拉→l̺ou⁵⁵ntʂu¹³qa³³tl̺ei⁵⁵鼻涕耷拉着
垂下垂貌　　　　　垂　鼻涕下垂貌　　　　　　垂　鼻涕　前缀下垂貌

4.2.2　速度貌

速度貌（speedy aktionsart）是主观对动作行为进行历程的速度的感知。附加状词表达速度貌的动词，只能是自主及物或不及物动词。根据动作行为经历时间的长短，速度貌可以分为快速貌（quick aktionsart）和缓慢貌（slow aktionsart）。

4.2.2.1 快速貌

快速貌（quick aktionsart）表示动作行为经历时间短暂。用以表达快速貌的状词有 lau⁴⁴"飞快貌"、phlua⁵⁵"突然貌"、ɲcou³³"果敢而快貌"、ʐau¹³"急促且快貌"、la⁵⁵"仓促且快貌"、nua¹³"唐突而迅速貌"。句法结构既可以构成：V+状词，也可以构成：V+O+状词，这种结构只用于自主及物动词的快速貌，状词为单音节状词。例如：

V+状词

mua⁴³lau⁴⁴飞快地拿　　tʂau⁴⁴phlua⁵⁵突然放下　　tsai³³ɲcou³³果敢而快速地接受
拿　飞快貌　　　　　　放　突然貌　　　　　　　接　果敢而快貌

nau³¹ʐau¹³急促地吃　　tʂi⁵⁵la⁵⁵仓促地逃走　　　ŋkaŋ¹³nua¹³唐突地闯入
吃　急促且快貌　　　　跑　仓促且快貌　　　　　进　唐突而迅速貌

V+O+状词

a) ni²¹ɕaŋ⁴³tei²¹lau⁴⁴ɳtʂa⁴⁴o⁵⁵. 他突然伸出手来掐我。
　　他　伸　手　飞快貌 掐　我

b) to²¹no³¹i⁴⁴ti¹³hou⁴⁴ɲcou³³ɳtou⁴⁴o⁵⁵. 那头牛突然把头转来牴我。
　　头 牛 那 转 头　快貌　抵　我

c) ni²¹ku⁵⁵lou⁴⁴ʐau¹³ɳtɕi⁴⁴toŋ⁴³le²⁴. 他急急忙忙地扛锄头上山去了。
　　他 扛 锄　快貌　上 山 了

4.2.2.2 缓慢貌

缓慢貌（slow aktionsart）表示动作行为的速度缓慢，经历的时间相对延长。缓慢貌的动词一般不带宾语，表速度的状词直接附着在其后面，状词通常是双音节的而且是双声的。例如：

ɳtɕho⁴⁴no⁴³nau⁵⁵ 炊烟 袅袅升起　　ŋkaŋ¹³qo³¹qen²¹慢悠悠唏哗唏哗地爬行
熏　缓慢升起貌　　　　　　　　　　爬行　负重缓行貌

ɳtɕi⁴⁴ɳtɕo³¹ɳtɕau⁴⁴慢悠悠地往上爬　qhei⁴³ʐo³¹ʐo²¹眼睛慢悠悠地一点一点地睁开
爬　艰难缓动貌　　　　　　　　　　开　缓慢敞开貌

4.2.3 声音貌

声音貌（vocal aktionsart）是主体对客体动作行为或事物变化发展所发出的声音的描摹。表声音貌的状词可以表达反复的、猝然的和持续的声音，反复的和持续的声音在时间上比猝然的声音长。声音貌的句法结构是动词不带宾语。其句法结构形式是：V+状词，其中动词V必须是表状态的或可持续的。

4.2.3.1 反复声音貌

反复声音貌（iterative vocal aktionsart）表示声音反复产生，用来描摹的状词都是声母相同的双音节状词。其中，动词无论是自主及物、不及物的，还是非自主及物、不及物的，都是状态动词，表声音反复的状态。例如：

nti⁴⁴kho⁴³khua⁵⁵嘘嘘喀喀地动来动去　　ntshi⁴⁴tɕho⁴³tɕhi⁵⁵窃窃私语
挣扎 嘘嘘喀喀声貌　　　　　　　　　　耳语　耳语声貌

lua¹³ho⁴³hi⁵⁵嘻嘻哈哈地笑　　　　　　qua³¹tɬho⁴³tɬhei⁵⁵哭哭啼啼
笑　嘻哈声貌　　　　　　　　　　　　哭　稠粥沸声貌

ntau⁵⁵nto⁴³ntai⁵⁵叮叮当当地响　　　　lo²¹so⁴³sua⁵⁵<small>小雨</small>淅沥沥地下个不停
响　叮当叮当声貌　　　　　　　　　　下　淅淅唰唰声貌

4.2.3.2 猝然声音貌

猝然声音貌（semelfactive vocal aktionsart）表动作行为或事物变化发展发出的声音短暂，猝然消失。其中，动词无论是自主及物、不及物的，还是非自主及物、不及物的，都是不能持续的或非表示状态的动词，表声音短促的状态，状词为单音节状词。例如：

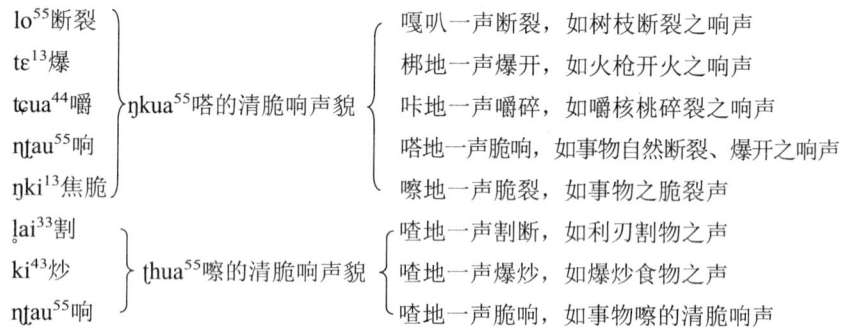

lo⁵⁵断裂　　　　　　　　　　嘎叭一声断裂，如树枝断裂之响声
tɛ¹³爆　　　　　　　　　　　梆地一声爆开，如火枪开火之响声
tɕua⁴⁴嚼碎　　ŋkua⁵⁵嗒的清脆响声貌　咔地一声嚼碎，如嚼核桃碎之响声
ntau⁵⁵响　　　　　　　　　　嗒地一声脆响，如事物自然断裂、爆开之响声
ŋki¹³焦脆　　　　　　　　　　嚓地一声脆裂，如事物之脆裂声

l̩ai³³割　　　　　　　　　　喳地一声割断，如利刃割物之声
ki⁴³炒　　tʰua⁵⁵嚓的清脆响声貌　喳地一声爆炒，如爆炒食物之声
ntau⁵⁵响　　　　　　　　　　喳地一声脆响，如事物嚓的清脆响声

4.2.3.3 持续声音貌

持续声音貌（durative vocal aktionsart）表动作行为或事物变化发展发出的声音大而沉，震动空气的回响声有一定的持续时间。其中，动词都是非自主不及物动词，状词为单音节状词。例如：

qua³¹叫　　　　　　　　　　一声长啸，如疾驰的车或子弹的呼啸声
tɕi¹³燃烧　　voŋ²¹呼啸响声貌　熊熊燃烧，如大火的呼呼燃烧声
tʂhua⁴³吹刮　　　　　　　　啸啸呼响，如风刮得劲的呼啸声或松涛声

zaŋ⁴⁴飞　　　　　　　　　　嗡嗡地乱飞，如大昆虫或群蜂飞舞的嗡嗡声
ntshen⁴⁴回荡　voŋ²¹嗡嗡响声貌　嗡嗡地回荡山谷，如较大的声音在山谷的回荡声
tl̩en¹³震荡　　　　　　　　　轰隆隆地震响，如重大物体坠落地面或撞击沉闷声

4.2.4 达成貌

达成貌（caused aktionsart）也可以叫使成貌，即主体以什么样的情貌

执行动作行为或以什么样的方式变化发展,或者主体的动作行为或变化发展成为什么样的情貌。达成貌由实意动词ua^{44}"做"引申为"成、成为"并引导状词构成,其句法结构形式有两种:ua^{44}+状词、ua^{44}+V+状词。

4.2.4.1　ua^{44}+状词

苗语实意动词ua^{44}"做"引申为ua^{44}"成、成为",由自主及物动作行为动词变为非自主不及物变化动词,这个动词后附的状词一定是双音节的。"ua^{44}+状词"描写或描摹主体事物时,位于施事主语之后;描写或描摹动作行为或变化历程时,位于动词或者动词的宾语之后。两者皆可以表达情状、速度、声音等的貌范畴。例如:

"ua^{44}+状词"与情状貌范畴

a) ni^{21}ua^{44}ȵtɕo^{43}ȵtɕen^{44}sɛ^{55}lo^{21}. 他迷迷糊糊地爬起来。(描写主体的情状貌)
　　他　成　半睡半醒貌　起　来

b) to^{21}ȵua^{13}mpua^{44}naŋ^{44}ua^{44}ʂo^{43}ʂoŋ^{55}　ʐa^{44}tʂo^{24}tua^{13}ta^{21}.
　　头　小　猪　这　成　呼吸急促貌　要　着　死　了
　　这头小猪上气不接下气地呼吸快要死了。(描写主体的情状貌)

c) ni^{21}nau^{31}tsi^{44}qaŋ^{44}lo^{44}tʂo^{13}nau^{31}ua^{44}ŋko^{43}ŋki^{55}.
　　他　吃　不　香　嘴　只　吃　成　厌食貌
　　他没有胃口倒想吃不想吃的。(描写动作行为的情状貌)

d) ni^{21}mo^{21}ki^{55}ua^{44}tɕo^{43}tɕen^{21}. 他走路一跛一跛的。(描写动作行为的情状貌)
　　他　走　路　成　跛行貌

a)、b)"ua^{44}+状词"描写事物主体发出动作行为或主体事物变化时的情状,在句法结构中充当前状语,修饰动作行为动词或变化动词。c)、d)"ua^{44}+状词"描摹动作行为或变化历程的情状,在句法结构中,充当动作行动词或变化动词的补语,补充说明动作行为或变化历程的情状。

"ua^{44}+状词"与速度貌范畴

a) ni^{21}ua^{44}ȵo^{43}ȵau^{55}ntou^{13}ki^{55}lɛ^{24}ta^{21}. (描写主体的速度貌)
　　他　成　缓慢貌　沿　路　去　了
　　他慢悠悠地顺着路去了。

b) taŋ^{55}tʂhi^{33}i^{44}ua^{44}cai^{13}plai^{21}ȶaŋ^{13}ɴqai^{21}lo^{21}. (描写主体的速度貌)
　　群　山羊　那　成　迅速貌　跑　下　来
　　那群羊突然簇拥着就跑下来。

c) to^{21}po^{31}i^{44}su^{33}ni^{33}hai^{44}ȵua^{13}mo^{21}ki^{55}ua^{44}ʐo^{43}ʐau^{21}. (描写动作行为的速度貌)
　　个　妇　那　像　的　怀　小孩　走　路　成　缓慢貌
　　那个妇女怀孕似的,走路慢腾腾的。

d) na²⁴tlei³¹ntu²¹ua⁴⁴ntaŋ⁴⁴ti²¹. 洪水急流汹涌。(描写变化的速度貌)
　　大　水　流　成　急速貌

a)、b)"ua⁴⁴+状词"描写事物主体发出动作行为或主体事物变化时的速度,在句法结构中充当前状语,修饰动作行为动词或变化动词。c)、d)"ua⁴⁴+状词"描写动作行为或变化历程的速度,在句法结构中充当动作行为动词或变化动词的补语,补充说明动作行为或变化历程的速度。

"ua⁴⁴+状词"与声音貌范畴

a) to²¹po³¹i⁴⁴ua⁴⁴n̥o⁴³nau²¹qua³¹i⁴³noŋ⁴³noŋ⁴³. (描摹主体的声音貌)
　　个　妇那　成　呜呜声貌　哭一天　天
　　那个女人呜呜地整天哭。

b) ni²¹au⁴³to²¹ua⁴⁴tɕho⁴³tɕhi⁵⁵ntshi⁴⁴la¹³tṣa⁴⁴tṣi⁴⁴pou⁴³. (描摹主体的声音貌)
　　他　两　个　成　叽咕声貌　耳语　什么　不　知
　　他俩叽哩咕噜地耳语着不知说什么。

c) au⁴³to²¹tlei⁵⁵to²⁴tɕua²⁴ua⁴⁴n̥o³¹n̥e²¹. (描写动作行为的声音貌)
　　两　只　狗　咬　架　成　嗷嗷声貌
　　两只狗咬架嗷嗷直叫。

d) n̥ua¹³qai³⁴qua³¹ua⁴⁴tɕo⁴³tɕau⁵⁵ntṣhai⁴⁴za⁴⁴nau³¹tṣi¹³ta²¹. (描写动作行为的声音貌)
　　小　鸡　叫　成　唧唧声貌　怕　要吃　碎粒了
　　小鸡儿唧唧地叫怕是要吃食了。

a)、b)"ua⁴⁴+状词"描摹事物主体发出动作行为或主体事物变化时的声音,在句法结构中充当前状语,修饰动作行为动词或变化动词。c)、d)"ua⁴⁴+状词"描摹动作行为或变化历程的声音,在句法结构中充当动作行为动词或变化动词的补语,补充说明动作行为或变化历程的发出的声音。

4.2.4.2　ua⁴⁴+V+状词

这种结构与"ua⁴⁴+状词"的语法功能基本相同,也主要描写或描摹主体事物或动作行为、变化属性的情状、速度、声音等的貌范畴。例如:

a) ni²¹ua⁴⁴ntṣo⁴³ntṣau⁴⁴poŋ⁴³ɴqai²¹lo²¹. 他俯冲般地跌了下来。(描写主体的情状貌)
　　他　成　俯冲　下跌貌　掉　下　来

b) nen²¹ua⁴⁴taŋ⁴⁴loŋ⁴⁴　tṣi⁵⁵lε²⁴. 马疾驰地跑了。(描写主体主体的速度貌)
　　马　成　跑　疾驰貌　跑了

c) tsi⁵⁵so⁴³tε¹³ua⁴⁴qua³¹ti²¹　zaŋ⁴⁴ntsen⁴⁴o⁵⁵ta³¹hou⁴⁴. (描摹主体的声音貌)
　　子　枪　成叫　呼啸声貌飞　过　我顶头
　　子弹呼啸着飞过我头顶。

这三个例句对主体发出动作行为或变化历程的情状、速度、声音进行描写或描摹,"ua⁴⁴+V+状词"位于主语之后、谓语动词之前,在句法结构中充当前状语，修饰动作行为动词或变化动词。

d) ni²¹ti³³lo⁴³cɛ²⁴mo²¹ua⁴⁴ŋkaŋ¹³qen²¹. 他背着背篓艰难地走着。（描写动作的貌）
   他 背 个 篓 走 成 爬 负重缓行貌

e) lo⁴³li⁴⁴ŋkaŋ¹³ua⁴⁴plo³¹pla¹³ tlua⁴⁴hou⁵⁵fua⁴³lɛ²⁴.
   个 月 进 成 消失隐约貌 到 里 云 了
   月亮隐隐消失在云雾里。（描写动作的貌）

f) la¹³tsa⁴⁴poŋ⁴³Nqai²¹lo²¹ua⁴⁴ntau⁵⁵nten²¹.（描摹动作的声音貌）
   什么 落 下 来 成 响 沉闷声貌
   什么东西掉下来一声闷响。

这三个例句则是对动作行为或变化、属性的情状、速度、声音进行描写或描摹，"ua⁴⁴+V+状词"位于谓语动词或谓语动词的宾语之后，在句法结构中充当动作行动词或变化动词的补语，补充说明动作行为或变化、属性的情状、速度、声音等貌范畴。

4.2.5 动词貌的多样性

以上对动词的情状貌、速度貌、声音貌等貌范畴及其构成形式和句法结构特征进行了描写，可以看出苗语的不同动词几乎都可以带不同的状词表示不同的貌范畴，甚至一个动词也可以与不同的状词结合表示不同的貌范畴，使苗语的貌范畴呈现出多样性的特点。例如：

ntaŋ⁴³漂浮 ┌ mplau¹³水面上漂浮很多东西貌，如肠肚、渣滓、牛屎浮于水上的情貌
         │ ʐo²¹轻而圆的东西在水上晃荡貌，如羊屎在水面上随波浪晃荡的情貌
         │ ʐua²¹轻飘飘荡漾貌，如水草在水面上荡漾的情貌
         ┤ ʐau²¹轻轻荡漾貌，如树叶漂于水面的荡漾情貌
         │ zi¹³漂得快而又平稳貌，如轻舟快行的情貌
         │ ti²¹水流陡急漂下貌，如瀑布口流水的情貌
         └ zi¹³快浮动貌，如可浮物压入水中放手时，其上浮的情貌

4.2.6 动词貌的深化和兼类

有时语义要求动词的貌深化，一些状词可以通过重叠来表示貌的深化。例如：

ntaŋ⁴³ʐau²¹轻轻地荡漾　　→　　ntaŋ⁴³ʐau²¹ʐau²¹轻轻地轻轻地荡漾
漂浮 轻轻荡漾貌　　　　　　　漂浮 轻轻荡漾貌

mo²¹lau⁴⁴很快地走　　　　→　　mo²¹lau⁴⁴lau⁴⁴很快很快地走
走 快貌　　　　　　　　　　　走 快貌

ņtau⁵⁵ņtai⁵⁵啪啪地响 → ņtau⁵⁵ņtai⁵⁵啪啪啪啪地响
响　脆响声貌　　　　　　　响　脆响声貌

苗语动词大部分是一个动词带一个状词表示一种情貌，但是，根据动作或变化的语义，有些状词除了表达一种主要的情貌外，还兼表另一种次要的情貌，即貌的兼类。例如：

a) tṣei⁴³haŋ²⁴tou⁴⁴hou⁵⁵aŋ⁵⁵tɛ²⁴tṣi⁴⁴mo²¹tṣo¹³ʑau¹³lo⁴³ku³³lu³³i⁴⁴ņtɕi¹³len²¹.
车 陷 在 里 泥 出 不 去 只 是 个 轱 辘 那 转 旋 转貌 快貌
车陷在泥里出不去，只是轱辘在转着。（情状貌兼速度貌）

b) n̩o³¹lou²¹hai⁴⁴i⁴³to²¹na²⁴ntoŋ⁴⁴ŋkan¹³pu⁴³ɡen²¹.
牛 老 拉 一 根 大 树 爬 慢而带有声音的爬行貌
老牛拉着一根大木头哼哧哼哧地慢慢地走着。（速度貌兼声音貌兼情状貌）

一般情况下，苗语的状词分成两部分，一部分专门表达动词的貌，一部分专门表达形容词的貌，但是有时表达动词的貌的状词，也可以表达形容词的貌，这时形容词具有动词的性能，语义上是一种事态向另一种事态的转变。例如：

a) nto³¹tṣou¹³tua³¹ta²¹n̩oŋ⁴³lo⁴⁴zo²¹lɛ²⁴. 冬天来了，白昼逐渐缩短了。（昼由长变短）
冬天　来 了 天 短 逐渐貌去

b) lo²¹taŋ²¹i⁴³kau⁴³naŋ¹³nto³¹ņtho⁴⁴lau⁴⁴tua³¹.
下 完 一 阵 雨 天空 晴 快貌 来
下完一阵雨天突然放晴了。（天空由雨转晴）

4.3　小结

苗语是形态变化不丰富的语言，要研究其动词的体、貌，难度比较大，本书对苗语动词的体、貌作了一些探讨，有了大体的看法，虽然不一定成熟，但基本反映了苗语的实际特点。

4.3.1　关于苗语动词的体范畴

苗语表现在进行的动作行为或变化，动词不需要体助词的帮助，对时间词也可以不作要求，属于一般的描写句；将来进行的动作行为或要发生的变化，都要通过时间词或能愿词的衬托来反映，要受到时相、时制的限制和制约。这两种情况都比较容易观察、辨认和理解，而且不属于动词的体范畴。

苗语动词的体范畴有进行持续体、实现体、结果体、终结体和将完成体等。持续进行体用体助词附着在动词之后表达动作行为或变化历程的动态或静态持续,这种持续很像动词的情状貌,但是,动词的情状貌是用情状状词附着在动词之后来表达的,所以,动词的持续进行体能够与动词的情状貌相区别。

实现体用体助词附着在动词之后来表达,说明动作行为或变化历程从无到有,到"现在"(说话时)已经实现;结果体用体助词附着在动词之后来表达,说明动作行为或变化历程到"现在"已经实现并有了结果。虽然实现体和结果体都表示动作行为或变化历程到现在已经实现,但不见得有结果。结果体除了表示动作行为或变化历程的实现外,还有结果。实现体和结果体的区别在于一个没有结果,另一个有结果。

终结体与实现体、结果体都表示动作行为或变化历程的完成,但是,终结体表示的是过去完成的动作行为或变化历程,在时间轴上与实现体、结果体不同;将完成体虽然也表示动作行为或变化历程的完成,但是,表示的是将要去完成的动作行为或变化历程,在时间轴上与实现体、结果体、终结体都不同。从下面的时间轴可以看到进行持续体、实现体、结果体、终结体和将完成体的区别:

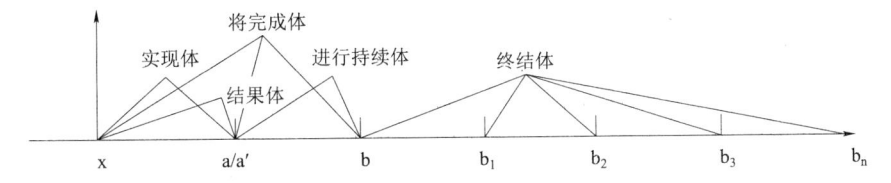

时间轴上,x 代表动词的动作行为或变化历程从时间位于其出现前的某一"点",即前时点。a 代表从前时点到动作行为或变化历程自身出现的发展过程,实现体就处于函数(x, a);a'代表从前时点到动作行为或变化历程自身的发展过程和发展结果,结果体位于函数(x, a');b 代表动作行为或变化历程从前时点到完成经历的时间,即动作行为或变化历程实现的时段持续和终结点,这种持续可以是瞬间的也可以是相当长时间的,持续体位于函数(x, b);b_1、b_2、b_3、$\cdots$、b_n 代表动作行为或变化历程的结束点,如果结束的时间是瞬间的,结束点就与a/a'重合或与b重合,如果结束的时间较长或相当长,那么终结体位于函数(x, b_1、b_2、b_3、$\cdots$、b_n);将完成体是既未从前时点出发,也未经发展和终结的动作行为或变化历程,只要其有从前时点到终结点的发展过程,一旦这个过程完成,那么,它就有一个实现过程或在终结前的持续过程,所以,将完成体可以位于虚拟的函数(x, a)或(x, b)。

4.3.2 关于苗语动词的貌范畴

苗语是形态变化不丰富的语言,表达动词貌范畴的,表面看来很不系统，容易被人认为苗语表达貌范畴的语法手段只是构词法。上文所用的苗语材料，几乎没有形态变化，但是，在苗语有的方言里，貌范畴有形态变化。如苗语川黔滇方言滇东北次方言贵州威宁石门坎话，表达不同貌范畴时，状词重叠式的语音存在屈折变化：

a) dzɦau³⁵dey³³d̠ʑi³¹dlɦey¹¹. 这堆柴一下子燃着了。（一次性单纯貌）
　　堆　　柴　燃　火苗晃动貌

b) dzɦau³⁵dey³³d̠ʑi³¹dlɦey¹¹dlɦey¹¹. 这堆柴不停地燃烧着。（延续性单纯貌）
　　堆　　柴　燃　火苗不停晃动貌

c) dzɦau³⁵dey³³d̠ʑi³¹dli⁵⁵dlɦey¹¹或dlu⁵⁵dlɦey¹¹.
　　堆　　柴　燃　火苗不规则晃动貌
这堆柴火苗一晃一晃地燃了起来。（一次性驳杂貌）

d) dzɦau³⁵dey³³d̠ʑi³¹dli⁵⁵dlɦey¹¹dli⁵⁵dlɦey¹¹或dlu⁵⁵dlɦey¹¹dlu⁵⁵dlɦey¹¹.
　　堆　　柴　燃　火苗驳杂而不规则晃动貌
这堆柴火苗一晃一晃地不停地燃烧着。（延续性驳杂貌）

石门坎苗语的绝大多数状词，都有以上4种形态变化，而有的状词甚至有12种形态变化，可见苗语状词表达动词貌范畴的复杂性。

4.3.3　苗语动词的体貌范畴与动词类别的关系

苗语的自主、非自主动词和及物、不及物动词都可以有体貌范畴，但是有的体貌范畴只与自主及物动词结合，有的体貌范畴只与非自主及物动词结合。

4.3.3.1　结果体与动词的类别

苗语表示结果体的体助词tou⁴⁴"得、了"主要用于自主动词，非自主动词不用。例如：

自主动词	非自主动词
te⁵⁵tou⁴⁴剥了	*tau¹³tou⁴⁴沉了
剥　得	沉　得
tl̥e³¹tou⁴⁴挖了	*tl̥e¹³tou⁴⁴噎了
挖　得	卡　得
se³³tou⁴⁴缝了	*sou⁴⁴tou⁴⁴漏了
缝　得	漏　得
tl̥i⁴³tou⁴⁴骗了	*tl̥i¹³tou⁴⁴漏（气）了
骗　得	漏　得

自主动词与表示结果体的体助词tou⁴⁴"得、了"结合时，表示动作行为的结果，即动词的结果体；非自主动词与体助词tou⁴⁴"得、了"结合时，

既不表示动作行为的结果，也不成句，不能表达完整的句法意义。

4.3.3.2 将完成体与动词的类别

苗语表示将完成体的体助词tɕa⁴⁴"起来"、taŋ⁴⁴"掉"用于自主动词，非自主动词不用。与将完成体体助词tɕa⁴⁴"起来"结合的，例如：

自主动词	非自主动词
ploŋ³¹tɕa⁴⁴封起来 封　起来	*phli̥³³tɕa⁴⁴蜕变起来 　蜕变 起来
tl̥ai⁴⁴tɕa⁴⁴挂起来 挂　起来	*l̥ei⁴⁴tɕa⁴⁴脱落起来 　脱落 起来
toŋ²¹tɕa⁴⁴遮掩起来 遮掩 起来	*tɛ¹³tɕa⁴⁴裂起来 　裂　起来
cɛ⁴⁴tɕa⁴⁴关起来 关　起来	*n̥hou⁴⁴tɕa⁴⁴扎（根）起来 　扎　　起来

与将完成体体助词taŋ⁴⁴"掉"结合的，例如：

自主动词	非自主动词
tʂhi⁴³taŋ⁴⁴间苗掉 间　掉	*pua²¹taŋ⁴⁴坏掉 　坏　掉
tl̥au⁴³taŋ⁴⁴拔掉 拔　掉	*pua¹³taŋ⁴⁴耗费掉 　耗费 掉
nau³¹taŋ⁴⁴吃掉 吃　掉	*n̥ha⁴⁴taŋ⁴⁴肉塞牙掉 　塞　掉
l̥i⁵⁵taŋ⁴⁴倒掉 倒　掉	*poŋ⁴³taŋ⁴⁴落掉 　落　掉

自主动词与表示将完成体的体助词tɕa⁴⁴"起来"、taŋ⁴⁴"掉"结合时，表示动作行为将要完成，而非自主动词与它们结合时，既不表示动作行为将要结束，也不能成句，不能表达完整的句法意义，即苗语没有这种用法。

4.3.3.3 完成体与动词的类别

苗语表示完成体的体助词ta²¹"了"主要用于非自主动词，表示事物变化的完成，用于自主动词时成为祈使语气助词。例如：

自主动词	非自主动词
nau³¹ta²¹吃吧 吃　吧	tshɛ⁵⁵ta²¹出穗了 出　了
ntou³³ta²¹打吧 打　吧	pai²⁴ta²¹₈₈流出来了 流　了

l̪ai³³ta²¹割吧　　　　　　　　　tua³¹ta²¹米酒发酵了
割　吧　　　　　　　　　　　　发酵了
hou³³ta²¹喝吧　　　　　　　　tɕi¹³ta²¹柴燃了
喝　吧　　　　　　　　　　　　燃　了

4.3.3.4　速度貌与动词的类别

苗语动词貌范畴中的速度貌，用表达速度的状词l̪au⁴⁴"快速貌"、za̪u¹³"快速貌"和ɲcou³³"快速貌"置于动词之后，主要与自主动词结合，不与非自主动词结合。例如：

自主动词　　　　　　　　　　　**非自主动词**

tʂau⁴⁴l̪au⁴⁴/za̪u¹³/ɲcou³³很快地放　　*sou⁴⁴l̪au⁴⁴/za̪u¹³/ɲcou³³漏
放　快速貌　　　　　　　　　　　漏　快速貌

ŋa̪ŋ⁵⁵l̪au⁴⁴/za̪u¹³/ɲcou³³很快地穿　　*hɛ⁴⁴l̪au⁴⁴/za̪u¹³/ɲcou³³泻肚子
穿　快速貌　　　　　　　　　　　泄　快速貌

ntsau⁴⁴l̪au⁴⁴/za̪u¹³/ɲcou³³很快地咬住　*sua⁴⁴l̪au⁴⁴/za̪u¹³/ɲcou³³泛呕
咬　快速貌　　　　　　　　　　　泛　快速貌

mua⁴³l̪au⁴⁴/za̪u¹³/ɲcou³³很快地拿　　*toŋ⁴⁴l̪au⁴⁴/za̪u¹³/ɲcou³³穗儿下垂
拿　快速貌　　　　　　　　　　　下垂　快速貌

4.3.3.5　情状貌与动词的类别

苗语动词中，表示情状貌的状词只与非自主动词结合，不与自主动词结合。与情状状词nti⁴⁴"封闭貌""闭塞貌"结合的，例如：

自主动词　　　　　　　　　　　**非自主动词**

*pua¹³nti⁴⁴抱　　　　　　　　　n̪ʂo²¹nti⁴⁴门锁得严严实实的
抱　　　　　　　　　　　　　　锁闭　紧闭貌

*pua⁴⁴nti⁴⁴铺　　　　　　　　　tua¹³nti⁴⁴死气沉沉的
铺　　　　　　　　　　　　　　死　无生机貌

*tsha⁴³nti⁴⁴烘烤　　　　　　　　qei⁴⁴nti⁴⁴有气无力地闭着眼睛
烘烤　　　　　　　　　　　　　闭　无精神貌

与情状状词len²¹"直挺貌""直干干貌"结合的，例如：

自主动词　　　　　　　　　　　**非自主动词**

*tʂhou⁴⁴len²¹筛　　　　　　　　taŋ⁵⁵len²¹横亘亘的
筛　　　　　　　　　　　　　　横　横亘貌

*tʂhua⁴³len²¹吹　　　　　　　　ʂen⁴⁴len²¹茫无目的的
吹　　　　　　　　　　　　　　徘徊　无目的貌

*noŋ¹³len²¹听　　　　　　　　　laŋ³¹len²¹眼睛斜干干的
听　　　　　　　　　　　　　　斜　眼斜貌

*nthen⁴⁴len²¹ 烙 烙	ntsen⁵⁵len²¹ 四脚朝天地仰翻着 翻 仰翻貌

与情状状词 nʈen²¹ "闭塞貌""不停貌"结合的，例如：

自主动词	非自主动词
*nʈha⁴⁴nʈen²¹ 绣 绣	po³³nʈen²¹ 紧紧地蒙着 蔽 紧闭貌
*nthua⁴⁴nʈen²¹ 薅 薅	tai³¹nʈen²¹ 不停地唠叨着 唠叨 喋喋不休貌
*ntsa²¹nʈen²¹ 编织 编织	mpau⁴⁴nʈen²¹ 闷声不出气地憋着 闷 憋气貌
*ntsi⁵⁵nʈen²¹ 缝补 缝补	tsho⁴³nʈen²¹ 闭塞得阴森森的 闭塞 阴沉貌

综上所述，苗语动词的体、貌是分开的。动词的体分成 5 种，动词的貌分成 4 种。表达体范畴的体助词比较少，基本上是由动词虚化而来的，有的还明显具有动词的特点。表达貌范畴的状词则相当丰富。在苗语动词的体貌范畴中，以体范畴表达动词的客观时间概念，貌范畴表达动词的主观感知印象。

第五章 苗语动词的连动结构及其语义特征

苗语动词的连动结构（serial verb construction）是指一个句子结构中包含两个或两个以上动词连用（serial verb）的格式。动词连动结构包含能愿动词与动词的连用式（能愿式，optative form）、动词的递系式或兼语式和连动式。关于苗语的连动结构，在20世纪苗语语法的一些著作中有过比较简单的介绍，当时的著作里是叫复杂谓语（complex predicate），进而再分为连动式（verbal expression in series）和兼语式（pivotal construction）。本书采用"连动结构（serial verb construction）"这一术语，特此说明，且只讨论动词连用的格式。

5.1 能愿动词与动词构成的连动结构

苗语固有的能愿动词（cwV，can-wish verb）有：tsɛ³¹ "会"、tei²⁴ "允许、肯、可以"、ȵau¹³ "能、能够、可以"、tou²¹ "能、能够"、tou⁴⁴ "能、得"、ʑa⁴⁴ "要"等6个。汉语借词能愿动词有：kaŋ⁵⁵ "敢"、nen³¹ "能"、kho⁵⁵nen³¹ "可能"、chen⁵⁵ "肯"、kho⁵⁵ʑi²¹ "可以"、ʑin²⁴ʑi²⁴ "愿意"、ɕaŋ⁵⁵ "想"、ʑin²⁴kai⁴³ "应该"、cu⁵⁵ "估、猜想"、cu⁵⁵tɕi²⁴ "估计"等9个。

能愿动词与动词构成的结构的关系为能愿动词作核心，动词作补充成分（王辅世，1982），但不是补语结构，是连动结构。也就是，能愿动词可以与动词构成连动结构。在连动结构中，能愿动词的位置有：能愿动词+V（cwV+V）、V+能愿动词（V+cwV）、主体+能愿动词+客体[主体]+动词（S+cwV+O[S]+V）等3种。其中，有的动词带宾语，有的动词不带宾语。

5.1.1 能愿动词+V（cwV+V）连动结构

能构成这种连动结构的能愿动词有tsɛ³¹ "会"、tei²⁴ "允许、肯"、ʑa⁴⁴ "要"、kaŋ⁵⁵ "敢"、nen³¹ "能"、kho⁵⁵nen³¹ "可能"、chen⁵⁵ "肯"、kho⁵⁵ʑi²¹ "可以"、ʑin²⁴ʑi²⁴ "愿意"、ɕaŋ⁵⁵ "想"、ʑin²⁴kai⁴³ "应该"、cu⁵⁵ "估、猜想"、cu⁵⁵tɕi²⁴ "估计"。"能愿动词+V"连动结构的语义特征是，表示主体发出动作行为或事物变化的可能性、必要性、愿望、估价和许可。"能愿动词+V"连动结构的语义特征可以是肯定的，也可以是否定的，但要受到限制。

表示主体发出动作行为或事物变化可能性语义的"能愿动词+V"连动结构，由能愿动词 tsɛ^{31} "会"、nen^{31} "能"、kho^{55}nen^{31} "可能"、kho^{55}ʑi^{21} "可以"与自动词和含有[+变化]义的非自主动词连用构成。例如：

a) ni^{21}tsɛ^{31}lai^{31}la^{31}. 他会犁田。
   他 会 犁 田

b) o^{55}tʂi^{44}tsɛ^{31}ha^{43}cɛ^{24}. 我不会织背篓。
   我 不 会 织 背篓

c) o^{55}nen^{31}ua^{44}taŋ^{21}. 我能做完。
   我 能 做 完

d) o^{55}tʂi^{44}nen^{31}hai^{33}. 我不能说。
   我 不 能 说

e) o^{55}kho^{55}ʑi^{21}ua^{44}. 我可以做。
   我 可 以 做

f) ni^{21}kho^{55}nen^{31}tua^{31}ta^{21}. 他可能来了。
   他 可 能 来 了

g) ni^{21}kho^{55}nen^{31}tʂi^{44}tua^{31}ta^{21}. 他可能不来了。
   他 可 能 不 来 了

g) ni^{21}tʂi^{44}kho^{55}nen^{31}tua^{31}ta^{21}. 他不可能来了。
   他 不 可 能 来 了

h) tʂau^{43}ntoŋ^{44}naŋ^{44}tʂi^{31}tsɛ^{31}tua^{13}ta^{21}. 这棵树不会死了。
   棵 树 这 不 会 死 了

在"能愿动词+V"连动结构中，kho^{55}ʑi^{21} "可以"只表示一种单向性的可能，只能表肯定，通常不能被否定。

表示主体发出动作行为或事物变化必要性语义的"能愿动词+V"连动结构，由能愿动词 ʐa^{44} "要"、ʑin^{24}kai^{43} "应该"与自主动词和含有[+变化]义的非自主动词连用构成。例如：

a) o^{55}ʐa^{44}ua^{44}taŋ^{21}taŋ^{44}. 我要做完掉。
   我 要 做 完 掉_{将完成体助词}

b) o^{44}ʑin^{24}kai^{43}ua^{44}taŋ^{21}taŋ^{44}. 我应该做完掉。
   我 应 该 做 完 掉_{将完成体助词}

c) to^{21}mpua^{44}naŋ^{44}ʐa^{44}tua^{13}ta^{21}. 这头猪要死了。
   头 猪 这 要 死 了_{完成体助词}

d) ni²¹tʂi⁴⁴ʑin²⁴kai⁴³tua³¹. 他不应该来。
   他 不 应 该 来

在"能愿动词+V"连动结构中，ʑa⁴⁴"要"不能表示虚拟的必要性，不能被否定。

能愿动词不能与非自主动词连用表示"愿望"的语义特征。表示主体发出动作行为愿望语义特征的"能愿动词+V"连动结构，由能愿动词kaŋ⁵⁵"敢"、ʑa⁴⁴"要"、chen⁵⁵"肯"、ʑin²⁴ʑi²⁴"愿意"、ɕaŋ⁵⁵"想"与自主动词连用构成。例如：

a) o⁵⁵tʂo¹³kaŋ⁵⁵tɕai³¹tʂhei⁴³, tʂi⁴⁴kaŋ⁵⁵khei⁴³tʂhei⁴³. 我只敢骑车，不敢开车。
   我 只 敢 骑 车 不 敢 开 车

b) o⁵⁵ʑa⁴⁴mo²¹, ni²¹la²¹ʑa⁴⁴mo²¹. 我要去，他也要去。
   我 要 去 他 也 要 去

c) to²¹ɲua¹³naŋ⁴⁴tʂi⁴⁴chen⁵⁵nau³¹. 这小孩不肯吃。
   个 小孩 这 不 肯 吃

d) to²¹nen⁴³naŋ⁴⁴tʂi⁴⁴ʑin²⁴ʑi²⁴nau⁴³, tʂo¹³ʑin²⁴ʑi²⁴pu⁴⁴. 这人不愿意坐，只愿意睡。
   个 人 这 不 愿 意 坐 只 愿 意 睡

e) ni²¹tʂi⁴⁴ɕaŋ⁵⁵ʑua⁵⁵lo⁴³naŋ⁴⁴, ɕaŋ⁵⁵ʑua⁵⁵lo⁴³i⁴⁴. 他不想要这个，想要那个。
   他 不 想 要 个 这 想 要 个 那

在表示愿望语义特征的连动结构中，"ʑa⁴⁴（要）+动词"连动结构不能被否定，"chen⁵⁵（肯）+动词"连动结构主要用于否定形式，但也可以用于肯定形式。例如：

f) mpua⁴⁴chen⁵⁵nau³¹lo⁴³ni³³ʂuai⁴⁴. 猪肯吃长得快。
   猪 肯 吃 长 得 快

表示对事物变化估价语义的"能愿动词+V"连动结构，由能愿动词cu⁵⁵"估、猜想"、cu⁵⁵tɕi²⁴"估计"与含有[+变化]义的非自主动词连用构成。例如：

a) to²¹mpua⁴⁴naŋ⁴⁴o⁵⁵cu⁵⁵mua³¹pei⁴³pua⁴⁴ki⁵⁵. 这头猪我估有三百斤。
   头 猪 这 我 估 有 三 百 斤

b) to²¹ɲo³¹naŋ⁴⁴o⁵⁵cu⁵⁵tɕi²⁴tʂi²⁴i⁴³tsha⁴³tɬai²⁴. 这头牛我估计值一千块。
   头 牛 这 我 估 计 值 一 千 块

表示事物变化估价语义的"能愿动词+V"连动结构一般不能被否定，但在虚拟条件下，也就是在意想不到的情况下可以用否定形式。例如：

c) to²¹ɲo³¹naŋ⁴⁴o⁵⁵tʂi⁴⁴cu⁵⁵tɕi²⁴tʂi²⁴i⁴³tsha⁴³tɬai²⁴. 这头牛我没估计值一千块。
   头 牛 这 我 不 估 计 值 一 千 块

d) o⁵⁵tʂi⁴⁴cu⁵⁵tsɛ³¹lo²¹naŋ¹³. 我没估到会下雨。
　　我 不 估 会 下 雨

表示允许主体发出动作行为语义的"能愿动词+V"连动结构，由能愿动词tei²⁴"允许、肯、可以"与自主动词和含有[+变化]义的非自主动词连用构成。这种结构一般只用否定的形式，表示禁止的语义。例如：

a) qhei⁵⁵naŋ⁴⁴tʂi⁴⁴tei²⁴hou³³ʑin⁴³. 此处禁止吸烟。
　　处 这 不 允许喝 烟

b) ni²¹vai²⁴tʂi⁴⁴tei²⁴mua¹³ni²¹ʑi¹³to²¹zaŋ¹³i⁴⁴. 他父亲不允许卖他家那匹骡子。
　　他 父亲 不 允许 卖 他 家 匹 骡 那

5.1.2 动词+能愿动词（V+cwV）连动结构

苗语的能愿动词可以位于动词之后与动词构成连动结构，表示对主体发出动作行为或事物变化可能性的判断。能用于这种结构的能愿动词有tei²⁴"允许、肯、可以"、n̪au¹³"能、能够、可以"、tou²¹"能、能够"、tou⁴⁴"能、得"等4个。例如：

a) o⁵⁵mo²¹la¹³tei²⁴, tʂi⁴⁴mo²¹la¹³tei²⁴. 我去也可以，不去也可以。
　　我 去 也 可以 不 去 也 可以

b) tei³¹naŋ⁴⁴n̪au³¹n̪au¹³, tei³¹kau⁴⁴n̪au³¹tʂi⁴⁴n̪au¹³. 这些能吃，那些不能吃。
　　些 这 吃 能 些 那 吃 不 能

c) n̪oŋ⁴³naŋ⁴⁴mo²¹tou²¹, ɳtʂhai⁴⁴tɕa⁴⁴ki²¹mo²¹tʂi⁴⁴tou²¹.
　　日 这 走 能 恐怕 明天 走 不 能
今天走得动，怕明天走不动。

d) ʈaŋ⁴³voŋ²⁴naŋ⁴⁴lai³¹tou⁴⁴ta²¹. 这把犁可以犁了。
　　把 犁具 这 犁 得 了

e) to²¹mpua⁴⁴naŋ⁴⁴n̪au⁴⁴lɛ²⁴au⁴³ta¹³tua¹³n̪au¹³ta²¹. 这头猪捅了两刀，死得了。
　　头 猪 这 捅 了 两 刀 死 得 了

在a）句中，动词和能愿动词之间要用连词la¹³"也"连接，其中，最主要的原因是苗语不允许直接连用，如果直接连用句子不能成立。能愿动词n̪au¹³"能、能够、可以"、tou⁴⁴"能、得"与动词之间也可以用连词la¹³"也"连接。例如：

a) kau³¹ua⁴⁴la¹³n̪au¹³, tʂi⁴⁴ua⁴⁴la¹³n̪au¹³. 你做也行，不做也行。
　　你 做 也 可以 不 做 也 可以

b) o⁵⁵nau³¹la¹³tou⁴⁴, tʂi⁴⁴nau³¹la¹³tou⁴⁴. 我吃也行，不吃也行。
　　我 吃 也 得 不 吃 也 得

苗语的"动词+能愿动词（V+cwV）"结构中，能愿动词可连用构成

V+cwV₁+cwV₂ 结构。这种结构表示对主体发出动作行为或事物变化可能性的判断的完全肯定，与 V+cwV 结构的否定形式相对。例如：

a) o⁵⁵mo²¹tʂi⁴⁴tou²¹. 我走不动。
　　我 走 不 动
↔ o⁵⁵mo²¹ȵau¹³tou²¹nɛ³³. 我能走得动呢。
　　我 走 能 能 语气词

b) o⁵⁵hai⁴³tʂi⁴⁴tou⁴⁴cɛ²⁴. 我编不了背篓。
　　我 编 不 得 背篓
↔ o⁵⁵hai⁴³ȵau¹³tou⁴⁴cɛ²⁴ta²¹. 我能编背篓了。
　　我 编 能够 得 背篓了

c) to²¹ȵua¹³naŋ⁴⁴paŋ⁴³tʂi⁴⁴tou²¹na²⁴tsi⁵⁵. 这孩子帮不了父母。
　　个 小孩 这 帮 不 能够 母 父
↔ to²¹ȵua¹³naŋ⁴⁴paŋ⁴³tou²¹ȵau¹³na²⁴tsi⁵⁵ta²¹. 这孩子可以帮父母了。
　　个 小孩 这 帮 能够 能够 母 父 了

d) ni²¹i⁴³ɕoŋ⁴⁴ua⁴⁴tʂi⁴⁴tou⁴⁴au⁴³lo⁴³tʂhau⁴⁴. 她一年绣不了两套衣服。
　　她 一 年 做 不 能 二 套 衣
↔ ni²¹i⁴³ɕoŋ⁴⁴ua⁴⁴tou⁴⁴ȵau¹³au⁴³lo⁴³tʂhau⁴⁴. 她一年可以绣两套衣服。
　　她 一 年 做 能 能 二 套 衣

表示动作行为可能的能愿动词 tei²⁴ "允许、肯、可以"不能构成 V+cwV₁+cwV₂，但可以构成 cwV₁+cwV₂，cwV₁ 散失能愿动词的性能，语法化为实意动词，cwV₁+cwV₂ 相当于 V+cwV。例如：

e) ni²¹ʐa⁴⁴ɕi³³to²¹ntshai³³maŋ⁴³i⁴⁴, ni²¹na²⁴tʂi⁴⁴tei²⁴.
　　他 要 领 个 女 彝 那 他 妈 不 肯
　　他要娶那彝族女孩，他母亲不同意。
↔ ni²¹ʐa⁴⁴ɕi³³to²¹ntshai³³maŋ⁴³i⁴⁴, ni²¹na²⁴tei²⁴ȵau¹³nɛ³³.
　　他 要 领 个 女 彝 那 他 妈 允许 能 语气词
　　他要娶那彝族女孩，他母亲可以允许的。

5.1.3 主体+能愿动词+客体[主体]+动词（S+cwV+O[S]+V）连动结构

由能愿动词与动词构成的 S+cwV+O[S]+V 连动结构，可以表示主体对客体发出动作行为或事物变化的态度、判断和估价，可以表达这些语义特征的能愿动词是 tei²⁴ "允许、肯"、chen⁵⁵ "肯"、ɕaŋ⁵⁵ "想"、 cu⁵⁵ "估、猜想"、cu⁵⁵tɕi²⁴ "估计"。它们构成 S+cwV+O[S]+V 连动结构。例如：

a) ni²¹na²⁴tʂi⁴⁴tei²⁴ni²¹tha⁴³o⁵⁵mo²¹. 他母亲不允许他和我去。
　　他 母 不允许 他 和 我 去

b) ni²¹na²⁴tei²⁴ni²¹tɕau³¹au⁴⁴pua⁴⁴tļai²⁴mo²¹. 他母亲允许他带两百块去。
　 他　母　允许　他　拿　　二　百　　块　去

c) ni²¹tʂo¹³chen⁵⁵o⁵⁵hou³³au⁴³khau⁴³. 他只肯我喝两杯。
　 他　只　　肯　我　喝　二　杯

d) o⁵⁵ɕaŋ⁵⁵ni²¹tɕi⁴⁴tsɛ³¹tua³¹ta²¹. 我想他不会来了。
　 我　想　他　不会　　来　了

e) o⁵⁵cu⁵⁵to²¹nen²¹naŋ⁴⁴mua³¹tʂi⁴³ɕoŋ⁴⁴ta²¹. 我猜想这匹马有五岁了。
　 我　估　匹　马　这　有　　五　岁　了

f) o⁵⁵cu⁵⁵tɕi²⁴ni²¹qhau⁵⁵mo²¹tso¹³ntaŋ⁴⁴ki⁵⁵. 我估计他才走到半路。
　 我　估　计　他　才　　走　到　　半　路

苗语的能愿动词都是非自主动词，它既能与自主动词，也能与非自主动词连用构成连动结构。自主动词具有[+自主]、[+动作]的特征，能愿动词与自主动词的连用，既可以表示主观的能愿，也可以表示客观的能愿，自主动词的[+自主]义使与它连用的能愿动词具有[±主观]义。非自主动词具有[+变化]、[+属性]、[-自主]、[-动作]义，具有[+属性]义的非自主动词不能与能愿动词连用。能愿动词与具有[+变化]、[-自主]、[-动作]义非自主动词的连用，只表示客观的能愿。非自主动词的具有[+变化]，[-自主]、[-动作]义使与它连用的能愿动词具有[+客观]、[-主观]义。

5.2　递系式连动结构

苗语的递系式（recursive structure）连动结构，也就是兼语式（pivotal construction，telescopic form）连动结构。递系式连动结构的前一个动词往往带宾语，它是连动结构中最常见的一种类型。递系式连动结构的形式为：动词₁+宾语+动词₂，标记为 V_1+O+V_2。V_1 是前一个动词，O 既可以是 V_1 的受事宾语，也可以是 V_2 的施事主语，V_2 是后一直接成分中的动词，它既可以是 O 发出的动作行为，也可以是 V_1 的主语与 O 共同发出的动作行为。这种结构，V_1+O+V_2 三者的关系有两种，一种是 $S_1+V_1+O[S_2]+V_2$，一种是 $\{S_1+V_1+O+V_2\}+\{S_2+V\}=S_1+V_1+O[S_2]+V$，其中，$O=S_2$，$V_2=V$。

5.2.1　$S_1+V_1+O[S_2]+V_2$ 连动结构

这种结构的构成与 V_1 的语义类有关。V_1 是包含[致使]义的自主动词，即 V_1 必须是使令动词（causative verb）。例如：

a) ni²¹chɛ³³kau³¹ntou⁴⁴ua⁴⁴ntʂi³³mau⁴⁴. 他叫你多做点饭。
　 他　让　你　多　做　点　饭

b) ni²¹tsi⁴³o⁵⁵mo²¹ʂua⁴⁴tɛ²¹. 他支使我去拾柴火。
　他 支使 我 去　捡　柴
c) o⁵⁵tʂi⁴⁴tou⁴⁴kua¹³ni²¹nau³¹tʂhua³¹. 我没叫他吃药。
　我 不 得　使　他 吃 药
d) ni²¹tshou⁴³tlei⁵⁵to²⁴o⁵⁵. 他唆使狗咬我。
　他 唆使　狗　咬 我

在 S₁+V₁+O[S₂]+V₂ 连动结构结构中，S₁ 是整个句子的主语，可称之为大主语（major subject），它是 V₁ 的施事，O 是 V₁ 的致使宾语（causative object），又是 V₂ 的主语，可称之为小主语（minor subject, subsidiary subject）。在语义指向上，V₁ 指向 S₁，V₂ 指向 O[S₂]。

5.2.2　S₁+V₁+O[S₂]+V 连动结构

这种结构中的 V₁ 经常含有"伴随""协助"义。例如：

a) o⁵⁵ɕi³³kau³¹tɛ²⁴mo²¹ntɕi¹³ntɕi¹³. 我带你出去转转。
　我 带 你 出去　转　转
b) o⁵⁵saŋ⁴⁴to²¹nua¹³i⁴⁴mo²¹hou⁵⁵ɕo³¹ɕau²⁴i⁴⁴. 我送那个小孩去学校里。
　我 送 个 小孩 那 去 里　学 校 那
c) ni²¹lɛ⁵⁵nen²¹ua⁴⁴ntei³¹mo²¹lɛ²⁴ta²¹. 他吆马先去了。
　他 赶 马 作 前 去 了 了
d) ni²¹ho⁴⁴o⁵⁵mu²¹ntei²¹qaŋ⁵⁵. 他喊我去捉田鸡。
　他 喊 我 去 捉　田 鸡

这种结构，事实上 S₁ 和 O[S₂] 都参加了 V 这个动作。如 a) 句"我带你出去转转"，意思是"你出去转转，我也陪着你转转"。在这个意义上，可以说 S₁ 和 O[S₂] 都是 V 的施事。在语义指向上，V₁ 只指向 S₁，而 V 即指向 S₁，也指向 O[S₂]。

5.3　连动式连动结构

连动式（verbal expression in series）连动结构的句法框架是线性的（linear）、连续的（serial, sequential）。相对于上述两种连动结构，连动式连动结构的语义比较复杂，不仅要牵涉 S 与 V₁、V₂、V₃、…、Vₙ 的语义关系，还要牵涉到 V₁、V₂、V₃、…、Vₙ 的语义关系和 V₁、V₂、V₃、…、Vₙ 与 O₁、O₂、O₃、…、Oₙ 的语义关系。这时既要考虑到 S+V₁+O₁+V₂+O₂+…、Vₙ+…、Oₙ 的结构关系，也要考虑到这种结构的语义关系。根据苗语动词连用的格式，大体上可以分成 S+V₁+O₁+V₂+O₂、S+V₁+O+V₂、V₁+O+V₂ 三种结构。

特别需要说明的是苗语口语的句子一般都不长,句法结构是有限的,连动结构中的 V_n、O_n 以及 V_{n+1}、O_{n+1} 不是数学概念,也不是极限概念,这里只表句法结构的一种可能的有限的线性序列(linear sequence)。

5.3.1　$S+V_1+O_1+V_2+O_2$ 连动结构

这种结构中的 S 是整个句子结构的主语,也是句子结构的共同主语(common subject)。根据结构关系和语义关系又可分为若干小类。

5.3.1.1　顺呈线性序列 $S+V_1+O_1+V_2+O_2$ 连动结构

顺呈线性序列(successive linear sequence)结构中的动词,按照动作行为或事物变化的先后依次结合在一起,动词间的结构关系是线性的、连续的。动词间的语义关系有三种,一是表示连续发生的几个动作行为或几种变化,二是后一个动词是前一动词的目的,三是前一动词是后一动词的方式。

表示连续发生的几个动作行为或几种变化的,它们的结构形式为 $S \to V_1 \to V_2 \to V_3 \to \cdots \to V_n$,其中,动词可以带宾语,也可以不带宾语。例如:

a) ni²¹ku⁵⁵taŋ⁴³lou⁴⁴tɛ²⁴toŋ³¹ȵtɕi⁴⁴tluɑ⁴⁴pei²¹toŋ⁴³lɛ²⁴.
　　他　扛　把　锄　出　门　上　到⋯　上面　山　去了
　　他扛把锄头出门到山上去了。

b) ni²¹nau³¹tʂhai³³taŋ²¹ɴqai²¹tʂhau³¹ȵtaŋ²¹zau²¹i⁴⁴lɛ²⁴. 他吃完早饭到下寨去了。
　　他　吃　早饭　完　下　朝　下面　寨　那去了

c) ni²¹khei⁴³tʂhei⁴³lo²¹tso²¹tsei⁵⁵hou³³au⁴³paŋ⁴⁴tlei²¹tɕou⁴⁴ȵtɕi⁴⁴sou⁴⁴tɕhe⁴⁴pu⁴⁴lɛ²⁴.
　　他　开　车　回来　到　家　喝　二　口　水　就　爬　上面　床　睡　了
　　他开车回到家喝两口水就爬上床去睡了。

d) to²¹ȵua¹³i⁴⁴mau⁴³plaŋ⁴³thau³¹thau³¹hɛ⁴⁴hɛ⁴⁴taŋ²¹tau⁵⁵ko⁴³tɕi⁵⁵.
　　个　小孩　那　疼　肚　拉　拉　泄　泄　完　又　烧　身
　　那小孩闹肚子又拉又泄完了又发烧。

这种结构表示动作行为或变化的先后关系,先发出的动作行为或先发生的变化的动词在前,后发出的动作行为或后发生的变化的动词在后,从而形成动词的线性序列结构。线性序列连动结构间的动词没有明显的语义关系,只有句法结构关系,即动作行为或事物变化次序的先后。

表示后一个动词是前一动词的目的的,它们的结构形式为 $S \to V_1 \to V_2 \to V_3 \to \cdots \to V_n$,其中,$V_1$ 一定是表示趋向的动词,而且不带宾语,其他动词可以带宾语,也可以不带宾语。例如:

a) ni²¹tua³¹tsau⁵⁵kau³¹mo²¹tha⁴³ni²¹tshau⁴³mpua⁴⁴. 他来找你去帮他劁猪。
　　他　来　找　你　去　和　他　劁　猪

b) ni²¹ṭau⁵⁵lo²¹ho⁴⁴o⁵⁵mo²¹tha⁴³ni²¹cu⁵⁵ntoŋ⁴⁴. 他回来喊我去帮他抬木头。
　　他　回　来　喊　我　去　和　他　抬　木　头

c) ni²¹mo²¹mua²¹ṭaŋ⁴³la⁴³lo²¹ḷai³³mau¹³. 他去买把镰刀来割麦子。
　　他　去　买　把　镰刀　来　割　麦

d) ni²¹ṭau⁵⁵mo²¹ua⁴⁴ṃau⁴⁴ṭau²¹pei⁴³mo²¹nau³¹. 他回去做晚饭等我们去吃。
　　他　回　去　做　晚饭　等　我们　去　吃

e) ni²¹ṭau¹³ṭau⁵⁵tua³¹hai³³n̥aŋ⁴³ta²¹. 他又来提亲了。
　　他　又　转　来　说　媳妇　了

苗语在表示后一个动词是前一动词的目的连动结构中，作为趋向动词的有时候可以省略，它的省略并不影响动词间的语义关系。例如：

a) o⁵⁵ṭou⁵⁵tɛ²¹ṭhou⁴³tḷei³¹ḷaŋ⁴³so⁵⁵mau¹³tou⁴⁴nei³¹nau³¹.
　　我　烧　火　烧　水　烫　线　麦　给　你们　吃
　　我生火烧水煮面条给你们吃。

= o⁵⁵mo²¹ṭou⁵⁵tɛ²¹ṭhou⁴³tḷei³¹ḷaŋ⁴³so⁵⁵mau¹³lo²¹tou⁴⁴nei³¹nau³¹.
　　我　去　烧　火　烧　水　烫　线　麦　来　给　你们　吃
　　我去生火烧水煮面条来给你们吃。

b) ni²¹ho⁴⁴kau³¹tha⁴³ni²¹ntou³³mplei³¹. 他喊你帮他打谷子。
　　他　喊　你　和　他　打　谷子

= ni²¹tua³¹ho⁴⁴kau³¹mo²¹tha⁴³ni²¹ntou³³mplei³¹. 他来喊你去帮他打谷子。
　　他　来　喊　你　去　和　他　打　谷子

表示前一动词是后一动词的方式的连动结构，其结构形式为 S→V₁→V₂→V₃→…→Vₙ。其中，V₁ 不带宾语，但可以带体貌或是重叠式，其他动词可以带宾语，也可以不带宾语。例如：

a) ni²¹ẓou²⁴ṭso²¹hai³¹tou⁴⁴o⁵⁵noŋ¹³. 你坐着说给我听。
　　你　坐　着　说　给　我　听

b) ni²¹ṭo³³ntshi⁴⁴ni⁴⁴ŋkaŋ²¹lo²¹. 他笑嘻嘻地进来。
　　他　笑　微笑貌的进　来

c) ni²¹ṣɛ⁵⁵ŋṭai¹³hou³³tḷho³¹tḷhei⁴³to²¹ẓin⁴³thoŋ³¹i⁴⁴. 他站着啪啦啪啦吸着水烟筒。
　　你　站　直立貌喝　哗啦声貌　根　烟　筒　那

d) ni²¹ṭaŋ¹³ṭaŋ¹³ni⁴⁴tua³¹ta²¹. 他跑着来了。
　　他　跑　跑　的　来　了

5.3.1.2　比照线性序列 S+V₁+O₁+否定词+V₂+O₂ 连动结构

比照线性序列（contrastive linear sequence）结构的 V₁ 表示肯定，V₂ 表示否定。V₁ 和 V₂ 从一个事件（event）的正反两个方面加以陈述和说明，两者的结构关系和语义关系表现为它们既有相互补充的作用，也有相互规定的作用，不是单纯的并列关系。一般来说，是 V_1 规定 V_2，V_2 补充 V_1，它们的位置不能对调，除了否定词（negative word）外，不能插入其他成分。例如：

 a) ni^{21}mpo^{44}paŋ^{44}ntsei^{13}tṣi^{44}hai^{33}lo^{21}. 他闷着不说话。
  他　闷　气　沉默貌　不　说　话
 b) ni^{21}toŋ^{44}hou^{55}lu^{21}tṣi^{44}nua^{24}lei^{31}tu^{13}. 他低着头不看人。
  他　垂头低垂貌　不　看　位　哪
 c) to^{21}ɲua^{13}naŋ^{44}tḷaŋ^{44}mo^{21}tḷaŋ^{44}lo^{21}tṣi^{44}pu. 这小孩滚来滚去不睡。
  个　小孩　这　滚　去　滚　来　不　睡
 d) kau^{31}ɳṭa^{43}tou^{44}ni^{21}tṣi^{44}ti^{33}tṣau^{44}tei^{21}. 你逮住他别松手。
  你　抓着　他　别　放手
 e) kau^{44}ɲau^{43}ta^{43}ẓu^{13}tṣi^{44}ɕau^{43}toŋ^{24}. 你安静地坐着别动。
  你　坐　静悄悄貌　不　消　动

5.3.1.3 存现线性序列 S+mua^{31}有+O$_1$+V$_2$+O$_2$ 连动结构

存现线性序列（existential linear sequence）结构中，mua^{31} "有" 必须带宾语，可以被否定，V$_2$ 有带宾语的，也有不带宾语的。这种连动结构，动词间的结构关系和语义关系大体上可以分成表示能愿、判断（judge）、存现（exist）、假设（suppose）、因果（causal）和数量（quantity）等 6 种。

S+mua^{31} "有" +O$_1$+V$_2$+O$_2$ 连动结构，O$_1$ 是 V$_2$ 涉及的抽象事物或事态（state of affairs），整个结构表示一种能愿时，这种能愿既可以是主观性的可能，也可以是客观性的可能。例如：

 a) ni^{21}mua^{31}paŋ^{24}fua^{31}kai^{55}tɕi^{31}lo^{43}ven^{24}thi^{31}naŋ^{44}. 他有办法解决这个问题。
  他　有　办　法　解　决　个　问　题　这
 b) au^{43}ṇoŋ^{43}naŋ^{44}tṣi^{44}mua^{31}kho^{55}nen^{31}lo^{21}naŋ^{13}. 这段时间没有可能下雨。
  二　天　这　不　有　可　能　下　雨
 c) ni^{21}mua^{31}pen^{55}si^{24}qua^{31}i^{43}m̥au^{44}. 他有本事哭一晚上。
  他　有　本　事　哭　一　晚
 d) ni^{21}tṣi^{44}mua^{31}ṣa^{43}mo^{21}ua^{44}ṇaŋ^{43}. 她无心出嫁。
  她　不　有　肝　去　做　媳妇

这种结构可以转换成 S+mua^{31} "有" +V$_2$+ni^{44}的+O$_1$ 或 S+mua^{31} "有" +V$_2$+O$_2$+ni^{44}的+O$_1$ 连动结构。例如：

 a) ni^{21}mua^{31}paŋ^{24}fua^{31}ŋkaŋ^{13}mo^{21}tɕou^{24}mua^{31}paŋ^{24}fua^{31}tɛ^{24}lo^{21}.
  他　有　办　法　进　去　就　有　办　法　出　来
  他有办法进去就有办法出来。

→ ni²¹mua³¹ŋkaŋ¹³mo²¹ni⁴⁴paŋ²⁴fua³¹tɕou²⁴mua³¹tɛ²⁴lo²¹ni⁴⁴paŋ²⁴fua³¹.

 他 有 进 去 的 办 法 就 有 出 来 的 办 法

 他有进去的办法就有出来的办法。

 b) ni²¹tʂi⁴⁴mua³¹tɕai⁴⁴hun⁴³hai³³. 他没有理由乱讲。

  他 不 有 理 昏 说

→ ni²¹tʂi⁴⁴mua³¹hun⁴³hai³³ni⁴⁴tɕai⁴⁴. 他没有乱讲的理由。

 他 不 有 昏 说 的 理

 S+mua³¹"有"+O₁+V₂+O₂连动结构，表示判断时，V₂的语义指向O₁，也就是O₁是V₂的受事主语，因此，V₂不能再带宾语，连动结构格式为S+mua³¹"有"+O₁+V₂。例如：

 a) to²¹to²¹mua³¹tɕua¹³nau³¹, len³¹len³¹mua³¹tsa³¹ʂi⁵⁵. 人人有饭吃，个个有钱花。

  个 个 有 饭 吃 位 位 有 钱 使

 b) kau³¹ki³³mua³¹tʂhau⁴⁴n̩aŋ⁵⁵? 你是否有衣服穿？

  你 是否 有 衣服 穿

 c) ni²¹tʂi⁴⁴mua³¹lo²¹hai³³. 他无话可说。

  他 不 有 话 说

 d) to²¹ʐɛ²⁴i⁴⁴tʂi⁴⁴mua³¹ntsei⁵⁵nau³¹, tʂi⁴⁴mua³¹ʑin⁴³hou³³. 那老人没盐吃，也没烟抽。

  个 老翁那 不 有 盐 吃 不 有 烟 喝

 S+mua³¹"有"+O₁+V₂+O₂连动结构表示存现时，O₁是mua³¹"有"的宾语，mua³¹"有"表示对事物的领有或事物自身的存在。V₂有的带宾语，有的不带宾语，表示与事物有关的动作行为或事物的变化。例如：

 a) to²¹tʂaŋ¹³qhei⁵⁵mua³¹lo⁴³qhau⁵⁵mpou⁴⁴mpou⁴⁴mpua²¹ni⁴⁴.

  个 埂 那 有 个 洞 冒 冒 泡 的

  那埂子有个洞冒着泡儿。

 b) ni²¹mua³¹to²¹cu⁵⁵tua¹³lɛ²⁴. 他有个弟弟死了。

  他 有 个 弟 死 了

 c) ni²¹mua³¹lo²¹hai³³qha⁴⁴kau³¹. 他有话告诉你。

  他 有 话 说 诉 你

 d) o⁵⁵tʂi⁴⁴mua³¹la³³tʂa⁴⁴saŋ⁴⁴kau³¹. 我没有什么送你。

  我 不 有 什么 送 你

 S+mua³¹"有"+O₁+V₂+O₂连动结构，可以表示在假设的条件下发出的动作行为或发生的变化。例如：

 a) kau³¹mua³¹la¹³tʂa⁴⁴si²⁴tɕhin³¹ti¹³tua³¹tʂau⁵⁵o⁵⁵. 你有什么事的话来找我。

  你 有 什么 事 情 就 来 找 我

b) kau³¹tşi⁴⁴mua³¹şi³¹tɕin⁴³ti¹³tşi⁴⁴ɕau⁴³mo²¹ta²¹. 你没有时间的话就别去了。
    你 不 有 时间 就 不 消 去 了
c) lei³¹tu¹³mua³¹ʑi²⁴tɕin²⁴ti¹³ua⁴⁴zoŋ⁴⁴hai³³. 谁有意见都好好说。
    位 哪 有 意见 就 做 好 说
d) kau³¹tşi⁴⁴mua³¹noŋ⁴³tou²⁴ti¹³tua³¹qhei⁵⁵o⁵⁵mua⁴³. 你没有豆种的话来我这儿拿。
    你 不 有 种 豆 就 来 处 我 拿

表示假设的 S+ mua³¹ "有"+O₁+V₂+O₂ 连动结构，在mua³¹ "有"和 V₂ 之间一般需要连词（conjunction）连接。在整个连动结构的句首，可以加上表示假设的连词ʑau¹³ta¹³ "要是"、tşo¹³ʑua⁵⁵ "只要"。例如：

a) ʑau¹³ta¹³o⁵⁵mua³¹şi³¹tɕin⁴³tsɛ³¹tua³¹nua²⁴kau³¹nɛ³³. 要是我有时间会来看你的。
    要 是 我 有 时间 会 来 看 你 语气词
b) tşo¹³ʑua⁵⁵ni²¹mua³¹tḷai¹³mə³³mo²¹şa³³. 只要他有把握就去吧。
    只 要 他 有 把握 语气词 去 语气词

S+ mua³¹ "有"+O₁+V₂+O₂ 连动结构中的 mua³¹ "有"+O₁ 和 V₂+O₂ 可以有因果关系，前者表示原因，后者表示结果。例如：

a) ni²¹mua³¹noŋ²⁴lɛ²⁴tşi⁴⁴tua³¹ta²¹. 他有活儿不来了。
    他 有 活计 了 不 来 了
b) to²¹na²⁴tşhi³³naŋ⁴⁴mua³¹mau⁴³tşi⁴⁴tsɛ³¹ɕi³³n̩ua¹³. 这只母羊有病不会生崽。
    只 母 羊 这 有 病 不 会 生 崽
c) ni²¹tşi⁴⁴mua³¹lua¹³tşi⁴⁴mo²¹ta²¹. 他没有伴不去了。
    他 不 有 伴 不 去 了
d) to²¹n̩o³¹naŋ⁴⁴mua³¹tɕaŋ⁴³ţau¹³tşi⁴⁴şɛ⁵⁵lo²¹. 这头牛有蛔虫病肥不起来。
    头 牛 这 有 蛔虫 肥 不 起来

S+mua³¹ "有"+O₁+V₂+O₂ 连动结构，mua³¹ "有"+O₁ 表示数量，mua³¹ "有"+O₁ 与 V₂ 有数量关系，O₁ 是 V₂ 的主体，V₂ 语义指向 O₁，V₂ 有的不带宾语，有的带宾语。例如：

a) ni²¹mua³¹i⁴³to²¹ntshai³³qua⁴⁴tḷua⁴⁴şua⁵⁵tei⁴³lɛ²⁴. 他有个女儿嫁到汉族地方去了。
    他 有 一个 女儿 嫁 到 汉族 地 了
b) o⁵⁵tşo¹³mua³¹au⁴³ni³³pua⁴⁴tḷe²⁴saŋ⁴⁴kau³¹. 我只有小两百块给你。
    我 只 有 二 小 百 块 送 你
c) ni²¹mua³¹au⁴³to²¹n̩a⁵⁵lo⁵⁵lɛ²⁴. 他有两颗牙掉了。
    他 有 二 颗 牙 断 了
d) to²¹nen²¹naŋ⁴⁴mua³¹tshai³³tɛ⁴⁴mua³¹n̩tşi³³tɕi¹³. 这匹马有只脚有点跛。
    匹 马 这 有 只 脚 有 点 跛

5.3.1.4 因果线性序列 S+V₁+O₁+V₂+O₂ 连动结构

因果线性序列（causal linear sequence）连动结构中，动词按照动作行为或事物变化的先后依次结合在一起，动词间的语义关系是因果关系（causal relationship），V₁ 表示原因，V₂ 表示由原因产生的结果。例如：

a) ni²¹tɕai³¹nen²¹poŋ⁴³ɴqai²¹lo²¹tsaŋ²⁴tau⁴⁴hou⁴⁴lɛ²⁴. 他骑马掉下来磕破了头。
   他 骑 马 掉 下 来 撞 破 头 了

b) ni²¹qou¹³i⁴³ŋtsɛ²⁴mua⁴³tei²¹tsu²⁴ʂho²⁴lɛ²⁴. 他摔一跤把手弄脱臼了。
   他 到 一 跤 把 手 窝 错 了

c) ni²¹poŋ⁴³ntoŋ⁴⁴ŋtsɛ²⁴lo⁵⁵lɛ²⁴au⁴³to²¹taŋ⁵⁵. 他从树上掉下来摔断了两根肋骨。
   他 跌落 树 摔 断 了 二 根 肋

d) ni²¹mo²¹nthua⁴⁴qau³³lɛ²⁴tsi²⁴ȵau⁴³tɕei⁵⁵. 他薅芋头去了不在家。
   他 去 薅 芋头 了 不 在 家

5.3.2 S+V₁+O+V₂ 连动结构

这种结构的动词也是按线性序列排列（array）的，先发出的或先发生变化的动词在前，后发出的或后发生变化的在后。不过，这种结构与 S+V₁+O₁+V₂+O₂+…+Vₙ+Oₙ 不同。S+V₁+O₁+V₂+O₂+…+Vₙ+Oₙ 中的动词只要是及物动词都可以带宾语，而 S+V₁+O+V₂ 连动结构中的 V₂ 尽管是及物动词，但不带宾语，它的宾语与 V₁ 的宾语是同一事物，位于 V₁ 之后、V₂ 之前，两个动词的语义都指向 O。从动词的结构关系看，V₁ 必须带宾语 O，V₂ 必须是及物动词，它所要涉及的客体正好是 V₁ 所涉及的客体。S+V₁+O+V₂ 连动结构，有的 V₁ 和 V₂ 的主语都是 S，即 S+V₁+O+V₂，有的 S 只是 V₁ 的主语，V₂ 另有主语，连动结构由 S+V₁+O+V₂ 扩展为 S+V₁+O₁+V₂+O₂+…+Vₙ+Oₙ+Vₙ₊₁。

5.3.2.1 S+V₁+O+V₂ 连动结构

这种连动结构中，V₁ 和 V₂ 的主语都是 S，动词序列具有共同的主语，前一动词涉及的客体，也是后一动词涉及的客体，亦即动词序列的语义指向都共同指向主体和客体。例如：

a) ni²¹tʂo¹³mua²¹i⁴³nti¹³so⁵⁵mau¹³ȵau³¹. 他只买一碗面条吃。
   他 只 买 一 碗 线 麦 吃

b) kau³¹ta⁴³to²¹lou⁴³tɕɛ⁵⁵hou³³. 你自个儿倒酒喝。
   你 独 个 倒 酒 喝

c) nei³¹lo⁵⁵qua⁵⁵ŋtsua³³ȵau³¹. 你们掰甘蔗吃。
   你们 掰 秆 高粱 吃

d) ni²¹na¹³qai⁴³mo²¹mua¹³. 他偷鸡去卖。

  他 偷 鸡 去 卖

例 a)中的 V_1 是mua²¹ "买"，mua²¹ "买"的宾语是so⁵⁵mau¹³ "面条"，V_2 的对象也是so⁵⁵mau¹³ "面条"，V_1、V_2 的主语都是ni²¹ "他"。例 b)中的 V_1 是lou⁴³ "倒"，它的宾语是tɕɛ⁵⁵ "酒"，V_2 的受事也是tɕɛ⁵⁵ "酒"，V_1、V_2 的主语都是kau³¹ "你"。可见，两个动词或几个动词共同拥有一个主语。其余可以类推。由于 V_2 的客体对象已经在它前面出现，所以，这种结构的 V_2 不再带宾语，V_1、V_2 拥有共同的宾语。

5.3.2.2 **S+V₁+O₁+V₂+…+Vₙ+Oₙ+Vₙ₊₁ 连动结构**

这种结构中，V_n、V_{n+1} 不是数学的极限概念，其中，V_1 和 V_3、…、V_{n+1} 的主语不同，V_1 的主语是 S，V_3、…、V_{n+1} 另有主语，不过，这个主语是其中某个动词的宾语。这样动词序列不具有共同的主语，但前一个动词涉及的客体，也可能是后一个动词涉及的客体，亦即动词序列的语义指向可能是某一共同的客体，但是，无论如何 V_3、…、V_{n+1} 都不带宾语。例如：

a) ni²¹tɕi⁵⁵i⁴³to²¹zin⁴³tou⁴⁴/ʈou⁴⁴/po⁴³o⁵⁵hou³³. 他递一支烟给我抽。

  他 递 一 支 烟 给 给 给 我 喝

b) o⁵⁵hou⁴⁴ɳtʂi³³qua⁴⁴tḷi¹³tou⁴⁴/ʈou⁴⁴/po⁴³kau³¹nau³¹. 我熬点粥给你吃。

  我 煮 点 粥 给 给 给 你 吃

c) o⁵⁵khuaŋ⁵⁵tou²⁴tḷaŋ⁴⁴tou⁴⁴/ʈou⁴⁴/po⁴³zei²¹ɳua¹³i⁴⁴noŋ¹³. 我讲故事给那群小孩听。

  我 摆 故事 给 给 给 群 小孩 那 听

d) ni²¹qei⁵⁵tạŋ⁴³cɛ⁴⁴naŋ⁴⁴tou⁴⁴/ʈou⁴⁴/po⁴³o⁵⁵si⁵⁵. 他借这把锯子给我使。

  他 借 把 锯 这 给 给 给 我 使

从上面的例子可以看出，在 S+V₁+O₁+V₂+…+Vₙ+Oₙ+Vₙ₊₁ 连动结构中，V_2 都是动词tou⁴⁴/ʈou⁴⁴/po⁴³ "给"，O_1 承前 V_1，启后 V_2，V_2 的主语也是 S，V_2 的宾语 O_2 通常是对象宾语，V_1、V_2 都是主语 S 发出的动作行为，O_1、O_2 都是主语 S 发出动作行为涉及的客体，从这点来看，S+V₁+O₁+V₂+…+Vₙ+Oₙ+Vₙ₊₁ 连动结构是双宾结构（double object construction），O_1 是直接宾语（direct object），O_2 是间接宾语（indirect object），作为间接宾语的 O_2 通常具有较高的生命度，可以发出动作行为，成为后一个动词 V_3 的主语 S_1，V_3 可以不带宾语，也可以带宾语，不带宾语时，连动结构序列为 S+V₁+O₁+V₂+O₂+V₃，带宾语时，连动结构可以扩展为 S+V₁+O₁+V₂+…+Vₙ+Oₙ+Vₙ₊₁，但有一点比较清楚，就是句法结构中的最后一个动词无论如何都不带宾语。

5.3.3　V₁+O+V₂连动结构

这种结构的主语通常不说出或者不需要说出。这样就构成无主语（subjectlessness）的连动结构。V₁+O+V₂无主句（subjectless sentence）连动结构中的V₁只能是ʐau¹³"是"和mua³¹"有"，而且必须带宾语，V₂如果是及物动词一般也可以带宾语，从而V₁+O+V₂可以扩展为V₁+O+V₂+O₂。ʐau¹³"是"和mua³¹"有"可以被否定。

5.3.3.1　V₁[ʐau¹³是]+O+V₂连动结构

V₁+O+V₂连动结构中的V₁是属性动词ʐau¹³"是"，构成ʐau¹³"是"+O+V₂连动结构。O是V₁的宾语，同时，又是V₂的主语，V₂为不及物动词时，自然不带宾语，V₂为及物动词时，一般带有宾语，也可以不带宾语。例如：

a) ʐau¹³to²¹tu¹³mo²¹?是谁去？
　　是　个　哪　去

b) ʐau¹³nen²¹tua²⁴tou¹³. 是马踢着。
　　是　马　踢　着

c) ʐau¹³lei³¹tu¹³tua³¹ho⁴⁴kau³¹?是谁来喊你？
　　是　位　哪　来　喊　你

d) ʐau¹³ni²¹ɳa⁵⁵o⁵⁵ni⁴⁴ʐou⁴³. 是他偷我的菜。
　　是　他　偷　我　的　菜

e) ʐau¹³ni²¹tha⁴³o⁵⁵tʂhei⁵⁵to²⁴tsi⁵⁵. 是他帮我抬驮子。
　　是　他　和　我　抬　驮子

f) tʂi⁴⁴ʐau¹³ni²¹mua¹³tou⁴⁴o⁵⁵ni⁴⁴. 是他卖给我的。
　　不　是　他　卖　给　我　的

V₂带有宾语时，如果需要强调V₂的宾语，经常用mua⁴³"把"使之前移到V₂之前，句末加lɛ²⁴"了"表示结果，构成处置句（disposal sentence）。例如：

a) ʐau¹³lei³¹tu¹³mua⁴³tei³¹ɳtʂua¹³ʐou⁴³naŋ⁴⁴lo⁵⁵lɛ²⁴?是谁把这些菜薹擗走了？
　　是　位　哪　把　些　笋　菜　这　擗　了

b) ʐau¹³ni²¹mua⁴³lo⁴³qhau⁵⁵i⁴⁴tsu²⁴tɕa⁴⁴lɛ²⁴. 是他把那个洞给堵了。
　　是　他　把　个　洞　那　堵　起来　了

c) ʐau¹³to²¹tlei⁵⁵naŋ⁴⁴mua⁴³phau⁴³tɛ⁴⁴tʂhi³³i⁴⁴cu⁵⁵lɛ²⁴.
　　是　条　狗　这　把　张　皮羊　那　叼　了
　　是这条狗把那张羊皮叼走了。

d) tʂi⁴⁴ʐau¹³ni²¹na²⁴mua⁴³ni²¹ɕi³³lɛ²⁴. 不是他母亲把他领走了。
　　不　是　他母亲把　他　领　了

5.3.3.2 V₁[mua³¹有]+O+V₂连动结构

V₁+O+V₂连动结构中的 V₁ 是属性动词mua³¹ "有"，构成mua³¹ "有" + O+V₂连动结构。O 是 V₁ 的宾语，同时，又是 V₂ 的主语，V₂ 为及物动词时，一般带有宾语，也可以不带宾语。例如：

a) mua³¹to²¹noŋ¹³ʑaŋ⁴⁴lɛ²⁴ta²¹. 有只鸟飞走了。
   有　个　鸟　飞　了　了

b) mua³¹qai⁴³qua³¹hou⁵⁵ŋkua³¹i⁴⁴. 有鸡在那圈里叫。
   有　鸡　叫　里　圈　那

c) mua³¹nen⁴³tua³¹tsau⁵⁵kau³¹. 有人来找你。
   有　人　来　找　你

d) mua³¹nen⁴³chɛ³³ntɕei⁴³pei²¹toŋ⁴³i⁴⁴. 有人在山上采蘑菇。
   有　人　拾　蘑菇　上面　山　那

e) tʂi⁴⁴mua³¹nen⁴³paŋ⁴³ni²¹. 没有人帮他。
   不　有　人　帮　他

f) thou⁴⁴i⁴⁴mua³¹to²¹ntshai³³ho³³ua⁴⁴ɲcou³¹ɲtsua⁴³naŋ⁴³. 以前有个女孩名叫青蛇。
   以前　有　个　女孩　喊　作　姑娘　青　蛇

V₂带有宾语时，如果需要强调 V₂ 的宾语，经常用mua⁴³ "把" 使之前移到 V₂ 之前，句末加lɛ²⁴ "了" 表示结果，构成处置句。例如：

a) mua³¹nen⁴³mua⁴³ni²¹tua⁴⁴lɛ²⁴. 有人把他杀了。
   有　人　把　他　杀　了

b) mua³¹nen⁴³mua⁴³to²¹tʂhi⁴⁴i⁴⁴tɕaŋ⁴³lɛ²⁴. 有人把那只羊牵走了。
   有　人　把　只　羊　那　牵　了

c) mua³¹to²¹tso⁵⁵mua⁴³ɲo³¹to²¹tua¹³lɛ²⁴. 有老虎把牛咬死了。
   有　只　虎　把　牛　咬　死　了

d) mua⁴³to²¹tlaŋ⁵⁵mua⁴³o⁵⁵to²¹po³¹qai⁴³i⁴⁴nau³¹lɛ²⁴.
   有　只　鹰　把　我　只　母　鸡　那　吃　了
   有只老鹰把我那只母鸡给吃了。

5.3.3.3 表致使、感受的 V₁+O+V₂ 连动结构

苗语的连动结构 V₁+O+V₂，除 V₁（ʑau¹³ "是"）+O+V₂、V₁（mua³¹ "有"）+O+V₂ 外，还有一些表示使动的、心理感受的或带有一定感情色彩的动词也可以构成无主语的连动结构，这种结构，V₁ 的宾语 O 也是 V₂ 的主语，V₂ 一般不带宾语，有的也可以带宾语。例如：

a) chɛ³³tou⁴⁴ni²¹nua²⁴nua²⁴. 拿给他看看。
   拿　给　他　看　看

b) tɕa⁴⁴ni²¹ua⁴⁴ua⁴⁴nua²⁴ʂai⁴³. 让他做做看吧。
   让 他 做 做 看 看

c) tɕa⁴⁴ni²¹nau³¹mau⁴⁴taŋ⁴⁴tou⁴³. 让他吃了饭再说。
   让 他 吃 饭 掉 _{语气词}

d) kho⁵⁵si²⁴ʈaŋ⁴³so⁴³tɛ¹³i⁴⁴mua¹³lɛ²⁴ta²¹. 可惜那把猎枪卖掉了。
   可 惜 把 火枪 那 卖 了 了

e) ɳtʂhai⁴⁴kau³¹hou³³tʂi⁴⁴taŋ²¹ɣo³¹. 怕你喝不完呵。
   怕 你 喝 不 完 呵

5.4 小结

苗语能愿动词与动词构成的连动式、动词连用的递系式、动词连用的连动式的句法结构和语义结构大抵如上所述。下面进行扼要的总结。

5.4.1 能愿式连动结构

苗语的能愿动词都是非自主动词，它既能与自主动词，也能与非自主动词连用构成连动结构。这种结构称为能愿式（optative form）连动结构。

自主动词具有[+自主]、[+动作]的特征，能愿动词与自主动词的连用，既可以表示主观的能愿，也可以表示客观的能愿，自主动词的[+自主]义使得与它连用的能愿动词具有[±主观]义。非自主动词具有[+变化]、[+属性]、[-自主]、[-动作]义，具有[+属性]义的非自主动词不能与能愿动词连用。能愿动词与具有[+变化]、[-自主]、[-动作]义非自主动词的连用，只表示客观的能愿。非自主动词的具有[+变化]、[-自主]、[-动作]义使与它连用的能愿动词动词具有[+客观]、[-主观]义。苗语能愿动词与动词构成的连动结构的句法结构有：S+cwV+V、S+V+cwV、S+V+cwV+cwV 和 S+cwV+O[S]+V 等4种。

S+cwV+V 连动结构根据能愿动词的语义，S+cwV+V 连动结构的语义特征是，表示主体发出动作行为或事物变化的可能性、必要性、愿望、估价和许可。S+V+cwV 是苗语的能愿动词位于动词之后与动词构成的连动结构，表示对主体发出动作行为或事物变化可能性的判断。S+V+cwV+cwV 是苗语的"动词+能愿动词（V+cwV）"连动结构中的能愿动词连用构成的连动结构，它表示对主体发出动作行为或事物变化可能性的判断的完全肯定，与 V+cwV 结构的否定形式相对。S+cwV+O[S]+V 是由能愿动词与动词构成的连动结构，在句法结构上，与递系式的句法结构相同，但是语义结构不同，这种结构表示主体对客体发出动作行为或事物变化的态度、判断和估价的语义特征，其语义指向结构框架为：

$$S \longleftarrow cw\ V \longrightarrow O$$
$$\uparrow\downarrow$$
$$[S] \longleftarrow V$$

5.4.2 递系式连动结构

苗语动词连用构成的递系式连动结构为 $S_1+V_1+O+V_2$，其中，V_1 是前一个动词，O 既可以是 V_1 的受事宾语，也可以是 V_2 的施事主语，V_2 是后一直接成分中的动词，它既可以是 O 发出的动作行为，也可以是 V_1 的主语与 O 共同发出的动作行为。在这种结构中，V_1、O、V_2 三者的关系有 $S_1+V_1+O[S_2]+V_2$ 和 $\{S_1+V_1+O+V_2\}+\{S_2+V\}=S_1+V_1+O[S_2]+V$（其中 $O=S_2$，$V_2=V$）两种。

$S_1+V_1+O[S_2]+V_2$ 连动结构，其构成与 V_1 的语义类有关。V_1 是包含[致使]义的自主动词，即 V_1 必须是使令动词。V_1 的语义指向 S_1 和 O，V_2 的语义指向 $O[S_2]$，如果 V_2 带宾语 O_1，V_2 的语义也指向 O_1。其语义指向结构为：

$$S_1 \longleftarrow V_1 \longrightarrow O$$
$$\uparrow\downarrow$$
$$[S_2] \longleftarrow V_2 \longrightarrow O_1$$

$S_1+V_1+O[S_2]+V$ 连动结构，这种结构中的 V_1 经常含有"伴随""协助"义，S_1 和 $O[S_2]$ 都参加了 V，S_1 和 $O[S_2]$ 都是 V 的施事。V_1 的语义指向 S_1，而 V 的语义即指向 S_1，也指向 $O[S_2]$。V 若带宾语，其语义还指向 O_1。其语义指向结构为：

$$S_1 \Big\{ \begin{array}{c} \longrightarrow V_1 \longrightarrow O \\ \uparrow\downarrow \\ [S_2] \longleftarrow V \longrightarrow O_1 \end{array}$$

5.4.3 连动式连动结构

苗语动词连用构成的连动式，其句法结构框架是线性的、连续的。连动式连动结构的语义比较复杂，不仅要牵涉 S 与 V_1、V_2、$V_3+\cdots+V_n$ 的语义关系，还要牵涉到 V_1、V_2、$V_3+\cdots+V_n$ 间的语义关系和 V_1、V_2、$V_3+\cdots+V_n$ 与 O_1、O_2、$O_3+\cdots+O_n$ 的语义关系。这时既要考虑到 $S+V_1+O_1+V_2+O_2+\cdots+V_n+\cdots+O_n$ 的结构关系，也要考虑到这种结构的语义关系。根据苗语动词连用的格式，大体上可以分成 $S+V_1+O_1+V_2+O_2$、$S+V_1+O+V_2$、V_1+O+V_2 三种结构。这三种结构无论是句法结构，还是语义结构都有所不同。

5.4.3.1　S+V$_1$+O$_1$+V$_2$+O$_2$ 连动结构

这种结构强调动词的线性序列，S 是整个句子结构的主语，也是句子结构的共同主语。根据结构关系和语义关系又可分为 4 个小类。

5.4.3.1.1　S+V$_1$+O$_1$+V$_2$+O$_2$ 结构

这种结构，动词按照动作行为或事物变化的先后依次结合在一起，动词间的结构关系是线性的、连续的，动词间的语义关系有三种，一是表示连续发生的几个动作行为或几种变化，二是后一个动词是前一动词的目的，三是前一动词是后一动词的方式。

表示连续发生的几个动作行为或几种变化的，结构形式为 S→V$_1$→V$_2$→V$_3$→…→V$_n$，其中，动词可以带宾语，也可以不带宾语。这种结构中，所有动词的语义指向，除了指向各自所带的宾语外，都共同指向主语 S，也就是所有的动作行为或变化、属性都与主语有直接的关系，或动作行为都由主语发出，主语成为施事主语，或变化、属性都由主语引起，主语成为当事主语。S→V$_1$→V$_2$→V$_3$→…→V$_n$ 语义指向结构为：

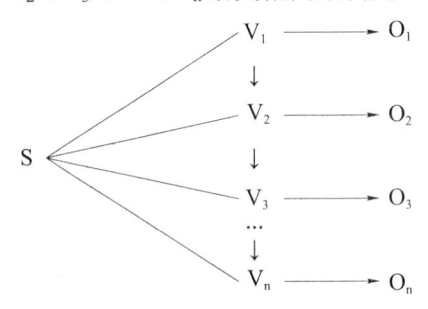

$$S \begin{cases} V_1 \longrightarrow O_1 \\ \downarrow \\ V_2 \longrightarrow O_2 \\ \downarrow \\ V_3 \longrightarrow O_3 \\ \cdots \\ V_n \longrightarrow O_n \end{cases}$$

表示后一个动词是前一动词的目的的，结构形式为 S→V$_1$→V$_2$→V$_3$→…→V$_n$，其中，V$_1$ 一定是表示趋向的动词，而且不带宾语，其他动词可以带宾语，也可以不带宾语。V$_1$ 由主语发出或引起，其语义指向只指向主语 S，其他动词也是由主语发出或引起，其语义指向除了指向各自所带的宾语外，也都共同指向主语 S。S→V$_1$→V$_2$→V$_3$→…→V$_n$ 的语义指向结构为：

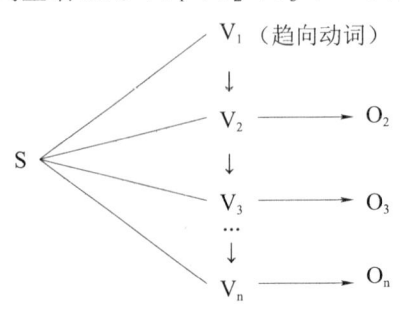

$$S \begin{cases} V_1 \text{（趋向动词）} \\ \downarrow \\ V_2 \longrightarrow O_2 \\ \downarrow \\ V_3 \longrightarrow O_3 \\ \cdots \\ \downarrow \\ V_n \longrightarrow O_n \end{cases}$$

表示前一动词是后一动词的方式的，结构形式为 S→V$_1$→V$_2$→V$_3$→…→V$_n$，其中，V$_1$ 不带宾语，但可以带体貌或是重叠式，其他动词可以带宾语，也可以不带宾语。V$_1$ 由主语发出或引起，其语义指向往前指向主语 S，往后指向体貌范畴，其他动词也是由主语发出或引起，其语义指向除了指向各自所带的宾语外，也都共同指向主语 S。S→V$_1$→V$_2$→V$_3$→…→V$_n$ 的语义指向结构为：

$$S \begin{cases} V_1 \longrightarrow 体貌范畴 \\ \downarrow \\ V_2 \longrightarrow O_2 \\ \downarrow \\ V_3 \longrightarrow O_3 \\ \dots \\ \downarrow \\ V_n \longrightarrow O_n \end{cases}$$

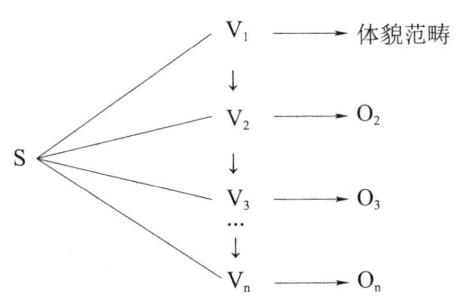

S+V$_1$+O$_1$+V$_2$+O$_2$ 结构表示动作行为或变化的先后关系，先发出的动作行为或先发生的变化的动词在前，后发出的动作行为或后发生的变化的动词在后，从而形成动词的线性序列结构。线性序列连动结构间的动词没有明显的语义关系，只有句法结构关系，即动作行为或事物变化次序的先后。

5.4.3.1.2 S+V$_1$+O$_1$+否定词+V$_2$+O$_2$ 结构

这种结构的 V$_1$ 表示肯定，V$_2$ 表示否定。V$_1$ 和 V$_2$ 从一个事件的正反两个方面加以陈述和说明，两者的结构关系和语义关系表现为它们既有相互补充的作用，也有相互规定的作用，不是单纯的并列关系。一般来说，是 V$_1$ 规定 V$_2$，V$_2$ 补充 V$_1$，它们的位置不能对调，除了否定词外，不能插入其他成分。在语义指向上，V$_1$ 既指向 S，也指向 O$_1$，V$_2$ 既指向 S，也指向 O$_2$。语义指向结构为：

$$S \begin{cases} V_1 \longrightarrow O_1 \\ \downarrow \\ V_2 \longrightarrow O_2 \end{cases}$$

5.4.3.1.3 S+V$_1$[mua^{31}"有"]+O$_1$+V$_2$+O$_2$ 连动结构

这种结构中，mua^{31}"有"必须带宾语，可以被否定，V$_2$ 有带宾语的，也有不带宾语的。动词间的结构关系和语义关系可以分成表示能愿、判断、存现、假设、因果和数量 6 种。

S+ mua^{31}"有"+O$_1$+V$_2$+O$_2$ 连动结构，表示能愿、存现、假设、因果和数量时，O$_1$ 是 V$_2$ 涉及的抽象事物或事态。在语义指向上，V$_1$ 指向 S 和 O$_1$，V$_2$ 指向 S 和 O$_2$。语义指向结构为：

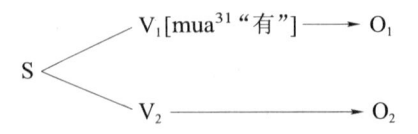

$$S \diagup \begin{matrix} V_1[mua^{31}\text{"有"}] \longrightarrow O_1 \\ V_2 \longrightarrow O_2 \end{matrix}$$

S+ mua^{31} "有" +O$_1$+V$_2$+O$_2$ 连动结构,表示判断时,V$_2$ 的语义指向 O$_1$,O$_1$ 是 V$_2$ 的受事主语,V$_2$ 不能再带宾语。语义指向结构为:

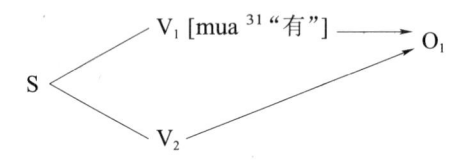

$$S \diagup \begin{matrix} V_1[mua^{31}\text{"有"}] \longrightarrow O_1 \\ V_2 \nearrow \end{matrix}$$

5.4.3.1.4 S+V$_1$+O$_1$+V$_2$+O$_2$ 结构

这种结构中的动词按照动作行为或事物变化的先后依次结合在一起,动词间的语义关系是因果关系,V$_1$ 表示原因,V$_2$ 表示由原因产生的结果。V$_1$ 指向 S 和 O$_1$,V$_2$ 指向 S 和 O$_2$。语义指向结构为:

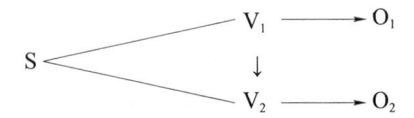

$$S \diagup \begin{matrix} V_1 \longrightarrow O_1 \\ \downarrow \\ V_2 \longrightarrow O_2 \end{matrix}$$

5.4.3.2 S+V$_1$+O+V$_2$ 结构

这种结构中的动词是按线性序列排列的,先发出的或先发生变化的动词在前,后发出的或后发生变化的在后。尽管 V$_2$ 是及物动词,但不带宾语,它的宾语与 V$_1$ 的宾语是同一事物,位于 V$_1$ 之后、V$_2$ 之前,两个动词的语义都指向主语 S。从动词的结构关系看,V$_1$ 必须带宾语 O,V$_2$ 必须是及物动词,它所要涉及的客体正好是 V$_1$ 所涉及的客体。有的 V$_1$ 和 V$_2$ 的主语都是 S,有的 S 只是 V$_1$ 的主语,V$_2$ 另有主语,连动结构由 S+V$_1$+O+V$_2$ 扩展为 S+V$_1$+O$_1$+V$_2$+…+V$_n$+O$_n$+V$_{n+1}$。

5.4.3.2.1 S+V$_1$+O+V$_2$ 结构

在这种结构中,V$_1$ 和 V$_2$ 的主语都是 S,动词序列具有共同的主语,前一动词涉及的客体,也是后一动词涉及的客体,V$_2$ 不带宾语。动词序列 V$_1$、V$_2$ 的语义指向都指向共同的主体和客体。语义指向结构为:

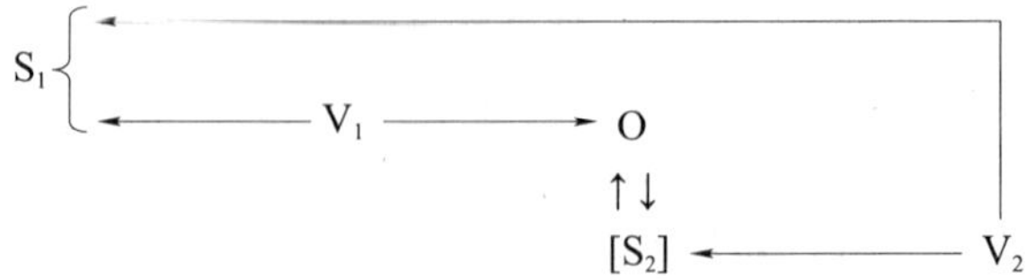

$$\begin{matrix} S_1 \longleftarrow & & \\ & V_1 \longrightarrow O & \\ & \uparrow\downarrow & \\ & [S_2] \longleftarrow V_2 & \end{matrix}$$

5.4.3.2.2 S+V$_1$+O$_1$+V$_2$+…+V$_n$+O$_n$+V$_{n+1}$ 结构

这种连动结构是 S+V$_1$+O+V$_2$ 结构的扩展式,其中,V$_1$ 和 V$_2$…V$_{n+1}$ 的

主语不同，V_1 的主语是 S，$V_2 \cdots V_{n+1}$ 另有主语，不过这个主语是其中某个动词的宾语。尽管如此，但前一动词涉及的客体，也可能是后一动词涉及的客体，亦即动词序列的语义指向可能是某一共同的客体，无论如何 V_{n+1} 都不带宾语。语义指向结构为：

$$\begin{array}{ccccc} S & \leftarrow & V_1 & \rightarrow & O_1 \leftarrow \\ & & & & \uparrow\downarrow \\ & & S_2 & \leftarrow V_2 \rightarrow & O_2 \leftarrow \\ & & & & \uparrow\downarrow \\ & & & & S_n \leftarrow V_{n+1} \end{array}$$

5.4.4 V_1+O+V_2 结构

这种结构的主语通常不说出或者不需要说出，构成无主语的连动结构。V_1+O+V_2 结构中的 V_1 是 ʑau^{13} "是" 和 mua^{31} "有"，它们必须带宾语，可以被否定。此外，表示使动的、心理活动的或带有一定感情色彩的动词也可以构成 V_1+O+V_2 结构；动词 V_2 如果是及物动词一般也可以带宾语。这时 V_1+O+V_2 扩展为 $V_1+O_1+V_2+O_2$。不管是基式（original form），还是其扩展式（extensive form），V_1 的宾语 O/O_1，也是 V_2 的主语，V_1 指向 O/O_1，V_2 向前指向 O/O_1，向后指向 O_2。连动式的语义指向结构为：

$$\begin{array}{ccc} V_1 & \rightarrow & O_1 \\ & & \uparrow\downarrow \\ [S] \leftarrow & V_2 \rightarrow & O_2 \end{array}$$

如上所述，苗语动词连动结构有三种基本形式，即能愿动词与动词构成的能愿式、动词连用的递系式、动词连用的连动式。每种基本形式根据其内部句法结构关系和语义结构关系，又可分成若干种小的基本形式。每种小的基本形式都有其特定的句法结构关系和语义结构关系。本章的研究，大体涵盖了苗语动词连动的句法结构和语义结构。

第六章　苗语的动补结构及其语义特征

　　苗语动词的动补结构（verb-complement structure）是指动词带补语（complement）的结构。苗语动补结构的语义特征包括补语与主语、谓语、宾语在句法中的结构关系和语义关系。研究苗语的补语既要从句法结构观察，看它在句子中与其他词语之间的关系如何，也要从语义结构观察，看它所反映的是什么语义范畴。语法结构和跟人的经验结构之间有一种自然的联系，语义结构是客观世界的反映，这一反映在言语中便有了成分和成分之间所形成的各种句法关系。但语言不是直接反映客观世界，人类对客观世界的认知介于其间。要寻找补语的句法结构（syntactic structure）和语义结构之间的对应关系，先得确定什么是补语。

　　语义结构（semantic structure）是指两个或两个以上的语义成分按照一定规律组成的结构，它通过句法结构来显示。语义结构中的语义成分主要有动核、主事、客事等。动词是句子语义结构的核心，即动核（verb core）。动核结构（verb core structure）是句子语义结构的基本结构，它由动词和它联系着的语义成分组成。语义成分组成的语义结构主要有两大类，一类是动核结构，另一类是名核结构（nominal semantic construction）。动核结构主要由动核和动元组成，是生成句子的基干语义结构。语义平面的动核结构在句法平面表现为动词作谓语或谓语中心词的主谓结构（subject-predicate structure）。

　　现实的语言研究表明，补语的句法结构和语义结构之间的对应关系，在某些句子中，句法关系（syntactic relationship）和语义关系（semantic relationship）并不对应，两个直接成分（immediate constituent）之间虽有句法关系，但它们之中的一个直接成分却与句子中的另外一个间接成分（indirect constituent）存在密切的语义关系。语法关系不仅要说明两个直接成分之间的语义关系，而且要说明间接成分之间的语义关系。只有这样，才可以揭示句子内部的语义关系，才可以对句法现象（syntactical phenomenon）作出有说服力的解释，可以达到语法研究的根本目的，即找出句法结构和语义之间的对应关系。本章将就这些问题进行讨论。

6.1 关于苗语的补语与宾语

补语主要是动词或形容词的后附成分，在以往的苗语补语研究中，有一些分歧。《苗语语法纲要（川黔滇方言）》（1962）、《苗语简志》（1983）、《苗语语法（黔东方言）》（1986）、《现代湘西苗语语法》（1990）、《吉卫苗语研究》（1999）的体例基本一致，按主语、谓语、宾语、定语、补语、状语等六分法，对苗语不同方言土语的补语进行描写，认为补语是对动词或形容词的补充说明且位于谓语之后，谓语带宾语时，有的补语在宾语之前，有的补语在宾语之后，充当补语的成分可以是词，也可以是短语或词组，这种描写方法大体是传统汉语语法体系的套用。但是，有一点需要指出，苗语的形容词在句法结构中，其后可以带名词性成分，特别是可以带光杆名词，这种成分在上述论著中被描写为补语，认为是名词对形容词的补充说明。例如：

川黔滇方言

a) nti^{13}ʐou^{43}naŋ^{44}ntsou^{24}ṭau^{31}hen^{55}. 这碗菜很透油。
   碗　菜　这　透　　油　　很

b) o^{55}ɴqhei^{33}ṭlei^{31}ta^{21}. 我渴了。
   我　渴　水　了

c) lo^{43}toŋ^{31}naŋ^{44}tɕi^{44}tshai^{33}mplaŋ^{21}. 这张桌子油漆光亮。
   张　桌　这　亮　漆　光亮貌

黔东方言

a) ɛ^{33}tɕen^{33}ɕo^{53}mɛ^{13}ʐaŋ^{55}. 埃金脸红了。
   埃金　红　脸　了

b) ti^{44}ɣo^{33}noŋ^{35}i^{33}ɕi^{35}. 这碗菜咸。
   碗菜　这　苦　盐

c) nen^{55}lju^{33}fhu^{35}ʐaŋ^{55}. 她头发白了。
   她　白　头发　了

湘西方言

a) ɑ^{44}ṭe^{53}ʐei^{35}ʐɯ^{42}nen^{44}ɛ^{35}ṇtɕɯ^{44}ʐaŋ^{33}. 这碗菜很咸。
   一　碗菜　　这　苦　盐　余

b) ŋaŋ^{42}wɛ^{33}tɕə^{53}tɕɑ^{44}ʐoŋ^{33}. 锅里有羊膻味。
   里　锅　臭　羊

c) ɑ^{44}le^{35}ne^{31}nen^{44}tɕɯ^{35}tu^{53}hen^{53}. 这个人话很多。
   一　个　人　这　多　话　很

这些"形容词+名词"的结构分析为补语，从句法结构上看是可以的，但在语义结构上，形容词后面的名词，绝不是对形容词进行说明，而是形容词的主体或对象，据此，应该分析为宾语，名词作形容词的主体宾语或对象宾语。

《汉藏语概论·苗瑶语篇》（1991[2003]）按主语、谓语、补语、定语、状语的五分法，对苗语黔东方言的补语进行描写，笼统认为动词或形容词后的成分无论是词，还是词组或短语，都是对动词或形容词的补充说明，都属补语范畴，一律是补语。例如：

黔东苗语

a) tɛ¹¹naŋ³³tə³¹tɛ¹¹qaŋ³⁵. 蛇咬青蛙。
   只 蛇 咬 只 青蛙

b) n̥hu⁴⁴noŋ³⁵pi³³thi³⁵tsɛ³⁵. 今年我们盖房子。
   年 这 我们 建 房

c) to¹¹tə⁴⁴noŋ³⁵ʈi¹³tə⁴⁴maŋ⁵⁵. 这些树是枫树。
   些 树 这 是 树 枫木

d) vi¹¹su⁵⁵tsho³⁵ki⁵⁵. 我会吹芦笙。
   我 会 吹 芦笙

e) pi³³faŋ³³mɛ⁵⁵tɕo⁵⁵ə³³. 我们那里有条河。
   我们 地方 有 条 河

f) khu³³nɛ⁵⁵lu¹¹n̥aŋ³³qa³³ʈu⁵⁵tɛ⁴⁴n̥hɛ³³. 老人们在门口晒太阳。
   伙 人 老 在 门 烤 太阳

g) tɕo⁵⁵ə³³noŋ³⁵nɛ⁴⁴zɛ¹¹. 这条河里鱼多。
   条 河 这 多 鱼

h) i³³n̥hɛ³³moŋ¹¹pi³³ʈi¹³. 一天去三次。
   一 天 去 三 次

i) nen⁵⁵l̥hjə³³vi¹¹o³³n̥hu⁴⁴. 他大我两岁。
   他 大 我 二 岁

这些例子中，动词或形容词的后附成分分别表示谓词的受事、结果、表称、工具、存现与数量、致使、主体、频率、时间等，把它们都分析为谓词的补语，太笼统，也不切合苗语的实际，不利于分析和研究苗语的句法结构，应根据苗语的实际作进一步的分析，以区分出谓词关涉的成分和对谓词进行补充的成分，即区分出宾语和补语。宾语是谓词的必有成分（compulsory element），补语是谓词的可选成分（optional member），也就是，宾语是谓词的必有论元（obligatory argument），补语是谓词的可选论元（optional argument），这是判断动词或形容词的后附成分是宾语还是补语的最基本的标准。据此，动词或形容词后的名词或名词性成分是宾语而不是补语。例如：

谓词的必有论元——宾语

a) o⁵⁵nau³¹mau⁴⁴. 我吃饭。
　　我　吃　饭

b) o⁵⁵tṣau⁵⁵kau³¹. 我找你。
　　我　找　你

c) ni²¹ho⁴⁴i⁴³m̥au⁴⁴ɲcou³¹. 他唱了一夜古歌。
　　他　唱　一　夜　古歌

d) ni²¹tlei⁴⁴tou⁴⁴i⁴³cɛ²⁴ẓou⁴³mpua⁴⁴. 他割了一篓猪草。
　　他　摘得　一　背篓　菜　猪

e) to²¹n̥ua¹³naŋ⁴⁴ɳtṣhai⁴⁴ẓau¹³m̥au⁴³plaŋ⁴³. 这个小孩恐怕是肚子疼。
　　个　孩子　这　怕　是　痛　肚子

谓词的可选论元——补语

a) o⁵⁵nau³¹tṣou⁴⁴ta²¹. 我吃饱了。
　　我　吃　饱　了

b) ni²¹tau⁵⁵lo²¹ta²¹. 他回来了。
　　他　回　来　了

c) ni²¹ntou³³o⁵⁵i⁴³tei²¹. 他打我一下。
　　他　打　我　一　手

d) o⁵⁵ṣo⁴⁴au⁴³m̥au⁴⁴. 我歇两晚。
　　我　休息　二　夜

e) tei³¹n̥tɕi⁴³naŋ⁴⁴nau³¹tṣi⁴⁴n̥au¹³. 这些蘑菇吃不得。
　　些　菌　这　吃　不能

从上面所举例子可以看出，宾语主要是体词性成分，补语是谓词性成分或动量词组或短语。从语义上看，宾语的作用在于提出与动作行为或变化、属性的事物，即受事、对象、结果、工具、主体等。补语的作用在于说明动作行为或变化的结果、趋向、数量、状态、可能、程度等。

6.2　补语的类型

苗语的自主、非自主及物动词既可以带宾语，也可以带补语，自主、非自主不及物动词只能带补语。前文在论述苗语动词的语义时，曾谈到苗语的能愿动词可以作可能补语（potential complement），但是，只有自主动词能与能愿动词构成动补结构，即自主动词能带可能补语，非自主动词不能；苗语的程度副词（degree adverb）可以作程度补语（degree complement），但是，只有表示感受的非自主动词能与程度副词构成动补结构，即只有具有感受义素的动词能带程度补语，自主动词和其他类别的非自主动词不带程度补语。

苗语补语的类型包括结构类型（structure type）和语义类型（semantical type）。补语的结构类型属语言类型学范畴，主要讨论在动补结构中动词和补语哪个是核心的问题，即动补结构的结构核心（syntactic core），如果动词是核心语（core），补语是附加语（satellite），那么这种语言属"附加语构架语言（satellite-framed language）"，如果补语是核心语，动词是附加语，起修饰补语的作用，那么这种语言属"核心语构架语言（core-framed language）"。补语的语义类型属句法学（syntax）范畴，主要讨论动补结构中补语与动词的语义关系，补语用以说明动词的动作行为或发展变化的趋向、可能、结果、状态、数量、程度以及补语与主语、宾语的语义指向，即动补结构的语义核心（semantic core）。

6.2.1 补语的结构类型

苗语的动补结构作为句法的一种表现形式，补语总是置于动词之后，讨论其结构类型的目的就是要看苗语是附加语构架语言，还是核心语构架语言。要讨论这个问题，首先要了解苗语的动补结构有哪些基本的句法表现形式（syntactic representation）。句法结构的表现形式就是通常所说的补语与动词是黏着的（bound），即补语紧接动词的结构，还是分裂的（split），即补语与动词分裂，位于句法结构的不同位置。苗语动补结构的句法表现形式既有黏着的，也有分裂的。例如：

黏着式动补结构

a) mplei³¹ṣou⁴⁴taŋ²¹ta²¹. 稻谷收完了。
   稻谷　收　完　了

b) tʂhau⁴⁴za⁴³qhua⁵⁵ta²¹. 衣服晒干了。
   衣服　晒　干　了

c) ɲo³¹tau⁵⁵le²⁴ta²¹. 牛回去了。
   牛　回　去了

d) tei³¹pau⁴³mi²¹naŋ⁴⁴tei⁵⁵ɲau¹³ta. 这些玉米可以收了。
   些　苞米　这　撕　能　了

e) tei³¹ntau³¹tʂua¹³naŋ⁴⁴ntsho⁵⁵lou⁴³ni³³. 这些杂草密得不得了。
   些　杂草　这　丛生　不得了

分裂式动补结构

a) kau³¹mua⁴³au⁴³pen⁵⁵ntɛ⁵⁵tɛ²⁴lo²¹tou⁴⁴ni²¹nua²⁴. 你拿两本书出来给他看。
   你　拿　二　本　书　出来　给　他　看

b) kau³¹ŋkaŋ¹³tʂei⁵⁵lo²¹hai³³. 你进屋来说。
   你　进　屋　来　说

c) ni²¹t̪ua⁴⁴lo⁴³tʂhau⁴⁴ua⁴⁴ɳʈua¹³ɳʈen²¹. 他把衣服撕得破烂不堪。
   他　撕　件 衣服　成　破烂　褴褛貌

d) kau³¹lai²⁴au⁴³pau⁴³ʑen⁴³naŋ⁴⁴n̪tɕi⁴⁴mo²¹tou⁴⁴ʑei²¹i⁴⁴hou³³.
   你　扔　两　包　烟　这　上　去　给　群　那　喝
   你扔这两包烟上去给他们抽。

e) o⁵⁵mau⁴³n̪a⁵⁵lou⁴³ni³³tʂi⁴⁴ɕaŋ⁵⁵nau³¹. 我牙齿疼得厉害不想吃。
   我　疼　牙　不得了　不　想　吃

苗语的分裂式（split structure）动补结构是黏着式（bound form）动补结构的扩展形式，通过省略宾语或句法结构的转换，大多数可以恢复为黏着式动补结构。例如：

a') kau³¹mua⁴³tɛ²⁴lo²¹tou⁴⁴ni²¹nua²⁴. 你拿出来给他看。
   你　拿　出　来　给 他　看

b') kau³¹ŋkaŋ¹³lo²¹hai³³. 你进来说。
   你　进　来　说

c') ni²¹mua⁴³lo⁴³tʂhau⁴⁴t̪ua⁴⁴ua⁴⁴ɳʈua¹³ɳʈen²¹. 他把衣服撕得破烂不堪。
   他　把　件 衣服　撕　成　破烂　褴褛貌

d') o⁵⁵to²¹n̪a⁵⁵mau⁴³lou⁴³ni³³tʂi⁴⁴ɕaŋ⁵⁵nau³¹. 我牙齿疼得厉害不想吃。
   我　根　牙　疼　不得了　不　想　吃

e') kau³¹mua⁴³au⁴³pau⁴³ʑen⁴³naŋ⁴⁴lai²⁴n̪tɕi⁴⁴mo²¹tou⁴⁴ʑei²¹i⁴⁴hou³³.
   你　把　两　包　烟　这　扔　上　去　给　群　那　喝
   你把这两包烟扔上去给他们抽。

从这种句法结构的转换结果来看，黏着式动补结构和分裂式动补结构不是绝对对立的，只是语用带来的结构差别，而且可以认为苗语的动补结构以黏着式动补结构为主，分裂式动补结构是苗语动补结构的一种特殊形式（idiosyncratic construction），它在句法结构的表现形式上，与连动结构基本相同，但补语只补充说明动词，从这点来说，分裂式动补结构的结构核心是动词，而不是补语，据此，苗语属附加语构架语言。但黏着式动补结构是否也是动词作结构核心，补语作附加语？这就需要一些方法来检测。

在结构主义的研究中，确定核心语的方法，主要依据布龙菲尔德（Bloomfield）的"向心结构（endocentric construction）"理论，即在一个组合式结构中，如果一个成分的功能相当于整个组合的功能，这个结构就是"向心结构"，这个成分就是结构的"核心语"，否则就是附加语。先看一些例子。

a) mploŋ³¹ntoŋ⁴⁴ẓen¹³taŋ²¹lɛ²⁴ta²¹. 树叶落完了了。
　　叶　　树　　落　完　了　了

b) qua⁴⁴kho⁴³qhaŋ⁴⁴ŋki¹³lɛ²⁴ta²¹. 辣椒烤脆了了。
　　辣椒　　　烘烤　脆　了　了

c) o⁵⁵nau³¹tʂou⁴⁴lɛ²⁴ta²¹. 我吃饱了了。
　　我　吃　饱　了　了

d) tl̪ei⁵⁵mua⁴³n̪ua¹³hei²⁴qua³¹ua⁴⁴lou¹³lai²¹lɛ²⁴ta²¹. 狗把小孩吓得哇哇直哭了了。
　　狗　把　孩子　吓　哭成　哇哇貌　了　了

　　四个例句都表达了动补结构这一"运动事件（motion event）"的完成，句末都有完成体标记。

　　向心结构的检测，可以用缩减或分拆的方法进行测试，看是否表达了与原来的意义结构相近的意义，如果动词表达了与原来的意义结构相近的意义，那么属附加构架语言，如果补语表达了与原来的意义结构相近的意义，那么属核心构架语言。上面的例子缩减或分拆如下：

a') mploŋ³¹ntoŋ⁴⁴ẓen¹³lɛ²⁴ta²¹. 树叶落了了。
　　叶　　树　　落　了　了

b') qua⁴⁴kho⁴³qhaŋ⁴⁴lɛ²⁴ta²¹. 辣椒烤了了。
　　辣椒　　　烘烤　了　了

c') o⁵⁵nau³¹lɛ²⁴ta²¹. 我吃了了。
　　我　吃　了　了

d') tl̪ei⁵⁵mua⁴³n̪ua¹³hei²⁴ua⁴⁴lou¹³lai²¹lɛ²⁴ta²¹. 狗把小孩吓得哇哇直哭了了。
　　狗　把　孩子　吓成　哇哇貌　了　了

　　例句删去补语缩减后，意义结构与原来的意义结构相近，甚至与原来的意义结构一致，动补结构以动词为核心，说明苗语属附加构架语言。

a") mploŋ³¹ntoŋ⁴⁴taŋ²¹lɛ²⁴ta²¹. 树叶完了了。
　　叶　　树　　完　了　了

b") qua⁴⁴kho⁴³ŋki¹³lɛ²⁴ta²¹. 辣椒脆了了。
　　辣椒　　　脆　了　了

c") o⁵⁵tʂou⁴⁴lɛ²⁴ta²¹. 我饱了了。
　　我　饱　了　了

d") tl̪ei⁵⁵mua⁴³n̪ua¹³qua³¹ua⁴⁴lou¹³lai²¹lɛ²⁴ta²¹. 狗把小孩哇哇直哭了了。
　　狗　把　孩子　哭成　哇哇貌　了　了

例句删去动词缩减后，a")、b")能成句，但与原来的意义结构有差别，a")表"叶子"不够用，b")表不要求"脆"，而"脆"了。c")也能成句，但强调的是状态，而非运动事件。d")不能成句。缩减或分拆的结果说明，动补结构中的动词是结构的核心，补语只是附加在动词核心上的后附成分，对动词进行补充和说明。据此，苗语属附加语构架语言。再看一些例子：

a) l̥ua⁵⁵tɛ²¹mua⁴³ntoŋ⁴⁴lɛ⁵⁵lɛ²⁴ta²¹. 火把树烧了了。
　　火　把　树　烧　了　了

b) tɕua⁴⁴mua⁴³tʂaŋ⁴³ʐɛ³³lɛ²⁴ta²¹. 风把席子掀了了。
　　风　把　席子　掀　了　了

c) ni²¹mua⁴³l̥ua⁴⁴tsa⁵⁵lɛ²⁴ta²¹. 他把绳子砍了了。
　　他　把　绳　砍　了　了

d) tl̥ei³¹mua⁴³maŋ³¹tʂou⁴⁴lɛ²⁴ta²¹. 水把麻皮泡了了。
　　水　把　麻皮　泡　了　了

向心结构的检测，也可以用扩增补语的方法进行测试，看动补结构是否表达了与原来的意义结构相近的意义，如果动补结构表达了与原来的意义结构相近的意义，那么属附加构架语言，如果动补结构表达了与原来的意义结构不同的意义，那么属核心构架语言。上面的例子扩增如下：

a') l̥ua⁵⁵tɛ²¹mua⁴³ntoŋ⁴⁴lɛ⁵⁵ko⁴³n̥a⁴³lɛ²⁴ ta²¹. 火把树烧焦了了。
　　火　把　树　烧　煳　了　了

b') tɕua⁴⁴mua⁴³tʂaŋ⁴³ʐɛ³³ntsen⁵⁵lɛ²⁴ta²¹. 风把席子掀翻了了。
　　风　把　席子　卷　翻　了　了

c') ni²¹mua⁴³l̥ua⁴⁴tsa⁵⁵to⁴⁴lɛ²⁴ta²¹. 他把绳子砍断了了。
　　他　把　绳　砍　断　了　了

d') tl̥ei³¹mua⁴³maŋ³¹tʂou⁴⁴lu³¹lɛ²⁴ta²¹. 水把麻皮泡烂了了。
　　水　把　麻皮　泡　烂　了　了

例句扩增补语后，句法的意义结构不是改变了，而是更加明确，这是补语对动词补充的结果，说明动词是意义结构的核心，补语是对动词进行说明的后附成分，从而也证明苗语属附加构架语言。

也可以在扩增了补语的基础上，用复原法或位移法来检测，即把宾语复原或位移到原来的位置，如果能构成分裂式动补结构，说明是属附加构架语言，反之，则是核心构架语言。上例复原如下：

a") l̥ua⁵⁵tɛ²¹lɛ⁵⁵ntoŋ⁴⁴ko⁴³n̥a⁴³lɛ²⁴ ta²¹. 火烧焦了树了。
　　火　烧　树　煳　了　了

b") tɕua⁴⁴ʐɛ³³tʂaŋ⁴³ntsen⁵⁵lɛ²⁴ta²¹. 风掀翻了席子了。
　　风　卷　席子　翻　了　了

c") ni²¹tsa⁵⁵lua⁴⁴to⁴⁴lɛ²⁴ta²¹. 他砍断了绳子了。
　　他　砍　绳　断　了　了

d") tlei³¹tşou⁴⁴maŋ³¹lu³¹lɛ²⁴ta²¹. 水泡烂了麻皮了。
　　水　泡　麻皮　烂　了　了

另，也可以用动补结构重叠的否定形式（negative form）表选择的句式来检测动补结构的核心，因为非核心成分有吸引否定词（negative word）、使自己处于否定辖域（negative scope）内的能力。如果否定词被吸附在动词前，说明动词不是结构的核心，如果否定词被吸附在补语上，说明补语不是结构的核心。先看一些例子：

a) kau³¹ʑa⁴⁴ʈau⁵⁵mo²¹ta²¹ka³³?你要回去了吗？
　　你　要　回　去　了　吗

b) mau⁴⁴ua⁴⁴ʂa⁴⁴ta²¹?饭做好了？
　　饭　做　熟　了

c) tou³³tsai²⁴ŋkhi³³lɛ²⁴ta²¹?斧子砍缺口了？
　　斧　砍　缺　了　了

d) mpo⁴⁴mua⁴³tʂei⁵⁵na³³pau⁴³lɛ²⁴ka³³?雪把房子压塌了吗？
　　雪　把　房　压　塌　了　吗

否定词的"语义辖域（semantic scope）"可以看出动补结构哪个是结构核心。下面是上例动补结构重叠的否定形式：

a') kau³¹ʑa⁴⁴ʈau⁵⁵mo²¹tʂi⁴⁴mo²¹?你要回去不去？
　　你　要　回　去　不　去

b') mau⁴⁴ua⁴⁴ʂa⁴⁴tʂi⁴⁴ʂa⁵⁵?饭做好没好？
　　饭　做　熟　不　熟

c') tou³³tsai²⁴ŋkhi³³tʂi⁴⁴ŋkhi³³?斧子砍缺没缺？
　　斧　砍　缺　不　缺

d') mpo⁴⁴mua⁴³tʂei⁵⁵na³³pau⁴³tʂi³³pau⁴³?雪把房子压塌没塌？
　　雪　把　房　压　塌　不　塌

从例子可以看出，否定词被吸附在补语上，说明补语不是结构的核心。可以从选择问句来进一步证明：

a") kau³¹ʑa⁴⁴ʈau⁵⁵mo²¹ta²¹ka³³la¹³tʂi⁴⁴mo²¹?你要回去了吗还是不去？
　　你　要　回　去　了　吗　或　不　去

b") mau⁴⁴ua⁴⁴ʂa⁴⁴la¹³tʂi⁴⁴ʂa⁵⁵?饭做好了还是没好？
　　饭　做　熟　或　不　熟

c") tou³³tsai²⁴ŋkhi³³lɛ²⁴ta²¹la¹³tʂi⁵⁵kau²⁴ŋkhi³³?斧子砍缺了还是没缺？
　　斧　砍　缺　了　了　或　不　曾　缺

d") mpo⁴⁴mua⁴³tʂei⁵⁵na³³pau⁴³lɛ²⁴ka³³la¹³tʂi⁴⁴tou⁴⁴pau⁴³?
　　雪　把　房　压　塌　了　或　不　得　塌
　　雪把房子压塌了吗还是没塌？

从上面的论述中，可以看出无论是用缩减、增扩、位移的方法，还是用动补结构重叠的否定形式，都表明苗语动补结构的结构类型是附加构架，即动词是动补结构的核心，是核心语，补语是动补结构的后附成分，是附加语。所以，苗语是附加构架语言。

6.2.2　补语的语义类型

苗语补语的语义类型即是动补结构中补语的角色（role）。所谓补语角色（completive role）就是补语充当什么样的补语。要讨论补语的语义类型，首先要考察补语由哪些词类充当，根据不同的词类来确定补语的语义类型。

苗语的补语主要由动词充当，特别是含有结果义素（resultant semanteme）和趋向义素（appulsive semanteme）的动词作补语的现象比较普遍。例如：

结果义素动词作补语

a) nen²¹tua²⁴tou¹³ni²¹lo⁴³phlo⁴⁴. 马蹄着了他的脸。
　　马　蹄　中　他　个　脸

b) ni²¹mua⁴³qaŋ⁴³thoŋ⁴³ua⁴⁴tl̥hou⁴⁴lɛ²⁴. 他把桶底弄脱了。
　　他　把　　桶　　底　做　脱落　了

c) zei²¹n̠ua¹³i⁴⁴ɳtʂhai⁴⁴mo²¹tso¹³lɛ²⁴ta²¹. 孩子们可能去到了了。
　　群　孩子　那怕　　去　到　了　了

d) ni²¹hai³³taŋ²¹ta²¹. 他讲完了。
　　他　说　完　了

e) tʂhau⁴⁴ua⁴⁴tou⁴⁴lɛ²⁴ta²¹. 衣服做好了了。
　　衣服　做　得　了　了

含有结果义素的动词作补语，补充说明动作行为或变化运动事件的结果，与动词构成动结式（resultative construction）动补结构，这种结构中的补语属结果补语范畴，简称结果补语（resultative complement）。

趋向义素动词作补语

a) o⁵⁵za⁴⁴tau⁵⁵mo²¹ta²¹. 我要回去了。
　　我　要　回　去　了

b) kau³¹mua⁴³lo⁴³cɛ²⁴naŋ⁴⁴tʂhei⁵⁵ʂɛ⁵⁵lo²¹. 你把这个背篓抬起来。
　　你　把　个　背篓　这　抬　起　来

c) n̠o³¹tua³¹hou⁵⁵ŋkua³¹tɛ²⁴lo²¹ta²¹. 牛从圈里出来了。
　　牛　从　里　圈　　出　来　了

d) to²¹n̠ua¹³i⁴⁴ŋkaŋ¹³tua³¹tʂau⁵⁵kau³¹lɛ²⁴ta²¹. 孩子爬去找你去了。
　　个　孩子　那　爬　来　找　你　了　了

e) ni²¹na²⁴n̠oŋ⁴³naŋ⁴⁴tau⁵⁵lo²¹. 她母亲今天回来。
　　她　母亲　日　这　回　来

含有趋向义素的动词，即趋向动词补充说明动作行为或变化运动事件的趋向，与动词构成动趋式（directional verb construction）动补结构，这种结构中的补语属趋向补语范畴，简称趋向补语（directional complement）。

苗语的能愿动词分两类，一类只能用于动词之前，表示对主体发出动作行为或事物变化的可能性、必要性、愿望、估价和许可。另一类只能用于动词之后，如n̠au¹³ "能，可以"、tou⁴⁴ "能，得，可以"、tou²¹ "能，……得动"等，这类能愿动词用以补充说明动作行为或变化核心动词在能愿认知上的可能性。例如：

a) tei³¹tsi⁵⁵na²¹naŋ⁴⁴n̠au³¹n̠au¹³ta²¹. 这些柿子能吃了。
　　些　果柿　这　吃　能　了

b) n̠oŋ⁴³naŋ⁴⁴n̠tɕɛ³³n̠au¹³taŋ²¹ta²¹. 今天能挖完了。
　　日　这　挖　能　完　了

c) to²¹lua³³i⁴⁴ɕi³³n̠au¹³n̠aŋ⁴³ta²¹. 那个青年人该讨媳妇了。
　　个　青年　那　领　可以　媳妇　了

d) to²¹n̠ua¹³naŋ⁴⁴pei⁵⁵qua²¹tou²¹la³³! 这小孩太能哭了！
　　个　孩子　这　非常　哭　能　啦

e) o⁵⁵mo²¹tʂi⁴⁴tou²¹ta²¹. 我走不动了。
　　我　去　不　能　了

f) to²¹to⁴³ɲcen²¹naŋ⁴⁴nau³¹tou²¹ua²¹tʂi⁴⁴tou²¹. 这懒汉能吃不能做。
　　个　者　懒　这　吃　能　做　不　能

g) ni²¹chɛ³³n̠au¹³tou⁴⁴ta²¹. 他能捡得到了。
　　他　捡　能　能　了

h) to²¹ntshai³³naŋ⁴⁴paŋ⁴³tou⁴⁴na²⁴tsi⁵⁵ta²¹. 这女孩能帮父母了。
　　个　姑娘　这　帮　得　母　父　了

i) tɕa⁴⁴ki²¹ki³³ ua⁴⁴tou⁴⁴ta²¹? 明天能做好了吗？
　　明天　　是否　做　得　了

苗语作补语的能愿动词，n̠au¹³ "能，可以"、tou⁴⁴ "能，得，可以"的功能相同，表达动作行为或变化在能愿认知上的可能性；tou²¹ "能，……得动"表达动作行为或变化在能愿认知上的能力。能愿动词作补语都表动作行为或变化运动事件的可能性,所以,属可能补语范畴,简称可能补语(potential complement)。

苗语的补语也可以由形容词充当,但是,能充当补语的形容词主要是性状形容词,用以说明动作行为或变化的状态。例如:

a) ṭai⁵⁵tḷei³¹nti¹³po⁵⁵ta²¹. 水缸装满了。
　　缸　水　装　满　了

b) to²¹n̠ua¹³nau³¹tṣou⁴⁴ta²¹. 孩子吃饱了。
　　个 孩子 吃　饱　了

c) tṣhua³¹qo³¹mau²¹ta²¹. 药研细了。
　　药　　研磨　细　了

d) tɕau⁵⁵ṇtṣa⁴³naŋ⁴⁴tṣi⁴⁴tṣu⁴⁴qaŋ⁴³. 这些米不香。
　　些　米　这　不　臭　香

e) to²¹lou⁴⁴qai⁴³kau⁴⁴ha³¹tṣi⁴⁴kau²⁴qua⁴⁴mphlai³³. 那只公鸡尚未啼正声。
　　只 雄鸡 那　还　不　曾　啼　清晰

形容词后附于动词充当补语都表动作行为或变化运动事件的状态,属状态补语范畴,简称状态补语(stative complement)。

苗语的动量词(verbal quantifier)可以与数词(numeral)构成量词结构(quantifier structure)并后附于动词后,可以说明动作行为或变化的频率。例如:

a) pei⁴³i⁴³n̠oŋ⁴³nau³¹pei⁴³plua²¹. 我们一天吃三顿。
　　我们 一 天　吃　三　顿

b) ni²¹tṣo¹³tua³¹au⁴³za¹³. 她只来两次。
　　她　只　来 二　次

c) kau³¹tha⁴³ni²¹mo²¹i⁴³n̠tɕi¹³. 你和他去一转。
　　你　和 他　去　一 转

d) qai⁴³qua⁴⁴au⁴³ṇtṣo¹³lɛ²⁴ta²¹. 鸡叫了两遍了。
　　鸡　叫　二　遍　了 了

e) o⁵⁵mo²¹nua²⁴ni¹³i⁴³mua¹³. 我去看他一眼。
　　我 去　看　他 一　眼睛

f) to²¹tḷei⁵⁵i⁴⁴tṣo¹³to²⁴lɛ⁴³au⁴³pei⁴³ṣua⁴³. 那条狗只吠了两三声。
　　只 狗 那 只　咬 了 二 三 声

g) to²¹mpua⁴⁴naŋ⁴⁴n̠au⁴⁴au⁴³ta⁴³ti¹³tṣi⁴⁴tua¹³. 这头猪捅了两刀都没死。
　　只 猪　这　戳　二 刀 都 不 死

从例句可以看出,苗语不仅动量词可以与数词构成量词结构充当补语,而且临时用作动量词的名词也可以与数词构成量词结构作动词的补语,两者都是对动作行为或变化属运动事件频率的补充说明，频率（frequency）即动量（motional quantity），故属数量补语范畴，简称数量补语（quantitative complement）。

苗语的时间词（temporal word）可以与数词构成量词结构并后附于动词，说明动作行为或变化持续的时间，时间即时量（time persistence），这种补语也属数量补语范畴。例如：

a) tço⁴³tei⁴³naŋ⁴⁴tsou³³nthua⁴⁴au⁴³tai³³ki²¹. 这块地够薅两早上。
   块   地 这 够   薅   二   早上

b) ni²¹mo²¹lɛ²⁴tau¹³çoŋ⁴⁴ta²¹. 他去了半年了。
   你 去 了 半 年 了

c) pei⁴³za⁴⁴mo²¹ni²¹zi¹³ua⁴⁴şi⁴⁴au⁴³noŋ⁴³. 我们要去她家玩耍两天。
   我们 要 去 她 家 玩 耍 二 天

d) ni²¹qou¹³mau⁴³tshai³³li⁴⁴ta²¹. 她病了半个月了。
   他 倒 病 半 月 了

e) to²¹tsi⁵⁵qen³¹naŋ⁴⁴tşho⁵⁵i⁴³mau⁴⁴qen³¹. 这芦笙师吹一晚上芦笙。
   个 公 芦笙 这 吹 一 夜 芦笙

苗语的程度副词（degree adverb）有hen⁵⁵"很"、lou⁴³ni⁴⁴"很、得很"、hen⁵⁵lɛ²⁴"很、得很"、tşi⁴⁴tçi¹³"不得了、极"。这些程度副词主要用于形容词之后，表形容词的性质或性状的程度，作状语（adverbial modifier），充当句子结构的后状语。也可以用于带宾语的动词，特别是感受动词带主体宾语或对象宾语之后，补充说明对动词的感受程度。例如：

程度副词作状语

a) tei³¹mplei³¹naŋ⁴⁴zo⁴⁴hen⁵⁵. 这些水稻很好。
   些 谷   这 好 很

b) ni²¹lo⁴³phlo⁴⁴la⁴⁴lou⁴³ni³³. 她的脸很红。
   他 个 脸 红 得 很

c) naŋ¹³lo⁴³hen⁵⁵lɛ²⁴tɛ²⁴tşi⁴⁴mo²¹. 雨大得很出不去。
   雨 大 得 很   出 不 去

d) lo⁴³nto³¹naŋ⁴⁴so⁵⁵tşi⁴⁴tçi¹³. 这老天爷热得不得了。
   个 天 这 热 极 了

程度副词作补语

a) nti¹³zou⁴³naŋ⁴⁴ntsi¹³qho⁴³hen⁵⁵. 这碗菜很辣。
   碗 菜 这 辣 辣椒 很

b) tei³¹ɴqai³¹lou¹³naŋ⁴⁴plua³³ntçou³¹lou⁴³ni³³. 这些老腊肉哈得很。
   些 肉 老 这 涩   嘴   得 很

c) o⁵⁵qou¹³tɕɛ⁵⁵hen⁵⁵lɛ²⁴tʂi⁴⁴nau³¹m̥au⁴⁴ta²¹. 我醉得很不吃晚饭了。
　　我　醉　酒　得　很　　不　吃　晚饭　了
d) ni²¹khu⁴³ʂa⁴³tʂi⁴⁴tɕi¹³. 她伤心极了。
　　她　哀　　肝　极　了

程度副词修饰形容词作后状语时，直接附着在形容词之后。程度副词作补语时，置于宾语之后，虽然在结构上有些松散，但在认知上，程度副词的辖域（scope）是动宾结构而不是动词，所以程度副词是对感知事件的程度的说明，属程度副词补语范畴，简称程度补语（degree complement）。

通过上面的讨论，苗语的补语与动词的语义关系表现为补语用以说明动作行为或变化运动事件的语义核心的结果、趋向、可能、状态、数量、程度，这些语义核心分别属结果补语范畴、趋向补语范畴、可能补语范畴、状态补语范畴、数量补语范畴、程度补语范畴，补的语义类型分别为结果补语、趋向补语、可能补语、状态补语、数量补语、程度补语。

6.3 结果补语结构及其语义特征

结果补语（resultative complement）由含有结果义素（resultative semanteme）的词充当，补充说明动作行为或变化的结果，它与动词构成动补结构（verb-complement structure），又可称为动结式（resultative construction）动补结构。苗语的动结式动补结构在句法中，有黏着式结构（bound structure）和分裂式结构（split structure）两种。

6.3.1 黏着式结果补语结构及其语义特征

黏着式结果补语结构中，补语直接附着在动词之后，动词与补语构成一个整体，所以，又可以叫整体性动补结构（integral verb-complement structure）。这种结构中，动词既有不及物动词，也有及物动词，但及物动词不一定带宾语，不及物动词可以获得临时带宾语的功能。

动词不带宾语时，句法结构为：主语+动词+补语。例如：
a) qau³³lu³¹taŋ²¹lɛ²⁴ta²¹. 芋头烂完了了。
　　芋　腐烂　完　了　了
b) o⁵⁵pou⁴³ʐɛ³³lɛ²⁴ta²¹. 我全懂了了。
　　我　懂　完　了　了
c) to²¹n̥ua¹³pu⁴⁴tʂou¹³lɛ²⁴ta²¹. 孩子睡着了了。
　　个　孩子　睡　睡着　了　了

d) $tɛ^{21}ko^{43}ko^{13}lɛ^{24}ta^{21}$. 柴烧折了了。
　　柴 燃烧 陷 了 了

e) $to^{21}noŋ^{13}hou^{55}lo^{43}tu^{43}i^{44}tʂhai^{43}tua^{13}lɛ^{24}ta^{21}$. 笼里的那只鸟饿死了了。
　　只 鸟 里 个 笼 那 饿 死 了 了

f) $mploŋ^{31}ntoŋ^{44}ti^{13}za^{43}ŋtu^{33}lɛ^{24}ta^{21}$. 树叶都晒蔫了了。
　　叶 树 都 晒 蔫 了 了

这些例句中的动补结构都是黏着性的，但在语义结构上有一定的差别，句法关系和语义关系不对应。a)、b)为一组，c)、d)为一组，e)、f)为一组。

a)、b)的补语只补充说明和强调动作行为或变化过程的完成，补语的语义似乎直接指向动词，但实际上是指向当事主语，所以这种动补结构的句子不能分拆。a)、b)可以不带补语，也能表达完整的语义，但是没有动词，补语表达的语义与原语义不同或不能表达语义。例如：

a') $qau^{33}lu^{31}lɛ^{24}ta^{21}$. 芋头烂了了。
　　芋 腐烂 了 了

a") $qau^{33}taŋ^{21}lɛ^{24}ta^{21}$. 芋头完了了。
　　芋 完 了 了

b') $o^{55}pou^{43}lɛ^{24}ta^{21}$. 我懂了了。
　　我 懂 了 了

b") $o^{55}ʐɛ^{33}lɛ^{24}ta^{21}$. 我完了了。
　　我 完 了 了

c)、d)的补语除了说明动作行为或变化过程的完成外，还说明动核联系的主体的状态，补语的语义既指向动词，也指向发出动作行为或引起变化的主体，补语有双向（bidirectional）语义指向。这种动补结构的句子可以分拆为两个分句，各分句可以表达完整的语义，也就是这种动补结构可以分析为两个动核结构，补语和补语所指向的成分构成一个动核结构，全句由两个动核结构组成。例如：

c') $to^{21}ȵua^{13}pu^{44}lɛ^{24}ta^{21}$. 孩子睡了了。
　　个 孩子 睡 了 了

c") $to^{21}ȵua^{13}tʂou^{13}lɛ^{24}ta^{21}$. 孩子睡着了了。
　　个 孩子 睡着 了 了

d') $tɛ^{21}ko^{43}lɛ^{24}ta^{21}$. 柴烧了了。
　　柴 燃烧 了 了

d") $tɛ^{21}ko^{13}lɛ^{24}ta^{21}$. 柴烧折了了。
　　柴 陷 了 了

e)、f)的补语虽然是补充说明动作行为或变化过程的结果，但结果是由动词的动作行为或变化造成的，动作行为或变化是原因，结果补语与动词间有因果关系，补语的语义不指向动词，而是指向动作行为或变化的主体，说明主体所处的状态，其中，主体往往是受事性主体，在句法结构中作受事主语，语义结构为：受事主语+动词+结果补语。这种结果补语是与动词有因果关系的动补结构，没有补语，句子不能成立，即使能成立，但所表达的语义已经与原来要表达的语义完全不同，另外，不用动词，由补语充当谓语核心时，句子能表达完整的语义且与原来的语义一致。例如：

e') *to²¹noŋ¹³hou⁵⁵lo⁴³tu⁴³i⁴⁴tʂhai⁴³lε²⁴ta²¹. 笼里的那只鸟饿了了。
　　只 鸟 里 个 笼 那 饿 了 了

e") to²¹noŋ¹³hou⁵⁵lo⁴³tu⁴³i⁴⁴tua¹³lε²⁴ta²¹. 笼里的那只鸟死了了。
　　只 鸟 里 个 笼 那 死 了 了

f) mploŋ³¹ntoŋ⁴⁴ti¹³za̱⁴³lε²⁴ta²¹. 树叶都晒了了。
　　叶 　树 　都 晒 了 了

f") mploŋ³¹ntoŋ⁴⁴ti¹³ŋtu³³lε²⁴ta²¹. 树叶都蔫了了。
　　叶 　树 　都 蔫 了 了

如上所述，苗语不带宾语的动结式动补结构虽只有一种句法结构，即主语+动词+补语，但却有三种语义结构，即当事主语+动词+直接结果补语、当事主语+动词+结果补语、受事主语+动词+间接结果补语。"当事主语+动词+直接结果补语"中，补语的语义直接指向当事主语。"当事主语+动词+结果补语"中，补语的语义也指向动词的当事主语，补语具有双重语义指向。"受事主语+动词+间接结果补语"中，动词是原因，补语是结果，补语的语义只指向动词的受事主语。

动词带宾语时，宾语在补语之后，句法结构为：主语+动词+补语+宾语。例如：

a) ni²¹tʂi⁴⁴nu¹³tsai²⁴tou¹³ni²¹tshai³³tei²¹. 他不小心砍着他的手。
　　他 不 经意 砍 中 他 只 手

b) a³³naŋ¹³pei⁴³ntou³³tua¹³i⁴³to²¹naŋ⁴³. 昨天我们打死一条蛇。
　　昨天 我们 打 死 一只 蛇

c) to²¹ntshai³³i⁴⁴sε³³tou⁴⁴lo⁴³tʂhau⁴⁴tʂha⁴³. 那姑娘缝了件新衣服。
　　个 姑娘 那 缝 得 个 衣服 新

d) ni²¹tʂo¹³mo²¹poŋ⁴³ni²¹na̱²⁴zi¹³. 她只去她母亲家。
　　她 只 去 到达 她 母亲家

e) ni²¹to²¹ku⁵⁵lo̱⁴³ta⁵⁵lua³³ta²¹. 她弟弟长成小伙子了。
　　她 个 弟 长 成为 青年 了

f) ni²¹tsou¹³tau⁴⁴lo⁴³qhau⁵⁵ta²¹. 他凿穿个洞了。
　　他　凿　穿通　个　洞　了

这种动补结构中的补语虽然是对动作行为或变化过程的结果的说明，但结果补语的语义指向不是动词，而是动词所带的宾语。动结式动补结构的宾语通常是结果宾语或由数量宾语兼的结果宾语，有一些是受事宾语或表称宾语（predicative object），而主语一般是施事主语或当事主语。句子的语义结构为：施事主语+动词+结果补语+结果宾语、当事主语+动词+结果补语+表称宾语。

6.3.2　动词带tou⁴⁴ "得"的黏着式结果补语结构及其语义特征

苗语的tou⁴⁴ "得、得到"是一个非自主及物动词，在句法结构中，可以单独充当谓语，也可以附着在动词之后充当结果补语，动词带结果补语时，做结果补语的标记。例如：

充当谓语

a) o⁵⁵tou⁴⁴lo⁴³moŋ⁴⁴ta²¹. 我得到消息了。
　　我　得到　个　消息　了

b) ni²¹tou⁴⁴lo⁴³tʂhao⁴⁴tʂha⁴³. 他得到件新衣服。
　　他　得到　个　衣服　新

c) tei³¹tua³¹tau²⁴qaŋ⁴³i⁴³tʂo¹³tou⁴⁴kua⁴⁴hou³³. 后面来的那些只喝着汤。
　　些　来　后面　那　只　得到　汤　喝

d) pei⁴³tou⁴⁴ni²¹ni⁴⁴tsa³¹ta²¹. 我们得到他的钱了。
　　我们　得到　他　的　钱　了

苗语的动词tou⁴⁴ "得、得到"作句法结构的谓语时，通常都要带宾语，但有时宾语隐含不出现。例如：

e) mei³¹tou⁴⁴lɛ⁴³ta²¹, o⁵⁵tsi⁴⁴chɛ³³ta²¹. 你们已经得到了，我不给了。
　　你们　得到　了　　我　不　给　了

f) ni²¹tou⁴⁴i⁴³za¹³, tau¹³tau⁵⁵ɕaŋ⁵⁵tou⁴⁴au⁴⁴za¹³. 他得到一次，又想得到第二次。
　　他　得到　一次　　又　回　想　得到　二　次

作结果补语

a) ni²¹tsou¹³tou⁴⁴lo⁴³tɬaŋ⁴³ʐei⁴³. 他凿了个石槽。
　　他　凿　得　个　槽　石头

b) to²¹vou⁵⁵tɕaŋ⁴³tou⁴⁴au⁴³to²¹tʂhi³³tua³¹tou⁴⁴ni²¹ʐo¹³. 女婿牵了两只羊来给她养。
　　个　女婿　牵　得　二　只　山羊　来　给　她　养

c) vaŋ⁴³tʂhou⁴⁴ha⁴³tou⁴⁴ta²¹. 筛子编好了。
　　簸箕筛　编　得　了

d) to^{43}na^{13}ntei^{21}tou^{44}lɛ^{24}ta^{21}. 小偷捉着了了。
　　者 偷　捉　　得　了 了

苗语用tou^{44}"得、得到"作核心动词的结果补语时，直接附着在动词之后补充说明动作行为或变化的结果，但tou^{44}"得、得到"的动词的意义泛化，不完全具有动词的语法功能，只起到句法功能的作用，即充当核心动词的补语。如果动词带宾语且为结果宾语时，则tou^{44}"得、得到"既作结果宾语的标记，又作核心动词的结果补语。

动词带宾语时，结果补语的句法结构为：主语+动词+补语+宾语，结果补语的语义指向结果宾语，语义结构为：施事主语+动词+结果补语+结果宾语。例如：

a) ni^{21}va^{24}tua^{44}tou^{44}to^{21}ɲcou^{21}. 他父亲打到了只獐子。
　　他 父亲杀　得 只　獐子

b) tʂhu^{33}to^{24}tou^{44}i^{43}to^{21}tʂua^{13}. 猫抓到了一只老鼠。
　　猫　咬 得 一只 鼠

c) ni^{21}ua^{44}tou^{44}tʂhai^{33}lɛ^{24}ta^{21}. 她做好早饭了了。
　　她 做　得　早饭 了 了

d) to^{21}po^{31}i^{44}tlei^{44}tou^{44}zou^{43}tau^{55}lɛ^{24}ta^{21}. 那个妇女摘了菜回去了了。
　　个妇女那 摘　得 菜 回 了 了

动词不带宾语时，结果补语的句法结构为：主语+动词+补语，结果补语的语义指向当事主语，语义结构为：当事主语+动词+结果补语。例如：

a) tʂei^{55}mpo^{13}tou^{44}lɛ^{24}ta^{21}. 房子盖好了了。
　　房　　盖　得　了 了

b) tʂhua^{31}mua^{43}tou^{44}lɛ^{24}ta^{21}. 药拿着了了。
　　药　　拿　得　了 了

c) o^{55}tsai^{33}tou^{44}ta^{21}. 我接到了。
　　我 接　得　了

d) ɴqai^{31}hou^{33}tou^{44}ta^{21}. 肉煮好了。
　　肉　煮　得　了

苗语动词带tou^{44}"得"的补语结构，动词带宾语时，由于有tou^{44}"得"的标记，故宾语的语义属结果宾语范畴，但有些宾语与动词并不存在因果的逻辑语义关系（logic semantic relation），在逻辑语义关系上，其实是受事宾语，从这点来看，苗语动词带tou^{44}"得"的动结式的句法结构、语义结构以及逻辑语义结构（logic semantic structure）不都是对应的，进一步而言，苗语动词带tou^{44}"得"的动结式补语结构中的结果补语的语义指向既有结果宾语，也有受事宾语，既有受事主语，也有当事主语，这就是句法结构和语义结构不对应的表现。

6.3.3 分裂式结果补语结构及其语义特征

分裂式结果补语结构中，补语与核心动词分裂并位于动词的宾语之后，与动词的连动结构相仿，但补语不具有连动结构兼作谓语的功能，只对动作行为或变化的运动事件的结果加以说明，其语义似是直接指向核心动词，但却是指向动词的宾语，句法结构为：主语+动词+宾语+补语，语义结构为：施事主语+动词+受事宾语+结果补语。例如：

a) tṣhu^{33}ḷou^{44}tai^{33}to^{21}tṣhi^{33}i^{43}tshai^{33}tei^{21}lo^{55}lɛ^{24}. 铁夹夹断了羊的一条前肢。
　锚　铁　夹　只　羊　一　只　手　断　了

b) chou^{43}po^{21}ɴqei^{44}o^{55}lo^{43}tṣhau^{44}ṇṭua^{13}lo^{43}qhau^{55}. 刺挂我的衣服破了个洞。
　从　　刺　挂　我　个　衣服　破　个　洞

c) tei^{44}ntou^{33}tei^{31}mploŋ^{31}tou^{44}tua^{13}ua^{44}ŋki^{55}ŋkua^{55}. 霜打瓜叶脆焦焦。
　霜　打　些　叶　瓜　死成　脆　焦脆貌

d) ni^{21}tsai^{24}ntoŋ^{44}qou^{13}tou^{44}hou^{55}tso^{31}ki^{55}lɛ^{24}. 他砍树倒到路里头了。
　他　砍　树　倒　在　里　条　路　了

e) to^{21}ṇua^{13}i^{44}tṣo^{44}lo^{43}nti^{13}tɛ^{13}ua^{44}au^{43}ṣaŋ^{43}. 那个孩子敲碗敲成了两半。
　个　孩子　那　敲　个　碗　破　成　二　半

f) ṇo^{31}ṇṭou^{44}phaŋ^{43}tshan^{31}pau^{43}lo^{21}na^{33}ṭou^{13}tṣhi^{33}. 牛牸墙塌下来压着羊。
　牛牸　堵　墙　塌　来　压　着　山羊

g) ni^{21}tṣo^{31}to^{21}tṣa^{55}zaŋ^{31}to^{21}ko^{44}tu^{55}to^{44}lɛ^{24}. 他踩断了变色龙的尾巴。
　他　踩　只　变色龙　只　尾巴　断　了

h) pei^{43}nthua^{44}mi^{21}taŋ^{21}ta^{21}. 我们薅完玉米了。
　我们　薅　　玉米　完　了

i) mei^{31}nta^{13}tso^{31}so^{55}i^{44}to^{44}lɛ^{24}. 你们拽断了那根线。
　你们　拽　根　线那　断　了

分裂式动补结构中，补语之所以位于动词的宾语之后，主要是因为把动宾结构看成是运动事件的整体，运动事件的状态由结果补语补充说明，也就是运动事件的过程在时间上先于运动事件的结果，运动事件在前，结果在后。虽然结果是由动作行为或变化促成的，但是这种结果是由动词的宾语体现出来的，所以，结果补语的语义直接指向动词关涉的对象受事宾语。分裂式动补结构中的受事宾语可用mua^{43}"把"介引为处置式并且话题化（topicalization），使动词与补语成为黏着式动补结构。例如：

a') tṣhu^{33}ḷou^{44}mua^{44}to^{21}tṣhi^{33}i^{43}tshai^{33}tei^{21}tai^{33}lo^{55}lɛ^{24}.
　　锚　铁　把　只　羊　一　只　手　夹　断　了

第六章　苗语的动补结构及其语义特征　　　　　　　　147

铁夹把羊的一条前肢夹断了。

b') chou^{43}po^{21}mua^{43}o^{55}lo^{43}tṣhau^{44}ɴqei^{44}ɳṭua^{13}lo^{43}qhau^{55}.
　　从　刺　把　我　个　衣服　挂　　破　个　洞
　　刺把我的衣服挂破了个洞。

c') tei^{44}mua^{43}tei^{31}mploŋ^{31}tou^{43}ntou^{33}tua^{13}ua^{44}ŋki^{13}ŋkua^{55}. 霜把瓜叶打得脆焦焦的。
　　霜　把　些　叶　瓜　打　死　成　脆　焦脆貌

d') ni^{21}mua^{43}ntoŋ^{44}tsai^{21}qou^{13}tou^{44}hou^{55}tso^{31}ki^{55}lɛ^{24}. 他把树砍倒到路里头了。
　　他　把　树　砍　倒　在　里　条　路　了

e') to^{21}n̠ua^{13}i^{44}mua^{43}lo^{43}nti^{13}tṣo^{44}tɛ^{13}ua^{44}au^{43}ṣaŋ^{43}. 那个孩子把碗敲成了两半。
　　个　孩子　那　把　个　碗　敲　破　成　二　半

f') n̠o^{31}mua^{43}phaŋ^{43}tshaŋ^{31}ŋtou^{44}pau^{13}lo^{21}na^{33}tou^{13}tṣhi^{33}. 牛把墙牴塌下来压着羊。
　　牛　把　堵　　墙　　牴　塌　来　压　着　山羊

g') ni^{21}mua^{43}to^{21}tṣa^{55}zaŋ^{31}to^{21}ko^{44}tu^{55}tṣo^{31}to^{44}lɛ^{24}. 他把变色龙的尾巴踩断了。
　　他　把　只　变色龙　只　尾巴　踩　断　了

h') pei^{43}mua^{43}mi^{21}ntua^{44}taŋ^{21}ta^{21}. 我们把玉米薅完了。
　　我们　把　玉米　薅　完　了

i') mei^{31}mua^{43}tso^{31}so^{55}i^{44}nta^{13}to^{44}lɛ^{24}. 你们把那根线拽断了。
　　你们　把　根　线　那　拽　断　了

通过句式的变化，句法结构由"主语+动词+宾语+补语"变为"主语+状语+动词+补语"，语义结构由"施事主语+动词+受事宾语+结果补语"变为"施事主语+话题+动词+结果补语"。从而可以看出，苗语动结式动补结构的句法结构与语义结构不是完全对应的。

分裂式动补结构中的受事宾语可以位移作受事主语，施事主语由 tṣo^{24} "被"介引为被动式并且话题化，使动词与补语成为黏着式动补结构，由此也可以看出，补语的语义指向是动词所关涉的对象。例如：

a″) to^{21}tṣhi^{33}i^{43}tshai^{33}tei^{21}tṣo^{24}tṣhu^{33}lou^{44}tai^{33}lo^{55}lɛ^{24}. 羊的一条前肢被铁夹夹断了。
　　只　羊　一　只　手　被　锚　铁　夹　断　了

b″) o^{55}lo^{43}tṣhau^{44}tso^{24}chou^{43}po^{21}ɴqei^{44}ɳṭua^{13}lo^{43}qhau^{55}.
　　我　个　衣服　被　丛　刺　挂　　破　个　洞
　　刺把我的衣服挂破了个洞。

c″) tei^{31}mploŋ^{31}tou^{43}tṣo^{24}tei^{44}ntou^{33}tua^{13}ua^{44}ŋki^{13}ŋkua^{55}. 瓜叶被霜打得脆焦焦的。
　　些　叶　瓜　被　霜　打　死　成　脆　焦脆貌

d″) ntoŋ^{44}tṣo^{24}ni^{21}tsai^{24}qou^{13}tou^{44}hou^{55}tso^{31}ki^{55}lɛ^{24}. 树被他砍倒到路里头了。
　　树　被　他　砍　倒　在　里　条　路　了

e") loʔ⁴³nti¹³tʂo²⁴to²¹n̥ua¹³i¹⁴⁴tʂo⁴⁴tɛ¹³ua⁴⁴au⁴³ʂaŋ⁴³. 碗被那个孩子敲成了两半。
　　个 碗　被 个 孩子 那 敲 破成 二 半

f") phaŋ⁴³tshaŋ³¹tʂo²¹n̥o³¹ȵou⁴⁴pau⁴³lo²¹na³³tou¹³tʂhi³³. 墙被牛牴塌下来压着羊。
　　堵　墙　被 牛 牴　塌　来 压 着 山羊

g") to²¹tʂa⁵⁵zaŋ³¹to²¹ko⁴⁴tu⁵⁵tʂo²⁴ni²¹tʂo³¹to⁴⁴lɛ²⁴. 变色龙的尾巴被他踩断了。
　　只 变色龙　只 尾巴　被 他 踩 断 了

h") mi²¹tʂo²⁴pei⁴³ntua⁴⁴taŋ²¹ta²¹. 玉米被我们薅完了。
　　玉米 被 我们 薅 完 了

i") tso³¹so⁵⁵i¹⁴⁴tʂo²⁴mei³¹nta¹³to⁴⁴lɛ²⁴. 那根线被你们拽断了。
　　根 线 那 被 你们 拽 断 了

通过句式的变化，句法结构由"主语+动词+宾语+补语"变为"主语+状语+动词+补语"，语义结构由"施事主语+动词+受事宾语+结果补语"变为"受事主语+话题+动词+结果补语"。从而也可以看出，苗语动结式动补结构的句法结构与语义结构不是完全对应的。

6.4　趋向补语结构及其语义特征

苗语的动词大多数能带表趋向的成分构成趋向动补结构。趋向补语由含有趋向义素的词充当，补充说明动作行为或变化的趋向，它与动词构成动补结构，可称为动趋式动补结构。苗语的动趋式动补结构在句法中，有黏着式结构和分裂式结构两种。

6.4.1　黏着式趋向补语结构及其语义特征

黏着式趋向补语结构中，含有趋向义素的词直接附着在动词之后说明动作行为或变化的趋向。这种结构中的动词，有的是不及物动词，有的是及物动词，及物动词不一定带宾语，不及物动词不一定就不带宾语。

动词不带宾语的黏着式趋向补语的句法结构为：主语+动词+补语。例如：

a) ni²¹lo⁴³phlo⁴⁴au⁴⁴ʂɛ⁵⁵tua³¹ta²¹. 他的脸肿起来了。
　　他 个 脸 肿 起 来 了

b) tl̥ei³¹po⁵⁵ʂɛ⁵⁵lo²¹ta²¹. 水满起来了。
　　水 满 起 来 了

c) lau¹³ʐei⁴³tl̥au⁵⁵ɴqai²¹lo²¹ta²¹. 石头滚下来了。
　　石头 滚 下 来 了

d) kau³¹tɛ²⁴lo²¹nua²⁴maŋ³¹. 你出来看嘛。
　　你　出 来 看 嘛

e) noŋ¹³ʑaŋ⁴⁴tɛ²⁴mo²¹lɛ²⁴ta²¹. 鸟飞出去了了。
   鸟　飞　出　去　了　了

f) ni²¹to²¹ntshai³³tʂi⁵⁵ṯau⁵⁵lo²¹ta²¹. 他姑娘跑回来了。
   他 个 姑娘　跑 回 来 了

例句中的趋向补语都由两个趋向动词组成，这种补语可以叫做复合趋向补语（compound directional complement），它对动作行为或变化的趋向进行补充说明，但语义则是指向当事主语或施事主语的，语义结构为：当事主语+动词+趋向补语、施事主语+动词+趋向补语。苗语不带宾语的动趋式补语结构中的补语，通常是复合趋向补语，从结构上看，似乎复合趋向补语的前一个趋向动词与句子的核心动词构成连动结构，但实际上是复合补语结合紧密，在有核心动词的句子中是一个表趋向的合成词。复合趋向补语的前一个趋向动词在句法结构中不用也说得通，只是不常说，有了它，动作行为或变化的趋向更明确。当然，这种复合趋向补语的补充功能不是两个词意义的合并或者取其中一个词的意义，而是由前往后补充，形成等级序列，由此来看，复合趋向补语实际是二重趋向补语（double directional complement）。

动词带宾语的黏着式趋向补语的句法结构为：主语+动词+补语+宾语。例如：

a) tʂou¹³tʂi⁵⁵ŋkaŋ¹³tḷua⁴⁴qhau⁵⁵lɛ²⁴. 豪猪逃进洞去了。
   豪猪　逃　进　过　洞　了

b) ni²¹qhau⁵⁵pḷoŋ¹³tɛ²⁴tau²⁴ nto¹³ ka⁴³. 她刚逛出街边。
   她　刚　游逛 出 侧面 边缘 街

c) to²¹ḷua³³ i⁴⁴ po³³lo²¹to²¹ntshai³³maŋ⁴³. 那个小伙子悄悄娶来个彝族姑娘。
   个 青年 那 蒙　来　个 姑娘　彝族

d) to²¹tḷaŋ⁴³i⁴⁴tua⁵⁵n̪o³¹ko⁴⁴tu⁵⁵ʑaŋ⁴⁴n̪tɕi⁴⁴nto³¹lɛ²⁴. 那个鬼揪牛尾巴飞上天去了。
   个　鬼　那 握 牛 尾巴　飞　上 天空 了

e) tɕau⁵⁵lou³³ i⁴⁴ tsho⁴³Nqai²¹tḷua⁴³ŋtaŋ²¹qaŋ⁴³haŋ⁵⁵lɛ²⁴. 那帮土匪窜下山沟去了。
   些　土匪 那 流窜 下　过　下面 底 山谷 了

f) to²¹n̪ua¹³naŋ⁴⁴ʑou⁴⁴Nqau²¹tʂi⁴⁴Nqai²¹mo²¹tei³¹tʂhua³¹naŋ⁴⁴.
   个 孩子 这　小　吞　不　下 去　些 药 这
   这孩子小，吞不下这些药。

g) ni²¹ṯaŋ¹³tua³¹o⁵⁵ʑi¹³tsai³³tsa³¹. 他跑到我家来借钱。
   他 跑 来 我 家 借 钱

动词带宾语的黏着式趋向补语结构中的补语对动作行为或变化的趋向进行说明，虽然是附着在动词之后，但其语义却是指向动词的宾语。这种结构中的宾语多数为处所宾语，部分为受事宾语，而主语一般是施事主语，这样，动词带宾语的黏着式趋向补语的语义结构为：施事主语+动词+趋向补语+处所宾语，或者为：施事主语+动词+趋向补语+受事宾语。

6.4.2　分裂式趋向补语结构及其语义特征

分裂式趋向补语结构中，含有趋向义素的词与动词分裂，位于及物动词的宾语之后，补充说明动作行为或变化的趋向，句法结构为：主语+动词+宾语+补语。例如：

a) kau^{31}lɛ^{55}to^{21}qai^{43}i^{44}tɛ^{24}mo^{21}taŋ^{44}. 你赶那只鸡出去。
　　你　赶　只　鸡　那　出　去　掉

b) ni^{21}tlei^{44}tsi^{55}ʐua^{31}Nqai^{21}lo^{21}tou^{44}pei^{43}nau^{31}. 他摘梨下来给我们吃。
　　他　摘　果　梨　下　来　给　我们　吃

c) ni^{21}na^{24}tʂhei^{55}Nqai^{31}mpua^{44}ʑi^{21}ʈau^{55}mo^{21}lɛ^{24}ta^{21}. 她母亲拿野猪肉回去了。
　　她　母亲　拿　肉　猪　野　回　去　了　了

d) ŋaŋ^{43}mplei^{31}qhau^{55}tʂhɛ^{55}hou^{55}qua^{55}mplei^{31}tɛ^{24}lo^{21}. 稻穗刚从禾秆里抽出来。
　　穗　稻谷　刚　抽　里　杆　稻谷　出　来

e) ŋtʂhaŋ^{55}mpou^{44}hou^{55}ni^{21}lo^{43}n̩tɕou^{31}tɛ^{24}tua^{31}. 血从他嘴里冒出来。
　　血　冒　里　他　个　嘴　出　来

f) cou^{31}m̩aŋ^{43}laŋ^{55}sou^{44}tʂau^{43}ntoŋ^{44}n̩tɕi^{44}mo^{21}lɛ^{24}. 藤葛从树上往上生长。
　　藤葛　发　上面　棵　树　上　去　了

这些例子中，a)、b)、c)的动词是自主及物动词，宾语是受事宾语，补语补充说明动作行为的趋势，补语的语义指向受事宾语，句法结构为：主语+动词+宾语+补语，语义结构为：施事主语+动词+受事宾语+趋向补语。这种结构中的受事宾语可用mua^{43}"把"介引位移作话题（topic），句法结构转换为：主语+状语+动词+补语，语义结构转换为：施事主语+话题+动词+补语。例如：

a') kau^{31}mua^{43}to^{21}qai^{43}i^{44} lɛ^{55}tɛ^{24}mo^{21}taŋ^{44}. 你把那只鸡赶出去。
　　你　把　只　鸡　那　赶　出　去　掉

b') ni^{21}mua^{43}tsi^{55}ʐua^{31}tlei^{44}Nqai^{21}lo^{21}tou^{44}pei^{43}nau^{31}. 他把梨摘下来给我们吃。
　　他　把　果　梨　摘　下　来　给　我们　吃

c') ni^{21}na^{24}mua^{43}Nqai^{31}mpua^{44}ʑi^{21}tʂhei^{55}ʈau^{55}mo^{21}lɛ^{24}ta^{21}.
　　她　母亲　把　肉　猪　野　拿　回　去　了　了
　　她母亲把野猪肉拿回去了。

苗语自主及物动词的分裂式趋向补语结构中的受事宾语可以位移作受事主语，施事主语由tʂo^{24}"被"介引为被动式并且话题化，使动词与补语成为黏着式动趋结构，补语的语义指向是动词所关涉的对象，但是，只有表动作行为已经完成且带完成体体助词的句法结构，才能转换，没有带完成体体助词的句法结构，添加完成体体助词后可以转换。例如：

a") to^{21}qai^{43}i^{44}tʂo^{24}kau^{31}lɛ^{55}tɛ^{24}mo^{21}taŋ^{44}lɛ^{24}ta^{21}. 那只鸡被你赶出去了了。
只 鸡 那 被 你 赶 出 去 掉 了 了

b") tsi^{55}ʐua^{31}tʂo^{24}ni^{21}tlei^{44}ɴqai^{21}lo^{21}tou^{44}pei^{43}nau^{31}lɛ^{24}ta^{21}.
果 梨 被 他 摘 下 来 给 我们 吃 了 了
梨被他摘下来给我们吃了了。

c") ɴqai^{31}mpua^{44}ʑi^{21}tʂo^{24}ni^{21}na^{24}tʂhei^{55}tau^{55}mo^{21}lɛ^{24}ta^{21}.
肉 猪 野 被 她 母亲 拿 回 去 了 了
野猪肉被她母亲拿回去了。

通过句式的转换，句法结构由"主语+动词+宾语+补语"变为"主语+状语+动词+补语"，语义结构由"施事主语+动词+受事宾语+趋向补语"变为"受事主语+话题+动词+趋向补语"。从而可以看出，苗语动趋式动补结构的句法结构与语义结构也不是完全对应的。

前举例句 d)、e)、f) 中的动词是非自主及物动词，宾语是处所宾语，补语补充说明事物变化的趋势，补语的语义指向处所宾语，句法结构为：主语+动词+宾语+补语，语义结构为：当事主语+动词+处所宾语+趋向补语。这种结构中的处所宾语可用tua^{31}"自、从"介引位移作话题，句法结构转换为：主语+状语+动词+补语，语义结构转换为：当事主语+话题+动词+趋向补语。例如：

d') n̥aŋ^{43}mplei^{31}qhau^{55}tua^{31}hou^{55}qua^{55}mplei^{31}tʂhɛ^{55}tɛ^{24}lo^{21}.
穗 稻谷 刚 从 里 杆 稻谷 抽 出来
稻穗刚从禾秆里抽出来。

e') n̥tʂhaŋ^{55}tua^{31}hou^{55}ni^{21}lo^{43}n̥tɕou^{31}mpou^{44}tɛ^{24}tua^{31}. 血从他嘴里冒出来。
血 从 里 他 个 嘴 冒 出 来

f) cou^{31}maŋ^{43}tua^{31}sou^{44}tsau^{43}ntoŋ^{44}laŋ^{55}n̥tɕi^{44}mo^{21}lɛ^{24}. 藤葛从树上往上生长。
藤葛 从 上面 棵 树 发 上 去 了

由此可以看出，苗语凡是带处所宾语的句法结构，都可由介词介引且话题化，趋向补语回归到原来的位置并与动词构成黏着式动趋结构。

6.5 可能补语结构及其语义特征

苗语的可能补语结构由动词附加能愿动词构成。能愿动词表达的是一种有心的、主观的愿望。如前所述，苗语能作能愿补语的能愿动词只有n̥au[13]

"能，可以"、tou⁴⁴"能，得，可以"、tou²¹"能，……得动"，其中，ȵau¹³"能，可以"、tou⁴⁴"能，得，可以"表动作行为或变化在能愿上的可能性（possibility），两者的句法结构和句法功能相同；tou²¹"能，……得动"表动作行为或变化在能愿上的能力性（ability）。苗语的可能补语结构只有黏着式，没有分裂式。

6.5.1 可能性的动补结构及其语义特征

所谓的可能性就是对动作行为或事物发展变化的主观判断，具有猜测性，但并不一定与客观存在的事实相符。在语言的表达中，苗语通常用动词附加能愿动词的结构形式作为认知上的判断，能愿动词作为核心动词的补语，补充说明动作行为或变化的可能性。苗语用于补充说明动作行为或变化的可能性的能愿动词有ȵau¹³"能，可以"和tou⁴⁴"能，得，可以"。

ȵau¹³"能，可以"由动词ȵau¹³"能、能够、够"语法化而来，作动词用时，其功能与动词tsou³³"够、能够"相同。例如：

tɕau⁵⁵naŋ⁴⁴tsou³³ta²¹. 这些够了。　　　tɕau⁵⁵naŋ⁴⁴ȵau¹³ta²¹. 这些够了。
　些　这　够　了　　　　　　　　　　些　这　够　了

作为能愿动词，ȵau¹³"能，可以"只能位于核心动词之后补充说明动作行为或变化的可能性，充当句法结构的能愿补语。带ȵau¹³"能，可以"能愿补语的动词，有的不带宾语，有的带宾语，带宾语时，宾语在能愿补语之后。核心动词带与不带宾语，能愿补语总是附着在核心动词之后，构成黏着式补语结构。

核心动词不带宾语时，句法结构为：主语+动词+补语，语义结构为：受事主语+动词+能愿补语，补语的语义指向核心动词关涉的受事主语。例如：

a) tei³¹ʐou⁴³naŋ⁴⁴nau³¹ȵau²¹ta²¹. 这些蔬菜可以吃了。
　　些　菜　这　吃　能　了

b) ʐei²¹mpua⁴⁴kau⁴⁴mua¹³ȵau¹³ta²¹. 那窝猪可以卖了。
　　窝　猪　那　卖　能　了

c) tsi⁵⁵qa⁵⁵tl̥ei⁴⁴ȵau¹³ta²¹. 葡萄可以摘了。
　　果　葡萄　摘　能　了

d) tɕau⁵⁵ȵ̩tɕi⁴³naŋ⁴⁴tɕi⁴³ȵau¹³i⁴³nti¹³. 这些蘑菇能炒一碗。
　　些　菌　这　炒　能　一　碗

这些例句中的动词都是自主及物动词，其关涉的成分作句法结构的主语，这种主语一般是受事主语，能愿动作做核心动词的补语，补充说明动作行为的可能性。这种可能性如果符合事实，能愿补语的功能可以由动词

tsou³³ "够"替代，句法结构转换为：主语+能愿动词+动词+补语，语义结构转换为：受事主语+能愿动词+核心动词，从而成为连动结构。例如：

a') tei³¹zou⁴³naŋ⁴⁴tsou³³nau³¹ta²¹. 这些蔬菜能吃了。
　　些　菜　这　能够　吃　了

b') ʐei²¹mpua⁴⁴kau⁴⁴tsou³³mua¹³ta²¹. 那窝猪能卖了。
　　窝　猪　那　能够　卖　了

c') tsi⁵⁵qa⁵⁵ tsou³³ tlei⁴⁴ta²¹. 葡萄摘得了。
　　果 葡萄　能够　摘　了

d') tɕau⁵⁵ɳtɕi⁴³naŋ⁴⁴tsou³³tɕi⁴³i⁴³nti¹³. 这些蘑菇够炒一碗。
　　些　菌　这　能够　炒 一 碗

核心动词带宾语时，句法结构为：主语+动词+补语+宾语，补语的语义指向核心动词关涉的客体，但是，由于核心动词关涉的主体、客体的语义不同，会有不同的语义结构。

核心动词带结果宾语、当事主语时，语义结构为：当事主语+动词+能愿补语+结果宾语，能愿补语的语义指向由数量宾语兼表的结果宾语。例如：

a) tsoŋ⁴⁴ɕoŋ⁴³qhei⁵⁵ha⁴³ɳau¹³au⁴³lo⁴³cɛ²⁴. 那捆竹子能编两个背篓。
　　捆　竹　那　编　能　二 个　背篓

b) pai¹³mplei³¹naŋ⁴⁴lɛ⁵⁵ɳau¹³tsi⁴³tɛ⁴⁴ɳtʂa⁴³. 这堆谷子能碾五斗米。
　　堆　稻谷　这　碾　能　五 斗 米

c) ʈhɛ⁵⁵tlei³¹ntɛ³³tʂo¹³hou³³ɳau¹³i⁴³ʐa²¹mpua⁴⁴qhou⁵⁵. 那缸水只够煮一锅猪食。
　　缸　水　那　只　煮　能　一 锅 猪 食

d) tʂau⁴³ntoŋ⁴⁴maŋ³¹naŋ⁴⁴tu²¹ɳau¹³to²¹ʐoŋ⁴⁴ɳtɕei³¹. 这棵枫树能削根好柱子。
　　棵　树　枫树　这　削　能　个 好 柱

这种语义结构，能愿补语的功能也可以由动词tsou³³ "够"替代，使可能性补语结构成为连动结构，句法结构转换为：主语+能愿动词+动词+补语+宾语，语义结构转换为：当事主语+能愿动词+核心动词+结果宾语。例如：

a') tsoŋ⁴⁴ɕoŋ⁴³qhei⁵⁵tsou³³ha⁴³au⁴³lo⁴³cɛ²⁴. 那捆竹子够编两个背篓。
　　捆　竹　那　够　编　二 个 背篓

b') pai¹³mplei³¹naŋ⁴⁴tsou³³lɛ⁵⁵tsi⁴³tɛ⁴⁴ɳtʂa⁴³. 这对谷子够碾五斗米。
　　堆　稻谷　这　够　碾 五 斗 米

c') ʈhɛ⁵⁵tlei³¹ntɛ³³tʂo¹³tsou³³hou³³i⁴³ʐa²¹mpua⁴⁴qhou⁵⁵. 那缸水只够煮一锅猪食。
　　缸　水　那　只　够　煮 一 锅 猪 食

d') tʂau⁴³ntoŋ⁴⁴maŋ³¹naŋ⁴⁴tsou³³tu²¹to²¹ʐoŋ⁴⁴ɳtɕei³¹. 这棵枫树够削根好柱子。
　　棵　树　枫树　这　够　削 个 好 柱

核心动词带当事主语、对象宾语（target object）、数量宾语或施事主语、受事宾语时，语义结构为：当事主语+动词+能愿补语+对象宾语/数量宾语，或，施事主语+动词+能愿补语+受事宾语，能愿补语对动作行为或变的可能性进行说明，语义指向对象宾语或数量宾语或受事宾语。例如：

a) to^{21}ntshai^{33}naŋ^{33}ua^{44}ṇau^{13}ṇaŋ^{43}ta^{21}. 这个姑娘（够年龄了）可以出嫁了。
　　个　姑娘　这　做　能　媳妇　了

b) ni^{21}tei^{31}to^{43}ntshai^{33}paŋ^{43}ṇau^{13}ni^{21}ta^{21}. 她的儿女能帮她了。
　　她　些　儿　女　帮　能　她　了

c) tsi^{55}nen^{43}ṇau^{31}tṣi^{44}ṇau^{13}Nqai^{31}tḷei^{55}. 巫师不可以吃狗肉。
　　巫师　　吃　不　能　肉　狗

d) ni^{21}tṣo^{13}ntou^{33}ṇau^{13}ṇua^{13}ṣa^{33}. 他仅能打孩子而已。
　　他　只　打　能　孩子　而已

e) tei^{31}tho^{55} i^{44} lu^{13}ṇau^{13}tçi^{13}ta^{21}. 那些松树可以修枝了。
　　些　松树　那　修　能　枝　了

f) to^{21}tṣhi^{33}naŋ^{44}tṣi^{24}ṇau^{13}pei^{43}pua^{44}tḷai^{24}tsa^{31}. 这只羊能值三百块钱。
　　只　山羊　这　值得　能　三　百　块　钱

g) zei^{21}la^{31}naŋ^{44}ṣou^{44}ṇau^{13}au^{43}taŋ^{33}mplei^{31}. 这丘田能收两石谷子。
　　丘　田　这　收　能　二　石　稻谷

　　这三种语义结构的能愿补语的功能，不能由动词tsou^{33} "够"替代，故而句法结构不能转换，之所以如此，是因为动词关涉的主体和客体之间没有直接的逻辑语义关系。

　　能愿补语主要跟自主动词组合构成动补结构，但是，既然能愿补语是对动作行为或变化可能性的主观判断和意愿，那么，这种主观判断和愿望有时也能使非自主动词受能愿动词的补充，说明非自主动词的变化的可能性，但这种可能性往往与现实不符，只是一种虚拟可能性（virtual possibility）。非自主及物动词有的可以带宾语和能愿补语，有的不带宾语只带能愿补语；非自主及物动词只带能愿补语不带宾语。能愿补语的语义指向客体宾语或当事主语。例如：

a) tei^{31}noŋ^{43}qau^{33}naŋ^{44}pai^{24}ṇau^{13}cou^{21}ta^{21}. 这些芋头种应该出芽了。
　　些　种　芋头　这　冒出　得　芽　了

b) tço^{43}pau^{43}mi^{21}ti^{13} i^{44} tshe^{55}ṇau^{13}mplei^{31}ta^{21}. 对面那块玉米应该抽穗了。
　　块　苞　米　对面那　抽　得　稻谷　了

c) ṇoŋ^{43}naŋ^{44}tshaŋ^{55}ṇau^{13}nto^{31}ta^{21}. 今天天应该晴了。
　　日　这　晴　得　天空　了

d) ni²¹to²¹ntshai³³ta⁵⁵n̪au¹³ncou³¹ta²¹. 他的女儿应长成大姑娘了。
   他 个 女儿 长成 得 女青年了
e) lo⁴³paŋ²¹tl̪ei³¹i⁴⁴ po⁵⁵n̪au¹³ta²¹. 那个水塘应该满了。
   个 塘 水 那 满 得 了
f) paŋ³¹tsi⁵⁵tl̪ua³¹tɛ¹³n̪au¹³ta²¹. 桃花应该开了。
   花 果 桃 开 得 了
g) tso¹³taŋ⁵⁵ʂo⁴⁴fua⁴³tʂhe²⁴n̪au¹³ta²¹. 到中午雾应该散了。
   到 中午 雾 散开 得 了
h) tl̪ei³¹mpou⁴⁴n̪au²¹ta²¹. 水应该开了。
   水 沸 得 了

非自主动词带能愿补语的语义结构没有句法结构的变化，句法结构与语义结构对应。

能愿动词tou⁴⁴"能，得，可以"由动词tou⁴⁴"得到"语法化而来。然而，如上文所述，tou⁴⁴"得到"在句法结构中用于动词之后，动词带结果宾语时，tou⁴⁴仍含有动词tou⁴⁴"得到"的意义，词义没有完全泛化，作结果宾语的标记，充当核心动词的结果补语，动词带其他宾语或不带宾语时，tou⁴⁴也仍含有动词tou⁴⁴"得到"的意义，词义仍没有完全泛化，在句法结构充当核心动词的结果补语。这两者的意义没有明显的区别，只是句法结构和语义有所不同。作为能愿动词，tou⁴⁴"能，得，可以"在句法结构中，也用于动词之后，句法位置与作结果补语的句法位置相同，但是，tou⁴⁴已不含有动词tou⁴⁴"得到"的意义，词义泛化，只充当核心动词的动作行为或变化的可能性的能愿补语，说明动作行为或变化的可能性，动词带或不带宾语，并不影响它作为句法的能愿补语的功能。

动词带宾语时，能愿动词tou⁴⁴"能，得，可以"附着在动词之后作补语，补充说明动作行为的可能性，句法结构为：主语+动词+补语+宾语，语义结构为：施事主语+动词+能愿补语+受事宾语，能愿补语的语义指向受事宾语。例如：

a) to²¹qo⁵⁵tu²⁴naŋ⁴⁴lai³¹tou⁴⁴la³¹ta²¹. 这头水牯牛能犁田了。
   只 牯 水牛 这 犁 得 田 了
b) çoŋ⁴⁴naŋ⁴⁴ni²¹ɕi³³tou⁴⁴po³¹ta²¹. 今年他可以娶媳妇了。
   今年 他 领 得 媳妇 了
c) to²¹n̪ua¹³naŋ⁴⁴ʐou⁴⁴tʂi⁴⁴kau²⁴n̪au³¹tou⁴⁴kua²⁴mi²¹.
   个 孩子 这 小 不曾 吃 得 粗饭 玉米
   这个孩子小尚不能吃粗玉米饭。

d) tɬei⁵⁵zo⁵⁵tou⁴⁴tʂei⁵⁵la²¹le⁵⁵tou⁴⁴ɴqai³¹. 狗能守屋也能狩猎。
　　狗　守　得　屋　也　追得　肉

动词不带宾语时，能愿动词tou⁴⁴"能，得，可以"也附着在动词之后作补语，补充说明动作行为的可能性，句法结构为：主语+动词+补语，语义结构为：受事主语+动词+能愿补语，能愿补语的语义指向受事主语，动词为非自主动词时，能愿补语的语义指向当事主语，语义结构为：当事主语+动词+能愿补语。例如：

a) lo⁴³tɕai³¹naŋ⁴⁴tsi⁵⁵plou³¹tɬei⁴⁴tou⁴⁴ta²¹. 这个时节草莓能摘了。
　　个　时候　这　果　草莓　摘　得　了
b) tei³¹tou²⁴pou⁵⁵naŋ⁴⁴tɬau⁴³tou⁴⁴ta²¹这些黄豆能拔了。
　　些　豆　黄豆　这　拔　得　了
c) tei³¹tou⁴³lu⁴⁴naŋ⁴⁴ki⁴³tou⁴⁴nau³¹ta²¹. 这些南瓜可以炒吃了。
　　些　南瓜　这　炒　得　吃　了
d) lo²¹naŋ¹³ntsou²⁴tei³¹qoŋ⁴³ lo⁴³ tou⁴⁴ta²¹. 下透雨庄稼能生长了。
　　下　雨　透　些　庄稼　生长　得　了

苗语的能愿动词ȵau¹³"能，可以"、tou⁴⁴"能，得，可以"作能愿补语时，句法结构相仿，句法位置相同，语义相近，表可能性的能愿补语tou⁴⁴"能，得，可以"的句法结构，无论核心动词带宾语与否，都可以用ȵau¹³"能，可以"替换。但是，表可能性的能愿补语ȵau¹³"能，可以"则很少能用tou⁴⁴"能，得，可以"替换，这跟tou⁴⁴"得"能作结果补语和做结果宾语的标记有关，ȵau¹³"能，可以"换成tou⁴⁴"能，得，可以"就可能使动补结构的语义核心发生变化，使能愿补语成为结果补语，使非结果宾语成为结果宾语。

6.5.2　能力性的动补结构及其语义特征

能力性是发出动作行为的主体具有实施某种动作行为的能力，但对动作行为与客观存在的事实仍需作出主观判断。在苗语的话语过程中，对动作行为能力的判断采用动词附加能愿动词的结构形式，能愿动词作为核心动词的补语，补充说明动作行为的能力性。苗语表达动作行为能力的能愿动词只有tou²¹"能，……得动"，这个能愿动词附着在动词之后构成能力性动补结构，有的核心动词带宾语，有的核心动词不带宾语。

核心动词带宾语时，句法结构为：主语+动词+补语+宾语。例如：

a) ni²¹to²¹ȵua¹³taŋ¹³tou²¹ki⁵⁵ta²¹. 她的孩子能跑路了。
　　她　个　孩子　跑　能　路　了

第六章　苗语的动补结构及其语义特征　　　　　　　　157

b) tei³¹l̥ua³³ntshai³³i⁴⁴pei⁵⁵ploŋ¹³tou²¹ka⁴³la³¹!那些姑娘太能逛街了!
　　些　青年　姑娘　那　太　闲逛　能　街　了

c) to²¹na²⁴mpua⁴⁴kau⁴⁴tʂhau²⁴tou²¹ŋkua³¹hen⁵⁵lɛ²⁴.那头母猪很能拱圈。
　　只　母　猪　那　拱　能　圈　不得了

d) to²¹na²⁴ʐai²⁴naŋ⁴⁴hou³³tʂi⁴⁴tou²¹tɕɛ⁵⁵.这位老先生喝不得酒。
　　个　大　翁　这　喝　不能　酒

e) kau³¹mua³¹cou²⁴ʑi¹³ɕoŋ³³ua⁴⁴tou²¹noŋ²⁴ta²¹.你有十八岁干得动活计了。
　　你　有　十　八　岁　做　能　活计了

f) o⁵⁵tshai³³tei²¹naŋ⁴⁴ʐoŋ⁴⁴lɛ²⁴ta²¹, ntou³³tou²¹mplei³¹ta²¹.
　　我　只　手　这　好　了　了　打　能　稻谷　了
　　我这只手好了，能打谷子了。

g) ni²¹tʂho⁵⁵tou²¹i⁴³m̥au⁴⁴qen³¹.他能吹一晚上芦笙。
　　他　吹　能　一　夜　芦笙

这些例句中，核心动词所带的宾语有处所宾语、受事宾语，动补结构的语义结构为：施事主语+动词+能愿补语+处所宾语/受事宾语，能愿补语的语义指向施事主语，补充说明施事者发出动作行为的能力。

核心动词不带宾语时，有两种句法结构，一种是主语+动词+补语。这种句法结构中的主语都是施事主语，动词不带宾语，能愿动词直接附着在动词之后，补充说明动作行为的能力性，但能愿补语的语义指向动作行为的施动者，即施事主语，语义结构为：施事主语+动词+能愿补语。例如：

a) to²¹nen⁴³naŋ⁴⁴ploŋ⁴³tou²¹lou⁴³ni³³.这个人磨蹭得不得了。
　　个　人　这　磨蹭　能　不得了

b) ni²¹i⁴³n̥oŋ⁴³tʂi⁴⁴nau⁴¹tɕua⁴¹pei⁵⁵tʂhai⁴³tou²¹la³³.他一天不吃饭太能忍饥挨饿了。
　　他　一　天　不　吃　饭　太　饿　能　啦

c) to²¹po³¹to⁴³ɲcen²¹naŋ⁴³ntsa⁴³tou²¹i⁴³n̥oŋ⁴³n̥oŋ⁴³.这个懒婆娘能闲坐一整天。
　　个　妇女者　懒　这　闲坐　能　一　天　天

d) ni²¹vai²⁴i⁴³m̥au⁴⁴pei⁵⁵qaŋ⁴¹tou²¹.他父亲整夜的太能打呼噜了。
　　他　父亲　一　夜　太　打呼噜能

另一种句法结构是：话题+主语+动词+能愿补语，其中，句法结构的话题是句法的宾语通过位移形成的，但是，话题不能恢复到原来的位置，从而使动词不带宾语，能愿动词附着在动词之后补充说明动作行为的能力性，能愿补语的语义指向施事主语，语义结构为：话题+施事主语+动词+能愿补语。例如：

e) to²¹ntshai³³naŋ⁴⁴kau³¹tʂo¹³po²⁴tou²¹tou⁴⁴tʂi⁴⁴tou²¹.
　　个　姑娘　这　你　只　见　能　得到　不能

这个姑娘你仅能见到而得不到。
f) lo⁴³thoŋ⁴³naŋ⁴⁴naŋ⁵⁵tei³¹lou²¹tʂhei⁵⁵tʂi⁴⁴tou²¹. 这只桶重老人提不动。
　个　桶　这　重　些　老　提　不　能
g) ŋtʂaŋ⁴⁴tɛ²¹naŋ⁴⁴o⁵⁵ţi³³tou²¹nɛ³³. 这背柴我背得动呢。
　背　柴　这　我　背　能　语气词

如上所述，苗语的能力性动补结构中的能愿补语用以说明动作行为的能力，可以作出肯定的判断，也可以作出否定的判断，而动作行为的能力性是由实施动作行为的主体的能力决定的，所以，不管动作行为动词是否带宾语，能愿补语的语义都指向动作行为的发出者施事主语。

6.6　状态补语结构及其语义特征

状态补语用以说明动作行为或变化所处的状态，苗语一般由形容词附加于动词之后构成状态补语结构，有一些句法结构可以用形容词的重叠式附加于动词之后构成，但形容词重叠之后必须带结构助词ni⁴⁴ "的"，有一些句法结构带状态补语时，要用结构助词ni³³ "得"作标记，但是，只有形容词重叠式状态补语和支配式结构，才能用这个状态补语标记。苗语状态补语结构中的动词，有的带宾语，有的不带宾语。

6.6.1　形容词作状态补语的结构及其语义特征

苗语典型的形容词作状态补语（stative complement）的结构与典型的动词作结果补语、趋向补语的结构相同，动词带宾语时，有黏着式和分裂式两种结构，动词不带宾语时，只有黏着式一种结构。

动词不带宾语的黏着式状态补语结构中，形容词直接附着在动词之后，说明动作行为或变化的状态。其中的动词，有自主动词，也有非自主动词，自主动词的主语有施事主语，也有受事主语，非自主动词的主语都是当事主语。

动词带受事主语时，句法结构为：主语+动词+补语，语义结构为：受事主语+动词+状态补语，状态补语的语义指向受事主语。例如：
a) tʂhai³³ua⁴⁴ʂa⁵⁵ta²¹. 早饭做好了。
　早饭　做　熟　了
b) mplei³¹za⁴³qhua⁵⁵ta²¹. 谷子晒干了。
　稻谷　晒　干　了
c) tʂhau⁴⁴ntshua⁴⁴ho⁵⁵ta²¹. 衣服洗干净了。
　衣服　洗　干净　了

d) mau⁴³kho⁴⁴zoŋ⁴⁴lɛ²⁴ta²¹. 病治好了了。
　　病　医治　好　了 了

　　这种句法结构，通常是省略主语，受事宾语位移充当主语的结果。受事宾语通常可以用mua⁴³ "把"介引为处置式并使之话题化。上举的例句，也可以直接在受事主语前加mua⁴³ "把"，同时也可以补出施事主语。例如：

a') tʂhai³³ua⁴⁴ʂa⁵⁵ta²¹. 早饭做好了。
　　早饭 做 熟 了
→ mua⁴³tʂhai³³ua⁴⁴ʂa⁵⁵ta²¹. 把早饭做好了。
　　把 早饭 做 熟 了
→ o⁵⁵mua⁴³tʂhai³³ua⁴⁴ʂa⁵⁵ta²¹. 早饭做好了。
　　我 把 早饭 做 熟 了

b') mplei³¹ẓa⁴³qhua⁵⁵ta²¹. 谷子晒干了。
　　稻谷 晒 干 了
→ mua⁴³mplei³¹ẓa⁴³qhua⁵⁵ta²¹. 谷子晒干了。
　　把 稻谷 晒 干 了
→ tʂhaŋ⁵⁵ntoŋ³¹mua⁴³mplei³¹ẓa⁴³qhua⁵⁵ta²¹. 谷子晒干了。
　　阳光 把 稻谷 晒 干 了

c') tʂhau⁴⁴ntshua⁴⁴ho⁵⁵ta²¹. 衣服洗干净了。
　　衣服 洗 干净 了
→ mua⁴³tʂhau⁴⁴ntshua⁴⁴ho⁵⁵ta²¹. 把衣服洗干净了。
　　把 衣服 洗 干净 了
→ ni²¹na²⁴mua⁴³tʂhau⁴⁴ntshua⁴⁴ho⁵⁵ ta²¹. 他母亲把衣服洗干净了。
　　他 母亲 把 衣服 洗 干净 了

d') mau⁴³kho⁴⁴zoŋ⁴⁴lɛ²⁴ta²¹. 病治好了了。
　　病 医治 好 了 了
→ mua⁴³mau⁴³kho⁴⁴zoŋ⁴⁴lɛ²⁴ta²¹. 把病治好了了。
　　把 病 医治 好 了 了
→ ku³³tʂhua³¹mua⁴³mau⁴³kho⁴⁴zoŋ⁴⁴lɛ²⁴ta²¹. 医生把病治好了了。
　　匠 药 把 病 医治 好 了 了

尽管黏着式状态补语的句法结构发生了改变，但状态补语的语义仍然指向动词所关涉的客体，只不过是句法结构与语义结构不对等而已。

动词带施事主语时，句法结构为：主语+动词+补语，语义结构为：施事主语+动词+状态补语，状态补语的语义指向施事主语。动词带当事主语时，句法结构为：主语+动词+补语，语义结构为：当事主语+动词+状态补语，状态补语的语义指向当事主语。例如：

a) t̪laŋ⁵⁵ʐaŋ⁴⁴ʂa⁴³lɛ²⁴ta²¹. 老鹰飞高了。
   鹰　飞　高了了
b) o⁵⁵ɳtʂa⁴⁴ʈua³¹ta²¹. 我抓牢了。
   我抓　牢　了
c) ȵua¹³nau³¹tʂou⁴⁴ta²¹. 孩子吃饱了。
   孩子　吃　饱　了
d) ni²¹tsaŋ⁵⁵ti⁴⁴ta²¹. 他靠近了。
   他　移动　近了
e) to²¹vou⁵⁵hou³³qou¹³lɛ²⁴ta²¹. 女婿喝醉了了。
   个　女婿　喝　醉　了了
f) tɕo⁴³mplei³¹pei²¹ntaŋ⁵⁵tau³¹i⁴⁴hai⁵⁵ ta³¹lɛ²⁴. 半坡上那块水稻倒平了。
   块　稻谷　上面　半　坡　那　倾倒　平了
g) mo⁵⁵zi̯⁴³khau⁵⁵tɛ⁵⁵ta²¹. 蜂蜜凝固了。
   蜜蜂　蜜凝结　硬　了
h) t̪lei³¹mpou⁴⁴t̪loŋ¹³ta²¹. 水开得沸腾了。
   水　沸　沸腾　了
i) tʂau⁴³ntoŋ⁴⁴naŋ⁴⁴lo⁴³nchou³³lɛ²⁴. 这棵树长弯了。
   棵　树　这　生长　弯　了

这两种句法结构不能用mua⁴³ "把"介引，句法结构也不能转换。

动词带宾语的黏着式状态补语结构，形容词直接附着在动词之后，其中，动词都是自主及物动词，带施事主语、受事宾语，形容词作状态补语，说明动作行为的状态，状态补语的语义指向受事宾语，句法结构为：主语+动词+补语+宾语，语义结构为：施事主语+动词+状态补语+受事宾语。例如：

a) pei⁴³tua⁵⁵zoŋ⁴⁴ɳtɕua⁵⁵ta²¹, kau³¹tʂhei⁵⁵au⁴³lo⁴³mo²¹nau³¹.
   我们　春　好　糍粑　了，你　拿　二　个　去　吃。
   我们春好了糍粑了，你拿几个去吃。
b) o⁵⁵t̪hou⁴³ʂo⁵⁵t̪lei³¹ni⁴⁴mo²¹ho⁴⁴zei²¹ȵua¹³lo²¹ntsua⁵⁵tɛ⁴⁴.
   我　烧　热　水　才　去　叫　群　孩子　来　洗　脚
   我烧热了水，才去叫孩子们来洗脚。
c) l̪ou³³tsa²¹tʂua³³pua²¹ni²¹lo⁴³tɕua⁴³ʑi¹³lɛ²⁴. 散兵游勇玷污了她的家庭。
   强盗　冷　污染　坏　她　个　家　户　了
d) qhua⁴⁴n̪au⁴³po⁵⁵ni²¹zi¹³qou³³vaŋ³¹qou³³ɳtʂaŋ⁵⁵taŋ²¹.
   客　坐　满　他　家　角落　屋　角落　墙　完
   客人坐满了他家的各个角落。

e) kau³¹ho⁵⁵ņtṣei⁴⁴ta¹³tou⁴⁴, pei⁴³zoŋ⁴⁴tua⁴⁴mpua⁴⁴tṣa⁴³.
　　你　磨　锋利刀　着　我们　好　杀　猪　年
　　你磨快了刀子，让我们好杀过年猪。

f) i⁴³to¹³ntshai³³lua³³tɕhe³³tlau⁴⁴lo⁴³tou⁴³hou⁴⁴taŋ⁴⁴ua⁴⁴tṣa⁴⁴?
　　一个　姑娘青年　剃　光　个　瓜　头　掉　做　什么
　　一个姑娘家剃光了脑瓜做什么？

这种句法结构中的受事宾语，可以用mua⁴³"把"介引为处置式并使之话题化，句法结构发生转变。例如：

a') pei⁴³mua⁴³ņtɕua⁵⁵tua⁵⁵zoŋ⁴⁴ta²¹, kau³¹tṣhei⁵⁵au⁴³lo⁴³mo²¹nau³¹.
　　我们把　糍粑　舂　好　了　你　拿　二个　去　吃
　　我们把糍粑舂好了，你拿几个去吃。

b') o⁵⁵mua⁴³tlei³¹thou⁴³ṣo⁵⁵ni⁴⁴mo²¹ho⁴⁴zei²¹ņua¹³lo²¹ntsua⁵⁵tɛ⁴⁴.
　　我把　水　烧　热才去　叫　群孩子来　洗　脚
　　我把水烧热了，才去叫孩子们来洗脚。

c') lou³³tsa²¹mua⁴³ni²¹lo⁴³tɕua⁴³zi¹³tṣua³³pua²¹lɛ²⁴. 散兵游勇把她的家庭玷污了。
　　强盗冷把　她个家　户　污染　坏　了

d') qhua⁴⁴mua⁴³ni²¹zi¹³qou³³vaŋ³¹qou³³ntsaŋ⁵⁵ņau⁴³po⁵⁵taŋ²¹.
　　客　把他家角落屋角落墙　坐　满　完
　　客人把他家的各个角落都坐满了。

e') kau³¹mua⁴³ta¹³ho⁵⁵ņtṣei⁴⁴tou⁴⁴, pei⁴³zoŋ⁴⁴tua⁴⁴mpua⁴⁴tṣa⁴³.
　　你把　刀　磨　锋利　着　我们　好　杀　猪　年
　　你把刀子磨快了，让我们好杀过年猪。

f') i⁴³to¹³ntshai³³lua³³mua⁴³lo⁴³tou⁴³hou⁴⁴tɕhe³³tlau⁴⁴taŋ⁴⁴ua⁴⁴tṣa⁴⁴?
　　一个　姑娘青年　把　个　瓜　头　剃　光　掉　做　什么
　　一个姑娘家把脑瓜剃光了做什么？

通过mua⁴³"把"的介引，句法结构转换为：主语+状语+动词+补语，语义结构转化为：施事主语+话题+动词+状态补语，状态补语的语义指向语义结构的话题。

分裂式状态补语结构是动词带宾语的一种形式，宾语在动词之后，状态补语在宾语之后，补语与动词分裂，典型的分裂式状态补语结构的句法结构为：主语+动词+宾语+补语，语义结构为：施事主语+动词+受事宾语+状态补语，状态补语的语义指向受事宾语。例如：

a) ni²¹po¹³tou⁴⁴ņtṣei⁵⁵ntou⁴⁴lɛ²⁴tlɛ⁴⁴za⁴⁴tua¹³. 她祖母放多了盐了咸得要死。
　　她祖母放盐　多　了咸要死

b) mei³¹tʂo³¹o⁵⁵tɕo⁴³tei⁴³ʐou⁴³tɛ⁵⁵lɛ²⁴ta²¹ɣa³¹ʔ! 你们踩硬我的菜地了了啊？！
　　你们 踩 我 块 地 菜 硬 了 了 啊

c) ȵo³¹nen²¹tua⁵⁵tso³¹ki⁵⁵ŋko³³ɳtʂua⁵⁵. 牛马把路踏得泥泞不堪。
　　牛 马　踏 条 路 泥泞 稀烂貌

d) ɳtʂaŋ⁴³tlu³³ni²¹tei³¹plou⁴³hou⁴⁴ntsho⁵⁵taŋ²¹. 粘莲子缠乱了她的头发。
　　粘莲子 绞缠 她 些 毛 头 蓬乱 完

分裂式状态补语结构中的受事宾语可以用介词mua⁴³"把"介引为处置式并且话题化，使动词与补语成为黏着式动补结构，状态补语的语义指向话题。分裂式状态补语结构中的受事宾语可以位移作受事主语，施事主语由tʂo²⁴"被"介引为被动式并且话题化，使动词与补语成为黏着式动补结构，状态补语的语义指向受事主语。例如：

a') ni²¹po¹³tou⁴⁴ɳtʂei⁵⁵ntou⁴⁴lɛ²⁴tlɛ⁴⁴ʑa⁴⁴tua¹³. 她祖母放多了盐咸得要死。
　　她 祖母 放 盐 多 了 咸 要 死

→ ni²¹po¹³mua⁴³ɳtʂei⁵⁵tou⁴⁴ntou⁴⁴lɛ²⁴tlɛ⁴⁴ʑa⁴⁴tua¹³. 她祖母把放盐多了咸得要死。
　　她 祖母 把 盐 放 多 了 咸 要 死

→ ɳtʂei⁵⁵tʂo²⁴ni²¹po¹³tou⁴⁴ntou⁴⁴lɛ²⁴tlɛ⁴⁴ʑa⁴⁴tua¹³. 盐被她祖母放多了咸得要死。
　　盐 被 她 祖母 放 多 了 咸 要 死

b') mei³¹tʂo³¹o⁵⁵tɕo⁴³tei⁴³ʐou⁴³tɛ⁵⁵lɛ²⁴ta²¹ɣa³¹ʔ! 你们踩硬我的菜地了了啊？！
　　你们 踩 我 块 地 菜 硬 了 了 啊

→ mei³¹mua⁴³o⁵⁵tɕo⁴³tei⁴³ʐou⁴³tʂo³¹tɛ⁵⁵lɛ²⁴ta²¹ɣa³¹ʔ!
　　你们 把 我 块 地 菜 踩 硬 了 了 啊
你们把我的菜地踩硬了了啊？！

→ o⁵⁵tɕo⁴³tei⁴³ʐou⁴³tʂo²⁴mei³¹tʂo³¹tɛ⁵⁵lɛ²⁴ta²¹ɣa³¹ʔ! 你们踩硬我的菜地了了啊？！
　　我 块 地 菜 被 你们 踩 硬 了 了 啊

c') ȵo³¹nen²¹tua⁵⁵tso³¹ki⁵⁵ŋko³³ɳtʂua⁵⁵. 牛马把路踏得泥泞不堪。
　　牛 马 踏 条 路 泥泞 稀烂貌

→ ȵo³¹nen²¹mua⁴³tso³¹ki⁵⁵tua⁵⁵ŋko³³ɳtʂua⁵⁵. 牛马把路踏得泥泞不堪。
　　牛 马 把 条 路 踏 泥泞 稀烂貌

→ tso³¹ki⁵⁵tʂo²⁴ȵo³¹nen²¹tua⁵⁵ŋko³³ɳtʂua⁵⁵. 路被牛马踏得泥泞不堪。
　　条 路 被 牛 马 踏 泥泞 稀烂貌

d') ɳtʂaŋ⁴³tlu³³ni²¹tei³¹plou⁴³hou⁴⁴ntsho⁵⁵taŋ²¹. 粘莲子缠乱了她的头发。
　　粘莲子 绞缠 她 些 毛 头 蓬乱 完

→ ɳtʂaŋ⁴³mua⁴³ni²¹tei³¹plou⁴³hou⁴⁴tlu³³ntsho⁵⁵taŋ²¹. 粘莲子把她的头发缠乱了。
　　粘莲子 把 她 些 毛 头 绞缠 蓬乱 完

→ ni²¹tei³¹plou⁴³hou⁴⁴tʂo²⁴ŋtʂhaŋ⁴³tɬu³³ ntsho⁵⁵taŋ²¹. 她的头发被粘莲子缠乱了。
　她 些 毛　头　被　粘莲子 绞缠 蓬乱 完

分裂式状态补语结构的句法转换与分裂式结果补语结构、分裂式趋向补语结构的句法转换一致，说明三者虽然语义结构不同，但有着相同的句法结构特征。

6.6.2 形容词重叠式作状态补语的结构及其语义特征

苗语表状态语义的动补结构，除用形容词充当状态补语外，还可以用形容词的重叠式充当状态补语，不过形容词的重叠式充当状态补语时，通常要带结构助词ni⁴⁴"的"。形容词作状态补语的句法结构中，动词不带宾语时，只有黏着式结构，动词带宾语时，只有分裂式结构。

苗语有一种结构似乎是动词带宾语，形容词附着在动词之后作状态补语，动词与形容词重叠式构成黏着式补语结构。其实，这种结构如果要分析为动词的状态补语的话，不是形容词重叠式作状态补语，而是形容词重叠式与其后面的名词构成的支配结构作动词的状态补语。从而可以看出，形容词重叠式后面的名词不是动词的宾语，而是形容词的宾语，句法结构为：主语+动词+[形容词+宾语]。例如：

a) ni²¹hou³³qou¹³qou¹³tɕɛ⁵⁵ni⁴⁴tau⁵⁵lo²¹. 他喝得醉醉的回来。
　 他 喝 醉　醉　酒　的 回 来
b) ɴqai³¹tʂau⁴⁴plua³³plua³³n̩tɕou³¹ni⁴⁴lɛ²⁴. 肉放得都哈了。
　 肉　放　涩　涩　嘴　的 了
c) tsi⁵⁵tsei⁵⁵ʂa⁵⁵qaŋ⁴³qaŋ⁴³zi⁴³ni⁴⁴ta²¹. 板栗熟得甜甜的了。
　 果 板栗 熟 甜　甜　蜜 的 了
d) ʐou⁴³lu³¹tʂu⁴⁴tʂu⁴⁴qua⁵⁵ni⁴⁴lɛ²⁴. 菜烂得臭兮兮的了。
　 菜　烂 臭　臭　屎　的 了

这种句法结构可以不用动词，句法转换为：主语+形容词+宾语，句子的意义仍然完整，形容词重叠式支配的名词构成短语作句子的谓语，构成主谓句（subject-predicate sentence）。例如：

a') ȵi²¹qou¹³qou¹³tɕɛ⁵⁵ni⁴⁴tau⁵⁵lo²¹. 他醉醺醺地回来。
　 他 醉 醉 酒 的 回 来
b') ɴqai³¹plua³³plua³³n̩tɕou³¹ni⁴⁴lɛ²⁴. 肉哈哈的了。
　 肉　涩 涩 嘴 的 了
c') tsi⁵⁵tsei⁵⁵qaŋ⁴³qaŋ⁴³zi⁴³ni⁴⁴ta²¹. 板栗甜甜的了。
　 果 板栗 甜 甜 蜜 的 了

d') ʐou⁴³tʂu⁴⁴tʂu⁴⁴qua⁵⁵ni⁴⁴lɛ²⁴. 菜臭臭的了。
　　菜　臭　臭　屎　的 了

这种句法转换也证明，形容词带的名词是宾语，不是补语，也证明动词带宾语不能构成黏着式状态补语结构。

动词不带宾语时，动词既可以是自主动词，也可以是非自主动词，自主动词的主语有施事主语，也有受事主语，非自主动词的主语都是当事主语，形容词重叠式直接附着在动词之后作状态补语，补充说明动作行为或变化的状态，语义指向施事主语或受事主语或当事主语。

动词为非自主动词并带当事主语时，构成黏着式状态补语结构，句法结构为：主语+动词+补语，语义结构为：当事主语+动词+状态补语，状态补语的语义指向当事主语。例如：

a) to²¹n̪ua¹³to⁴³naŋ⁴⁴hau⁵⁵lo⁴³lo³¹lo³¹ni⁴⁴ta²¹. 这个小男孩就长这么大了。
　　个 孩子 儿子 这 就 成长 大 大 的 了

b) paŋ³¹tsi⁵⁵ʐua³¹tɛ¹³tl̪ɛ⁴³tl̪ɛ⁴³ni⁴⁴ta²¹. 梨花开得白白的了。
　　花 果 梨 开 白 白 的 了

c) tsi⁵⁵na²¹ʂa⁵⁵tl̪aŋ³¹tl̪aŋ³¹ni⁴⁴ta²¹. 柿子熟得黄黄的了。
　　果 柿 熟 黄 黄 的 了

d) tei³¹pau⁴³mi²¹naŋ⁴⁴tua³¹tua⁴³ni⁴⁴ʐa⁴⁴tʂhi⁴³i⁴³tsha⁴⁴taŋ⁴⁴.
　　些 苞米 这 长 密 密 的 要 间 一 些 掉
这些玉米长得密密的要间掉一些。

e) naŋ¹³lo²¹lo⁴³lo⁴³ni²¹ta²¹. 雨下得大大的了。
　　雨 下 大 大 的 了

f) qua⁴⁴qho⁴³qhua⁵⁵ŋki¹³ŋki¹³ni⁴⁴ta²¹. 辣椒干得脆脆的了。
　　辣椒　干　脆 脆 的 了

g) tl̪ei⁵⁵to²¹mplai¹³l̪ei⁴⁴ntei⁵⁵ntei⁵⁵ni⁴⁴tɛ²⁴lo²¹. 狗的舌头伸得长长的出来。
　　狗 个 舌 伸 长 长 的 出 来

形容词重叠式充当状态补语的这种句法结构没有其他句法形式，但状态补语前可以加结构助词 ni³³ "得"作标记，后面还要谈到这个问题。

动词为自主动词并带施事主语时，构成黏着式状态补语结构，句法结构为：主语+动词+补语，语义结构为：施事主语+动词+状态补语，状态补语的语义指向施事主语。例如：

a) ʐaŋ³¹qai¹³ʐaŋ⁴⁴ʂa⁴³ʂa⁴³ni⁴⁴lɛ²⁴ta²¹. 大雁高高地飞走了。
　　大雁　　飞 高 高 的 去 了 了

b) mpua⁴⁴nau³¹tʂou³³tʂou⁴⁴ni⁴⁴ta²¹. 猪吃得饱饱的了。
　　猪　　吃 饱 饱 的 了

第六章　苗语的动补结构及其语义特征　　　165

　　c) kau³¹tsi⁵⁵hou³³qou¹³qou¹³ni⁴⁴ṭau⁵⁵lo²¹ta²¹. 你父亲喝得醉醉地回来了。
　　　　你　父亲喝　醉　醉　的 回　来 了
　　d) ni²¹ṭaŋ¹³ẓoŋ²¹ẓoŋ²¹ni⁴⁴lo¹³. 他飞奔地跑回来。
　　　　他　跑　快　快　的 回

上举例句中，施事主语是自主动词动作行为的发出者，形容词作状态补语补充说明动作行为的状态，其语义直接指向发出动作行为的发出者施事主语。不过，还存在另一种情况，句法结构同样是：主语+动词+补语，动词也是自主动词，主语也是施事主语，也用形容词的重叠式作状态补语，但是，状态补语的语义既不指向施事主语，也不指向动词，状态补语的语义指向空位。例如：

　　a) ni²¹tṣoŋ⁴⁴mau²¹mau²¹ni⁴⁴ta²¹. 他敲得细细的了。
　　　　他　敲　细　细　的 了
　　b) o⁵⁵khi⁴⁴ṭua³¹ṭua³¹ni⁴⁴ta²¹. 我拴得牢牢的了。
　　　　我　拴　牢　牢　的 了
　　c) ni²¹tɕhe³³ta³¹ta³¹ni⁴⁴ta²¹. 他铲得平平的了。
　　　　他　铲　平　平　的 了
　　d) o⁵⁵ɴqo¹³ɲtɕaŋ³¹ɲtɕaŋ³¹ni⁴⁴ta²¹. 我拉得直直的了。
　　　　我　拉　直　直　的 了

这种句法结构的状态补语的语义应该指向受事宾语，但是受事宾语不出现，所以，状态补语的语义指向空位。如果要明确状态补语的语义指向，必须要补出受事宾语，补出受事宾语时，状态补语与动词构成分裂式状态补语结构。这种分裂式状态补语结构中的受事宾语，可以用mua⁴³"把"介引作话题，而施事主语则可以用tṣo²⁴"被"介引作话题，受事宾语位移作受事主语。例如：

　　a') ni²¹tṣoŋ⁴⁴mau²¹mau²¹ni⁴⁴ta²¹. 他敲得细细的了。
　　　　他　敲　细　细　的 了
　　→ ni²¹tṣoŋ⁴⁴tɕau⁵⁵pau⁴³ɳtṣei⁵⁵i⁴⁴mau²¹mau²¹ni⁴⁴ta²¹. 他敲那些盐坨细细的了。
　　　　他　敲　些　团　盐 那　细　细　的 了
　　→ ni²¹mua⁴³tɕau⁵⁵pau⁴³ɳtṣei⁵⁵i⁴⁴tṣoŋ⁴⁴mau²¹mau²¹ni⁴⁴ta²¹.
　　　　他 把 些　团 盐 那 敲　细　细　的 了
　　　他把那些盐坨敲得细细的了。
　　→ tɕau⁵⁵pau⁴³ɳtṣei⁵⁵i⁴⁴tṣo²⁴ni²¹tṣoŋ⁴⁴mau²¹mau²¹ni⁴⁴ta²¹.
　　　　些　团 盐 那 被　他　敲　细　细　的 了
　　　那些盐坨被他敲得细细的了。

b') o⁵⁵khi⁴⁴ʈua³¹ʈua³¹ni⁴⁴ta²¹. 我拴得牢牢的了。
　　我　拴　牢　牢　的　了

→ o⁵⁵khi⁴⁴nen²¹ʈua³¹ʈua³¹ni⁴⁴ta²¹. 我拴马牢牢的了。
　　我　拴　马　牢　牢　的　了

→ o⁵⁵mua⁴³nen²¹khi⁴⁴ʈua³¹ʈua³¹ni⁴⁴ta²¹. 我把马拴得牢牢的了。
　　我　把　马　拴　牢　牢　的　了

→ nen²¹tʂo²⁴o⁵⁵khi⁴⁴ʈua³¹ʈua³¹ni⁴⁴ta²¹. 马被我拴得牢牢的了。
　　马　被我拴　牢　牢　的　了

c') ni²¹tɕhe³³ta³¹ta³¹ni⁴⁴ta²¹. 他铲得平平的了。
　　他　铲　平　平　的　了

→ ni²¹tɕhe³³lo⁴³tʂhaŋ⁵⁵ki²¹ta³¹ta³¹ni⁴⁴ta²¹. 他铲坪子平平的了。
　　他　铲　个　场　坪　平　平　的　了

→ ni²¹mua⁴³ lo⁴³tʂhaŋ⁵⁵ki²¹i⁴⁴tɕhe³³ta³¹ta³¹ni⁴⁴ta²¹. 他把那个坪子铲得平平的了。
　　他　把　个　场　坪　那　铲　平　平　的　了

→ lo⁴³tʂhaŋ⁵⁵ki²¹i⁴⁴tʂo²⁴ni²¹tɕhe³³ta³¹ta³¹ni⁴⁴ta²¹. 那个坪子被他铲得平平的了。
　　个　坪　场　那　被　他　铲　平　平　的　了

d') o⁵⁵ɴqo¹³n̪tɕaŋ³¹n̪tɕaŋ³¹ni⁴⁴ta²¹. 我拉得直直的了。
　　我　拉　直　直　的　了

→ o⁵⁵ɴqo¹³tso³¹so⁵⁵lou⁴⁴i⁴⁴n̪tɕaŋ³¹n̪tɕaŋ³¹ni⁴⁴ta²¹. 我拉那根铁线直直的了。
　　我　拉　根　线　铁　那　直　直　的　了

→ o⁵⁵mua⁴³tso³¹so⁵⁵lou⁴⁴i⁴⁴ɴqo¹³n̪tɕaŋ³¹n̪tɕaŋ³¹ni⁴⁴ta²¹.
　　我　把　根　线　铁　那　拉　直　直　的　了
　　我把那根铁线拉得直直的了。

→ tso³¹so⁵⁵lou⁴⁴i⁴⁴tʂo²⁴o⁵⁵ɴqo¹³n̪tɕaŋ³¹n̪tɕaŋ³¹ni⁴⁴ta²¹.
　　根　线　铁　那　被　我　拉　直　直　的　了
　　那根铁线被我拉得直直的了。

苗语的自主动词带施事主语、状态补语的句法结构、语义结构都只有一种，但状态补语的语义指向却有两种，一种是指向施事主语，一种是指向受事宾语，当受事宾语不出现时，状态补语的语义指向为空位。

动词为自主动词并带受事主语时，构成黏着式状态补语结构，句法结构为：主语+动词+补语，语义结构为：受事主语+动词+状态补语，状态补语的语义指向受事主语。例如：

a) tɛ²¹ʂo⁴³qhua⁵⁵qhua⁵⁵ni⁴⁴ta²¹. 柴烘得干干的了。
　　柴　烘　干　干　的　了

b) n̪tɕua⁵⁵tsha⁴³ʂo⁵⁵ʂo⁵⁵ni⁴⁴ta²¹. 糍粑烤得热热的了。
   糍粑 烤 热 热 的 了
c) tʂei⁵⁵tɕhi⁴³tlo⁴⁴tlo⁴⁴ ni⁴⁴ta²¹. 屋子扫得干干净净的了。
   屋 扫 平滑 平滑 的 了
d) la⁴³lai³³tu²¹tu²¹ni⁴⁴lɛ²⁴. 镰刀割得钝钝的了。
   镰 割 钝 钝 的 了

这种句法结构通常是省略主语，受事宾语位移作受事主语。受事主语可以用mua⁴³"把"介引作话题，状态补语的语义指向话题，也可以补出句法结构的施事主语，状态补语的语义仍然指向话题。补出施事主语后，还可以用tʂo²⁴"被"介引施事主语作话题，状态补语的语义指向受事主语。例如：

a') tɛ²¹ʂo⁴³qhua⁵⁵qhua⁵⁵ni⁴⁴ta²¹. 柴烘得干干的了。
    柴 烘 干 干 的 了
→ mua⁴³tɛ²¹ʂo⁴³qhua⁵⁵qhua⁵⁵ni⁴⁴ta²¹. 把柴烘得干干的了。
    把 柴 烘 干 干 的 了
→ o⁵⁵mua⁴³tɛ²¹ʂo⁴³qhua⁵⁵qhua⁵⁵ni⁴⁴ta²¹. 我把柴烘得干干的了。
    我 把 柴 烘 干 干 的 了
→ tɛ²¹tʂo²⁴o⁵⁵ʂo⁴³qhua⁵⁵qhua⁵⁵ni⁴⁴ta²¹. 柴被我烘得干干的了。
    柴 被 我 烘 干 干 的 了

b') n̪tɕua⁵⁵tsha⁴³ʂo⁵⁵ʂo⁵⁵ni⁴⁴ta²¹. 糍粑烤得热热的了。
    糍粑 烤 热 热 的 了
→ mua⁴³n̪tɕua⁵⁵tsha⁴³ʂo⁵⁵ʂo⁵⁵ni⁴⁴ta²¹. 把糍粑烤得热热的了。
    把 糍粑 烤 热 热 的 了
→ ni²¹ʑɛ²⁴mua⁴³n̪tɕua⁵⁵tsha⁴³ʂo⁵⁵ʂo⁵⁵ni⁴⁴ta²¹. 糍粑被他祖父烤得热热的了。
    他 祖父把 糍粑 烤 热 热 的 了
→ n̪tɕua⁵⁵tʂo²⁴ ni²¹ʑɛ²⁴tsha⁴³ʂo⁵⁵ʂo⁵⁵ni⁴⁴ta²¹. 糍粑被他祖父烤得热热的了。
    糍粑 被 他 祖父 烤 热 热 的 了

c') tʂei⁵⁵tɕhi⁴³tlo⁴⁴tlo⁴⁴ ni⁴⁴ta²¹. 屋子扫得干干净净的了。
    屋 扫 平滑 平滑 的 了
→ mua⁴³tʂei⁵⁵tɕhi⁴³tlo⁴⁴ tlo⁴⁴ ni⁴⁴ta²¹. 把屋子扫得干干净净的了。
    把 屋 扫 平滑 平滑 的 了
→ tei³¹n̪ua¹³mua⁴³tʂei⁵⁵tɕhi⁴³tlo⁴⁴ tlo⁴⁴ ni⁴⁴ta²¹. 屋子被孩子们扫得干干净净的了。
    些 孩子 把 屋 扫 平滑 平滑 的 了
→ tʂei⁵⁵tʂo²⁴tei³¹n̪ua¹³tɕhi⁴³tlo⁴⁴ tlo⁴⁴ ni⁴⁴ta²¹. 屋子被孩子们扫得干干净净的了。
    屋 被 些 孩子 扫 平滑 平滑 的 了

d') la⁴³l̠ai³³tu²¹tu²¹ni⁴⁴lɛ²⁴. 镰刀割得钝钝的了。
　　镰 割 钝 钝 的 了
→ mua⁴³la⁴³l̠ai³³tu²¹tu²¹ni⁴⁴lɛ²⁴. 把镰刀割得钝钝的了。
　　把 镰 割 钝 钝 的 了
→ ni²¹mua⁴³la⁴³l̠ai³³tu²¹tu²¹ni⁴⁴lɛ²⁴. 镰刀被他割得钝钝的了。
　　他 把 镰 割 钝 钝 的 了
→ la⁴³tʂo²⁴ni²¹l̠ai³³tu²¹tu²¹ni⁴⁴lɛ²⁴. 镰刀被他割得钝钝的了。
　　镰 被 他 割 钝 钝 的 了

通过上面不同句式的转换，尽管句法发生了变化，句法结构也发生了变化，但是状态补语的语义指向总是不变的，其语义总是指向动词所关涉的客体，即使客体成为句法结构的受事主语或者语用的话题也是如此。

动词为自主动词并带受事宾语，且与状态补语构成分裂式结构时，句法结构为：主语+动词+宾语+补语，语义结构为：施事主语+动词+受事宾语+状态补语，状态补语的语义指向受事宾语。例如：

a) o⁵⁵cɛ⁴⁴qhau⁵⁵t̠oŋ³¹nto²⁴nto²⁴ni⁴⁴ta²¹. 我关门严严的了。
　　我 关 洞 门 严实 严实 的 了
b) to²¹ȵaŋ⁴³ki⁴³noŋ⁴³tou⁴³ŋki¹³ŋki¹³ni⁴⁴ta²¹. 儿媳妇炒瓜子脆脆的了。
　　个 媳妇 炒 籽 瓜 脆 脆 的 了
c) ni²¹l̠a⁵⁵to²¹m̠oŋ⁵⁵ɕoŋ⁴³ṉtsei⁴⁴ṉtzei⁴⁴ni⁴⁴ta²¹. 他削竹签尖尖的了。
　　他 削 个 签 竹 尖 尖 的 了
d) ni²¹to²¹ti³¹tʂha⁴³tso³¹l̠ua⁴⁴tɛ⁵⁵i⁴⁴mua¹³mua¹³ni⁴⁴ta²¹.
　　她 个 兄 摩擦 根 绳 皮 那 软 软 的 了
　　她哥哥挫那根皮绳软软的了。
e) ni²¹foŋ⁴⁴ lo⁴³qei⁴⁴qai⁴³la⁴³la⁴³ni⁴⁴. 他染鸡蛋红红的。
　　他 涂染 个 蛋 鸡 红 红 的
f) kau³¹tshoŋ⁵⁵tɕau⁵⁵Nqai³¹i⁴⁴n̠a²¹n̠a²¹ni⁴⁴. 你切的那些肉薄薄的。
　　你 切 些 肉 那 薄 薄 的
g) kau³¹to²¹ku⁵⁵l̠ai³¹tɕau⁵⁵tei⁴³i⁴⁴nta⁵⁵nta⁵⁵ni⁴⁴. 你弟弟犁的那些地浅浅的。
　　你 个 弟 犁 些 地 那 浅 浅 的

这种句法结构的受事宾语可以用mua⁴³"把"介引作话题，状态补语的语义指向话题，施事主语可以用tʂo²⁴"被"介引作话题，状态补语的语义指向受事主语。例如：

a') o⁵⁵cɛ⁴⁴qhau⁵⁵t̠oŋ³¹nto²⁴nto²⁴ni⁴⁴ta²¹. 我关门严严的了。
　　我 关 洞 门 严实 严实 的 了

→ o⁵⁵mua⁴³qhau⁵⁵ʈoŋ³¹cɛ⁴⁴nto²⁴nto²⁴ni⁴⁴ta²¹. 我把门关得严严的了。
    我 把 洞 门 关 严实 严实 的 了

→ qhau⁵⁵ʈoŋ³¹tʂo²⁴o⁵⁵cɛ⁴⁴nto²⁴nto²⁴ni⁴⁴ta²¹. 门被我关得严严的了。
    洞 门 被 我 关 严实 严实 的 了

b') to²¹ȵaŋ⁴³ki⁴³noŋ⁴³tou⁴³ŋki¹³ŋki¹³ni⁴⁴ta²¹. 儿媳妇炒瓜子脆脆的了。
    个 媳妇 炒 籽 瓜 脆 脆 的 了

→ to²¹ȵaŋ⁴³mua⁴³noŋ⁴³tou⁴³ki⁴³ŋki¹³ŋki¹³ni⁴⁴ta²¹. 儿媳妇把瓜子炒得脆脆的了。
    个 媳妇 把 籽 瓜 炒 脆 脆 的 了

→ noŋ⁴³tou⁴³tʂo²⁴to²¹ȵaŋ⁴³ki⁴³ŋki¹³ŋki¹³ni⁴⁴ta²¹. 瓜子被儿媳妇炒得脆脆的了。
    籽 瓜 被 个 媳妇 炒 脆 脆 的 了

c') ni²¹la⁵⁵to²¹m̥oŋ⁵⁵ɕoŋ⁴³ɳtʂei⁴⁴ɳtzei⁴⁴ni⁴⁴ta²¹. 他削竹签尖尖的了。
    他 削 个 签 竹 尖 尖 的 了

→ ni²¹mua⁴³to²¹m̥oŋ⁵⁵ɕoŋ⁴³¹la⁵⁵ɳtʂei⁴⁴ɳtzei⁴⁴ni⁴⁴ta²¹. 他把竹签削得尖尖的了。
    他 把 个 签 竹 削 尖 尖 的 了

→ to²¹m̥oŋ⁵⁵ɕoŋ⁴³tʂo²⁴ni²¹la⁵⁵ɳtʂei⁴⁴ɳtzei⁴⁴ni⁴⁴ta²¹. 竹签被他削得尖尖的了。
    个 签 竹 被 他 削 尖 尖 的 了

d') ni²¹to²¹ti³¹tʂha⁴³tso³¹l̥ua⁴⁴tɛ⁵⁵i⁴⁴mua¹³mua¹³ni⁴⁴ta²¹.
    她 个 兄 摩擦 根 绳 皮 那 软 软 的 了
    她哥哥挫那根皮绳软软的了。

→ ni²¹to²¹ti³¹mua⁴³tso³¹l̥ua⁴⁴tɛ⁵⁵i⁴⁴tʂha⁴³mua¹³mua¹³ni⁴⁴ta²¹.
    她 个 兄 把 根 绳 皮 那 摩擦 软 软 的 了
    她哥哥把那根皮绳挫得软软的了。

→ tso³¹l̥ua⁴⁴tɛ⁵⁵i⁴⁴tʂo²⁴ni²¹to²¹ti³¹tʂha⁴³mua¹³mua¹³ni⁴⁴ta²¹.
    根 绳 皮 那 被 她 个 兄 摩擦 软 软 的 了
    那根皮绳被她哥哥挫得软软的了。

e') ni²¹foŋ⁴⁴lo⁴³qei⁴⁴qai⁴³la⁴³la⁴³ni⁴⁴. 他染鸡蛋红红的。
    他 涂染 个 蛋 鸡 红 红 的

→ ni²¹mua⁴³lo⁴³qei⁴⁴qai⁴³foŋ⁴⁴la⁴³la⁴³ni⁴⁴. 他把鸡蛋染得红红的。
    他 把 个 蛋 鸡 涂染 红 红 的

→ lo⁴³qei⁴⁴qai⁴³tʂo²⁴ni²¹foŋ⁴⁴la⁴³la⁴³ni⁴⁴. 鸡蛋被他染得红红的。
    个 蛋 鸡 被 他 涂染 红 红 的

f) kau³¹tshoŋ⁵⁵tɕau⁵⁵ɴqai³¹i⁴⁴ȵa²¹ȵa²¹ni⁴⁴. 你切那些肉薄薄的。
    你 切 些 肉 那 薄 薄 的

→ kau³¹mua⁴³tɕau⁵⁵ɴqai³¹i⁴⁴tshoŋ⁵⁵ȵa²¹ȵa²¹ni⁴⁴. 你把那些肉薄薄的。
    你 把 些 肉 那 切 薄 薄 的

→ tɕau⁵⁵ɴqai³¹i⁴⁴tʂo²⁴kau³¹tshoŋ⁵⁵n̠a²¹n̠a²¹ni⁴⁴. 那些肉被你切得薄薄的。
　　些　肉　那　被　你　切　　薄　薄　　的

g') kau³¹to²¹ku⁵⁵lai³¹tɕau⁵⁵tei⁴³i⁴⁴nta⁵⁵nta⁵⁵ni⁴⁴. 你弟弟犁的那些地浅浅的。
　　你　个　弟　犁　些　　地　那　浅　浅　的

→ kau³¹to²¹ku⁵⁵mua⁴³tɕau⁵⁵tei⁴³i⁴⁴lai³¹nta⁵⁵nta⁵⁵ni⁴⁴.
　　你　个　弟　把　些　　地　那　犁　浅　浅　的
你弟弟把那些地犁得浅浅的。

→ tɕau⁵⁵tei⁴³i⁴⁴tʂo²⁴kau³¹to²¹ku⁵⁵lai³¹nta⁵⁵nta⁵⁵ni⁴⁴. 那些地被你弟弟犁得浅浅的。
　　些　　地　那　被　你　个　弟　犁　浅　浅　的

通过句式转换，状态补语的句法位置由与动词分裂变为与动词黏着，受事宾语成为话题或者受事主语，但并不影响状态补语的语义指向，它始终指向动词关涉的客体。

在苗语中，有一种结构与分裂式状态补语结构的句法结构相同，形容词重叠式不是状态补语，而是句法结构的谓语。例如：

a) to²¹n̠aŋ⁴³tʂha⁴³nto³³tei³¹ntou⁴³i⁴⁴ntshi⁴³ntshi⁴³ni⁴⁴. 那个新媳妇织的布粗粗的。
　　个　媳妇　新　织　些　布　那　粗糙　粗糙　的

b) o⁵⁵n̠a²⁴tlei⁴⁴tɕau⁵⁵zou⁴³i⁴⁴mau²¹mau²¹ni⁴⁴. 我母亲摘的菜嫩嫩的。
　　我母亲　摘　些　菜　那　嫩　　嫩　　的

c) ni²¹ntou³³thou⁵⁵tɕɛ⁵⁵i⁴⁴qou⁴³qou⁴³ni⁴⁴. 他打的那瓶酒酸酸的。
　　他　打　瓶　酒　那　酸　酸　的

d) ni²¹tɕi⁴⁴tɕau⁵⁵qau³³i⁴⁴tlaŋ³¹tlaŋ³¹ni⁴⁴. 他烧的土豆黄黄的。
　　他　烧　些　芋头　那　黄　黄　的

e) to²¹tsi⁵⁵ntʂua¹³n̠aŋ⁵⁵lo⁴³tʂhau⁴⁴i⁴⁴n̠ʈua¹³n̠ʈua¹³ni⁴⁴. 鳏夫穿的那件衣服破破的。
　　个　鳏夫　　穿　个　衣服　那　破　破　的

这种结构之所以不能分析为分裂式状态补语结构，是因为形容词重叠式前面的结构是一个关系化了的完整的短语，即是一个关系子句（relative clause），属提取主语作关系子句的中心语，尽管可以分析出主语、谓语、宾语，但这些成分之间的关系是修饰关系，限制标记隐含，而不是句法的直接构造关系。所以，受事宾语不能用介词介引话题化，也不能位移作受事主语，施事主语也不能用介词介引话题化，不过，可以通过补出关系化的限制标记，来提取宾语作关系子句的中心语。例如：

a') tei³¹ntou⁴³kə³³to²¹n̠aŋ⁴³tʂha⁴³nto³³i⁴⁴ntshi⁴³ntshi⁴³ni⁴⁴.
　　些　布　助词　个　媳妇　新　织　那　粗糙　粗糙　的
那个新媳妇织的那些布粗粗的。

b') tɕau⁵⁵ʐou⁴³kə³³o⁵⁵na²⁴tlei⁴¹i⁴⁴mau²¹mau²¹ni⁴⁴. 我母亲摘的那些菜嫩嫩的。
　　些　菜　助词我母亲摘 那 嫩　 嫩　 的
c') thou⁵⁵tɕɛ⁵⁵kə³³ni²¹ntou³³qou⁴³qou⁴³ni⁴⁴. 他打的那瓶酒酸酸的。
　　瓶　酒 助词他 打　酸　酸　的
d') tɕau⁵⁵qau³³kə³³ni²¹tɕi⁴⁴i⁴⁴tlaŋ³¹tlaŋ³¹ni⁴⁴. 他烧的那些土豆黄黄的。
　　些　芋头 助词他 烧 那 黄　 黄　 的
e') lo⁴³tʂhau⁴⁴kə³³to²¹tsi⁵⁵ɳtʂua¹³ŋaŋ⁵⁵i⁴⁴ɳtua¹³ɳtua¹³ni⁴⁴.
　　个 衣服 助词个 鳏夫　 穿 那 破　 破　 的
鳏夫穿的那件衣服破破的。

动词为非自主动词带客事宾语时，可以与形容词重叠式构成分裂式状态补语结构，句法结构为：主语+动词+宾语+补语，语义结构为：当事主语+动词+客事宾语+状态补语，状态补语的语义指向客事宾语。例如：

a) fua⁴³poŋ⁴³tɛ¹³paŋ³¹tʂha⁴³tʂha⁴³ni⁴⁴ta²¹. 樱桃树开花争奇斗艳的了。
　 树 樱桃 开花 新　 新　 的 了
b) ntoŋ⁴⁴lu¹³zaŋ³¹laŋ⁵⁵mploŋ³¹ɳtʂua⁴³ɳtʂua⁴³ni⁴⁴ta²¹. 杨柳树长叶绿绿的了。
　 树　杨柳　萌发 叶　绿　　绿　　的 了
c) tɕo⁴³tsho⁵⁵naŋ⁴⁴tʂhɛ³¹mplei³¹tʂhi³¹tʂhi³¹ni⁴⁴ta³¹. 这块小米出穗齐齐的了。
　 块　小米 这 抽　稻谷 齐　齐　 的 了
d) tei³¹ntoŋ⁴⁴i⁴⁴pai²⁴ṭau³¹mplou⁴⁴mplou²⁴ni⁴⁴. 那些树出油黏黏的。
　 些　树 那 渗流 油 糯　 糯　 的
e) tou²⁴mau¹³tua³¹cou²¹tlɛ⁴³tlɛ⁴³ni⁴⁴. 豌豆发芽白白的。
　 豆　麦　 出 芽 白　白　的

这种句法结构除可以省略当事主语，客事宾语位移作当事主语外，没有别的句法转换形式。客事宾语位移作当事主语构成的结构，与前述动词为非自主动词带当事主语构成的黏着式状态补语结构相同，句法结构为：主语+动词+补语，语义结构为：当事主语+动词+状态补语，状态补语的语义指向当事主语。

6.6.3　动词带 ni³³ "得" 的状态补语结构及其语义特征

苗语的ni³³ "得" 与ni⁴⁴ "的" 有区别，ni³³ "得" 只用作状态补语的标记，ni⁴⁴ "的" 可以用作名物化标记，也可以用作结构助词。例如：

关于ni⁴⁴ "的"

a) ni²¹ni⁴⁴ntɛ⁵⁵tʂi⁴⁴tʂha⁴³. 她的书不新。
　 她 的 书　不 新

b) ni²¹chɛ³³o⁵⁵ni⁴⁴pen⁵⁵ntɛ⁵⁵. 她给我的书。
　　她　给　我　的　本　书
c) ni²¹mua²¹ni⁴⁴ntɛ⁵⁵poŋ⁴³lɛ²⁴. 她买的书丢了。
　　她　买　的　书　掉　了
d) ni²¹pen⁵⁵ntɛ⁵⁵tʂha⁴³tʂha⁴³ni⁴⁴. 她的书新新的。
　　她　本　书　新　新　的
e) pen⁵⁵ntɛ⁵⁵naŋ⁴⁴ʐau¹³mua¹³ni⁴⁴tʂi⁴⁴ʐau¹³chɛ³³ni⁴⁴. 这本书是买的不是捡的。
　　本　书　这　是　买　的　不　是　捡　的

a)中的ni⁴⁴"的"作结构助词，作领属结构的标记。b)中的ni⁴⁴"的"作结构助词，作关系子句提取宾语的标记，c)中的ni⁴⁴"的"作结构助词，用在动词之后作关系子句提取主语的标记。d)中的ni⁴⁴"的"用在形容词重叠式之后，作形容词的名物化标记。e)中的ni⁴⁴"的"用在动词之后，作动词的名物化标记。

关于ni³³"得"

a) mau¹³tua³¹ni³³ntʂua⁴³ntʂua⁴³ni⁴⁴ta²¹. 麦子出得绿绿的了。
　　麦　萌发　得　绿　　绿　　的　了
b) tei³¹ntou⁴³naŋ⁴⁴nto³³ni³³ntshi⁴³ntshi⁴³ni⁴⁴. 这些布织得粗粗的。
　　些　布　这　织　得　粗糙　粗糙　的
c) ni²¹naŋ⁵⁵ni³³tʂha⁴³tʂha⁴³ni⁴⁴tua²¹ta²¹. 她穿得新新的来了。
　　她　穿　得　新　新　的　来　了
d) ni²¹tua³¹ni³³tɕi¹³tɛ⁵⁵mplua⁵⁵. 他来得脚都跛了。
　　他　来　得　跛　脚　跛颠貌
e) pei⁴³lua¹³ni³³mau⁴³plaŋ⁴³. 我们笑得肚子疼。
　　我们　笑　得　疼　肚

这些句子中的ni³³"得"都用在动词的后面，是状态补语的标记，只是有的标记重叠的形容词，有的标记动词。这些例子也说明，苗语的ni³³"得"作状态补语的标记时，可以标记形容词重叠式状态补语，也可以标记支配式短语结构。此外，苗语的ni³³"得"还可以标记能愿动词与动词构成的连动结构状态补语。

6.6.3.1　ni³³作形容词重叠式状态补语标记的结构及其语义特征

苗语的ni³³"得"标记形容词重叠式状态补语时，总是后置于动词、前置于形容词重叠式，但在句法上要求动词不能带宾语，动词的主语可以是受事主语或当事主语或施事主语，这与状态补语的语义指向有关，形容词重叠式作状态补语时的语义总是指向动词关涉的客体，包括由客体位移作受事主语或当事主语或话题的成分。这样，苗语动词带ni³³"得"的形容词重叠式状态补语的句法结构只有两种：主语+动词+ni^{33}得+补语，主语+状语+动词+ni^{33}得+补语，语义结构则有五种：受事主语+动词+ni^{33}得+状态补语，当事主语+动词+ni^{33}得+状态补语，施事主语+动词+ni^{33}得+状态补语，受事主语+话题+动词+ni^{33}得+状态补语，施事主语+话题+动词+ni^{33}得+状态补语。

6.6.3.1.1 "主语+动词+ni^{33}得+补语"的状态补语结构及其语义特征

苗语句法结构为"主语+动词+ni^{33}得+补语"的状态补语结构，有三种语义结构。

动词为自主动词，主语为受事主语时，句法结构为：主语+动词+ni^{33}得+补语，语义结构为：受事主语+动词+ni^{33}得+状态补语，状态补语的语义指向受事主语。例如：

a) mpua^{44}ʐo^{13}ni^{33}tau^{13}tau^{13}ni^{44}ta^{21}. 猪养得肥肥的了。
   猪　养得　肥　肥　的 了

b) ʑin^{43}kau^{55}ni^{33}tɬaŋ^{31}tɬaŋ^{31}ni^{44}ta^{21}. 烟叶烤得黄黄的了。
   烟　烤得　黄　黄　的 了

c) tɬei^{31}thou^{43}ni^{33}ko^{43}ko^{43}ni^{44}ta^{21}. 水烧得烫烫的了。
   水　烧得　烫　烫　的 了

d) tɛ^{21}tou^{55}ni^{33}tɕi^{31}tɕi^{31}ni^{44}ta^{21}. 火烧得旺旺的了。
   火　烧　得　旺 旺 的 了

这种句法结构与动词不带ni^{33}"得"的状态补语结构一样，受事主语可以直接用mua^{43}"把"介引作话题，状态补语的语义指向话题。也可以补出句法结构的施事主语，状态补语的语义仍然指向话题，但受事主语不能回归到宾语的位置。补出的施事主语，可以用tʂo^{24}"被"介引施事主语作话题，状态补语的语义指向受事主语。例如：

a) tou^{24}hou^{44}ni^{33}mua^{13}mua^{13}ni^{44}ta^{21}. 豆子煮得软软的了。
   豆　煮　得　软　软　的 了

→ mua^{43}tou^{24}hou^{44}ni^{33}mua^{13}mua^{13}ni^{44}ta^{21}. 豆子煮得软软的了。
   把　豆　煮　得　软　软　的 了

→ ni^{21}mua^{43}tou^{24}hou^{44}ni^{33}mua^{13}mua^{13}ni^{44}ta^{21}. 他把豆子煮得软软的了。
   他 把　豆　煮　得　软　软　的 了

→ tou^{24}tʂo^{24}ni^{21}hou^{44}ni^{33}mua^{13}mua^{13}ni^{44}ta^{21}. 他把豆子煮得软软的了。
   豆　被　他 煮　得　软　软　的 了

b) ntɕua^{55}tɕi^{44}ni^{33}ŋto^{31}ŋto^{31}ni^{44}ta^{21}. 糍粑烧得胀胀的了。
   糍粑　烧得　胀　胀　的 了

→ mua^{43}ntɕua^{55}tɕi^{44}ni^{33}ŋto^{31}ŋto^{31}ni^{44}ta^{21}. 糍粑烧得胀胀的了。
   把　糍粑　烧得　胀　胀　的 了

→ po¹³mua⁴³ɳtɕua⁵⁵tɕi⁴⁴ni³³ɳto³¹ɳto³¹ni⁴⁴ta²¹. 祖母把糍粑烧得胀胀的了。
　祖母把　糍粑　烧得胀　胀　的了

→ ɳtɕua⁵⁵tʂo²⁴po¹³tɕi⁴⁴ni³³ɳto³¹ɳto³¹ni⁴⁴ta²¹. 糍粑被祖母烧得胀胀的了。
　糍粑　被祖母　烧得　胀　胀　的了

c) l̥ua⁴⁴sua⁴³ni³³ŋkoŋ⁵⁵ŋkoŋ⁵⁵ni⁴⁴ta²¹. 绳子搓得紧紧的了。
　绳　搓得　紧　紧　的了

→ mua⁴³l̥ua⁴⁴sua⁴³ni³³ŋkoŋ⁵⁵ŋkoŋ⁵⁵ni⁴⁴ta²¹. 绳子搓得紧紧的了。
　把　绳搓得　紧　紧　的了

→ ni²¹to²¹mua¹³mua⁴³l̥ua⁴⁴sua⁴³ni³³ŋkoŋ⁵⁵ŋkoŋ⁵⁵ni⁴⁴ta²¹.
　他 个 妹妹 把 绳　搓得　紧　紧　的了
　他妹妹把绳子搓得紧紧的了。

→ l̥ua⁴⁴tʂo²⁴ni²¹to²¹mua¹³sua⁴³ni³³ŋkoŋ⁵⁵ŋkoŋ⁵⁵ni³³ta²¹.
　绳 被 他 个 妹妹 搓　得 紧　紧　的 了
　绳子被他妹妹搓得紧紧的了。

d) tei⁴³ɳtɕɛ³³ni³³to⁴³to⁴³ni⁴⁴ta²¹. 地挖得深深的了。
　地　挖得　深　深　的了

→ mua⁴³tei⁴³ɳtɕɛ³³ni³³to⁴³to⁴³ni⁴⁴ta²¹. 地挖得深深的了。
　把　地　挖得　深　深　的了

→ tei³¹l̥ua³³i⁴⁴mua⁴³tei⁴³ɳtɕɛ³³ni³³to⁴³to⁴³ni⁴⁴ta²¹. 那些年轻人把地挖得深深的了。
　些 年轻 那 把 地 挖得 深 深 的了

→ tei⁴³tʂo²⁴tei³¹l̥ua³³i⁴⁴ɳtɕɛ³³ni³³to⁴³to⁴³ni⁴⁴ta²¹. 地被那些年轻人挖得深深的了。
　地 被 些 年轻 那 挖得 深 深 的了

动词为非自主动词，主语为当事主语时，句法结构为：主语+动词+ni³³得+补语，语义结构为：当事主语+动词+ni³³得+状态补语，状态补语的语义指向当事主语。例如：

a) mploŋ³¹tua¹³ni³³tu³³tu³³ni⁴⁴lɛ²⁴. 叶子萎得蔫蔫的了。
　叶　死得　蔫　蔫　的了

b) tsi⁵⁵z̥ou⁴³kaŋ⁴³ou⁵⁵ni³³tlo⁴³tlo⁴³ni⁴⁴ta²¹. 桑子熟得黑黑的了。
　果　桑树　熟得　黑　黑　的了

c) n̥oŋ⁴³qo⁴³tʂhɛ³³ni⁴⁴tɕi⁴⁴tɕi⁴⁴ni⁴⁴. 星星闪烁得亮亮的。
　太阳 星 闪耀得 亮 亮 的

d) o⁵⁵lo⁴³ko⁴⁴tlaŋ⁴³mau⁴⁴ni³³tshaŋ⁵⁵tshaŋ⁵⁵ni⁴⁴. 我的脖子痛得僵硬僵硬的。
　我个 脖子　痛得　僵　僵　的

这种句法结构除了可以省去状态补语标记ni³³"得"外，没有其他句法转换形式。状态补语省去标记后，语义结构与前述非自主动词不带宾语时

第六章 苗语的动补结构及其语义特征

的结构相同，都是：当事主语+动词+状态补语。例如：

a) ko^{24}zou^{13}tlai^{13}ni^{33}tua^{31}tua^{31}ni^{44}lɛ^{24}ta^{21}. 穿山甲被卡得稳稳的了。
   穿山甲　卡住　得 稳固稳固的　了 了
→ ko^{24}zou^{13}tlai^{13}tua^{31}tua^{31}ni^{44}lɛ^{24}ta^{21}. 穿山甲被卡得稳稳的了。
   穿山甲　卡住稳固稳固的　了 了

b) to^{21}nen^{21}lo^{43}hou^{44}kaŋ^{31}ni^{33}ṣa^{43}ṣa^{43}ni^{44}. 马头挺得高高的。
   只　马　个 头　挺起 得　高高　的
→ to^{21}nen^{21}lo^{43}hou^{44}kaŋ^{31}ṣa^{43}ṣa^{43}ni^{44}. 马头挺得高高的。
   只　马　个 头　挺起 高高　的

c) ni^{21}tei^{31}plou^{43}hou^{44}lei^{44}ni^{33}tlau^{44}tlau^{44}ni^{44}lɛ^{24}. 他的头发掉得光秃秃的了。
   他 些　毛 头　脱落 得 秃　秃　的 了
→ ni^{21}tei^{31}plou^{43}hou^{44}lei^{44}tlau^{44}tlau^{44}ni^{44}lɛ^{24}. 他的头发掉得光秃秃的了。
   他 些　毛　头　脱落 秃　秃　的 了

d) plua^{55}tou^{24}lou^{55}ni^{44}ntei^{55}ntei^{55}ni^{44}ta^{21}. 豆荚垂得长长的了。
   荚　豆　垂 得　长　长　的 了
→ plua^{55}tou^{24}lou^{55}ntei^{55}ntei^{55}ni^{44}ta^{21}. 豆荚垂得长长的了。
   荚　豆　垂 长　长　的 了

这两种结构，在句法上有一定的差别，但是，状态补语的语义都指向当事主语。句法的差别在于一个不带状态补语标记，一个带有状态补语标记，状态补语标记ni^{33}"得"具有结果的语义特征，事件的变化通常是已然的。所以，不带状态补语标记的句法结构在语义上说明的动词的变化状态未必是已然的，而带状态补语标记的句法结构在语义上说明的动词的变化状态必定是已然的，这就是这两种结构的句法差别和语义差别。

动词为自主动词，主语为施事主语时，句法结构为：主语+动词+ni^{33}得+补语，语义结构为：施事主语+动词+ni^{33}得+状态补语。例如：

a) ni^{21}qhau^{55}mua^{13}qei^{44}ni^{33}tɕin^{55}tɕin^{55}ni^{44}. 她的眼睛闭得紧紧的。
   她 眼睛　　闭 得 紧・紧 的

b) tei^{31}tau^{13}i^{44}sɛ^{55}ni^{33}ntsei^{13}ntsei^{13}ni^{44}. 那些战士站得直直的。
   些　兵 那 站 得　竖直　竖直　的

c) tei^{31}lo^{55}zaŋ^{44}ni^{33}qei^{21}qei^{21}ni^{44}. 燕子飞得低低的。
   些　燕 飞 得 低 低 的

d) mei^{31}za^{44}tua^{31}ni^{33}ntso^{55}ntso^{55}ni^{44}. 你们要来得早早的。
   你们 要 来 得 早 早　的

e) o^{55}tua^{55}ni^{33}mplou^{24}mlpou^{24}ni^{44}ta^{21}. 我舂得黏黏的了。
   我 舂 得 黏　黏　的 了

f) pei⁴³tau²⁴ni³³ntshen⁵⁵ntshen⁵⁵ni⁴⁴ta²¹. 我们捯得松松的了。
　　我们 捯 得 松散　　松散　　的 了

g) ni²¹na²⁴lou⁴³ni³³ʐoŋ³¹ʐoŋ³¹ni⁴⁴ta²¹. 她母亲扎压得茸茸的了。
　　她 母亲扎压得 茸　茸　　的 了

h) ni²¹nto⁵⁵ni³³ntsou²⁴ntsou²⁴ni⁴⁴ta²¹. 他浇得透透的了。
　　他 浇 得 透　透　　的 了

在这些例句中，虽然句法结构一致，但前四句是一种类型，后四句是一种类型。前四句不带体助词，这不是最主要的，最主要的是状态补语的语义指向施事主语，状态补语与施事主语有逻辑语义关系，这种结构没有其他句法形式。后四句带体助词，表动作行为状态的完成，但是，状态补语与施事主语没有逻辑语义关系，所以，状态补语的语义指向应指向受事宾语，受事宾语没有出现，状态补语的语义指向空位。受事宾语可以补出，但不能处于宾语的位置，只能处于话题的位置，若要处于主语的位置，施事主语只能用介词介引作话题。例如：

e') o⁵⁵tua⁵⁵ni³³mplou²⁴mlpou²⁴ni⁴⁴ta²¹. 我舂得黏黏的了。
　　我 舂 得 黏　　黏　　的 了

→ qau³³ʐa⁴⁴o⁵⁵tua⁵⁵ni³³mplou²⁴mlpou²⁴ni⁴⁴ta²¹. 我舂得黏黏的了。
　　野山药 我 舂 得 黏　　黏　　的 了

→ o⁵⁵mua⁴³qau³³ʐa⁴⁴tua⁵⁵ni³³mplou²⁴mlpou²⁴ni⁴⁴ta²¹. 我把野山药舂得黏黏的了。
　　我 把 野山药 舂 得 黏　　黏　　的 了

→ qau³³ʐa⁴⁴tʂo⁵⁵o⁵⁵tua⁵⁵ni³³mplou²⁴mlpou²⁴ni⁴⁴ta²¹. 野山药被我舂得黏黏的了。
　　野山药 被 我 舂 得 黏　　黏　　的 了

f') pei⁴³tau²⁴ni³³ntshen⁵⁵ntsʰen⁵⁵ni⁴⁴ta²¹. 我们捯得松松的了。
　　我们 捯 得 松散　　松散　　的 了

→ pai¹³tɕhi⁵⁵i⁴⁴pei⁴³tau²⁴ni³³ntshen⁵⁵ntshen⁵⁵ni⁴⁴ta²¹.
　　堆　粪肥那我们 捯得 松散　　松散　　的 了
　　那堆粪肥我们捯得松松的了。

→ pei⁴³mua⁴³pai¹³tɕhi⁵⁵i⁴⁴tau²⁴ni³³ntshen⁵⁵ntshen⁵⁵ni⁴⁴ta²¹.
　　我们 把 堆 粪肥 那 捯 得 松散　松散　的 了
　　我们把那堆粪肥捯得松松的了。

→ pai¹³tɕhi⁵⁵i⁴⁴tʂo²⁴pei⁴³tau²⁴ni³³ntshen⁵⁵ntshen⁵⁵ni⁴⁴ta²¹.
　　堆　粪肥 那 被 我们 捯 得 松散　松散　 的 了
　　那堆粪肥被我们捯得松松的了。

g') ni²¹na²⁴lou⁴³ni³³ʐoŋ³¹ʐoŋ³¹ni⁴⁴ta²¹. 她母亲扎压得茸茸的了。
　　她母亲扎压得 茸　茸　的 了

→ tçhɛ⁴⁴ntou⁴³i⁴⁴ni²¹na²⁴lou⁴³ni³³zoŋ³¹zoŋ³¹ni⁴⁴ta²¹.
匹 布 那 她 母亲 扎压 得 茸 茸 的 了
那匹布她母亲扎压得茸茸的了。

→ ni²¹na²⁴mua⁴³tçhɛ⁴⁴ntou⁴³i⁴⁴lou⁴³ ni³³zoŋ³¹zoŋ³¹ni⁴⁴ta²¹.
她 母亲 把 匹 布 那 扎压 得 茸 茸 的 了
她母亲把那匹布扎压得茸茸的了。

→ tçhɛ⁴⁴ntou⁴³i⁴⁴tʂo²⁴ni²¹na²⁴lou⁴³ni³³zoŋ³¹zoŋ³¹ni⁴⁴ta²¹.
匹 布 那 被 她 母亲 扎压 得 茸 茸 的 了
那匹布被她母亲扎压得茸茸的了。

h') ni²¹nto⁵⁵ni³³ntsou²⁴ntsou²⁴ni⁴⁴ta²¹. 他浇得透透的了。
他 浇 得 透 透 的 了

→ tço⁴³tei⁴³ʐou⁴³naŋ⁴⁴ni²¹nto⁵⁵ni³³ntsou²⁴ntsou²⁴ni⁴⁴ta²¹.
块 地 菜 这 他 浇 得 透 透 的 了
这块菜地他浇得透透的了。

→ ni²¹mua⁴³tço⁴³tei⁴³ʐou⁴³naŋ⁴⁴nto⁵⁵ni³³ntsou²⁴ntsou²⁴ni⁴⁴ta²¹.
他 把 块 地 菜 这 浇 得 透 透 的 了
他把这块菜地浇得透透的了。

→ tço⁴³tei⁴³ʐou⁴³naŋ⁴⁴tʂo²⁴ni²¹nto⁵⁵ni³³ntsou²⁴ntsou²⁴ni⁴⁴ta²¹.
块 地 菜 这 被 他 浇 得 透 透 的 了
这块菜地被他浇得透透的了。

6.6.3.1.2 "主语+状语+动词+ni³³得+补语"的状态补语结构及其语义特征

这种句法结构有两种语义结构。动词为自主动词，主语为施事主语时，句法结构为：主语+状语+动词+ni³³得+补语，语义结构为：施事主语+话题+动词+ni³³得+状态补语，其中，话题是受事宾语由介词介引位移形成的，状态补语的语义指向话题。例如：

a) ni²¹mua⁴³ɴqai³¹nto⁴⁴ni³³mau³¹mau³¹ni⁴⁴ta²¹. 他把肉剁得细细的了。
他 把 肉 剁 得 细 细 的 了

b) kau³¹mua⁴³tçɛ⁵⁵lou⁴³ni³³po⁵⁵po⁵⁵ni⁴⁴tou⁴⁴. 你把酒斟得满满的着。
你 把 酒 斟 的 满满 的 着

c) o⁵⁵mua⁴³cɛ²⁴sau³¹ni³³n̩tçau⁴⁴n̩tçau⁴⁴ni⁴⁴ta²¹. 我把背篓捎得高高的了。
我 把 背篓 捎得 冒尖 冒尖 的 了

d) ku³³lou⁴⁴mua⁴³lo⁴³chou⁴³chai³³kho⁴⁴ni³³tʂha⁴³tʂha⁴³ni⁴⁴ta²¹.
匠 铁 把 个 旧 铧 修理 得 新 新 的 了
铁匠把旧犁铧修得新新的了。

e) paŋ⁴⁴tɛ²¹mua⁴³qaŋ⁴³nthaŋ⁴³ntɕhou⁵⁵ni³³tl̥o⁴³tl̥o⁴³ni⁴⁴lɛ²⁴.
　　气　火　把　底　楼　　熏　　　得　黑　黑　的　了
　　火烟把楼底底板熏得黑黑的了。
f) ni²¹mua⁴³tɕhe³³laŋ¹³lɛ⁵⁵ni³³la⁴³la⁴³ni⁴⁴ta²¹. 他把铁钎子烧得红红的了。
　　他　把　　钎　棍　烧　得　红　红　的　了

这种结构没有其他转换形式，不过，可以把话题化的受事宾语转换为受事主语，但施事主语必须由介词介引为话题，状态补语的语义指向受事主语，这就是下面的语义结构。

动词为自主动词，主语为受事主语时，句法结构为：主语+状语+动词+ni³³得+补语，语义结构为：受事主语+话题+动词+ni³³得+状态补语，其中的话题是施事主语由介词介引作话题的结果，状态补语的语义指向受事主语。例如：

a) to²¹n̥o³¹i⁴⁴tʂo²⁴ni²¹ʐo¹³ni³³ntsou¹³ntsou¹³ni⁴⁴lɛ²⁴. 那头牛被他养得瘦瘦的了。
　　只　牛　那　被　他　养　得　瘦　　瘦　的　了
b) lo⁴³thoŋ⁴³tʂo²⁴tɕua⁴⁴tʂhua⁴³ni³³ɕua⁴³ɕua⁴³ni⁴⁴lɛ²⁴. 桶被风吹得罅罅的了。
　　个　桶　被　风　吹　　得　罅　罅　的　了
c) ni²¹tshai³³tɕi¹³pua⁴³tʂo²⁴lua⁵⁵tɛ²¹lɛ⁵⁵ni³³tɕɛ³³tɕɛ³³ni⁴⁴lɛ²⁴.
　　他　只　腿　　被　火　　烧　得　皱　皱　的　了
　　他的腿被火烧得皱皱的了。
d) tau³¹pei²¹tʂo²⁴n̥o³¹ʂhi³³cɛ³³ni³³tl̥au⁴⁴tl̥au⁴⁴ni⁴⁴lɛ²⁴. 山被牛羊啃得光秃秃的了。
　　坡　山　被　牛　山羊　啃　得　光秃　光秃　的　了
e) to²¹n̥ua¹³tʂo²⁴ni²¹na²⁴po⁴³ni³³tsou⁴⁴tsou⁴⁴ni⁴⁴lɛ²⁴ta²¹.
　　个　孩子　被　他　母亲　喂　得　饱　　饱　的　了　了
　　孩子被他母亲喂得饱饱的了了。
f) mpua⁴⁴qhou⁵⁵tʂo²⁴to²¹ntshai³³ʐou⁴⁴i⁴⁴tau⁵⁵ ni³³tsa²¹tsa²¹ni⁴⁴ta²¹.
　　猪　　食　　被　个　姑娘　小　那　搅和　得　凉　凉　的　了
　　猪食被那个小姑娘搅得凉凉的了。

这种结构也没有其他的转换形式，当然，受事主语可以由介词介引作话题，但是，主语必须回到原来的位置，状态补语的语义指向话题，这就构成了上面所说的语义结构。这样看来，"施事主语+话题+动词+ni³³得+状态补语"与"受事主语+话题+动词+ni³³"得"状态补语"的句法结构相同，语义结构互补。

6.6.3.2　ni³³作支配式短语状态补语标记的结构及其语义特征

前文说到苗语的句法结构"主语+动词+[形容词+宾语]"不是动词带宾语的黏着式结构状态补语，而是动词带的形容词重叠式支配结构

（dominative structure）作状态补语。这种状态补语如果用结构助词ni^{33}"得"作标记，其补语的地位就更加明显。

在苗语中，不仅形容词重叠式支配结构可以作状态补语，动宾式支配结构也可以作状态补语。这两者的句法形式相同，状态补语的语义指向都是施事主语，句法结构和语义结构稍有不同。

形容词重叠式支配结构作状态补语时，句法结构为：主语+动词+ni^{33}得+[形容词重叠式+宾语]，语义结构为：施事主语+动词+ni^{33}得+[形容词重叠式+主体宾语]。例如：

a) ni^{21}tṣi^{55}ni^{33}tso^{13}tso^{13}ṣa^{55}ni^{44}. 他跑得累得要死。
　　他　跑　得　累　累　命　的

b) ni^{21}vai^{24}tɕhi^{24}ni^{33}mpou^{44}mpou^{44}tɛ^{21}ni^{44}. 她父亲气得火冒三丈。
　　她 父亲 气 得 沸腾 沸腾 火 的

c) to^{21}ṅua^{13}qua^{31}ni^{33}tshɛ^{33}tshɛ^{33}qaŋ^{44}ni^{44}. 孩子哭得嗓子哑哑的。
　　个 孩子 哭 得 嘶哑 嘶哑 喉 的

d) pei^{43} tau^{21}ni^{33}tṣhai^{43}tṣhai^{43}plaŋ^{43}ni^{44}ta^{21}. 我们等得肚子都饿扁了。
　　我们　等　得　饿　饿　肚　的　了

e) to^{21} ntshai^{33}i^{44}lua^{13}ni^{33}ɳtʂhi^{44}ɳtʂhi^{44}mua^{13}ni^{44}. 那个姑娘笑得眼睛眯眯的。
　　个　姑娘 那 笑 得 眯 眯 眼睛 的

这种句法结构可以省掉动词和状态补语标记，形容词重叠式作谓语，形容词所带的宾语仍为主体宾语。这些句子可以转换为：

a') ni^{21}tso^{13}tso^{13}ṣa^{55}ni^{44}. 他累得要死的。
　　他　累　累　命　的

b') ni^{21}vai^{24}mpou^{44}mpou^{44}tɛ^{21}ni^{44}. 她父亲生生气的。
　　她 父亲 沸腾 沸腾 火 的

c') to^{21}ṅua^{13}tshɛ^{33}tshɛ^{33}qaŋ^{44}ni^{44}. 孩子嗓子哑哑的。
　　个 孩子 嘶哑 嘶哑 喉 的

d') pei^{43}tṣhai^{43}tṣhai^{43}plaŋ^{43}ni^{44}ta^{21}. 我们肚子饿饿的了。
　　我们　饿　饿　肚　的　了

e') to^{21} ntshai^{33}i^{44}ɳtʂhi^{44}ɳtʂhi^{44}mua^{13}ni^{44}. 那个姑娘眼睛眯眯的。
　　个 姑娘 那 眯 眯 眼睛 的

动宾式支配结构作状态补语时，句法结构为：主语+动词+ni^{33}得+[动词+宾语]，语义结构为：施事主语+动词+ni^{33}得+[动词+客体宾语]。例如：

a) nto^{31}ṣo^{55}pei^{43} mo^{21}ni^{33}tɛ^{24}fu^{21}tṣa^{44}. 天热我们走得大汗淋漓。
　　天　热 我们　走　得　出 汗 淋漓貌

b) ni²¹hai³³zaŋ³¹tou²⁴tḷaŋ⁴³ka¹³o⁵⁵lua⁵³ni³³pai²⁴kua⁴⁴mua¹³.
　　他 说　首　故事　使我 笑　得 渗出 泪眼
　　他讲的故事使我笑得流出了眼泪。
c) to²¹nen⁴³mau⁴³ṇaŋ⁴⁴ni³³tua⁴⁴ɳtɕou³¹tṣhua²¹. 病人痛苦得张大嘴巴。
　　个 人 病 痛苦 得 张　嘴 张开貌
d) to²¹ṇua¹³tḷaŋ⁴⁴ni³³lo⁴⁴tṣhou⁵⁵li⁴⁴. 孩子滚得沾满了尘土。
　　个 孩子 滚 得 沾 灰尘 附着貌
e) ni²¹ṣo⁵⁵ni³³lo²¹ɳtṣhaŋ⁵⁵ɳtṣu¹³. 他热得流鼻血。
　　他 热 得 来 血　鼻
f) tei³²ntshai³³taŋ²⁴ni³³ko⁴³ṣa⁴³tu²¹. 姑娘们唱得心情激昂。
　　些 姑娘　唱 得 烫 肝 激昂貌

这种句法结构也可以省掉动词和状态补语标记，支配结构的动词作谓语，支配结构的宾语仍作客体宾语。这些句子可以转换为：

a') nto³¹ṣo⁵⁵pei⁴³tɛ²⁴fu⁴³tṣa⁴⁴. 天热我们大汗淋漓。
　　天 热　我们 出 汗 淋漓貌
b') ni²¹hai³³zaŋ³¹tou²⁴tḷaŋ⁴³ka¹³o⁵⁵pai²⁴kua⁴⁴mua¹³. 他讲的故事使我流出了眼泪。
　　他 说　首　故事　　使我 渗出 泪眼
c') to²¹nen⁴³mau⁴³tua⁴⁴ɳtɕou³¹tṣhua²¹. 病人张大了嘴巴。
　　个 人 病 张 嘴　张开貌
d') to²¹ṇua¹³lo⁴⁴tṣhou⁵⁵li⁴⁴. 孩子沾满了尘土。
　　个 孩子 沾 灰尘 附着貌
e') ni²lo²¹ɳtṣhaŋ⁵⁵ɳtṣu¹³. 他流鼻血。
　　他 来 血　鼻
f') tei³²ntshai³³ko⁴³ṣa⁴³tu²¹. 姑娘们心情激昂。
　　些 姑娘 烫 肝 激昂貌

6.6.3.3　ni³³作连动式状态补语标记的结构及其语义特征

苗语能愿动词与动词构成的连动结构，主要充当谓语，但是，在一些特定的句法结构中可以作状态补语，不过，必须要用结构助词ni³³"得"作标记。连动结构作状态补语时，通常用否定的形式，句法结构为：主语+动词+ni³³得+tṣi⁴⁴不+[动词₁+动词₂]，语义结构为：施事主语+动词+ni³³得+tṣi⁴⁴不+状态补语，或者，当事主语+动词+ni³³得+tṣi⁴⁴不+状态补语，状态补语的语义指向施事主语或当事主语。例如：

a) tei³¹ṇua¹³nau³¹ni³³tṣi⁴⁴pou⁴³tsou³³. 孩子们吃得不知够。
　　些 孩子 吃 得 不 知　够

b) au⁴³to²¹nen⁴³kau⁴⁴ntua²¹ni³³tʂi⁴⁴tsɛ³¹ʂo⁴⁴. 那两个人喋喋不休的。
二 个 人 那 唠叨 得 不 会 歇

c) pei⁴³noŋ¹³ni³³tʂi⁴⁴ɕaŋ⁵⁵mo²¹. 我们听得不想走。
我们 听 得 不 想 走

d) ni²¹ntʂhai⁴⁴ni³³tʂi⁴⁴kaŋ⁵⁵tɛ²⁴mo²¹. 她怕得不敢出去。
她 怕 得 不 敢 出 去

e) ni²¹ʐɛ²⁴tlaŋ⁴³mau⁴³ni³³tʂi⁴⁴tsɛ³¹zoŋ⁴⁴. 他舅舅病得不会好转。
他 舅舅 病 得 不 会 好转

f) lo⁴³nto³¹naŋ⁴⁴lo²¹ni³³tʂi⁴⁴pou⁴³ɳʈho⁴⁴. 这个老天爷下得不知个晴。
个 天 这 下 得 不 知 晴

这种句法结构缺省核心动词的宾语，但并不影响句法语义的表达，而且，其中的核心动词和状态补语的标记还可以省掉，句法的语义仍然清楚，只不过是状态补语变成为了谓语。这些例句可以转换为：

a') tei³¹ȵua¹³tʂi⁴⁴pou⁴³tsou³³. 孩子们不知够。
些 孩子 不 知 够

b') au⁴³to²¹nen⁴³kau⁴⁴tʂi⁴⁴tsɛ³¹ʂo⁴⁴. 那两个人不会停。
二 个 人 那 不 会 歇

c') pei⁴³tʂi⁴⁴ɕaŋ⁵⁵mo²¹. 我们不想走。
我们 不 想 走

d') ni²¹tʂi⁴⁴kaŋ⁵⁵tɛ²⁴mo²¹. 她不敢出去。
她 不 敢 出 去

e') ni²¹ʐɛ²⁴tlaŋ⁴³tʂi⁴⁴tsɛ³¹zoŋ⁴⁴. 他舅舅不会好转。
他 舅舅 不 会 好转

f') lo⁴³nto³¹naŋ⁴⁴tʂi⁴⁴pou⁴³ɳʈho⁴⁴. 这个老天爷不知个晴。
个 天 这 不 知 晴

既然这种连动式状态补语结构的核心动词缺省，那么，它们就是缩略句，除了缺省核心动词的宾语外，实际上，还缺省了宾语的动词谓语，也就是缺省了一个动宾结构。这个动宾结构的动词是施事主语或当事主语发出的动作行为，宾语是动作行为关涉的客体，而状态补语的核心动词则是施事主语或当事主语发出动作行为的重复、结果和状态，整个动补结构是谓核结构（predicate core structure）的补语，句子分成两个部分，但共用一个主语。这样，前举例句可以扩充为：

a") tei³¹ȵua¹³nau³¹thaŋ³¹nau³¹ni³³tʂi⁴⁴pou⁴³tsou³³.
些 孩子 吃 糖 吃 得 不 知 够
孩子们吃糖吃得不知够。

b") au⁴³to²¹nen⁴³kau⁴⁴ntua²¹lo²¹sai⁵⁵ntua²¹ni³³tʂi⁴⁴tsɛ³¹ʂo⁴⁴.
二 个 人 那 唠叨 是非话 唠叨 得 不 会 歇
那两个人唠叨是非话唠叨个不休。

c') pei⁴³noŋ¹³tso³¹mo̠ŋ⁴³noŋ¹³ni³³tʂi⁴⁴ɕaŋ⁵⁵mo²¹.
我们 听 情歌 苗族 听 得 不 想 走
我们听苗族情歌听得不想走。

d") ni²¹ntʂhai⁴⁴po³¹lo⁴³ntʂhai⁴⁴ni³³tʂi⁴⁴kaŋ⁵⁵tɛ²⁴mo²¹.
她 怕 人熊 怕 得 不 敢 出 去
她怕人熊怕得不敢出去。

e") ni²¹ʑɛ²⁴tla̠ŋ⁴³mau⁴³mpe³³mau⁴³ni³³tʂi⁴⁴tsɛ³¹zo̠ŋ⁴⁴.
他 舅舅 病 疟疾 病 得 不 会 好转
他舅舅病于疟疾病得没有好转。

f") lo⁴³nto³¹naŋ⁴⁴lo²¹naŋ¹³lo²¹ni³³tʂi⁴⁴pou⁴³ŋ̠tho⁴⁴.
个 天 这 下 雨 下 得 不 知 晴
这个老天爷下雨下得不知个晴。

这些例句的句法结构为：主语+动词+宾语+动词+ni³³得+tʂi⁴⁴不+[动词₁+动词₂]，语义结构为：施事主语+动词+受事宾语+ni³³得+tʂi⁴⁴不+状态补语，或者，当事主语+动词+对象宾语+ni³³得+tʂi⁴⁴不+状态补语，其中，谓核动词的语义指向主语，动补结构核心动词的语义指向宾语。

6.7 数量补语结构及其语义特征

苗语的量词分为名量词、动量词两类，名量词包括分类词和临时具有分类词功能的名词及含有时量语义的时间词，动量词包括含有动量语义的量词和临时具有动量词功能的名词。苗语的数量补语由数词、量词构成的量词结构充当，但是只有含有时量语义的量词和动量语义的量词，才能与数词组合构成量词结构充当补语。从而可以看出，数量补语是补充说明动作行为或变化时量持续的时间和动量发生的频率。也就是说，苗语的数量补语是补充说明动作行为或变化的"量"范畴。这种"量"是已然的，所以，数量补语前通常会带表结果体的动态助词tou⁴⁴"得"或lɛ²⁴"了"或tl̠ua⁴⁴"过"，带哪个动态助词由语用决定。非已然的"量"则不用动态助词。

6.7.1 时量补语结构及其语义特征

苗语表时量的数量补语由数词、时间词构成的量词结构充当，动词为自主动词且不带宾语时，主语为施事主语，时量补语（temporal complement）

第六章 苗语的动补结构及其语义特征

的句法结构为：主语+动词+补语，语义结构为：施事主语+动词+时量补语，数量补语的语义指向动词。例如：

a) ni²¹ua⁴⁴lɛ²⁴i⁴³tɛ³³ki²¹. 她做了一早上。
   她 做 了 一 早上

b) pei⁴³tʂo¹³pu⁴⁴au⁴³pei⁴³m̩au⁴⁴. 我们只住两三晚上。
   我们只 睡 二 三 夜

c) to²¹n̩ua¹³ i⁴⁴mo²¹tou⁴⁴i⁴³ɕoŋ⁴⁴ta²¹. 那个孩子去了一年了。
   个 孩子 那 去 得 一 年 了

d) o⁵⁵ʐa⁴⁴tau⁵⁵mo²¹nen²¹n̩cou²⁴ŋ̩oŋ⁴³. 我要回去二十天。
   我 要 回 去 二 十 天

动词为自主动词且不带宾语时，主语也可以为受事主语，数量补语的句法结构为：主语+动词+补语，语义结构为：受事主语+动词+时量补语，数量补语的语义指向动词。例如：

a) ʐei²¹qei⁴⁴naŋ⁴⁴ʐo⁵⁵tou⁴⁴tshai³³lo⁴³l̩i⁴⁴ta²¹. 这窝蛋守了半个月了。
   窝 蛋 这 守 得 半 个 月 了

b) tɕo⁴³tei⁴³kau⁴⁴nthua⁴⁴lɛ²⁴au⁴³ŋ̩oŋ⁴³. 那块地锄了两天。
   块 地 那 锄 了 二 天

c) pai¹³tɛ²¹naŋ⁴⁴tsou³³tou⁵⁵tau¹³ɕoŋ⁴⁴. 这堆柴够烧半年。
   堆 柴 这 够 烧 半 年

d) ʐa²¹ɴqai³¹naŋ⁴⁴tʂɛ²¹lɛ²⁴taŋ¹³n̩oŋ⁴³. 这锅肉炖了半天。
   锅 肉 这 炖 了 半 天

这种结构是受事宾语位移作受事主语的结果，施事主语缺省，如果补出主语，句法结构将变为：主语+动词+宾语+动词+补语，语义结构也将变为：施事主语+动词+受事宾语+动词+时量补语，从而构成重动句（verb copying sentence）。例如：

a') to²¹ɴqua⁴³ʐo⁵⁵ʐei²¹qei⁴⁴naŋ⁴⁴ʐo⁵⁵tou⁴⁴tshai³³lo⁴³l̩i⁴⁴ta²¹.
    只 斑鸠 守 窝 蛋 这 守 得 半 个 月 了
    斑鸠守这窝蛋守了半个月了。

b') o⁵⁵nthua⁴⁴tɕo⁴³tei⁴³kau⁴⁴nthua⁴⁴lɛ²⁴au⁴³ŋ̩oŋ⁴³. 我锄那块地锄了两天。
    我 锄 块 地 那 锄 了 二 天

c') to²¹na²⁴po¹³tou⁵⁵pai¹³tɛ²¹naŋ⁴⁴tsou³³tou⁵⁵tau¹³ɕoŋ⁴⁴.
    个 大 婆 烧 堆 柴 这 够 烧 半 年
    老婆婆烧这堆柴够烧半年。

d') ni²¹tʂɛ²¹ʐa²¹ɴqai³¹naŋ⁴⁴tʂɛ²¹lɛ²⁴taŋ¹³n̩oŋ⁴³. 他炖这锅肉炖了半天。
    他 炖 锅 肉 这 炖 了 半 天

动词为非自主动词且不带宾语时，主语为当事主语，数量补语的句法结构为：主语+动词+补语，语义结构为：当事主语+动词+时量补语，数量补语的语义指向动词。例如：

a) tṣau⁴³tsi⁵⁵qa⁵⁵naŋ⁴⁴tsi⁴⁴au⁴³ɕoŋ⁴⁴ta²¹. 这棵葡萄结了两年了。
   棵　果　葡萄　这　结　二　年　了

b) ni²¹ʑi¹³lo⁴³tṣei⁵⁵pau⁴³tou⁴⁴plou⁴³tṣi⁴³lo⁴³li⁴⁴ta²¹. 他家的房子塌了四五个月了。
   他　家　个　房　塌　得　四　五个　月　了

c) ni²¹po³¹tai³³mau⁴³tou⁴⁴ɕaŋ⁴⁴ʑi¹³n̠oŋ⁴³ta²¹. 她外婆病了七八天了。
   她　外婆　病　得　七　八　天　了

d) ni²¹to²¹pai⁴⁴tu²⁴i⁴⁴plo³¹ lɛ²⁴ɕaŋ⁴⁴ʑi¹³n̠oŋ⁴³ta²¹. 他的那头水牯牛丢了七八天了。
   他　只　公　水牛　那　失踪　了　七　八　天　了

苗语的动词带宾语时，如果需要数量补语补充说明动作行为或变化的时量，苗语有两种句法结构，一种是：主语+动词+宾语+动词+补语，另一种是：主语+动词+补语+宾语。

句法结构为"主语+动词+宾语+动词+补语"的属重动句，前一动词带宾语，后一动词带数量补语。动词为自主动词时，句法结构为：主语+动词+宾语+动词+补语，语义结构为：施事主语+动词+受事宾语+动词+时量补语，数量补语的语义指向重动动词。例如：

a) ni²¹cɛ²⁴qen³¹cɛ²⁴tou⁴⁴au⁴³ɕoŋ⁴⁴ta²¹. 他学芦笙学了两年了。
   他　读　芦笙　读　得　二　年　了

b) po³²qai⁴³pua¹³qei⁴⁴pua¹³tou⁴⁴tshai³³li⁴⁴ta²¹. 母鸡孵蛋孵了半个月了。
   母　鸡　孵　蛋　孵　得　半　月　了

c) ni²¹to¹³o⁵⁵ɕi³³n̠ua¹³ɕi³³tou⁴⁴hau⁵⁵tɕi⁵⁵ɕoŋ⁴⁴. 她给我带孩子带了好几年。
   她　给　我　领　孩子　领　得　好　几　年

d) ni²¹mo²¹n̠tɕi¹³ka⁴³n̠tɕi¹³lɛ²⁴i⁴³n̠oŋ⁴³. 她去逛街逛了一天。
   她　去　转　街　转　了　一　天

动词为非自主动词时，句法结构为：主语+动词+宾语+动词+补语，语义结构为：当事主语+动词+客事宾语+动词+时量补语，数量补语的语义指向重动动词。例如：

a) ni²¹tṣo⁴⁴plaŋ⁴³tṣo⁴⁴tou⁴⁴i⁴³m̠au⁴⁴. 他胀肚子胀了一夜。
   他　胀　肚　胀　得　一　夜

b) ni²¹ʑi¹³tṣhai⁴³plaŋ⁴³tṣhai⁴³tou⁴⁴ɕoŋ⁴⁴pua⁵⁵. 他家闹饥荒闹了年把。
   他　家　饿　肚　饿　得　年　把

c) ɕoŋ⁴⁴naŋ⁴⁴khau⁵⁵tlou³³khau⁵⁵tou⁴⁴tei³¹tshai³³li⁴⁴. 今年冰冻冻了半个月。
   年　这　凝固　冰　凝固　得　些　半　月

d) o⁵⁵vai²⁴ɴqo⁴⁴n̩tsei⁵⁵ɴqo⁴⁴tou⁴⁴plou⁴³tsi⁴³tɕou²⁴ɕoŋ⁴⁴ta²¹.
　我　父亲咳　盐　咳得　四　五　十　年　了
　我父亲因盐咳嗽咳了四五十年了。

句法结构为"主语+动词+补语+宾语"的，动词后、数量补语前有过去完成体动态助词tl̥ua⁴⁴"过"作标记，其他句法结构都不带这个动态助词。动词为自主动词时，带tl̥ua⁴⁴"过"作标记的数量补语的句法结构实际为：主语+动词+tl̥ua⁴⁴过+补语+宾语，语义结构为：施事主语+动词+tl̥ua⁴⁴过+时量补语+受事宾语，数量补语的语义指向动词。例如：

a) ni²¹tʂo¹³cɛ²⁴tl̥ua⁴⁴plou⁴³tsi⁴³ɕoŋ⁴⁴ntɛ⁵⁵. 他只读过四五年书。
　他　只　读　过　四　五　年　书

b) o⁵⁵vai²⁴thou⁴⁴ʐou⁴⁴tha⁴³la¹³　ʐo¹³tl̥ua⁴⁴pei³³ɕoŋ⁴⁴n̩o³¹.
　我　父亲时候小　跟　别人放牧过　三　年　牛
　我父亲小时候给别人放过三年牛。

c) to²¹ʑai²⁴qhei⁵⁵thou⁴⁴i⁴⁴ua⁴⁴tl̥ua⁴⁴tɕi⁵⁵ɕoŋ⁴⁴ɕoŋ⁴⁴ʐo¹³.
　个　老翁　那　从前　做　过　几　年　年　工
　那个老人以前做过几年长工。

d) kau³¹n̩au³¹tl̥ua⁴⁴au⁴³pei⁴³lo⁴³li⁴⁴tʂhua⁴³mau⁴³plaŋ⁴³la¹³?!
　你　吃　过　二　三　个　月　药　疼　胃　呀
　你吃过两三个月胃药呀？！

动词为非自主动词时，带tl̥ua⁴⁴"过"作标记的数量补语的语义结构为：当事主语+动词+tl̥ua⁴⁴过+时量补语+客事宾语，数量补语的语义指向动词。例如：

a) lo⁴³qhau⁵⁵naŋ⁴⁴tʂhɛ⁵⁵tl̥ua⁴⁴au⁴³pei⁴³lo⁴³li⁴⁴tl̥ei³¹. 这个洞渗出过两三个月水。
　个　洞　这　渗出过　二　三　个　月　水

b) tsau⁴³ntoŋ⁴⁴naŋ⁴⁴tɛ¹³tl̥ua⁴⁴i⁴³ɕoŋ⁴⁴paŋ³¹ta²¹. 这棵树开过一年花了。
　棵　树　这　开过　一　年　花　了

c) phaŋ⁴³ʈoŋ⁴³ti¹³i¹³n̩tau¹³tl̥ua⁴⁴au⁴³pei⁴³ɕoŋ⁴⁴ʑei⁴³. 对面那山滚落过两三年石头。
　侧　山　对面那　滚落　过　二　三　年　石头

d) piaŋ²¹ʐoŋ⁵⁵pei¹³i⁴⁴tso⁴³tua³¹tl̥ua⁴⁴ɕoŋ⁴⁴pua⁵⁵n̩tɕi⁴³kua⁴⁴mi²¹.
　片　林　上面那　只　出　过　年　把　菌　浆　乳
　上面那片树林只长过年把奶浆菌。

"主语+动词+tl̥ua⁴⁴过+补语+宾语"这种结构，容易分析为：主语+动词+tl̥ua⁴⁴过+[数量结构+名词]，即把它看作一个修饰结构，这样就成为一个数量宾语。例如：

a) ni²¹po⁴³tḷua⁴⁴i⁴³ɕoŋ⁴⁴n̠ua¹³. 她喂过一年孩子。
　　 她 喂　过　一　年　孩子

b) ni²¹po⁴³tḷua⁴⁴i⁴³ɕoŋ⁴⁴n̠ua¹³. 她喂过一岁的孩子。
　　 她 喂　过　一　年　孩子

这两个句子实际上只是一个句子的不同分析，需要注意的是量词结构是跟随动词，还是前附于名词作名词的修饰语，如果是名词的修饰语，名词与量词结构之间通常可以嵌入结构助词ni⁴⁴"的"。作数量补语的量词结构，无论与动词间，还是与宾语名词间都不能加结构助词，动词后的动态助词，无论是tou⁴⁴"得"或lɛ²⁴"了"，还是tḷua⁴⁴"过"都是对数量补语的标记，是对动词的标注，属核心标注，这种标注具有前置词的功能，介引后面的量词结构作数量补语，所以，把"主语+动词+tḷua⁴⁴过+补语+宾语"分析为："主语+动词+tḷua⁴⁴过+[数量结构+名词]"是不符合语言实际的。动词带宾语的数量补语结构也是如此。

6.7.2　动量补语结构及其语义特征

表动量的数量补语由数词与动量词或临时具有动量词功能的名词构成的结构充当。苗语的自主动词、非自主动词都可以带动量补语（motional complement），其中，有的动词带宾语，有的动词不带宾语。

动词为自主动词且不带宾语时，数量补语附着在动词之后补充说明动作行为的频率，句法结构为：主语+动词+补语，语义结构为：施事主语+动词+动量补语，数量补语的语义指向动词。例如：

a) tḷei⁵⁵la¹³au⁴³pei⁴³ʂua⁴³ta²¹. 狗吠叫两三声了。
　　 狗 吠叫 二 三　声音 了

b) o⁵⁵tau⁵⁵mo²¹au⁴³za¹³ta²¹. 我回去两次了。
　　 我 回　去　二　次 了

c) qai⁴³qua⁴⁴pei⁴⁴n̠tʂo¹³ta²¹. 鸡叫三遍了。
　　 鸡　叫　三　遍 了

d) kau³¹tʂɛ¹³ntou³³au⁴³tei²¹. 你少打两下。
　　 你 少　打　二　手

动词为非自主动词且不带宾语时，数量补语附着在动词之后补充说明变化的频率，句法结构为：主语+动词+补语，语义结构为：当事主语+动词+动量补语，数量补语的语义指向动词。例如：

a) n̠tɕi⁴³tua³¹au⁴³pho²⁴ta²¹. 蘑菇出两茬了。
　　 菌 出　二 茬　了

b) ni²¹qou¹³i⁴³tsɛ²⁴, lo̥⁴³i⁴³pɛ¹³. 他吃一堑长一智。

　　他 倒 一 跤 长 一 堆

c) tso³¹lua⁴plua²⁴au⁴³pei⁴³zḁ²¹. 绳子滑脱两三次。

　　条 绳 滑脱 二 三 次

d) to²¹n̥ua¹³tou⁴⁴i⁴³taŋ¹³. 孩子惊一跳。

　　个 孩子 得到 一 惊

无论是自主动词，还是非自主动词，只带数量补语不带宾语时，都没有句法结构的变化，数量补语的语义指向都是动词。

动词带宾语时，数量补语的句法位置有两种，一种是：主语+动词+补语+宾语，另一种是：主语+动词+宾语+补语。

句法结构为"主语+动词+补语+宾语"的数量补语结构，补语直接黏着于动词之后，补充说明动作行为或变化的频率，语义结构为：施事主语+动词+动量补语+受事宾语，或者，当事主语+动词+动量补语+客事宾语，数量补语的语义指向动词。例如：

a) pei⁴³i⁴³n̥oŋ⁴³nau³¹pei⁴³plua²¹tɕua¹³. 我们一天吃三顿饭。

　　我们 一 天 吃 三 顿 饭

b) ni²¹n̥tsɛ³³au⁴³pei⁴³za¹³mau¹³ta²¹. 他眨两三次眼睛了。

　　他 眨 二 三 次 眼睛 了

c) o⁵⁵tso¹³hou³³au⁴³lo⁴⁴tɕɛ⁵⁵. 我只喝两口酒。

　　我 只 喝 二 口 酒

d) to²¹nen⁴³i⁴⁴i⁴³n̥oŋ⁴³kaŋ⁵⁵pei⁴³ntsen⁵⁵ka⁴³. 那个人一天赶三次集。

　　个 人 那 一 天 赶 三 番 街

e) ni²¹tshai³³tei²¹tso¹³n̥to¹³au²³pei⁴³ten⁵⁵n̥tʂhaŋ⁵⁵. 他的手只滴两三滴血。

　　他 只 手 只 滴 二 三 滴 血

f) tsoŋ⁵⁵tʂhua³¹naŋ⁴⁴i⁴³ɕoŋ⁴⁴tɛ¹³au⁴³fua²⁴paŋ³¹. 这种草药一年开两次花。

　　种 药 这 一 年 开 二 茬 花

g) ɕoŋ⁴⁴naŋ⁴⁴lo²¹au⁴³kau⁴³mpo⁴⁴ta²¹. 今年下两场雪了。

　　年 这 下 二 阵 雪 了

h) naŋ¹³m̥au⁴⁴ni²¹ntua⁵⁵au⁴³za¹³n̥tʂhaŋ⁵⁵. 昨晚他吐两次血。

　　昨夜 他 呕吐 二 次 血

这种句法结构，为了凸显数量补语，动词的宾语可以省略，意义仍然完整，句法结构转换为"主语+动词+补语"，与不带宾语的数量补语的结构一致，数量补语的语义指向动词。

句法结构为"主语+动词+宾语+补语"的数量补语结构，补语与动词分裂，但补语仍是对动作行为或变化的频率的补充说明，语义结构为：施事主语+动词+受事宾语+动量补语，或者，施事主语+动词+对象宾语+动量补语，或者，当事主语+动词+客事宾语+动量补语，数量补语的语义指向动词。例如：

a) nan^{43}to^{24}tou^{13}ni^{21}au^{43}cou^{21}. 蛇咬了他两口。
　　蛇　咬着　他　二　牙

b) ni^{21}ŋkua^{55}to^{21}mpua^{44}zi^{13}i^{44}plou^{43}tsi^{43}ta^{13}. 他猛扎那头野猪四五刀。
　　他　猛扎　只　猪　野那　四　五　刀

c) ni^{21}tsau^{55}kau^{31}au^{43}pei^{43}ṇtçi^{13}ta^{21}. 他找你两三回了。
　　他　找　你　二　三　转　了

d) ni^{21}tua^{31}nua^{24}to^{21}ntshai^{33}i^{44}pla^{31}. 他来看那个姑娘一眼。
　　他　来　看　个　姑娘　一　额头

e) to^{21}ṇo^{31}lou^{21}i^{44}ṭau^{55}tau^{31}au^{43}pei^{43}za^{13}ta^{21}. 那头老牛滚坡两三次了。
　　只　牛　老那　滚　山坡　二　三　次　了

f) ṇoŋ^{43}naŋ^{44}o^{55}ṇtsi^{43}ni^{21}i^{43}ntsen^{55}. 今天我遇见她一次。
　　日　这　我　遇见　她　一　次

这些例句中，c)、d)、f) 的宾语是对象宾语，e) 的宾语是处所宾语，a)、b) 的宾语是受事宾语。动词带对象宾语、处所宾语的分裂式数量补语结构，除可以省略动词的宾语，句法结构转换为"主语+动词+补语"外，没有其他句法结构的转换形式。

动词带受事宾语的分裂式数量补语结构，除可以省略动词的宾语，句法结构转换为"主语+动词+补语"外，受事宾语还可以位移作受事主语，施事主语由介词tṣo^{24}"被"介引作话题，句法结构转换为：主语+状语+动词+补语，语义结构为：受事主语+话题+动词+动量补语，构成黏着式数量补语结构，数量补语的语义指向动词。例如：

a) ni^{21}ntou^{33}to^{21}zaṇ^{13}i^{13}au^{43}chou^{43}mplai^{24}. 他打了那匹骡子两鞭子。
　　他　打　只　骡那　二　鞭

→ ni^{21}ntou^{33}au^{43}chou^{43}mplai^{24}. 他打了两鞭子。
　　他　打　二　鞭

→ to^{21}zaṇ^{13}i^{13}tṣo^{24}ni^{21}ntou^{33}au^{43}chou^{43}mplai^{24}. 那匹骡子被他打了两鞭子。
　　只　骡那　被　他　打　二　鞭

b) to^{21}tau^{13}i^{44}tua^{44}tou^{13}to^{21}lou^{33} i^{44}i^{43}so^{43}tɛ^{13}. 那个战士打中那个强盗一枪。
　　个　兵那　射　着　个　强盗那　一　枪

→ to^{21}tau^{13}i^{44}tua^{44}tou^{13}i^{43}so^{43}tɛ^{13}. 那个战士打中一枪。
　　个　兵那　射　着　一　枪

→ to^{21}lou^{33}i^{44}tṣo^{24} to^{21}tau^{13}i^{44}tua^{44}tou^{13}i^{43}so^{43}tɛ^{13}. 那个强盗被那个战士打中一枪。

　　个 强盗 那 被　 个　 兵 那 射　 着 一 枪

c) tlɛ^{55}plei^{44}tou^{13}o^{55}i^{43}plei^{44}. 土甲蜂蜇着我一回。

　　土甲蜂蜇着　我 一　蜂刺

→ tlɛ^{55}　plei^{44}tou^{13}i^{43}plei^{44}. 土甲蜂蜇着一回。

　　土甲蜂蜇　 着　　 一　 蜂刺

→ o^{55}tṣo^{24}tlɛ^{55} plei^{44}tou^{13}i^{43}plei^{44}. 我被土甲蜂蜇着一回。

　　我 被 土甲蜂蜇　着　一　 蜂刺

d) la^{13}tua^{31}ntei^{21}ni^{21}au^{43}pei^{43}za^{13}ta^{21}. 别人来抓他两三次了。

　　别人 来　 捉　 他　 二　 三　 次 了

→ la^{13}tua^{31}ntei^{21}au^{43}pei^{43}za^{13}ta^{21}. 别人来抓两三次了。

　　别人 来　 捉　 二　 三　 次 了

→ ni^{21}tṣo^{24}la^{13}tua^{31}ntei^{21}au^{43}pei^{43}za^{13}ta^{21}. 他被别人来抓两三次了。

　　他　 被 别人 来　 捉　 二　 三　 次 了

苗语动补结构与其他补语结构的句法有一定的差别，但不十分明显。动补结构动量补语的语义只指向动词，不指向动词所关涉的其他成分。

6.8　程度补语结构及其语义特征

苗语能带程度补语（degree complement）的动词基本是表示感受的动词。感受动词具有形容词的性质，所以，有一些感受动词可以看作形容词，形容词可以看作感受动词，但是，不是所有的感受动词都能看作形容词。感受动词是非自主动词，所以，带程度补语的动词都是非自主动词，自主动词不带程度补语。程度补语由程度副词充当，补充说明感受动词的程度。

苗语的程度副词有hen^{55}"很"、tsui^{24}"最"、ta^{13}"真"、lou^{43}ni^{44}"很、得很"，hen^{55}lɛ^{24}"很、厉害得很"，tṣi^{44}tɕi^{13}"不得了、极了"。其中，tsui^{24}"最"是汉语借词，句法功能与汉语一致，只能用在形容词的前面作修饰语；hen^{55}"很"用在形容词前作修语是受汉语的影响，用在形容词后是苗语的固有语法形式，但也只作修饰语；ta^{13}"真"有时也作双音节词a^{43}ta^{13}"真"、qa^{43}ta^{13}"真"，可以用在形容词的后面作修饰语，有时也可以用在动词的后面作修饰语。这三个程度副词直接黏附于形容词或动词，其语法功能是作句子结构的后状语，而不是补语。苗语可以作补语的程度副词只有lou^{43}ni^{44}"很、得很"，hen^{55}lɛ^{24}"很、厉害得很"，tṣi^{44}tɕi^{13}"不得了、极了"，在句法结构中，通常与感受动词构成分裂式程度补语结构。从词汇意义来看，hen^{55}lɛ^{24}"很、得很"的程度比lou^{43}ni^{44}"很、得很"高，tṣi^{44}tɕi^{13}"不得了、极了"的程度比 hen^{55}lɛ^{24} "很、得很"高，从语法意义和语义看，其程度也是如此，不过，它们的句法结构相同，都与动词构成分裂式结构。

苗语带程度补语的动词都是及物动词，而且带程度补语时，肯定都要带宾语，宾语紧接动词，补语位于宾语之后，构成分裂式程度补语结构，句法结构为：主语+动词+宾语+补语，补语的语义指向动词。句法结构的主语、宾语有不同的语义，虽然程度补语的句法结构相同，但是，语义结构有所不同。

句法结构为"主语+动词+宾语+补语"的程度补语结构，如果宾语是客体宾语，主语是当事主语，程度补语的语义结构为：当事主语+动词+客体宾语+程度补语，程度补语的语义指向动词。例如：

a) tei^{31}ʑou^{43}naŋ^{44}tlɛ^{44}ntsei^{55}lou^{43}ni^{33}/hen^{55}lɛ^{24}/tʂi^{44}tɕi^{13}.
　　些 菜 这 咸 盐 　得很 　厉害得很 不得了
　这些菜咸盐得很/得厉害得很/得不得了。

b) o^{55}ɴqhei^{33}tlei^{31}lou^{43}ni^{33}/hen^{55}lɛ^{24}/tʂi^{44}tɕi^{13}.
　　我 渴 　水 　得很 　厉害得很 不得了
　我口渴得很/得厉害得很/得不得了。

c) tɕau^{55}ɴqai^{31}tau^{13}naŋ^{44}tlua^{55}nen^{43}lou^{43}ni^{33}/hen^{55}lɛ^{24}/tʂi^{44}tɕi^{13}.
　　些 肉 肥 这 腻 人 　得很 　厉害得很 不得了
　这些肥肉腻人得很/得厉害得很/得不得了。

d) thoŋ^{43}tlei^{31}naŋ^{44}ntsi^{13}tei^{21}lou^{43}ni^{33}/hen^{55}lɛ^{24}/tʂi^{44}tɕi^{13}.
　　桶 水 这 冻 手 　得很 　厉害得很 不得了
　这桶水冻手得很/得厉害得很/得不得了。

这种句法结构，如果不强调动词的宾语，宾语可以省略，但是，省略宾语后，句法结构和语义结构都发生了较大的变化，感受动词转换为状态形容词，程度副词不再充当补语，而是充当形容词的修饰语，作句子结构的后状语，散失程度补语的功能。例如：

a) tei^{31}tsi^{55}na^{21}ʑoŋ^{55}naŋ^{44}sei^{24}ntɕou^{31}lou^{43}ni^{33}/hen^{55}lɛ^{24}/ tʂi^{44}tɕi^{13}.
　　些 果 柿 林 这 涩 嘴 　得很 　厉害得很 不得了
　这些野柿子涩嘴得很/得厉害得很/得不得了。

→ tei^{31}tsi^{55}na^{21}ʑoŋ^{55}naŋ^{44}sei^{24}lou^{43}ni^{33}/hen^{55}lɛ^{24}/tʂi^{44}tɕi^{13}.
　　些 果 柿 林 这 涩 　得很 　厉害得很 不得了
　这些野柿子涩得很/得厉害得很/得不得了。

b) mpau^{31}ɲua^{13}ntʂhai^{44}tʂa^{31}ʑi^{21}lou^{43}ni^{33}/hen^{55}lɛ^{24}/tʂi^{44}tɕi^{13}.
　　群 孩子 害怕 牲畜 野 得很 　厉害得很 不得了
　孩子们怕野兽得很/得厉害得很/得不得了。

→ mpau³¹n̠ua¹³n̠tʂhai⁴⁴lou⁴³ni³³/hen⁵⁵lɛ²⁴/tʂi⁴⁴tɕi¹³.
　群　孩子　害怕　得很　厉害得很 不得了
　孩子们怕得很/得厉害得很/得不得了。

c) qhei⁵⁵kau⁴⁴tʂu⁴⁴zi²¹lou⁴³ni³³/hen⁵⁵lɛ²⁴/tʂi⁴⁴tɕi¹³.
　处　那　臭　尿　得很　厉害得很 不得了
　那个地方臭尿得很/得厉害得很/得不得了。

→ qhei⁵⁵kau⁴⁴tʂu⁴⁴lou⁴³ni³³/hen⁵⁵lɛ²⁴/tʂi⁴⁴tɕi¹³.
　处　那　臭　得很　厉害得很 不得了
　那个地方臭得很/得厉害得很/得不得了。

d) tʂoŋ⁵⁵n̠tɕi⁴³naŋ⁴⁴qaŋ⁴³ɴqai³¹qai⁴³lou⁴³ni³³/hen⁵⁵lɛ²⁴/tʂi⁴⁴tɕi¹³.
　种　菌　这　香　肉　鸡　得很　厉害得很 不得了
　这种蘑菇香鸡肉得很/得厉害得很/得不得了。

→ tʂoŋ⁵⁵n̠tɕi⁴³naŋ⁴⁴qaŋ⁴³lou⁴³ni³³/hen⁵⁵lɛ²⁴/tʂi⁴⁴tɕi¹³.
　种　菌　这　香　得很　厉害得很 不得了
　这种蘑菇香得很/得厉害得很/得不得了。

　　句法结构为"主语+动词+宾语+补语"的程度补语结构，如果宾语是对象宾语，主语是当事主语，程度补语的语义结构为：当事主语+动词+对象宾语+程度补语，程度补语的语义指向动词。例如：

a) ɴqai³¹n̠o³¹tha⁴⁴na⁵⁵lou⁴³ni³³/hen⁵⁵lɛ²⁴/tʂi⁴⁴tɕi¹³.
　肉　牛　塞　牙　得很　厉害得很 不得了
　牛肉塞牙得很/得厉害得很/得不得了。

b) tei³¹ʂua⁴³naŋ⁴⁴toŋ¹³qhau⁵⁵n̠tsei³¹lou⁴³ni³³/hen⁵⁵lɛ²⁴/ tʂi⁴⁴tɕi¹³.
　些　声音 这　聒　孔　耳　得很　厉害得很 不得了
　这些声音聒我耳朵得很/得厉害得很/得不得了。

c) zei²¹lua³³to⁴³lua³³ntshai³³nthou⁴³ʂa⁴³lou⁴³ni³³/hen⁵⁵lɛ²⁴/ tʂi⁴⁴tɕi¹³.
　群 年轻 男 年轻 女　振奋　肝　得很　厉害得很 不得了
　姑娘小伙们热心得很/得厉害得很/得不得了。

d) tei³¹tlou³³naŋ⁴⁴tshou⁴⁴tshaŋ⁴⁴lou⁴³ni³³/hen⁵⁵lɛ²⁴/tʂi⁴⁴tɕi¹³.
　些　冰　这　激　骨头　得很　厉害得很 不得了
　这些冰凌刺骨得很/得厉害得很/得不得了。

　　这种句法结构不能省略宾语，省略宾语不能成句。
　　句法结构为"主语+动词+宾语+补语"的程度补语结构，如果宾语是主体宾语，主语是当事主语，程度补语的语义结构为：当事主语+动词+主体宾语+程度补语，程度补语的语义指向动词。例如：

a) au⁴³ŋ̍oŋ⁴³naŋ⁴⁴o⁵⁵to²¹n̪ua¹³tshɛ³³qaŋ⁴⁴lou⁴³ni³³/hen⁵⁵lɛ²⁴/ tʂi⁴⁴tɕi¹³.
二 天 这 我 个 孩子 哑 喉 得很 厉害得很 不得了
这两天我的孩子嗓子哑得很/得厉害得很/得不得了。

b) o⁵⁵tʂou¹³tei²¹tʂou¹³tɛ⁴⁴lou⁴³ni³³/hen⁵⁵lɛ²⁴/tʂi⁴⁴tɕi¹³.
我 酸软 手 酸软 脚 得很　厉害得很 不得了
我手脚酸软得很/得厉害得很/得不得了。

c) ni²¹hai³³ni²¹tl̪i¹³z̪i²¹lou⁴³ni³³/hen⁵⁵lɛ²⁴/tʂi⁴⁴tɕi¹³.
他 说 他 急 尿 得很 厉害得很 不得了
他说他尿急得很/得厉害得很/得不得了。

d) o⁵⁵naŋ¹³m̪au⁴⁴tʂo⁴⁴plaŋ⁴³lou⁴³ni³³/hen⁵⁵lɛ²⁴/tʂi⁴⁴tɕi¹³.
我 昨夜　　胀 肚 得很 厉害得很 不得了
我昨天晚上肚子胀得很/得厉害得很/得不得了。

这种句法结构，由于宾语是主体宾语，所以宾语不能省略，但是，宾语可以前移作当事宾语，原来的当事宾语作主题，这时的动词转换为状态形容词，句法结构为：主题+主语+形容词+状语，语义结构为：主题+当事主语+形容词+程度副词修饰语，原来充当程度补语的程度副词，修饰形容词。这种结构的主体可以省略，其他语义结构不变，程度副词仍然作形容词的修饰语，作句子结构的后状语。例如：

a) ni²¹tl̪a²¹hou⁴⁴lou⁴³ni³³/hen⁵⁵lɛ²⁴/tʂi⁴⁴tɕi¹³.
他 疼 头 得很　厉害得很 不得了
他疼头得很/得厉害得很/得不得了。

→ ni²¹hou⁴⁴tl̪a²¹lou⁴³ni³³/hen⁵⁵lɛ²⁴/tʂi⁴⁴tɕi¹³.
他 头　疼 得很　厉害得很 不得了
他头疼得很/得厉害得很/得不得了。

→ hou⁴⁴tl̪a²¹lou⁴³ni³³/hen⁵⁵lɛ²⁴/tʂi⁴⁴tɕi¹³.
头　疼 得很　厉害得很　不得了
头疼得很/得厉害得很/得不得了。

b) pei⁴³tʂhai⁴³plaŋ⁴³lou⁴³ni³³/hen⁵⁵lɛ²⁴/tʂi⁴⁴tɕi¹³.
我们 饿　肚 得很 厉害得很　不得了
我们饿肚子得很/得厉害得很/得不得了。

→ pei⁴³plaŋ⁴³tʂhai⁴³lou⁴³ni³³/hen⁵⁵lɛ²⁴/tʂi⁴⁴tɕi¹³.
我们 肚　饿　 得很 厉害得很　 不得了
我们肚子饿得很/得厉害得很/得不得了。

→ plaŋ⁴³tʂhai⁴³lou⁴³ni³³/hen⁵⁵lɛ²⁴/tʂi⁴⁴tɕi¹³.
肚　饿　得很　厉害得很　 不得了

肚子饿得很/得厉害得很/得不得了。

c) to³¹nen⁴⁴i⁴⁴ņtsɛ⁵⁵tɛ²¹lou⁴³ni³³/hen⁵⁵lɛ²⁴/tʂi⁴⁴tɕi¹³.
    个 人 那 盛 火 得很   厉害得很 不得了
    那个人生气得很/得厉害得很/得不得了。

→ to³¹nen⁴⁴i⁴⁴tɛ²¹ņtsɛ⁵⁵lou⁴³ni³³/hen⁵⁵lɛ²⁴/tʂi⁴⁴tɕi¹³.
    个 人 那 火 盛 得很   厉害得很 不得了
    那个人火冒得很/得厉害得很/得不得了。

→ tɛ²¹ņtsɛ⁵⁵lou⁴³ni³³/hen⁵⁵lɛ²⁴/tʂi⁴⁴tɕi¹³.
    火 盛 得很   厉害得很 不得了
    火冒得很/得厉害得很/得不得了。

d) ni²¹na²⁴tsau⁴³ʂa⁴³lou⁴³ni³³/hen⁵⁵lɛ²⁴/tʂi⁴⁴tɕi¹³.
    她 母亲 糟 肝 得很 厉害得很 不得了
    她母亲沤心得很/得厉害得很/得不得了。

→ ni²¹na²⁴ʂa⁴³tsau⁴³lou⁴³ni³³/hen⁵⁵lɛ²⁴/tʂi⁴⁴tɕi¹³.
    她 母亲 肝 糟 得很 厉害得很 不得了
    她母亲心烦得很/得厉害得很/得不得了。

→ ʂa⁴³tsau⁴³lou⁴³ni³³/hen⁵⁵lɛ²⁴/tʂi⁴⁴tɕi¹³.
    肝 糟 得很   厉害得很 不得了
    心烦得很/得厉害得很/得不得了。

苗语程度补语的句法结构较为简单，比状态补语结构还简单，动补结构状态补语的语义只指向动词，动补结构程度补语的语义不指向动词所关涉的其他成分，也只指向动词。

6.9 小结

6.9.1 关于介引方所题元作补语的问题

在以往的苗语研究中，动词之后的介词结构（adposition structure）一般看作动词的补语，称为介词结构补语。这种补语补充说明动词动作行为或变化的位置。例如：

a) mua⁴³ņtʂua²⁴nti¹³tou⁴⁴ʂou⁴⁴tʂhei⁴³. 把煤装在车上。
    把   煤 装 在   上 车
b) ni²¹lɛ⁵⁵tḷua⁴⁴ti¹³ i⁴⁴lɛ²⁴. 他赶到那对面去了。
    他 赶 过 对面 那 了

c) ni²¹ku⁵⁵tɕhi⁵⁵mo²¹lou⁴³ʈou⁴⁴hou⁵⁵tei⁴³. 他挑粪肥去倒在地里。
　　他　挑　粪肥　去　倒　在　里　地
d) nton⁴⁴qou¹³lo²¹tou⁴⁴ntɛ³³tso³¹ki⁵⁵. 树倒在路上。
　　树　倒　来　在　处　条　路

这种句子从结构上看，介词结构的确处于补语的位置，可以看作补语。但是，有一点需要注意，处所词（locative word）前都有介词（adposition）引导，即介引方位结构（directional construction）作动词的补语。不过，这种分析是否符合苗语的实际和是否也能把不用介词引导的方位结构看作动词的补语，需要作进一步的分析。苗语的一些句子中的方位结构不用介词引导，也置于动词之后。例如：

a) qai⁴³qua⁴⁴tau²⁴qou²⁴tʂei⁵⁵. 鸡啼屋背后。
　　鸡　啼　侧　背后　屋
b) ni²¹pu⁴⁴ʂou⁴⁴nthaŋ⁴³. 他睡楼上。
　　他　睡　上　楼
c) ni²¹ʐo¹³tʂhi³³ʈaŋ²¹qaŋ⁴³haŋ⁵⁵. 他放羊山谷下。
　　他　放牧　山羊　下面　底　山谷
d) o⁵⁵tɕau¹³ʐou⁴³ti¹³tɕo⁴³tei⁴³i⁴⁴. 我栽菜对面那块地。
　　我　栽　菜　对面　块　地　那

这些句子中，a)、b)的动词不带宾语，方位结构可以分析为处所宾语。c)、d)的动词带宾语，方位结构显然不能分析为宾语，但是，也不能分析为方位结构作补语，因为补语一般由谓词性词语充当，方位结构是名词性词语，如果分析为补语就不符合句法结构对补语的要求，而如果分析为后状语，就没有问题。这种后状语于语用属句法结构的焦点（focus）。这一问题关涉到方位结构作为方所题元（locative semantic role）的句法语义属性。

方所题元在句法结构中表现为方位（orientation）、处所（location）、场景（circumstance）、目标（goal）、方向（direction）、空间（space）的源点（source）和终点（destination）等空间类（spatial category）语义角色，其句法属性表现为与动核的范围（range）、方所（locative）、止事（teminative event）、话题、焦点等论旨角色（thematic role）及论旨属性（thematic property）的语义制约（semantic constraint）关系。方所题元的空间类语义角色，必须通过句法成分的方所主语、宾语、定语、状语与谓语核心的关系来体现。方所题元的语义结构的位置比较确定，亦即方所题元充当方所主语、宾语的句法位置比较确定。方所题元充当句法定语时，一般后置于中心语，有的有标记，有的无标记，有标记性的是领属定语（possessive attribute），无标记性的是属性定语（attributive attribute）。方所题元作为句法结构的话题时，没有标记，位于句首，作句子结构的前置状语，与其他成分没有直接的结构关系，在来源上是方所题元话题化的结果。方所题元作句法结构的焦点时，分为标注性（marking）和非标注性（unmarking）。非标注性焦点（unmarking focus）与句法结构的其他成分没有直接的结构关系。标注性焦点分为从属标注（subordinate marking）和核心标注（head marking）。这两种标注都与介词有关，介引方所题元的介词都是用前置词（preposition）。

苗语方所题元的焦点属性（focus property）包括非标注性和标注性两种。非标注性方所题元的焦点属性是方所题元作句法结构的焦点时，不需要加标记（marker）和不用介词引导，句法结构为：主语+动词+方所结构，其中，方所结构与主语、动词构成的主谓结构没有直接的关联，方所结构作为方所题元充当句法结构非标注性的焦点。例如：

a) la^{43}lo^{55}pau^{43}mi^{21}ti^{13} i^{44}ta^{21}. 猴子在对面那儿掰苞谷了。
　　猴 掰 苞 米 对面那 了

b) ni^{21}zi^{13}ʐo^{13}mpua^{44}phua^{55}ŋtaŋ^{21}lo^{43}qaŋ^{43}haŋ^{55}i^{44}.
　　他 家 养 猪　远处 坡下 个 底 山谷 那
　　他家在那下面的那个山谷里养猪。

c) ɲo^{31}nen^{21}nau^{13}ʐou^{13}pei^{13}toŋ^{43}. 牛马在山上吃草。
　　牛 马 吃 草 上面 山

d) ni^{21}na^{24}lai^{33}maŋ^{31}taŋ^{21}qaŋ^{43}toŋ^{43}. 她母亲在下面坡脚割黄麻。
　　她 母亲 割 黄麻 下面 底 山

这种结构中的方位结构可以用介词介引使之成为从属标注性方所题元，并位移到主语之后作句子结构的状语。例如：

a) ni^{21}tua^{31}ŋtaŋ^{21}qaŋ^{43}haŋ^{55}i^{44}ntɕi^{44}lo^{21}. 他从那山谷下面爬上来。
　　他 从 坡下 底 山谷 那 爬 来

b) tu^{24}qhau^{44}tua^{31}hou^{55}paŋ^{21}aŋ^{55}tɛ^{24}lo^{21}. 水牛刚从泥塘里出来。
　　水牛 刚 自 里 塘 泥 出 来

c) paŋ^{55}la^{31}naŋ^{44}tsi^{31}pei^{21}to^{21}tʂaŋ^{13}i^{44}ʐau^{13}ni^{21}ʑi^{13}ni^{44}.
　　坂 田 这 自 坡上 个 埂 那 是 他 家 的
　　这坂梯田自上面那埂子起是他家的。

标注方所题元焦点分为从属标注和核心标注。从属标注焦点就是介引方所题元的介词在方位结构前标注的方式。从属标注是非标注方所题元焦点的转换形式，从属标注也可以转换成非标注方所题元焦点。例如：

a) ni^{21}ɲau^{43}pei^{21}hou^{55}tei^{43}ntɕɛ^{33}ŋto^{43}ŋtai^{55}. 他在地头叮咚叮咚地挖。
　　他 在 坡上 顶 地 挖　叮咚响声貌

→ ni²¹n̪tɕɛ³³n̪t̪o⁴³n̪tai⁵⁵ pei²¹hou⁵⁵tei⁴³. 他在地头叮咚叮咚地挖。

　　他　挖　叮咚响声貌 坡上 顶 地

b) po³¹qai⁴³n̪au⁴³hou⁵⁵lo⁴³ʑei²¹tʂou³¹qei⁴⁴. 母鸡在窝里叫蛋。

　　婆　鸡 在　里 个 窝　叫　蛋

→ po³¹qai⁴³tʂou³¹qei⁴⁴hou⁵⁵lo⁴³ʑei²¹. 母鸡叫蛋窝里。

　　婆　鸡 叫　蛋　里 个 窝

c) ni²¹n̪au⁴³hou⁵⁵tɕo⁴³la³¹i⁴⁴t̪lau⁴³tshou⁵⁵. 他在那块田里拔稗子。

　　他 在 里 块 田 那 拔　稗

→ ni²¹t̪lau⁴³tshou⁵⁵hou⁵⁵tɕo⁴³la³¹i⁴⁴. 他拔稗子那块田里。

　　他 拔 稗 里 块 田 那

核心标注题元焦点是加在动核上的具有介词性质的方所题元标记，介引方所题元，在句法结构中处于动词后，但不是补语，而是句法结构的焦点。苗语核心标注介引方所题元，有附着于动词的语法化方所题元标记、兼有动词体标记的方所题元标记和用趋向动词标注方所题元三种。

附着于动词的语法化方所题元标记，苗语用意义较虚的tou⁴⁴"在……""到……"和意义相对较实的具有趋向性质的tso¹³"到……"作为方所题元的标记，介引方所题元，说明动词后的成分是方所题元，两者的语义关系指向方所题元，表达谓语动作行为到达的终点。例如：

a) kau³¹tʂhei⁵⁵mo²¹pa⁵⁵tou⁴⁴sou⁴⁴toŋ⁴⁴. 你拿去摆在桌子上。

　　你 拿 去 摆 在 上 桌

b) ni²¹lou⁴³tou⁴⁴hou⁵⁵thoŋ⁴³lɛ²⁴. 他倒到桶里了。

　　他 倒 到 里 桶 了

c) pei⁴³qhau⁵⁵lo²¹tso¹³hou⁴⁴tʂei⁵⁵. 我们刚回到家里。

　　我们 刚 回 到 里 家

d) n̥oŋ⁴³tua³¹tso¹³ti¹³mpoŋ⁴⁴tau³¹ta²¹. 太阳升到山梁上了。

　　日 升起 到 对面 边缘 山坡 了

兼体标记的方所题元标记，苗语用动词完成体标记t̪lua⁴⁴"过……"作为方所题元的标记，介引方所题元，语义关系指向后面的方所题元，表示动作行为的趋向的终点。例如：

a) ni²¹n̪tɕi⁴⁴t̪lua⁴⁴pei²¹hou⁵⁵tei⁴³i⁴⁴lɛ²⁴ta²¹. 他到地头上面去了。

　　他 爬 过 坡上 顶 地 那 了 了

b) mpau⁴⁴ʑi²¹tʂi⁵⁵ŋkan¹³t̪lua⁴⁴n̪taŋ²¹plaŋ²¹ko⁴⁴ɕon⁴³a⁴³i⁴⁴lɛ²⁴.

　　猪　野 逃跑 进 过 坡下 片 丛 竹 苦 那 了

野猪逃到坡下那片苦竹丛里去了。

c) ni²¹mo²¹tʟua⁴⁴pei²¹hou⁵⁵tau³¹lɛ²⁴. 他到山上去了。
   他 去 到 坡上头 山坡 了
d) ni²¹ʑi¹³tṣi⁵⁵tʟua⁴⁴ɳtaɳ²¹ɳtaɳ²¹lɛ²⁴. 他家迁到坝子下头去了。
   他 家 迁居 到 下面 坝子 了

用趋向动词标注方所题元，苗语用趋向动词lɛ²⁴ "到……去" 作为方所题元的标记，介引方所题元，也表示动作行为趋向的终点。例如：

a) ni²¹ʐa⁴⁴mo²¹lɛ²⁴ tau²⁴qhau⁵⁵haɳ⁵⁵tʟei⁴⁴ʐou⁴³mpua⁴⁴.
   他 要 去 到…去侧面洞 山谷 摘 草 猪
   他要到侧面山谷里去割猪草。

b) ni²¹ŋkaŋ¹³lɛ²⁴ hou⁵⁵lo⁴³qhau⁵⁵tṣua⁴⁴tsho²⁴ɕau⁴³lo³¹ua⁴⁴kua⁴³ho⁵⁵ʐo³¹.
   他 进 到…去里 个 洞 岩 撮 硝 来 做 药 火 药
   他钻到岩洞里去撮硝来做火药。

c) mei³¹tua³¹lɛ²⁴ pei²¹naŋ⁴⁴ua⁴⁴la¹³tṣa⁴⁴? 你们到这上面来干什么？
   你们 来 到…去坡上 这 做 什么

d) kau³¹lua³¹lɛ²⁴ tau²⁴pei²¹, o⁵⁵lua³¹lɛ²⁴ tau²⁴tou¹³. 你朝上面钐，我朝下面钐。
   你 钐 到…去 上面 我 钐 到…去 下面

上面的分析说明，苗语动词后的方位词结构和介引方位词结构不是句法结构动词的补语，而是状语，从语义结构来看，属方所题元的句法语义属性与动核语义的制约关系，方所题元作语义结构和语用结构的焦点。

6.9.2 关于动补结构及其语义特征

通过上面的论述和描写分析，可以看出苗语的动补结构是相当复杂的，不仅要从补语的结构类型和补语的语义类型考察，还要从补语的句法结构特征和语义特征分析。苗语补语的结构类型，无论是黏着式，还是分裂式，都是动词为核心语，补语为附加语。苗语补语的语义类型有结果补语、趋向补语、可能补语、状态补语、数量补语、程度补语等六类，其中，数量补语、程度补语的句法结构相对简单，而结果补语、趋向补语、能愿补语、状态补语的句法结构关系复杂，这种复杂是由动词所关涉的主体论元、客体论元句法结构的改变或转换导致的。

6.9.2.1 关于结果补语的结构及其语义特征

结果补语有黏着式和分裂式两种句法结构。黏着式结果补语的句法结构为：主语+动词+补语，语义结构有三种：当事主语+动词+直接结果补语、当事主语+动词+结果补语、受事主语+动词+间接结果补语，语义结构不同，结果补语的语义指向也不同。苗语动词带tou⁴⁴ "得" 的补语结构，也属黏着式结果补语结构，结果补语的语义指向复杂。分裂式结果补语的句法结构为：主语+动词+宾语+补语，语义结构为：施事主语+动词+受事宾语+结果补语，结果补语的语义直接指向核心动词，间接指向动词的宾语，补语具有双重语义指向。分裂式结果补语结构通过受事宾语或施事主语介引作话题后，可以转换为黏着式结果补语结构。通过下表可以看出苗语结果补语的句法结构及其语义特征：

结构类型	句法结构	语义结构	语义指向	示例
黏着式结果补语	主语+动词+补语	当事主语+动词+直接结果补语	动词	ni²¹nau³¹taŋ²¹ta²¹. 他吃完了 他 吃 完 了
		当事主语+动词+结果补语	当事主语	tɛ²¹ko⁴³ko¹³lɛ²⁴ta²¹. 柴烧尽了了 柴 燃 烧 陷 了 了
		受事主语+动词+间接结果补语	受事主语	nen²¹tʂau⁴⁴tļi¹³lɛ²⁴. 马放脱了 马 放 脱 了
	主语+动词+tou⁴⁴	当事主语+动词+结果补语	当事主语	tʂhau⁴⁴sɛ³³tou⁴⁴ta²¹. 衣服缝好了 衣服 缝 得 了
	主语+动词+tou⁴⁴+宾语	施事主语+动词+结果补语+结果宾语	结果宾语	ni²¹ntsua⁵⁵tou⁴⁴pen⁵⁵ntɛ⁵⁵. 他 写 得 本 书 他写了本书
分裂式结果补语	主语+动词+宾语+补语	施事主语+动词+受事宾语+结果补语	受事宾语	ni²¹qo²¹tso³¹so⁵⁵i⁴⁴to⁴⁴lɛ²⁴. 他 拽 根 线 那 断 了 他拽断了那根线
		施事主语+话题+动词+结果补语	话题	ni²¹mua⁴³tso³¹so⁵⁵i⁴⁴qo²¹to⁴⁴lɛ²⁴. 他 把 根 线 那 拽 断 了 他把那根线拽断了
		受事主语+话题+动词+结果补语	受事主语	tso³¹so⁵⁵i⁴⁴tʂo²⁴ni²¹qo²¹to⁴⁴lɛ²⁴. 根 线 那 被 他 拽 断 了 那根线被他拽断了

6.9.2.2　关于趋向补语的结构及其语义特征

趋向补语由含有趋向义素的词充当，补充说明动作行为或变化的趋向。苗语的动趋式动补结构有黏着式和分裂式两种。黏着式趋向补语结构中的动词，有的带宾语，有的不带宾语；不带宾语的句法结构为：主语+动词+补语，有两种语义结构：当事主语+动词+趋向补语、施事主语+动词+趋向补语，补语的语义指向当事主语或施事主语；动词带宾语的句法结构为：主语+动词+补语+宾语，有两种语义结构：施事主语+动词+趋向补语+处所宾语、施事主语+动词+趋向补语+受事宾语，补语的语义指向处所宾语或受事宾语。分裂式趋向补语的句法结构为：主语+动词+宾语+补语，有两种语义结构：施事主语+自主动词+受事宾语+趋向补语、施事主语+非自主动词+处所宾语+趋向补语，补语的语义指向受事宾语或处所宾语；其中，"施事主语+自主动词+受事宾语+趋向补语"的受事主语、施事主语可分别介引作句法结构的话题，构成黏着式趋向补语结构，"施事主语+非自主动词+处所宾语+趋向补语"的处所宾语可以介引作句法结构的话题，构成黏着式趋向补语结构。从下表可以看出苗语趋向补语的句法结构及其语义特征：

结构类型	句法结构	语义结构	语义指向	示例
黏着式趋向补语	主语+动词+补语	当事主语+动词+趋向补语	当事主语	mploŋ³¹ẓen¹³ɴqai²¹lo²¹ta²¹. 叶 脱落 下 来 了 叶子落下来了
		施事主语+动词+趋向补语	施事主语	kaŋ⁴³ŋkaŋ¹³tɛ²⁴lo²¹ta²¹. 虫 爬 出 来 了 虫爬出来了
	主语+动词+补语+宾语	施事主语+动词+趋向补语+处所宾语	处所宾语	mei³¹ŋkaŋ¹³lo²¹hou⁴⁴tṣei⁵⁵. 你们 进 来 里 屋 你们进屋里来
		施事主语+动词+趋向补语+受事宾语	受事宾语	ni²¹tṣo¹³mua⁴³tɛ²⁴pau⁴³ʑin⁴³. 他 只 拿 出 包 烟 他只拿出包烟
分裂式趋向补语	主语+动词+宾语+补语	施事主语+自主动词+受事宾语+趋向补语	受事宾语	ni²¹lɛ⁵⁵n̩o³¹mo²¹lɛ²⁴ta²¹. 他 赶 牛 走 了 了 他吙牛走了了
	主语+动词+宾语+补语	施事主语+话题+动词+趋向补语	话题	ni²¹mua⁴³n̩o³¹lɛ⁵⁵mo²¹lɛ²⁴ta²¹. 他 把 牛 赶 走 了 了 他把牛吙走了了
		受事主语+话题+动词+趋向补语	受事主语	n̩o³¹tṣo²⁴ni²¹lɛ⁵⁵mo²¹lɛ²⁴ta²¹. 牛 被 他 赶 走 了 了 牛被他吙走了了
	主语+动词+宾语+补语	当事主语+非自主动词+处所宾语+趋向补语	处所宾语	pau⁴³ẓei⁴³tḷau⁵⁵pei²¹to⁴³ɴqai²¹lo²¹ta²¹. 石头 滚 上面 山 下 来 了 石头从山上滚下来了
		当事主语+话题+动词+趋向补语	话题	pau⁴³ẓei⁴³tua³¹pei²¹to⁴³tḷau⁵⁵ɴqai²¹lo²¹ta²¹. 石头 从 上面 山 滚 下 来 了 石头从山上滚下来了

6.9.2.3 关于可能补语的结构及其语义特征

可能补语结构由动词附加能愿动词构成，只有黏着式，没有分裂式。

根据能愿动词的语义，可能补语分为可能性动补结构和能力性动补结构。可能性动补结构以能愿动词ȵau¹³"能，可以"、tou⁴⁴"能，得，可以"为标记。能力性动补结构以能愿动词tou²¹"能，……得动"为标记。可能性动补结构的动词不带宾语时，句法结构为：主语+动词+补语，补语的语义指向主语；带宾语时，句法结构为：主语+动词+补语+宾语，补语的语义指向宾语。能力性动补结构的动词不带宾语时，有两种句法结构：主语+动词+补语、状语+主语+动词+补语，补语的语义指向主语；带宾语时，句法结构为：主语+动词+补语+宾语，补语的语义指向主语。通过下表可以看出苗语可能补语的句法结构及其语义特征：

结构类型	句法结构	语义结构	语义指向	示　例
可能性能愿补语	主语+动词+补语	受事主语+动词+能愿补语	受事主语	tsi⁵⁵qa⁵⁵tɬei⁴⁴ȵau²¹ta²¹. 果　葡萄　摘　能　了 葡萄可以摘了
		当事主语+动词+能愿补语	当事主语	tɬei³¹mpou⁴⁴ȵau²¹ta²¹. 水应该开了 水　沸　得　了
	主语+动词+补语+宾语	当事主语+动词+能愿补语+结果宾语	结果宾语	tɬai²⁴ntou⁴³naŋ⁴⁴ua⁴⁴ȵau¹³lo⁴³tʂhau⁴⁴. 块　布　这　做　能　件　衣服 这块布能做件衣服
		当事主语+动词+能愿补语+对象宾语	对象宾语	tou²⁴mau¹³ntou³³ȵau¹³ȵtʂi³³ta²¹. 豆　麦　打　可以　梢　了 豌豆打得尖儿了
		当事主语+动词+能愿补语+数量宾语	数量宾语	lo⁴³kau⁴⁴nti¹³ȵau¹³au⁴³ki⁵⁵tɕε⁵⁵. 个　那　装　能　二　斤　酒 那个能装二斤酒
		施事主语+动词+能愿补语+受事宾语	受事宾语	ȵua¹³cε²⁴ȵau¹³ntε⁵⁵ta²¹. 孩子　读　可以　书　了 孩子应该读书了
能力性能愿补语	主语+动词+补语	施事主语+动词+能愿补语	施事宾语	ni²¹mo²¹tʂi⁴⁴tou²¹. 他走不动 他　走　不　得
	状语+主语+动词+补语	话题+施事主语+动词+能愿补语	施事主语	ŋtaŋ⁴⁴tε²¹naŋ⁴⁴o⁵⁵ti³³tou²¹. 背　柴　这　我　背　能 这背柴我背得动
	主语+动词+补语+宾语	施事主语+动词+能愿补语+处所宾语	施事主语	o⁵⁵ȵtɕi⁴⁴tʂi⁴⁴tou²¹tau³¹pei²¹. 我　爬　不　得　坡　山 我爬不了坡
		施事主语+动词+能愿补语+受事宾语	施事主语	ni²¹hou³³tou²¹tɕε⁵⁵. 他能喝酒 他　喝　得　酒

6.9.2.4 关于状态补语的结构及其语义特征

苗语的状态补语由形容词、形容词重叠式、支配式结构、连动结构充当，补充说明动作行为或变化所处的状态。但是，形容词重叠式后必须带名物化助词ni^{44}"的"，有的句法结构，形容词重叠式前要用状态补语标记结构助词ni^{33}"得"，支配式结构状态补语也要带结构助词ni^{33}"得"。苗语状态补语的句法结构和语义结构较为复杂。形容词作状态补语且动词不带宾语时，句法结构为：主语+动词+补语，有三种语义结构：受事主语+动词+状态补语，状态补语的语义指向受事主语，且受事主语可介引作话题；施事主语+动词+状态补语，状态补语的语义指向施事主语；当事主语+动词+状态补语，状态补语的语义指向当事主语。形容词作状态补语且动词带宾语时，有黏着式和分裂式两种结构，黏着式结构的句法为：主语+动词+补语+宾语，语义结构为：施事主语+动词+状态补语+受事宾语，补语的语义指向受事宾语，受事宾语可介引作话题；分裂式结构的句法为：主语+动词+宾语+补语，语义结构为：施事主语+动词+受事宾语+状态补语，状态补语的语义指向受事宾语，受事宾语可位移作受事主语或介引为话题，施事主语可介引作话题。不以结构助词ni^{33}"得"为标记的形容词重叠式作状态补语，动词不带宾语时，句法结构为：主语+动词+补语，有四种语义结构：当事主语+非自主动词+状态补语，补语的语义指向当事主语；施事主语+自主动词+状态补语，补语的语义指向施事主语；施事主语+自主动词+状态补语，补语的语义指向空位；受事主语+自主动词+状态补语，状态补语的语义指向受事主语，受事主语可介引作话题。动词带宾语时，构成分裂式结构，句法为：主语+动词+宾语+补语，有两种语义结构：施事主语+自主动词+受事宾语+状态补语，补语的语义指向受事宾语，受事宾语可介引作话题，施事主语亦可介引作话题；当事主语+非自主动词+客事宾语+状态补语，状态补语的语义指向客事宾语，客事宾语可位移作当事主语。以结构助词ni^{33}"得"为标记的形容词重叠式作状态补语，有两种句法结构：主语+动词+ni^{33}得+补语，主语+状语+动词+ni^{33}得+补语，有五种语义结构：受事主语+自主动词+ni^{33}得+状态补语，补语语义指向受事主语，受事主语可介引作话题；当事主语+非自主动词+ni^{33}得+状态补语，补语的语义指向当事主语；施事主语+自主动词+ni^{33}得+状态补语，补语语义指向施事主语；施事主语+话题+动词+ni^{33}得+状态补语，补语的语义指向话题；受事主语+话题+自主动词+ni^{33}得+状态补语，补语的语义指向受事主语。以结构助词ni^{33}"得"为标记的支配式结构作状态补语，有两种句法结构：主语+动词+ni^{33}得+[形容词重叠式+宾语]、主语+动词+ni^{33}得+[动词+宾语]，也有两种语义结构：施事主语+动词+ni^{33}得+[形容词重叠式+主体宾语]，补语语义指向施事主语；施事主语+动词+ni^{33}得+[动词+客体宾语]，补语语义指向施事主语。以结构助词ni^{33} "得"为标记的连动结构作状态补语，句法结构为：主语+动词+ni^{33}得+tṣi^{44}不+[动词$_1$+动词$_2$]，有两种语义结构为：施事主语+动词+ni^{33}得+tṣi^{44}不+状态补语，补语语义指向施事主语；当事主语+动词+ni^{33}得+tṣi^{44}不+状态补语，补语的语义指向当事主语。从下表可以看出苗语状态补语的句法结构及其语义特征：

结构类型	句法结构	语义结构	语义指向	示例
形容词状态补语	主语+动词+补语	施事主语+动词+状态补语	施事主语	ȵua^{13}nau^{31}tṣou^{44}ta^{21}. 孩子吃饱了 孩子 吃 饱 了
		受事主语+动词+状态补语	受事主语	tṣhai^{33}ua^{44}ṣa^{55}ta^{21}. 早饭做好了 早饭 做 熟 了
		当事主语+动词+状态补语	当事主语	ntoŋ^{44}ḷo^{43}ɳchou^{33}lɛ^{24}. 树长弯了 树 生长 弯 了
	主语+动词+补语+宾语	施事主语+动词+状态补语+受事宾语	受事宾语	ni^{21}ho^{55}ɳtṣei^{44}ta^{13}ta^{21}. 他磨快刀了 他 磨 锋利 刀 了
		施事主语+话题+动词+状态补语	话题	ni^{21}mua^{43}ta^{13}ho^{55}ɳtṣei^{44}ta^{21}. 他磨快刀了 他 把 刀 磨 锋利 了
	主语+动词+宾语+补语	施事主语+动词+状态补语+受事宾语	受事宾语	ni^{21}po^{13}tou^{44}ɳtṣei^{55}ntou^{44}lɛ^{24}. 她祖母放盐 多 了 她祖母放盐多了
		施事主语+话题+动词+状态补语	话题	ni^{21}po^{13}mua^{43}ɳtṣei^{55}tou^{44}ntou^{44}lɛ^{24}. 她祖母把 盐 放多 了 她祖母把盐放多了
		受事主语+话题+动词+状态	受事主语	ɳtṣei^{55}tṣo^{24}ni^{21}po^{13}tou^{44}ntou^{44}lɛ^{24}. 盐 被她祖母放多 了 盐被她祖母放多了
形容词重叠式状态补语	主语+动词+补语	施事主语+自主动词+状态补语	施事主语	o^{55}nau^{31}tṣou^{33}tṣou^{44}ni^{44}ta^{21}. 我吃饱饱的了 我吃 饱 饱 的 了
			空位	ni^{21}tṣoŋ^{44}mau^{21}mau^{21}ni^{44}ta^{21}. 他 敲 细 细 的 了 他敲得细细的了
		受事主语+自主动词+状态补语	受事主语	ɳtɕua^{55}tsha^{43}ṣo^{55}ṣo^{55}ni^{44}ta^{21}. 糍粑 烤 热 热 的 了 糍粑烤得热热的了
		当事主语+非自主动词+状态补语	当事主语	naŋ^{13}lo^{21}lo^{43}lo^{43}ni^{21}ta^{21}. 雨下得大大的了 雨 下 大 大 的 了

第六章　苗语的动补结构及其语义特征

续表

结构类型	句法结构	语义结构	语义指向	示例
形容词重叠式状态补语	主语+动词+宾语+补语	施事主语+自主动词+受事宾语+状态补语	受事宾语	o⁵⁵cɛ⁴⁴qhau⁵⁵ʈoŋ³¹nto²⁴nto²⁴ni⁴⁴ta²¹. 我 关 洞 门 严实 严实 的 了 我关门严严的了
			话题	o⁵⁵mua⁴³qhau⁵⁵ʈoŋ³¹cɛ⁴⁴nto²⁴nto²⁴ni⁴⁴ta²¹. 我 把 洞 门 关 严实 严实 的 了 我把门关严严的了
			受事主语	qhau⁵⁵ʈoŋ³¹tʂo²⁴o⁵⁵cɛ⁴⁴nto²⁴nto²⁴ni⁴⁴ta²¹. 洞 门 被 我 关 严实 严实 的 了 门被我关严严的了
		当事主语+非自主动词+客事宾语+状态补语	客事宾语	fua⁴³poŋ⁴³tɛ¹³paŋ³¹tʂha⁴³tʂha⁴³ni⁴⁴ta²¹. 树 樱桃 开 花 新 新 的 了 樱桃树开花争奇斗艳的了
	主语+动词+ni³³得+补语	施事主语+自主动词+ni³³得+状态补语	施事主语	lo⁵⁵ʐaŋ⁴⁴ni³³qei²¹qei²¹ni⁴⁴. 燕 飞 得 低 低 的 燕子飞得低低的
			空位	o⁵⁵tua⁵⁵ni⁴⁴mplou²⁴mlpou²⁴ni⁴⁴ta²¹. 我 舂 得 黏 黏 的 了 我舂得黏黏的了
		受事主语+自主动词+ni³³得+状态补语	受事主语	tɛ²¹tou⁵⁵ni³³ʈei³¹ʈei³¹ni⁴⁴ta²¹. 火 烧 得 旺 旺 的 了 火烧得旺旺的了
		当事主语+非自主动词+ni³³得+状态补语	当事主语	mploŋ³¹tua¹³ni³³tu³³tu³³ni⁴⁴lɛ²⁴. 叶 死 得 蔫 蔫 的 了 叶子萎得蔫蔫的了
	主语+状态+动词+ni³³得+补语	施事主语+话题+动词+ni³³得+状态补语	话题	ni²¹mua⁴³tɕɛ⁵⁵lou⁴³ni³³po⁵⁵po⁵⁵ni⁴⁴. 他 把 酒 斟 得 满 满 的 他把酒斟得满满的
		受事主语+话题+动词+ni³³得+状态补语	受事主语	ȵo³¹tʂo²⁴zi²¹ʑo¹³ni³³ntsou¹³ntsou¹³ni⁴⁴lɛ²⁴. 牛 被 他 养 得 瘦 瘦 的 了 牛被他养得瘦瘦的了
支配结构状态补语	主语+动词+ni³³得+补语	施事主语+动词+ni³³得+[形容词重叠式+主体宾语]	施事主语	ni²¹tʂi⁵⁵ni³³tso¹³tso¹³ʂa⁵⁵ni⁴⁴. 他 跑 得 累 累 命 的 他跑得累累要死
		施事主语+动词+ni³³得+[动词+客体宾语]	施事主语	pei⁴³mo²¹ni³³tɛ²⁴fu⁴³tʂa⁴⁴. 我们 走 得 出 汗淋漓貌 我们走得大汗淋漓

续表

结构类型	句法结构	语义结构	语义指向	示 例
连动结构状态补语	主语+动词+ni³³得+tṣi⁴⁴不+[动词₁+动词₂]	施事主语+动词+ni³³得+tṣi⁴⁴不+状态补语	施事主语	tei³¹ɳua¹³nau³¹ni³³tṣi⁴⁴pou⁴³tsou³³. 些 孩子 吃 得 不 知 够 孩子们吃得不知够
		当事主语+动词+ni³³得+tṣi⁴⁴不+状态补语	当事主语	ni²¹ɳtṣhai⁴⁴ni³³tṣi⁴⁴kaŋ⁵⁵tɛ²⁴mo²¹. 她 怕 得 不 敢 出 去 她怕得不敢看

6.9.2.5 关于数量补语的结构及其语义特征

苗语的数量补语分时量、动量，补充说明动作行为或变化时量持续的时间和动量发生的频率，即时量补语和动量补语。在时量补语结构中，动词不带宾语时，句法结构为：主语+动词+补语，有三种语义结构：施事主语+自主动词+时量补语，补语的语义指向动词；受事主语+自主动词+时量补语，补语的语义指向动词；当事主语+非自主动词+时量补语，补语的语义指向动词。动词带宾语时，有两种句法结构：主语+动词+宾语+动词+补语、主语+动词+补语+宾语。"主语+动词+宾语+动词+补语"是重动句，有两种语义结构：施事主语+自主动词+受事宾语+自主动词+时量补语，补语的语义指向重动动词；当事主语+非自主动词+客事宾语+非自主动词+时量补语，补语的语义指向重动动词。"主语+动词+补语+宾语"的补语必须带完成体动态助词tɬua⁴⁴"过"作标记，有两种语义结构：施事主语+自主动词+tɬua⁴⁴过+时量补语+受事宾语，补语的语义指向动词；当事主语+非自主动词+tɬua⁴⁴过+时量补语+客事宾语，补语的语义指向动词。在动量补语结构中，动词不带宾语时的句法结构为：主语+动词+补语，有两种语义结构：施事主语+自主动词+动量补语，补语的语义指向动词；当事主语+非自主动词+动量补语，补语的语义指向动词。动词带宾语时，有两种句法结构：主语+动词+补语+宾语、主语+动词+宾语+补语。"主语+动词+补语+宾语"有两种语义结构：施事主语+自主动词+动量补语+受事宾语，补语的语义指向动词；当事主语+非自主动词+动量补语+客事宾语，补语的语义指向动词。"主语+动词+宾语+补语"有三种语义结构：施事主语+自主动词+受事宾语+动量补语，受事宾语可位移作受事主语，补语的语义指向动词；施事主语+自主动词+对象宾语+动量补语，补语的语义指向动词；当事主语+非自主动词+客事宾语+动量补语，补语的语义指向动词。通过下表可以看出苗语数量补语的句法结构及其语义特征：

第六章 苗语的动补结构及其语义特征

结构类型	句法结构	语义结构	语义指向	示 例
时量补语	主语+动词+补语	施事主语+自主动词+时量补语	动词	ni²¹ua⁴⁴lɛ²⁴i⁴³tɛ³³ki²¹. 她 做 了 一 早 上 她做了一早上
		受事主语+自主动词+时量补语	动词	pai¹³tɛ²¹naŋ⁴⁴tsou³³tou⁵⁵tau¹³coŋ⁴⁴. 堆 柴 这 够 烧 半年 这堆柴够烧半年
		当事主语+非自主动词+时量补语	动词	ni²¹po³¹tai³³mau⁴³tou⁴⁴ɕaŋ⁴⁴ʑi¹³ŋoŋ⁴³ta²¹. 她 外婆 病 得 七 八 天 了 她外婆病了七八天了
	主语+动词+宾语+动词+补语	施事主语+自主动词+时量补语+受事宾语	重动动词	ni²¹cɛ²⁴qen³¹cɛ²⁴tou⁴⁴au⁴³coŋ⁴⁴ta²¹. 他 读 芦笙 读 得 二 年 了 他学芦笙学了两年了
		当事主语+非自主动词+客事宾语+非自主动词+时量补语	重动动词	ni²¹tʂo⁴⁴plaŋ⁴³tʂo⁴⁴i⁴³mau⁴⁴. 他 胀 肚 胀 得 一 夜 他胀肚子胀了一夜
	主语+动词+补语+宾语	施事主语+自主动词+tḻua⁴⁴过+时量补语+受事宾语	动词	ni²¹tʂo¹³cɛ²⁴tḻua⁴⁴plou⁴⁴tʂi⁴³coŋ⁴⁴ntɛ⁵⁵. 他 只 读 过 四 五 年 书 他只读过四五年书
		当事主语+非自主动词+tḻua⁴⁴过+时量补语+客事宾语	动词	tsau⁴³ntoŋ⁴⁴naŋ⁴⁴tɛ¹³tḻua⁴⁴i⁴³coŋ⁴⁴paŋ³¹ta²¹. 棵 树 这 开 过 一 年 花 了 这棵树开过一年花了
动量补语	主语+动词+补语	施事主语+自主动词+动量补语	动词	qai⁴³qua⁴⁴pei⁴³tʂo¹³ta²¹. 鸡 叫 三 遍 了 鸡叫三遍了
		当事主语+非自主动词+动量补语	动词	ṇtɕi⁴³tua⁴¹au⁴³pho²⁴ta²¹. 菌 出 二 茬 了 蘑菇出两茬了
	主语+动词+补语+宾语	施事主语+自主动词+动量补语+受事宾语	动词	ni²¹ntʂɛ³³au⁴³pei⁴³za¹³mau¹³ta²¹. 他 眨 二 三 次 眼睛 了 他眨两三次眼睛了
		当事主语+非自主动词+动量补语+客事宾语	动词	coŋ⁴⁴naŋ⁴⁴lo²¹au⁴³kau⁴⁴mpo⁴⁴ta²¹. 年 这 下 二 阵 雪 了 今年下两场雪了
	主语+动词+宾语+补语	施事主语+自主动词+受事宾语+动量补语	动词	nan⁴³to²⁴tou¹³ni²¹au⁴³cou²¹. 蛇 咬 着 他 二 牙 蛇咬着他两口
		施事主语+自主动词+对象宾语+动量补语	动词	ni²¹tʂau⁵⁵kau³¹au⁴³pei⁴³ntɕi¹³ta²¹. 他 找 你 二 三 转 了 他找你两三回了
		当事主语+非自主动词+客事宾语+动量补语	动词	o⁵⁵ṇtʂi⁴³ni²¹i⁴³ntsen⁵⁵. 我 遇见 她 一次 我 遇见 她 一 次

6.9.2.6 关于程度补语的结构及其语义特征

程度补语由程度副词充当。苗语的程度副词一般作后状语，在动词主要是感受动词带宾语的句法结构中才充当程度补语。程度补语的句法结构为：主语+动词+宾语+补语，有三种语义结构：当事主语+动词+客体宾语+程度补语、当事主语+动词+对象宾语+程度补语、当事主语+动词+主体宾语+程度补语，补语的语义都指向动词。通过下表可以看出苗语程度补语的句法结构及其语义特征：

结构类型	句法结构	语义结构	语义指向	示例
程度补语	主语+动词+宾语+补语	当事主语+动词+客体宾语+程度补语	动词	o^{55}ɴqhei^{33}tļei^{31}lou^{43}ni^{33}/hen^{55}lɛ^{24}/tʂi^{44}tɕi^{13}. 我 渴 水 得很 厉害得很 不得了 我口渴得很/得厉害得很/得不得了
		当事主语+动词+对象宾语+程度补语	动词	tļou^{33}tshou^{44}tshaŋ^{44}lou^{43}ni^{33}/hen^{55}lɛ^{24}/tʂi^{44}tɕi^{13}. 冰 激 骨头 得很 厉害得很 不得了 冰凌刺骨得很/得厉害得很/得不得了
		当事主语+动词+主体宾语+程度补语	动词	o^{55}tʂo^{44}plaŋ^{43}lou^{43}ni^{33}/hen^{55}lɛ^{24}/tʂi^{44}tɕi^{13}. 我 胀 肚 得很 厉害得很 不得了 我肚子胀得很/得厉害得很/得不得了

第七章　苗语动词的句法语义属性

苗语动词的句法语义属性（syntactic semantic property）包括动词的语义属性（semantic property）和句法属性（syntactic property）两个部分。动词的语义属性主要包括动词的分类及其语义、动词的体貌、动词的重叠式、动词的连动结构和动补结构以及动词对必有语义成分的支配能力和制约能力。而动词的句法属性主要包括动词所支配的相关的必有语义成分的数量、所支配的必有语义成分的性质、支配的方式和所支配的必有语义成分的句法功能。就此而言，一个或者一类动词能支配的必有语义成分的数量、性质、句法功能是动词固有的属性。动词与其所支配的必有语义成分之间的依存关系，使动词能决定其所支配的必有语义成分的数量、性质、句法功能，而必有语义成分的数量、性质、句法功能反过来凸显或者外化动词的句法属性。所以，动词的句法语义属性是动词固有的属性，是动词固有的句法功能和语义功能（semantic function），是动词句法特征（syntactic feature）和语义特征（semantic feature）的有机结合。动词的语义属性和句法属性构成动词的句法语义属性，语义属性与句法属性有一定的对应关系，语义属性对句法属性有制约作用，句法属性对语义属性也有制约作用，但是，动词的语义属性与句法属性不总是对等的。

7.1　及物、不及物动词与自主、非自主动词和动词配价的关系

自主动词和非自主动词是根据动词与主体的关系作出的分类；而根据动词与客体的关系则可以把苗语动词分为及物动词和不及物动词。能带宾语的动词是及物动词，不能带宾语的动词是不及物动词。自主和非自主、及物和不及物的分类是动词不同句法功能的分类，二者类别不同，但有交叉。自主动词有及物的，也有不及物的，非自主动词有及物的，也有不及物的；及物动词有自主的，也有非自主的，不及物动词有自主的、也有非自主的。

苗语动词及物、不及物的划分，是就苗语动词与客体的关系来说的。对动词及物与不及物的研究，本章的着眼点是，既看苗语动词与客体的关系，又看苗语动词与主体的关系，即苗语动词所表示的动作行为或状态与相关的主体、客体之间的语义、语法联系。一个动作行为或变化、属性总要有一个主体，或是人或是物，而主体自身又存在着能否自己发出动作或产生某种状态的差异。一种动作行为或变化、属性有时要涉及客体，或作用于客体或与客体发生某种联系。这两点是把苗语动词分成及物动词和不及物动词的语义、语法根据。这个根据是基于格语法（case grammar）或配价语法（valency grammar）对述语动词（predicate verb）的分类，即将动词的语法范畴跟其格关系（case relation）或价位关系（valence position relation）直接挂钩的分类。

格语法注重动词对名词或名词性成分格关系的研究，例如施事格（agentive case）、受事格（patient case），等等。配价语法着重研究动词对名词或名词性成分论元（argument）的选择。格语法和配价语法虽然属不同的学派，但二者有密切的关系：一个动词所能带的格的数目正是配价语法着力研究的主题，而一个动词所能带从属名词的语义角色正是格语法研究的主题。无论是格语法还是配价语法，都强调动词意义的论元属性（argument property）和论旨属性（thematic property），只是在表达上用不同的术语。论元属性是指动词能搭配的必有论元（obligatory argument），按必有论元数来分，述语动词分一元动词（one-place verb）、二元动词（two-place verb）、三元动词（three-place verb）。例如：

a) to^{33} "笑"，是一元述语动词。示例：
ni^{21}to^{33}qa^{33}ntshi^{44}. 他笑嘻嘻的。
他　笑　助　嘻笑貌

b) nau^{31} "吃"，是二元述语动词。示例：
o^{55}nau^{31}kua^{44}tli^{13}. 我吃稀饭。
我　吃　　稀饭

c) saŋ^{44} "送"，是三元述语动词。示例：
ni^{21}saŋ^{44}o^{55}lo^{43}tʂhau^{44}paŋ^{31}. 他送我件棉衣。
他　送　我　件　衣　棉

必有论元，格语法称作必需格（obligatory case）。论旨属性是指与述语动词连用的论元是什么论旨角色（thematic role）及其论旨角色的语义制约。如，hou^{33} "喝"，有两个必要的论旨角色——"施事"和"受事"，"施事"的语义约束是"人"或"动物"，"受事"的语义约束是"液体什物"。示例：

a) pei⁴³hou³³tɕɛ⁵⁵. 我们喝酒。（施事（人）+动词+受事）
   我们 喝 酒
b) ṇo³¹hou³³tḷei³¹. 牛喝水。（施事（动物）+动词+受事）
   牛   喝 水

论旨角色也叫语义角色（semantic role）。格语法叫格（case）。

论元属性是指动词能搭配的必有论元，解决的是量的问题。在量的问题上，带一个必有论元、两个必有论元、三个必有论元的动词可称之为一元动词、二元动词、三元动词，又可称之为一价动词（monovalent verb）、二价动词（bivalent verb）、三价动词（trivalent verb）。从这点来说，动词的论元属性与及物动词、不及物动词的语义结构类型有共同之处，即不及物动词都是一元一价动词，及物动词可以是二元二价动词，也可以是三元三价动词。根据动词的语义、句法结构和句法语义属性，苗语及物、不及物动词与自主、非自主动词和动词的价的关系，可表示如下：

	自主	非自主	及物	不及物	一价	二价	三价
领属动词	−	+	+	−	−	+	−
系属动词	−	+	+	−	−	+	−
能愿动词	−	+	−	−	−	−	−
他动词	+	−	+	−	−	+	±
自动词	+	−	−	+	+	−	−
外动词	−	+	+	−	−	+	−
内动词	−	+	−	+	+	−	−

能愿动词不能单独作谓语，所以不存在及物与否和价位的问题。从动词与主体、客体的关系和动词核心（以下简称动核）所联系的论元来看，自主又及物的是他动词，它主要是二价动词，少部分能带双宾语的是三价动词，自主不及物的是自动词，它是一价动词；非自主及物的是外动词，通常是二价动词。非自主不及物的是内动词，与自动词一样都是一价动词。

动词的分类，如上所示。动词的论元，即动词的配价（valenz），主要是对自主和非自主、及物和不及物两对范畴的动词所构成的句子模式（sentence pattern，sentence model）（以下简称句模）的解释。自主和非自主动词都可以及物或不及物，不及物时构成一价动词的句模，及物时构成至少二价动词的句模，一些自主及物动词可以构成三价动词的句模。

7.2 动词论元的语义角色

如上所述，论旨属性是指与述语动词连用的论元是什么论旨角色及其论旨角色的语义制约，解决的是质的问题。在质的问题上，必须要确定论旨属性，即论元的语义角色。

7.2.1 确定动词必有论元的方法

论元是动词联系的强制性的语义成分，它是构成动词核心结构（verb core structure）（以下简称动核结构）和句模所必需的成分。根据苗语的实际情况，本书对动词必有论元的确定，采取最小自足（minimum self-completed）主谓结构的方法，亦即在一个主谓结构中，首先在意义上必须是自足的，其次结构必须是最小的。例如：

a) o^{55}ɳau^{43}ɲi^{21}ʑi^{13}nau^{31}mau^{44}.我在他家吃饭。

  我　在　他　家　吃　饭

b) ni^{21}chɛ^{33}lou^{44}ntɕi^{31}ntɕɛ^{33}qau^{33}to^{43}.他用条锄挖山药。

  他　拿　锄　柱　挖　山药

这两个例句，在意义上是自足的主谓结构，其语义结构框架是：

a) 施事+处所+动核+受事

b) 施事+工具+动核+受事

但是，不是最小自足主谓结构，最小自足主谓结构应该是：

a') o^{55}nau^{31}mau^{44}.我吃饭。

  我　吃　饭

b') ni^{21}ntɕɛ^{33}qau^{33}to^{43}.他挖山药。

  他　挖　山药

语义结构框架为：

a') 施事+动核+受事

b') 施事+动核+受事

依据最小自足主谓结构的方法，可以对苗语动词的必有论元进行确定。在一个动核结构中，如果只能构成"主事+动核"语义结构的动词，它就只有一个必有论元；如果能构成"主事+动核+客事或与事或补事"语义结构的动词，它有两个必有论元；如果能够成"主事+动核+间接客体+直接客体"语义结构的动词，它有三个必有论元。这三种语义结构是苗语动词论元和动词构成的基本句式（basic sentence pattern），称之为基本式。此外，动词还有可选论元，如上举 a)、b) 语义结构中的"处所""工具"，可选论元与基本式构成扩展句式（extended sentence pattern），称为扩展式。本书不对扩展式语义结构框架进行讨论。

根据确定动词必有论元的方法，下面就苗语动词所联系的论元的语义角色，特别是必有论元的语义角色加以阐述，如果有论元语义角色转换时，也作适当的说明。

7.2.2 主事论元的语义角色

主事（agent）是动词所联系（connexion）的主体论元（subject argument），是作用于动核结构中动核的主体，在静态的意义自足的最小的主谓短语中处于主语的位置。根据动词的不同性质可分成施事论元、当事论元、起事论元、范围论元、材料论元等5类。

7.2.2.1 施事论元

施事论元（agent argument）是和动作行为动词联系着的表示动作行为的主体的论元，是动作行为的发出者，具有发出动作行为的能力。典型的施事由专指名词、亲属称谓名词和人称代词等充当，施事具有[+动物]的语义，对动作行为可以主观控制，动作行为具有[+自主]、[动作]的语义特征。动物名词、自然力名词也可以充当施事，它的语义是[±动物]，不一定具有发出动作行为的能力，对动作行为也不一定可以主观控制，不过出现在施事之后的动词与具有[+自主]、[动作]的语义特征的动词相同。施事论元联系的动词都是自主动词，可以是及物动词，也可以是不及物动词。例如：

a) $ni^{21}tua^{44}mpua^{44}$. 他杀猪。

  他　杀　猪

a') $so^{43}tua^{44}tho^{55}$. 雷劈松树。

  雷　杀　松树

b) $ni^{21}tʂhua^{43}tɕo^{43}lua^{55}tɛ^{21}tɕi^{13}plai^{21}$. 他吹火吹得呼呼地燃着。

  他　吹　堆　火　燃　呼响貌

b') $tɕua^{44}tʂhua^{43}tɕo^{43}lua^{55}tɛ^{21}tɕi^{13}plai^{21}$. 风吹火吹得呼呼地燃着。

  风　吹　堆　火　燃　呼响貌

c) $ni^{21}thau^{44}tou^{44}lo^{43}qhau^{55}$. 他挖了个洞。

  他　挖　得　个　洞

c') $tʂua^{13}thau^{44}tou^{44}lo^{43}qhau^{55}$. 老鼠挖了个洞。

  鼠　挖　得　个　洞

d) $po^{31}tai^{33}tua^{33}ta^{21}$. 外祖母来了。

  外祖母　来　了

d') $n̥oŋ^{43}tua^{31}ta^{21}$. 太阳升起来了。

  日　来　了

e) $ni^{21}mo^{21}lɛ^{24}ta^{21}$. 他去了了。

  他　去　了　了

e') to²¹ȵo³¹i⁴⁴mo²¹ȵo⁴³ȵau⁵⁵. 那头牛慢悠悠地走着。
　　头　牛　那　去　缓慢貌

例句 a)、a')，b)、b')，c)、c') 中，施事与自主及物动词既可以构成最小的自足的主谓结构，也可以是动词带有其他补充成分构成的语义自足的主谓结构，基本的句法结构为：主语+谓语+宾语，基本的语义结构为：施事+动词+受事。而例句 d)、d')，e)、e') 中，施事与自主不及物动词能且只能构成最小的自足的主谓结构，基本的句法结构为：主语+谓语，基本的语义结构为：施事+动词。

7.2.2.2 当事论元

当事论元（experiencer argument）是事件中非自主的变化的主体，是和表示心理、感觉、认知、遭遇等感知动词（perception verb）联系着的主体的论元。当事论元也是和情状动词联系着的主体论元，是情状的担当者。一般由专指名词、普通名词或代词充当。当事论元联系的动词都是非自主动词，有及物动词，也有不及物动词，其中及物动词居多。

联系当事主体论元的非自主、及物的心理、感觉、认知、遭遇等感知动词都是二价动词。例如：

a) to²¹ȵua¹³naŋ⁴⁴ȵtɕo⁴⁴ni²¹na²⁴hen⁵⁵lɛ²⁴.这小孩很想念他母亲。
　　个 小孩 这　记　他　母　不得了

b) o⁵⁵mau⁴³plaŋ⁴³lou⁴³ni³³.我肚子疼得很。
　　我　疼　　肚　得很

c) ni²¹tʂi⁴⁴pou⁴³kau³¹.他不认识你。
　　他　不　知　你

d) ho⁴³ẓou⁴³ȵtsei⁵⁵naŋ⁴⁴tou¹³tau³¹ta²¹.这坛腌菜着油了。
　　坛　菜　盐　这　着　油　了

e) ni²¹poŋ⁴³lɛ²⁴i⁴³pua³³tl̥ai²⁴tsa³¹.她丢了一百块钱。
　　她　掉　了　一百　块　钱

联系当事主体论元的非自主、不及物的心理、感觉、认知、遭遇等感知动词都是一价动词。例如：

f) lo⁴³tʂho⁴⁴i⁴⁴qou¹³lɛ²⁴ta²¹.那个窝棚塌了。
　　个　窝棚　那　倒　了　了

g) tʂaŋ¹³la³¹pau⁴³lɛ²⁴.田埂垮了。
　　埂　田　塌　了

h) nen²¹tl̥i¹³lɛ²⁴ta²¹.马脱缰了。
　　马　脱　了　了

i) qai⁴³mpua⁴⁴tua¹³taŋ²¹lɛ²⁴.鸡猪死光了。
　　鸡　猪　死　完了

7.2.2.3 起事论元

起事论元（initiative argument）是与属性动词联系着的主体论元，是属性双方的起方（initator），常处于ʐau¹³ "是"、mua³¹ "有"、su³³ "像"、ʐoŋ¹³ "好像"、lua³¹ "大如"、 mpou²⁴ "多如" 等构成的句子的主语的位置。起事论元与止事论元相关，也可以叫 "关事论元（corelative argument）"。起事论元联系的动词都是非自主及物二价动词。例如：

a) ni²¹na²⁴ʐau¹³to²¹cu³³tʂhua³¹.她母亲是个医生。
　　她　母　是　个　匠　药
b) ni²¹ʑi¹³mua³¹ɕaŋ⁴⁴len³¹cu⁵⁵ti³¹.他家有七兄弟。
　　他　家　有　七　位　弟　兄
c) ȵua¹³tʂo⁵⁵su³³qa³³tʂhu³³.小虎仔像猫咪。
　　小　虎　像　前缀　猫
d) to²¹ntshai³³naŋ⁴⁴ʐoŋ¹³to²¹qa³³tua¹³.这姑娘像个傻瓜似的。
　　个　姑娘　这　好像　个　前缀　傻
e) lo⁴³ȵtɕi⁴³naŋ⁴⁴lua³¹lo⁴³tai²¹.这朵蘑菇有个海碗大。
　　个　蘑菇　这　大如　个　海碗
f) tɕau⁵⁵naŋ⁴⁴tʂi⁴⁴mpou²⁴tɕau⁵⁵kau⁴⁴.这些没有那些多。
　　些　这　不　多如　些　那

7.2.2.4 范围论元

范围论元（range argument）是动词所联系的事件中所关涉的领域（domain）或范围的主体。由表范围或领域的名词、处所词、指代词和表全量的量词重叠式充当。范围论元处于主语的位置，作句子的主语。联系范围主体论元的动词既有非自主动词，也有自主动词。非自主动词都是二价及物动词。自主动词是二价自主及物动作行为动词。

非自主及物二价动词联系的主体范围论元构成的句子都表示某范围内存在某事物，其句型一般是存现句（existential sentence）。例如：

a) nta³¹tei⁴³tʂo¹³tʂhua⁵⁵au⁴³mua¹³noŋ²¹.世界上只剩两兄妹。（《洪水神话》）
　　世界上　只剩　二　妹　兄
b) tau²⁴pei²¹tau²⁴tou¹³ti¹³ʐau¹³nen³¹tʂaŋ⁴⁴.上上下下都是亲戚。
　　侧　上面　侧　下面　都　是　亲戚
c) to¹³to¹³mua³¹nau³¹, len³¹len³¹mua³¹ȵaŋ⁵⁵.人人有吃的，个个有穿的。
　　个　个　有　吃　位　位　有　穿

自主及物二价动词联系的主体范围论元构成的句子，虽然表示某范围内发生事件，但是，发生事件的动作行为不是范围主体论元发出的，即范围主体论元不是动作行为的施动者，只是在某范围内发生或出现某事件，从这点来看，其句型也是存现句。例如：

d) tshua⁴⁴ʐei³¹tshua⁴⁴ʐau²¹ntou³³mplei³¹n̪toŋ⁴⁴ntu²¹.村村寨寨热火朝天地收着谷子。
　　全　村　全　寨　打　稻　忙碌貌

e) tau³¹pei²¹qhau⁵⁵haŋ⁵⁵nau¹³tl̪au⁴⁴taŋ²¹.山坡山谷都啃光了。
　　山坡 山坡 洞 山谷 啃 光 完

f) qaŋ⁴³vaŋ³¹tau¹³tsei⁵⁵tl̪ai⁴⁴po⁵⁵taŋ²¹.房前屋后都挂满了。
　　底　园　后　尾　挂　满　完

e）句中的自主及物二价动词 nau¹³"啃"专用于食草动物啃食植物的动作行为，此句的意思是：山坡山谷的植物都被啃食光了，但此处的用法并未指明受事论元，只说明该范围存在的现象。f）句的动词 tl̪ai⁴⁴"挂"是一个自主及物二价强动作行为动词，此举的意思是：什物挂满了房前屋后，此处的用法也未指明受事论元，只说明该范围存在的现象。

7.2.2.5 材料论元

材料论元（material argument）是动词所联系的表示事件中所用材料或消耗材料的主体，它主要处于句子结构中主语的位置，由含有"材料"意的普通名词充当。例如：

a) tɕau⁵⁵n̪toŋ⁴⁴naŋ⁴⁴ua⁴⁴n̪au¹³tou⁴⁴lo⁴³ʐoŋ⁴⁴toŋ³¹.这些木材能做张好桌子。
　　些　木材 这　做　能　得　张　好　桌

b) t̪au³¹tho⁵⁵ʐei²¹tsi⁴⁴tou⁴⁴tɛ²¹.松香不能引燃柴火。
　　油　松 引燃 不得 火

c) maŋ³¹lu³¹sua⁴³tsi⁴⁴tou⁴⁴lua⁴⁴.烂麻搓不了绳子。
　　麻 烂 搓 不 得 绳

d) thoŋ⁴³ŋkaŋ³¹nt̪ɛ³³i⁴⁴ha³¹kho⁵⁵ʐi²¹tou³³so⁵⁵nɛ³³.那里那桶蓝靛还可以染线的。
　　桶 蓝靛 近处 那 还 可 以 染 线 呢

材料论元可以用介词 sua³³"用"、chɛ³³"拿、用"引导，作句子的状语，位于动词前充当与事论元。例如：

a) sua³³nti¹³tsho⁵⁵kau⁴⁴hou⁴⁴ntsi³³kua⁵⁵tl̪i¹³.用那碗小米熬点稀饭。
　　用　碗 小米 那　煮　点　稀饭

b) sua³³tɕau⁵⁵kua⁴³tɕɛ⁵⁵ʂou⁴⁴ua⁴³ho⁴³tɕɛ⁵⁵.用上面那儿的酒曲酿坛酒。
　　用　些　药 酒 上面 做 坛 酒

c) chɛ³³tau³¹ʐou⁴³tɛ³³ten⁴³.用菜油点灯。
　　拿 油菜 点 灯

d) chɛ³³qua⁵⁵n̪tsua³³ua⁴⁴thaŋ³¹.用甘蔗榨糖。
　　拿 秆 高粱 做 糖

材料论元也可以处于句子宾语的位置，充当客体，通常表事件所消耗的材料。例如：

a) i⁴³plua²¹tʂhai³³tou⁵⁵lɛ²⁴i⁴³tsua²¹tɛ²¹.做一顿午饭烧了一抱柴。
   一顿　午饭　烧　了　一　抱　柴

b) pei⁴³noŋ⁴³lɛ⁵⁵pua²¹au⁴³lo⁴³ten⁴³.三天烧坏了两盏灯。
   三　天　烧坏　二　个　灯

c) o⁵⁵i⁴³ɕoŋ⁴⁴naŋ⁵⁵n̪tua¹³pei⁴³thau²⁴tʂhau⁴⁴.我一年穿破了三套衣服。
   我　一　年　穿破　三　套　衣服

d) to²¹lua⁵⁵naŋ⁵¹i⁴³m̪au⁴⁴tɕua⁴⁴lɛ²⁴au⁴³ʂa⁴³tou²⁴qei³¹.这头驴一夜嚼了两升蚕豆。
   头　驴　这　一　夜　嚼　了　二　升　豆　蒜

7.2.3　客事论元的语义角色

客事论元（object argument）指动词联系着的客体，是主事作用于动核后，动核所涉及的客体或客方，在静态的意义自足的最小主谓短语结构中通常处于宾语的位置。根据动词的不同性质，可以分成以下 12 类。

7.2.3.1　受事论元

受事论元（patient argument）是动作的承受者（patient），是自主及物的动作行为动词所联系的客体论元，是施事论元发出动作行为后影响到的已经存在的客体，在句法结构中充当受事宾语（patient object）。例如：

a) ni²¹ntou³³o⁵⁵.他打我。
   他　打　我

b) na²⁴ʐɛ²⁴mo²¹chɛ³³n̪tɕi⁴³lɛ²⁴.老头儿采蘑菇去了。
   老头　去　拾　菌　了

c) ni²¹to¹³o⁵⁵tsa⁴³plou⁴³hou⁴⁴.他给我剪头发。
   他　跟　我　剪　毛　头

d) tshoŋ⁵⁵n̪tsi³³ɴqai³¹lo²¹nau³¹.切点肉来吃。
   切　点　肉　来　吃

7.2.3.2　结果论元

结果论元（result argument）是动作行为的结果，是事件中自发的动作行为所产生、引起或达成的结局，是结果动词（result verb）所联系的客体论元，是动作发生后才会产生或出现的客体。带结果论元的动词都是自主及物动词，结果论元处于宾语的位置，充当结果宾语（resultant object）。例如：

a) ɕoŋ⁴⁴naŋ⁴⁴ni²¹mpo¹³tou⁴⁴lo⁴³tsei⁵⁵vua²¹.今年他盖了幢瓦房。
   年　这　他　盖　得　个　房　瓦

b) o⁵⁵vei⁴⁴ua⁴⁴tou⁴⁴phau⁴³n̩a³³tou⁴⁴o⁵⁵ti⁵³n̩ua¹³.我姐做了床背带给我背小孩。
   我 姐做 得 床 背带给 我背小孩

c) ni²¹ʑi¹³tua⁵⁵tou⁴⁴lo²¹na²⁴n̩tɕua⁵⁵mplou²⁴.他家舂了一大个糍粑。
   他 家舂 得 个 大 粑 糯

d) ni²¹tʂo¹³qo³¹tou⁴⁴i⁴³ni³³tl̩a⁵⁵mon̩⁵⁵tʂhua³¹.他只研了一小勺药粉。
   他 只 研 得 一小 调羹 面 药

受事论元与结果论元的区别在于，受事论元是动作行为发出前就已经存在的事物，结果论元是动作行为发出后才产生的事物。例如：

a) tl̩ei⁴⁴tsi⁵⁵tl̩ua³¹nau³¹.摘桃子吃。（V+受事）
   摘 果 桃 吃

b) lai⁵⁵n̩tsa⁴³ua⁴⁴tʂhai³³.碾米做早饭。（V+结果）
   碾 米 做 早饭

有的动作行为动词既可以联系受事论元，又可以联系结果论元。例如：
zo²⁴tou²⁴pou⁵⁵tau²¹ʑæ²⁴vou⁵⁵, zo²⁴tou²⁴paŋ³¹tau²¹mi³³n̩aŋ³¹.磨豆腐招待姑爹姑妈。
磨 豆 黄 等 姑爹 磨 豆 花 等 姑妈

7.2.3.3 致使论元

致使论元（causative argument）是动作行为或变化属性致使的对象，是致使动词（cause verb）联系的客体论元。又可分为他动致使论元和外动致使论元。带致使论元的动词都是及物动词，其中有自主动词，即他动致使动词，也有非自主动词，主要是感受动词，即外动致使动词。他动致使论元可以用介词mua⁴³"把"引导，前置于动词，外动致使论元没有这种句法结构和语用结构。致使论元处于宾语的位置。例如：

a) kau³¹mo²¹to⁴⁴ʂo⁵⁵lo²¹to⁵⁵n̩tʂhaŋ⁵⁵.你去摘蒿子来止血（使血止住）。
   你 去 拽 蒿 来 止 血

→ kau³¹mo²¹to⁴⁴ʂo⁵⁵lo²¹mua⁴³n̩tʂhaŋ⁵⁵to⁵⁵tɕa⁴⁴.你去摘蒿子来把血止住。
   你 去 拽 蒿 来 把 血 止 起来

b) ni²¹tho⁴³tɕua¹³tsa²¹tou⁴⁴pei⁴³nau³¹.他热冷饭（使冷饭热）给我们吃。
   他 热 饭 凉 给 我们 吃

→ ni²¹mua⁴³tɕua¹³tsa²¹tho⁴³tou⁴⁴pei⁴³nau³¹.他把冷饭热给我们吃。
   他 把 饭 凉 热 给 我们 吃

c) to²¹n̩ua¹³naŋ⁴⁴tsau⁴³nen⁴³lou⁴¹ni³³.这小孩烦人（使人烦）得很。
   个 小孩 这 搅扰 人 不得了

d) lo⁴³moŋ⁴⁴naŋ⁴⁴nthou⁴³nen⁴³ʂa⁴³la³¹.这则消息太振奋人心（使人心振奋）啦！
   个 消息 这 振奋 人 肝 啦

上面四例中，a）、b）的动词是动作行为动词，即自主动词，客体论元是他动致使论元；c)、d) 的动词是感受动词，即非自主动词，客体论元是外动致使论元。

7.2.3.4 处所论元

处所论元（location argument）是事物存在或动作行为指向或达到的位置，包括处所、场景（scene）、目标等，是表示存在动词（existential verb）、位移动词（moving verb）所联系的客体论元，多由名词性方位结构（direction compound）词语充当，在句法结构中充当处所宾语（locative object）。例如：

a) ni²¹n̻au⁴³s̻ou⁴⁴nthaŋ⁴³.他在楼上。
   他 在 上面 楼

b) o⁵⁵na²⁴tl̻ua⁴⁴hou⁴⁴tsei⁵⁵lɛ²⁴.我母亲到屋里去了。
   我 母亲 过 里面 房 了

c) pei⁴³mo²¹tso¹³ti¹³ņtşi³³tau³¹qhau⁵⁵mo²⁴ki⁵⁵.我们去到对面山顶时天才亮。
   我们 去 到 对面 顶 坡   刚 见 路

d) to²¹mpua⁴⁴zi¹³i⁴⁴tşi⁵⁵tɛ²⁴nto¹³tɛ⁴³lɛ²⁴.那头野猪逃到地边去了。
   个 猪 野 那 逃出 边缘 地 了

7.2.3.5 涉事论元

涉事论元（experiencee argument）是表心理活动动词（psychological activity verb）、认知活动动词（cognitive activity verb）或遭遇动词（encounter verb）等所涉及的客体，是感知动词联系着的客体论元，与当事论元（experiencer argument）相对。带涉事论元的动词都是非自主动词。例如：

a) ni²¹tşi⁴⁴n̻a²⁴ni²¹to²¹po³¹i⁴⁴.他不喜欢他老婆。
   他 不 爱 他 个 妻 那

b) o⁵⁵tşi⁴⁴pou⁴³to²¹lua³³i⁴⁴ho⁴⁴ua⁴⁴tɕaŋ²¹.我不知道那个青年叫什么（名字）。
   我 不 知 个 伙子 那 叫 怎样

c) ni²¹maŋ¹³la¹³tshau²⁴i⁴³tha³¹.他挨别人骂了一顿。
   他 着 别人 骂 一 顿

d) to²¹n̻ua¹³naŋ⁴⁴tou⁴³lo⁴³cou³³ŋt̻oŋ²¹tshaŋ⁵⁵.这个小孩得了把伞来遮太阳。
   个 小孩 这 得 个 伞 遮 晴

7.2.3.6 止事论元

止事论元（terminative argument）是属性动词联系的客体论元，是关系双方的止方（terminator），与"起事"相对，也可以叫系事论元（relative argument）。例如：

a) mploŋ³¹tşɛ⁴³tşi⁴⁴ʐau¹³mpua¹³, pau³³tso⁵⁵tşi⁴⁴ʐau¹³lua³³.蕉叶不是绸，虎豹不是伴。
   叶 芭蕉 不 是 绸缎   豹 虎 不 是 伙伴

b) ṣou⁴⁴tṣei⁵⁵mua³¹phau⁴³chou⁴³lei⁵⁵.屋顶上有床破草席。
　　上面　房　有　床　破旧　草席

c) to²¹ntshai³³i⁴⁴pla³¹phlo⁴⁴su³³ni²¹tsi⁵⁵, tṣi⁴⁴su³³ni²¹na²⁴.
　　个　姑娘　那　额　脸　像　她　父　不　像　她　母
　　那个姑娘像她父亲，不像她母亲。

d) ẓou³¹ẓen¹³tua³¹au⁴³taŋ⁴³ko⁴³.蜗牛长着两只角。
　　蜗牛　　出　二　把　角

7.2.3.7　数量论元

数量论元（quantitative argument）是动词联系的表示数量的客体论元，数量论元由量词短语充当。根据量词的性质，可以分成三类：其一，是由名量词构成的数量，在句子结构中充当数量宾语。其二，是由动量词构成的数量，其三，是由时量词构成的数量，后二者在句子结构中均充当补语。例如：

V+宾语性名量词数量论元

a) lo⁴³ṣen⁵⁵naŋ⁴⁴ṇtua⁴³ṇau¹³i⁴³te⁵⁵.这麻袋能装一斗。
　　个　麻袋　这　装　能　一　斗

b) ni²¹nau³¹lε²⁴au⁴³na²⁴nti¹³.他吃了两大碗。
　　他　吃　了　二　大　碗

V+补语性动量词数量论元

c) o⁵⁵mo²¹tḷua⁴⁴au⁴³pei⁴³za¹³.我去过两三次。
　　我　去　过　两　三　次

d) pei⁴³nau³¹lε²⁴i⁴³plua²¹ta²¹.我们吃了一顿了。
　　我们　吃　了　一　顿　了

V+补语性时量词数量论元

e) ni²¹mo²¹lε²⁴i⁴³lo⁴³li⁴⁴ta²¹.他走了一个月了。
　　他　去　了　一个　月　了

f) ḷua⁵⁵tε²¹ko⁴³tou⁴⁴tɕua³¹noŋ⁴³.野火烧了九天。
　　火　燃　烧　得　九　天

7.2.3.8　工具论元

工具论元（instrumental argument）是动词联系的表示工具的客体论元。工具论元在句子结构中通常处于宾语的位置。带工具论元的动词都是自主及物动词。例如：

a) tei³¹lo⁴³nau³¹na²⁴nti¹³, tei³¹ṇua¹³nau³¹mi⁴⁴nti¹³.大人吃大碗，小孩吃小碗。
　　些　长者　吃　大　碗　些　小孩　吃　小　碗

b) ni²¹tṣi⁴⁴tsε³¹ntou³³qhou⁴⁴.他不会使用连枷。
　　他　不会　打　连枷

c) lo⁴³tʂei⁵⁵naŋ⁴⁴mpo¹³vua²¹lɛ²⁴ta²¹.这所房子已经盖了瓦了。
　　个　房　这　盖　瓦　了　了
d) kau³¹tsɛ³¹ntsua⁵⁵ntɛ⁵⁵mo̱ŋ⁴³la¹³?你会写苗文吧？
　　你　会　写　　书　　苗　吧

工具论元不仅可以充当客体论元，还可以根据语用的需要位移到句首主语的位置，用作话题，充当动词的主体论元。例如：

a) tʂhai³³thoŋ⁴³naŋ⁴⁴tʂo¹³tua⁴³ɲau¹³mpua⁴⁴qhou⁵⁵ta²¹.这只桶只能用来装猪食了。
　　只　桶　这　只　装　能　猪　食　了
b) vaŋ⁴³tʂhou⁴⁴mau²¹tʂhou⁴⁴tʂi⁴⁴tou⁴⁴ntʂa⁴³.细筛子筛不了米。
　　簸箕　筛　细　筛　不　得　米
c) lo⁴³cɛ²⁴naŋ⁴⁴la²¹ti³³tʂi⁴⁴taŋ²¹tha⁴³.这个背篓也背不完。
　　个背篓　这　也　背　不　完　又

工具论元除作主体、客体论元外，还可以用介词sua³³ "用"、chɛ³³ "拿、用"等介引，构成介词短语（adpositional phrase），在句子结构中处于状语的位置，充当状语，位于动核前，在语序类型学上使用前置词（preposition），这时工具的语义是与事论元。例如：

a) kau³¹sua³³ta̱¹³ɲau⁴⁴la²⁴!你用刀捅吧！
　　你　用　刀　戳　吧
b) sua³³fu⁴³hai³³, tʂi⁴⁴ɕau⁴⁴chɛ³³tei²¹tʂua⁴³.用瓢舀，别用手抓。
　　用　瓢　舀　不　消　用　手　抓
c) pei⁴³chɛ³³Nqaŋ³¹ɕoŋ⁴³ntou³³pua⁵⁵.我们用竹竿打蝙蝠。
　　我们　拿　竿　竹　打　蝙蝠
d) tɕau⁵⁵tou⁴³naŋ⁴⁴chɛ³³qua⁵⁵mi²¹mpo¹³tɕa⁴⁴.这些瓜用苞谷秆盖起来。
　　些　瓜　这　拿　秆　苞谷　盖　起来

工具论元的这种用法，与作主体的材料论元完全一样。但是材料论元和工具论元的区别在于：不变原物的是工具，转换为新事物或消耗掉的是材料。例如：

工具论元

a) sua³³qhou³³lou⁴⁴hou⁴⁴Nqai³¹.用铁罗锅炖肉。
　　用　锅　铁　煮　肉
b) chɛ³³lua⁴⁴tɛ⁵⁵khi⁴⁴mpua⁴⁴.拿皮绳捆猪。
　　拿　绳　皮　拴　猪

材料论元

a) sua³³ţau³¹mpua⁴⁴ki⁴³zou⁴³.用猪油炒菜。
　　用　油　猪　炒　菜

b) chε³³tɕa⁴³ȵtaŋ³¹ta⁴³.拿黄蜡蜡染裙子。
　　拿　黄蜡　蜡染　裙

7.2.3.9　方式论元

方式论元（mannar argument）是动词联系的表示动作行为的方式、方法或形式的客体论元。它在句子结构中处于宾语的位置。方式论元联系的动词都是自主及物动词。例如：

a) kau³¹khi⁴⁴lua⁴⁴thou³³tou⁴⁴.你给打活结。
　　你　拴　活结　给

b) ni²¹tso¹³tsɛ³¹hai³³lo²¹ȵtou¹³.他只会打圆场。
　　他　只　会　说　话　花

c) pei⁴³mo²¹nau³¹tou³³nau⁴⁴.我们去吃和气饭。
　　我们　去　吃　和气饭

d) mei³¹ȵtou³¹tɛ⁴⁴la¹³mei³¹ȵau⁴³tʂhei⁴³?你们走路还是坐车？
　　你们　走　脚　或　你们　坐　　车

7.2.3.10　原因论元

原因论元（cause argument）是动词联系的表示动作行为或变化属性产生的原因的客体论元，它在句子结构中处于宾语的位置，做原因宾语（cause object）。带原因论元的动词既有自主动词，也有非自主动词。例如：

自主动词+原因论元

a) to²¹ɲcou⁴³naŋ⁴³i⁴⁴tso¹³ʑau¹³qua³¹tsa³¹sa³³.那个新娘只是哭钱而已。
　　个　姑娘媳妇　那　只　　是　哭　钱　吧

b) tʂhi³³ȵau⁴³tɕei³¹qaŋ⁴³tʂua⁴⁴ɲcou²⁴naŋ⁵.山羊在岩石下避雨。
　　山羊　在　下面　底　岩　　躲　雨

c) tei³¹lou²¹i⁴⁴tɕi⁵⁵tlua⁴⁴tau¹³.老人们曾逃于兵荒。
　　些　老　那　逃跑过　兵

非自主动词+原因论元

d) to²¹ʑɛ²⁴naŋ⁴⁴ua⁴⁴na³¹vu¹³tɕɛ⁵⁵.这老头经常发酒疯。
　　个　老翁　这　经常　　疯　酒

e) tei³¹pau⁴³mi²¹naŋ⁴⁴tua¹³tʂhaŋ⁵⁵taŋ²¹.这些玉米全死于日曝。
　　些　苞米　这　死　阳光　完

f) to²¹nen⁴³naŋ⁴⁴ɴqo⁴⁴ȵtsei⁵⁵, tsi⁴⁴ɴqo⁴⁴tɕua⁴⁴.此人咳于盐而非寒气也。
　　个　人　　这　咳　盐　不　咳　风

7.2.3.11　时间论元

时间论元（time argument）是动词所联系的表示时间的客体论元。通常由时间词充当，在句子结构中作宾语，表示时点、时段或时机。例如：

第七章　苗语动词的句法语义属性

a) ni²¹ţau⁵⁵mo²¹nau³¹pei⁴³tɕou²⁴m̥au⁵⁵.他回去过除夕夜。
　　他　回　去　吃　三　十　夜

b) maŋ⁴³ɴqou³³ţou⁴⁴li⁴⁴za⁴⁴ti³¹tɕau⁴³.彝族过火把节要举行摔跤活动。
　　彝族　耍　　六　月　要　跌　跤

c) taŋ⁵⁵ʂo⁴⁴ta²¹mo²¹n̥au¹³ta²¹.到中午了应该去了。
　　到　中午了　去　得　了

d) ʐa⁴⁴mo²¹tʂhen²⁴ntso⁵⁵, ʐa⁴⁴nau³¹tʂhen²⁴ʂo⁵⁵.要去趁早，要吃趁热。
　　要去　趁　早　要吃　趁　热

时间论元作为一个陈述对象的话题时，经常处于主语的位置，充当一个主体论元。例如：

a) n̥oŋ⁴³naŋ⁴⁴tʂhaŋ⁵⁵nto³¹ta²¹.今天天晴了。
　　日　这　晴　天　了

b) au⁴³pei⁴³n̥oŋ⁴³tau²⁴ntei³¹i⁴⁴khau⁵⁵tḷou³³ŋki⁵⁵.两三天前冰天雪地的。
　　二三天　　前面　那　结　冰　硬邦邦貌

c) naŋ¹³m̥au⁴⁴tʂhua⁴³i⁴³thu⁵⁵tɕua⁴⁴tʂhaŋ⁵⁵.昨晚刮了一阵南风。
　　昨　夜　吹　一　阵　风　晴

d) ʂɛ⁵⁵ntso⁵⁵tau²¹qhua⁴⁴, nau³¹tʂhai³³taŋ²¹tʂhu²⁴tʂhaŋ⁵⁵.上午接待吊唁者，午后出殡。
　　起　早　等　客　吃　中午饭完　出　场

当时间论元表达对动词的补充说明时，充当补事论元，在句子结构中处于补语的位置，作补语。例如：

a) ni²¹tau²¹kau³¹pei⁴³n̥oŋ⁴³ta²¹.他等你三天了。
　　他　等　你　三　天　了

b) ni²¹ua⁴⁴ţau¹³ţau⁵⁵lo²¹tou⁴⁴tʂi⁴³ɕoŋ⁴⁴ta²¹.他当兵回来五年了。
　　他　当　兵　回　来　得　五　年　了

c) mplei³¹ʐa⁴³tou⁴⁴tei³¹lo⁴³tʂhai³³li⁴⁴ta²¹ti¹³tʂi⁴⁴qhua⁴⁴.谷子晒了半个月了还没干。
　　稻　晒　得　些个　半月　了　都　不　干

d) mpau³¹ḷua³³i⁴⁴khuaŋ⁵⁵tso¹³taŋ¹³m̥au⁴⁴.那群年轻人聊到半夜。
　　群　青年那　聊　　到　半　夜

时间论元对动作行为、变化属性发生的时间或持续的时段作出限制时，在句子结构中处于状语的位置，充当状语。例如：

a) tɕa⁴⁴ki²¹pei⁴³mo²¹lɛ⁵⁵cou⁵⁵.明天我们去猎鹿子。
　　明天　我们　去　撵　鹿子

b) ni²¹zɛ²⁴tḷaŋ⁴³naŋ¹³ntou¹³ni⁴⁴tua³¹.他舅舅大后天才来。
　　他　舅舅　大后天　才　来

c) tei³¹mploŋ³¹i⁴⁴naŋ¹³mau⁴⁴zen⁵⁵ua⁴⁴ŋṭau⁵⁵hɛ⁵⁵.叶子昨晚唰唰地落了。
   些　叶　那昨　晚　落 成　响　唰唰响貌

d) naŋ¹³ṇoŋ⁴³mau⁴⁴o⁵⁵po²⁴i⁴³to²¹tḷei⁵⁵zaŋ³¹mpua⁴⁴.前天晚上我看见一只猪獾。
   昨　天　夜我见一只 狗　龙　猪

7.2.3.12 比况论元

比况论元（comparative argument）是动词所联系的表示事件中进行比较所参照的间接客体。这是受现代汉语影响而形成的一种新格式。通常用现代汉语借词pi⁵⁵"比"引出。例如：

a) ni²¹pi⁵⁵o⁵⁵tsɛ³¹ua⁴⁴.他比我会做。
   他 比 我 会 做

b) ni²¹pi⁵⁵kau³¹ṭaŋ¹³tou²¹.他比你能跑。
   他 比 你　跑 得

c) kau³¹pi⁵⁵o⁵⁵cu⁵⁵ni³³ntou⁴⁴.你比我挑得多。
   你 比 我 挑 得 多

d) o⁵⁵pi⁵⁵ni²¹tsɛ³¹hai³³.我比他会说。
   我 比 他 会 说

在苗族的认知观念中，可比较的事物是有差异的，所以就用否定一方和肯定一方的形式来表达比况。苗语表达比况论元采取先否定后肯定，使间接客体话题化，并转换为主体。以上四例可转换为如下句式：

a') o⁵⁵tṣi⁴⁴mua³¹ni²¹tsɛ³¹ua⁴⁴.我没有他会做。
    我 不 有 他 会 做

b') kau³¹tṣi⁴⁴mua³¹ni²¹ṭaŋ¹³tou²¹.你没有他能跑。
    你 不 有 他 跑 得

c') o⁵⁵tṣi⁴⁴mua³¹kau³¹cu⁵⁵ni³³ntou⁴⁴.我没有他挑得多。
    我 不 有　他 挑 得 多

d') ni²¹tṣi⁴⁴mua³¹o⁵⁵tsɛ³¹hai³³.他没有我会说。
    他 不 有 我 会 说

7.2.4 与事论元的语义角色

与事论元（dative argument）是给予类动词（give-type verb）、取得类动词（gain-type verb）、互向类动词（mutual-type verb）等自主及物动词联系着的跟施事论元共同参与（mutual participation）动作行为的参与体（participant）。与事论元在静态的意义自足的最小主谓短语中，有的不用介词引导，置于双宾语句间接宾语的位置上，有的由介词引出并构成介词短语，通常处在状语的位置上，充当状语。与事论元可以分为与事和共事两类。

7.2.4.1　与事论元

与事论元（dative argument）是动作行为交接、传递和给予的对象，与给予类、取得类动词相联系。

给予类、取得类动词是可以带双宾语（double-objects）的自主及物动词，它们所联系的与事论元，一般不需要介词引导，直接置于动词后间接宾语的位置上。例如：

给予类自主及物动词

a) o^{55}fai^{43}kau^{31}au^{43}ki^{55}noŋ^{43}mi^{21}.我分你两斤玉米种。

　我 分 你 二 斤 种 玉米

b) ni^{21}na^{24}saŋ^{44}ni^{21}i^{43}lo^{43}pou^{13}n̥a^{31}.她母亲送她一只银手镯。

　她 母亲 送 她 一 只 手镯 银

c) ni^{21}tsai^{33}o^{55}pei^{43}pei^{43}tl̥ai^{24}tsa^{31}.他借我三百块钱。

　他 借 我 三 百 块 钱

取得类自主及物动词

d) to^{43}n̥a^{13}n̥a^{13}lɛ^{24}ni^{21}pei^{43}tsau^{44}tho^{55}.贼偷了他三棵松树。

　者 偷 偷 了 他 三 棵 松树

e) ni^{21}mua^{21}ʐɛ^{24}tɕai^{44}au^{43}to^{21}tʂhi^{33}.他买老李两只羊。

　他 买 老李 两 只 山羊

f) o^{55}tsi^{44}tou^{44}nau^{31}tl̥ua^{44}ni^{21}i^{43}plua^{21}tʂhai^{33}.我没吃过他一顿早饭。

　我 不 得 吃 过 他 一 顿 早饭

但是，给予类自主及物动词所联系的双宾语结构，间接宾语可以提升（promote）到动词之后占据直接宾语的位置，直接宾语由给予tou^{44}/tou^{44}"给"支配，作对象宾语（target object），句法结构为：V+ O$_2$+tou^{44}/tou^{44}给+O$_1$。如 a)、b)、c)可以变换为：

a') o^{55}fai^{43}au^{43}ki^{55}noŋ^{43}mi^{21}tou^{44}/tou^{44}kau^{31}.我分两斤玉米种给你。

　我 分 二 斤 种 玉米 给 给 你

b') ni^{21}na^{24}saŋ^{44}i^{43}lo^{43}pou^{13}n̥a^{31}tou^{44}/tou^{44}ni^{21}.她母亲送一只银手镯给她。

　她 母亲 送 一 只 手镯 银 给 给 她

c') ni^{21}tsai^{33}pei^{43}pei^{43}tl̥ai^{24}tsa^{31}tou^{44}/tou^{44}o^{55}.他借三百块钱给我。

　他 借 三 百 块 钱 给 给 我

给予类自主及物动词所联系的论元构成的双宾语结构（double object construction），具有"mua^{43}'把'+O$_2$+V+tou^{44}/tou^{44}'给'+O$_1$"的结构特点，直接宾语成为对象宾语。如 a)、b)、c)可以变换为：

a") o^{55}mua^{43}au^{43}ki^{55}noŋ^{43}mi^{21}fai^{43}tou^{44}/tou^{44}ni^{21}.我把两斤玉米种分给他。

　我 把 两 斤 种 玉米 分 给 给 他

b") ni²¹na²⁴mua⁴³i⁴³lo⁴³pou¹³n̪a³¹saŋ⁴⁴tou⁴⁴/ţou⁴⁴ni²¹.她母亲把一只银手镯送给她。
　　她 母　把 一 只 手镯 银　送　给　给 他

c") ni²¹mua⁴³pei⁴³pua³³t̪ai²⁴tsa³¹tsai³³tou⁴⁴/ţou⁴⁴o⁵⁵.他把三百块钱借给我。
　　他　把　三　百 　块 钱　借　给 给 我

取得类自主及物动词所联系的论元构成的双宾语结构，没有"mua⁴³'把'+O₂+V+tou⁴⁴/ţou⁴⁴'给'+O₁"的结构特点，但是，O₁是与事宾语，O₂是客体宾语，O₁与O₂之间具有领属关系。

另，给予类自主及物动词构成的双宾语结构，与事论元，即间接宾语可以由动词tou⁴⁴"给"或ţou⁴⁴"给"支配，置于动词后间接宾语的位置，作与事宾语（dative object），构成：S+V₁+O₂+V₂（tou⁴⁴/ţou⁴⁴"给"）+O₁，如果S+V₁隐含或不用，则O₂+V₂+O₁提升并独立成句，句法结构为S+V+O。例如：

a) kau³¹tʂhei⁵⁵tɕau⁵⁵tsa³¹naŋ⁴⁴mo²¹pou³¹tou⁴⁴ni²¹.你拿这些钱去还给他。
　　你　拿 　些　钱　这　去　还　给 他

b) ni²¹hai³³au⁴³nti¹³n̪tsa⁴³lou⁴³tou⁴⁴/ţou⁴⁴ho⁴⁴qhou⁵⁵.他舀两碗米倒给乞丐。
　　他 舀 二 碗 米 倒 给　给 乞丐

c) ni²¹po¹³mua⁴³cou²⁴lo⁴³qei⁴⁴tɕi⁵⁵tou⁴⁴/ţou⁴⁴ni²¹.他祖母拿十个鸡蛋递给他。
　　他 祖母 拿 十 个 蛋 递 给 给 他

d) kau³¹lou⁴³tɕɛ⁵⁵tou⁴⁴/ţou⁴⁴ʑɛ²⁴.你倒酒给爷爷。
　　你　倒　酒　给　给　祖父

e) lo⁴³tʂhau⁴⁴naŋ⁴⁴saŋ⁴⁴tou⁴⁴kau³¹ta²¹.这件衣服送给你了。
　　件　衣服　这　送　给　你　了

f) to²¹ko⁴⁴lou⁴⁴naŋ⁴⁴chɛ³³tou⁴⁴na⁴ʑɛ²⁴.这根锄把送给老头。
　　根 柄 锄 这 送 给 大 老者

g) to²¹n̪o³¹naŋ⁴⁴qei⁵⁵tou⁴⁴ni²¹lɛ²⁴ta²¹.这头牛已借给他了。
　　头 牛 这 借 给 他 了 了

7.2.4.2 共事论元

共事论元（comitative argument）是与施事协同（cooperate, coordinate）进行动作行为的次主体（sub-subject），即伴随施事共同发出动作行为的参与者。常由介词tha⁴³"和、同"、n̪to¹³"跟、随、和"引出，置于动词前，与施事构成联合短语（combinative phrase）。例如：

a) ni²¹tha⁴³ni²¹na²⁴tʂhau⁵⁵tɕua²⁴.他和他母亲吵架。
　　他 和　他母亲　吵　架

b) ni²¹tha⁴³i⁴³to²¹po³¹ʑi⁵⁵ti³³tɕua²¹.他和一个壮族女同胞打亲家。
　　他 和 一个 妇女 壮族 结 亲家

c) tḷaŋ⁵⁵ ṇto¹³ naŋ⁴³ ṇtɕɛ³³ tɕua²⁴. 鹰跟蛇拼打。
   鹰　跟　蛇　啄　架
d) ni²¹ ṇto¹³ zɛ²⁴ plou⁴³ ntou³³ nto³¹. 他跟老毛打天下。
   他　跟　老毛　打　天

7.2.5 补事论元的语义角色

补事论元（completive argument）是动作行为或变化、属性动词所联系的补体论元（complement argument），它补充说明动词涉及客体后，客体所发出的动作或情状。补事论元处于句子结构小句宾语（object of minor sentences）的位置上，在句型上属于兼语句（pivotal sentence），由述宾结构充当宾语，故称为小句宾语句（clausal-object construction），也有称之为小句补语句（clause-as-complement sentence）的。例如：

a) o⁵⁵ saŋ⁴⁴ ni²¹ mo²¹ cɛ²⁴ ntɛ⁵⁵. 我送他去读书。
   我 送　他　去　读书
b) ni²¹ tɕaŋ⁴³ ṇo³¹ mo²¹ hou³³ tḷei³¹. 他牵牛去喝水。
   他　牵　牛　去　喝　水
c) ʐei²¹ ṇua¹³ i⁴⁴ tshou⁴³ tḷei⁵⁵ to²⁴ tʂhi³³. 那群小孩唆狗咬羊。
   群　小孩那　唆　　狗　咬　山羊
d) o⁵⁵ po²⁴ ni²¹ ṇa¹³ tou²⁴ mau¹³. 我看见他偷豌豆。
   我　见　他　偷　豆　麦

7.3 苗语动词的句法语义属性

7.3.1 动词的语义结构模式

动词的语义结构模式（semantic structure patter）是指动核结构中，动核与论元所构成的句模的语义结构模式。句模分为基本式（basic form）和扩展式（extensive form），依此，语义结构模式也分为基本式和扩展式。

在语义结构模式中，基本式的动词论元，是动核所联系的或支配的强制性语义成分，即必选语义成分（obligatory semantic element），而扩展式除具有动词论元外，还具有非论元的成分，非论元成分（non-argument constituent）通常居于状语的位置，可称之为状语题元（adverbial thematic），它是动词所联系的非强制语义成分，即可选语义成分（optional semantic element），没有它，动核结构仍然可以成立，可以增加某些语义内容，用以说明动作行为、变化属性发生或所处的状况，对语义结构模式和句子结构模式（sentence structural mode）没有影响。实际上，作为一个动核动词，基本上不可能是不附带任何句法成分或虚词的光杆动词（bare-verb），不过非论元句法成分和虚词（particle），包括助词（auxiliary）、副词（adverb）、语气成分（mood element）和体貌助词（aspectuality particle），不影响动核结构的语义结构模式和句子结构模式。本书对动词语义结构模式的讨论，不包括扩展式中的非论元成分。

7.3.2 一价动词的句法语义属性

苗语的一价动词（monovalent verb）都是不及物动词，其中，有自主不及物动词和非自主不及物动词之分。

7.3.2.1 一价自主不及物动词

一价自主不及物动词的语义结构模式为：施事+V。例如：

a) kau³¹tṣi⁴⁴ti³³ʑi¹³ta²¹.你别推辞啦。

   你　别　推辞　啦

b) ni²¹taŋ⁴⁴lɛ²⁴ta²¹.她跑了。

   她　跑　了　了

c) ɲcɛ²¹nen²¹hen⁴⁴lɛ⁴⁴.公马高声嘶鸣。

   公　马　嘶鸣　昂扬貌

d) pu³¹ȵu¹³ɴqau⁵⁵qen²¹.牡牛嗷嗷直叫。

   公　黄牛　鸣叫　高昂貌

可以构成"施事+V"语义结构的自主不及物动词有：

taŋ⁴⁴奔跑	n̥tɕoŋ⁴⁴繁复	n̥tɕu⁴⁴交尾	mphou⁴⁴蜂拥	phlɛ⁵⁵进
ṣen³¹当担	ṣen³¹坚持	ṣɛ⁵⁵起	ȵu⁴³移动	su⁴⁴爬行
la¹³吠叫	tu³³滑翔	fai⁴³分辨	faŋ⁵⁵私奔	fei⁴³回转
qou⁴³蛇交媾	qua⁴⁴啼叫	hen⁴⁴嘶鸣	lou¹³趔	to³³笑
ntua²¹念	ɴqau⁵⁵嗷叫	ɲcou¹³跳	ʑi¹³推辞	tṣei¹³打住

一价自主不及物动词只带一个施事论元，形成"施事+动核"基本式句模。施事论元投射（mapping）到句法平面的主语位置，作施事主语（agentive subject），动核投射到谓语位置，作谓语（predicate），构成"主—谓"的单动谓语句。一价自主不及物动词构成的"主—谓"句对应于"施事—动核"句模和"施事—V"语义结构，表示施事主体自主发出一个不涉及客体的动作行为。

7.3.2.2 一价非自主不及物动词

一价非自主不及物动词的语义结构模式为：当事+V。例如：

a) mploŋ³¹ntoŋ⁴⁴zen¹³ta²¹.树叶凋落了。

   叶　树　凋落　了

b) tḻei³¹mpou⁴⁴ta²¹.水开了。
   水   沸 了
c) tṣo⁵⁵ɳɛ³¹Nqen²¹.老虎嗷嗷咆哮。
   虎 咆哮 高昂貌
d) tsi⁵⁵plou³¹qou³¹ɭɛ²⁴ta²¹.草莓败谢了。
   草莓   败谢 了 了

可以构成"当事+V"语义结构的非自主不及物动词有：

pua²¹坏	tshai³³松开	pau⁴³塌	plaŋ¹³滑脱	tṣhei²⁴散开
tṣhen⁴⁴发抖	tsho⁴⁴轰响	taŋ²¹完	tḻi¹³脱离	tḻoŋ¹³翻腾
ȵtɕo⁴⁴记住	ȵtcua³³皲裂	mphau⁴³褪色	mphou⁴⁴倒塌	ȵtaŋ⁴⁴鼓起来
ŋtho⁴⁴消退	ȵɛ³¹咆哮	ȵtso⁴³喘	ȵtsou²¹起倒欠	ṣo⁴⁴膨胀
sua⁴⁴起风疹	ti⁴⁴撒落	ntsua¹³混杂	ou⁵⁵黄熟	phau⁴³脬
tɕhau³¹翘起	zen¹³凋落	saŋ⁴³浮肿	sei⁴³锈	sɛ³³合拢
ṣen⁴³磨损	ṣou³³凹陷	ṣua⁴⁴飘荡	ti³¹萎谢	tua³¹发酵
tua¹³死	ȵtaŋ³³溢出	fo³³熄灭	qou¹³倒	qou³¹寡
qou³¹败谢	ko¹³过火候	hai⁵⁵倾倒	ḻou⁵⁵梭	tɕi¹³燃烧
qou³³萎缩	qho⁴³颤抖	lou²⁴起翳子	lou²¹脱出	lo³¹大
lua¹³蔓延	ȵaŋ⁴⁴愁眉苦脸	mpou⁴⁴沸	ntaŋ⁴³漂浮	ȵtau⁵⁵响
ntua¹³破损	ȵtu³³蔫	ntua²¹溃疡	Nqe²⁴愈合	ŋko³¹匐倒
ȵtɕa⁴⁴哽咽	ɕua⁴⁴凋谢	ɕua⁴⁴罅漏	zai¹³磨损	zaŋ³¹融化
tsen³¹散落	tso⁵⁵错位	tsou³³够	tsu²⁴闭塞	tsu²¹交汇

一价非自主不及物动词，一般都是表示事物变化状态的非自主动词，即性状动词，它只带一个当事论元，是动词所表示的性状的承担者。这类动词构成"当事—动核"的基本式句模。当事论元投射到句法平面的主语位置，做当事主语（experiencer subject），动核投射到谓语位置，作谓语，构成"主—谓"单动谓语句。一价非自主不及物动词构成的"主—谓"句对应于"当事—动核"句模和"当事—V"语义结构，表示当事主体的性质或状态。

7.3.3 二价动词的句法语义属性

苗语的二价动词都是及物动词，其中，有二价自主及物动词和二价非自主及物动词。

7.3.3.1 二价自主及物动词的句法语义属性

二价自主及物动词的语义结构模式有：施事+V+受事、施事+V+结果、施事+V+致使、施事+V+处所、施事+V+数量、施事+V+工具、施事+V+方式、施事+V+原因、施事+V+时间、范围+V+受事／结果、材料+V+受事／结果等 11 种。

I. 施事+V+受事

这是苗语中最常见的二价自主及物动词的语义结构模式。例如：

a) o^{55}tsua^{31}n̻tṣa^{43}, ni^{21}tṣhou^{44}m̻oŋ^{55}.我簸米，他筛面。
　　我　簸　米　他　筛　　面

b) nen^{21}nau^{13}z̻ou^{43}, n̻o^{21}hou^{33}tl̻ei^{31}.马啃草，牛喝水。
　　马　啃　草　牛　喝　水

c) ni^{21}tl̻au^{43}n̻ʨau^{31}n̻o^{43}nau^{55}.他慢悠悠地拔着草。
　　他　拔　杂草　缓慢貌

d) to^{21}na^{24}po^{13}i^{44}lai^{33}naŋ^{43}kho^{43}khua^{55}.那老太太喊嚓嚓地割着草。
　　个　大　老妇那　割　草　　喊嚓声貌

这种语义结构中的自主动词 V，一般是含有涉受义的动作行为动词，它组成动核结构时联系着的一个论元是施事，另一个论元是受事。施事是动作行为的发出者，受事是施事发出的动作行为的承受者，是在动作行为之前就存在的，它要受到动作行为的影响，即主体通过动作行为作用于客体，使之受到一定的影响并发生一定的变化。

"施事+V+受事"的语义结构，能形成"施事—动核—受事"句模，施事投射到主语的位置，作施事主语，动核作句子的谓语动词，受事投射到宾语位置，作受事宾语（patient object），构成"施事主语—动词—受事宾语"句。

"施事+V+受事"的语义结构，在动态语境（dynamic context）中，可以形成"施事—（mua^{43} '把'）受事—V"、"受事—（tṣo^{24} '着/被'）施事—V"和"受事—V"的派生结构。

"施事—（mua^{43} '把'）受事—V"结构与动作行为动词的动作性强弱有关。动作性较强而且词汇意义中含有处置义的涉受动词才可以进入mua^{43} "把"字句，构成这样的结构和相关的句子模式。例如：

a) ni^{21}tl̻ua^{44}lo^{43}tṣhau^{44}i^{44}ua^{44}n̻ʨua^{13}n̻ʨen^{21}.他撕烂了那件衣服。
　　他　撕　件　衣　那　成　破　豁开貌哧响貌

→ ni^{21}mua^{43}lo^{43}tṣhau^{44}i^{44}tl̻ua^{44}ua^{44}n̻ʨua^{13}n̻ʨen^{21}.他把那件衣服撕得破烂不堪。
　　他　把　件　衣　那　撕　成　破　豁开貌哧响貌

b) ni^{21}tua^{44}qai^{43}lɛ^{24}ta^{21}.他杀了鸡了。
　　他　杀　鸡　了　了

→ ni^{21}mua^{43}qai^{43}tua^{44}lɛ^{24}ta^{21}.他把鸡杀了。
　　他　把　鸡　杀　了　了

c) o⁵⁵po¹³ua⁴⁴tʂhai³³ʂa⁵⁵ta²¹.我祖母做好早饭了。
　　我祖母做　早饭　熟　了
→ o⁵⁵po¹³mua⁴³tʂhai³³ua⁴⁴ʂa⁵⁵ta²¹.我祖母把早饭做好了。
　　我祖母　把　早饭　做　熟　了
d) ni²¹nthua⁴⁴tei³¹tei⁴³tl̥o⁴⁴tl̥a⁵⁵.他薅得地光溜溜的没草。
　　他　　薅　　些　地　光滑　光滑貌
→ ni²¹mua⁴³tei³¹tei⁴³nthua⁴⁴tl̥o⁴⁴tl̥a⁵⁵.他把地薅得光溜溜的。
　　他　把　些地　薅　光滑　光滑貌

"施事—（mua⁴³ '把'）受事—V"这样的结构表示施事的动作行为使受事处于某种状态。能用含有处置义的mua⁴³ "把" 使受事提前，是受事的 "受动性（causally affected）" 在句法上的表现，句型为处置句（disposal sentence）。

"受事—（tʂo²⁴ '着/被'）施事—V"结构，强调受事受到施事动作行为的影响后所处的状态。例如：

a) ni²¹tʂoŋ⁴⁴lo⁴³ho⁴³tɛ¹³lɛ²⁴.他敲破了坛子。
　　他　敲　个　坛　爆　了
→ ni²¹mua⁴³lo⁴³ho⁴³tʂoŋ⁴⁴tɛ¹³lɛ²⁴.他把坛子敲破了。
　　他　把　个　坛　敲　爆　了
→ lo⁴³ho⁴³tʂo²⁴ni²¹tʂoŋ⁴⁴tɛ¹³lɛ²⁴.坛子被他敲破了。
　　个　坛　被　他　敲　爆　了
b) ni²¹tshei²⁴tʂho⁴⁴lɛ²⁴.他拆了窝棚。
　　他　拆　窝棚　了
→ ni²¹mua⁴³tʂho⁴⁴tshei²⁴lɛ²⁴.他把窝棚拆了。
　　他　把　窝棚　拆　了
→ tʂho⁴⁴tʂo²⁴ni²¹tshei²⁴lɛ²⁴.窝棚被他拆了。
　　窝棚　被　他　拆　了

"受事—V"是 "施事+V+受事" 语义结构和 "施事—动核—受事" 句模在句法平面（syntactic plane）上，受事作主题（theme）、述题（rheme）时对其进行描述，施事隐含，受事投射到主语位置，作受事主语（patient subject），动核投射到谓语位置，形成的单动谓语句的语义结构和 "受事+动核" 句模，表示事物处于某种情状。例如：

a) mplei³¹l̥ai³³taŋ²¹ta²¹.稻谷割完了。
　　稻谷　割　完　了
b) tʂhau⁴⁴ntsi⁵⁵zoŋ⁴⁴ta²¹.衣服补好了。
　　衣服　补　好　了

c) na²⁴mpua⁴⁴tʂhau⁴³lɛ²⁴ta²¹.母猪已经劁了。

　　母　　猪　　劁　了　了

d) tl̥ei³¹tʂau⁴⁴lo²¹ta²¹.水引来了。

　　水　　放　来　了

II. 施事+V+结果

这是含有结果义的自主动词（结果动词）组成动核结构时构成的语义结构，它联系着两个论元，一个是施事，一个是结果。结果即指动作行为的结果，是动作行为发生后才产生或出现的客体，有别于业已存在的受事客体。"施事+V+结果"形成的"施事+动核+结果"句模，表示施事通过动词所表现的动作行为产生的某种结果，构成"施事主语—动词—结果宾语"句。例如：

a) ni²¹tsɛ³¹nto³³ntou⁴³.他会织布。

　　他　会　织　布

b) ni²¹sɛ³³tʂhau⁴⁴maŋ³¹.她缝制麻布衣服。

　　她　缝　衣　麻

c) o⁵⁵vai²⁴ha⁴³tou⁴⁴lo⁴³vaŋ⁴³.我父亲编了个簸箕。

　　我 父亲 编　得　个　簸箕

d) ni²¹mo²¹lɛ⁵⁵ntʂa⁴³lɛ²⁴.他去碾米去了。

　　他　去　碾　米　了

"施事+V+结果"语义结构在动态语境中可以形成"结果+施事+V""施事+mua⁴³（把）结果+V"和"结果+V"的派生结构及其相关句模。

"结果+施事+V"是"施事+V+结果"在句法平面上，作为结果的客体论元充当句子的主题、述题提前时形成的语义结构，与其相对应的句模为"结果+施事+动核"。例如：

a) tʂei⁵⁵vua²¹o⁵⁵la²¹mpo¹³tou⁴⁴, naŋ⁴³o⁵⁵la²¹mua⁴³tou⁴⁴ta²¹.

　　房　瓦　我 也　盖　得　　妻 我 也　拿　得 了

　　瓦房我也盖了，媳妇我也娶了。

b) tʂhai³³o⁵⁵ha³¹tʂei²¹tʂi⁴⁴kau²⁴ua⁴⁴nɛ³³.早饭我还没有做呢。

　　早饭 我　还　在　未曾　做　呢

c) tei³¹paŋ³¹ntou⁴³naŋ⁴⁴o⁵⁵na²⁴tʂi⁴⁴tou⁴⁴ku¹³ɕi⁴³.这些苗锦我母亲没空绣。

　　些　花　布　这　我 母亲 不 得　闲　绣

d) phaŋ⁴³tʂhaŋ³¹kau⁴⁴mei³¹tua⁵⁵ʑi⁵³lɛ²⁴ta²¹.那堵土墙你们舂歪了。

　　堵　墙　那　你们 舂　歪　了　了

"施事+mua⁴³（把）结果+V"是"施事+V+结果"结构中，动作性较强且含有处置义的结果动词使结果论元提前构成的语义结构，相关的句模是

"施事+mua^{43}（把）结果+动核"。例如：

a) pei^{43}mua^{43}n̥tɕua^{55}mplou^{24}tua^{55}zoŋ^{44}ta^{21}.我们把糍粑舂好了。
   我们 把 粑粑 糯 舂 好 了

b) ku^{33}ntoŋ^{44}mua^{43}na^{24}ntoŋ^{44}loŋ^{21}zoŋ^{44}lɛ^{24}ta^{21}.木匠把棺木拢好了。
   匠 木 把 大 木 拢 好 了 了

c) kau^{31}mua^{43}l̥ua^{44}sua^{43}ŋkoŋ^{55}n̥tʂi^{33}.你把绳子搓严紧点。
   你 把 绳 搓 圆 滚 点

d) ni^{21}mua^{43}qhau^{55}tsou^{13}lo^{31}lɛ^{24}.他把孔凿大了。
   他 把 孔 凿 大 了

"结果+V"是"施事+V+结果"结构在句法平面上，结果论元作主题、述题并对其进行描述时，施事隐含，结果论元投射到主语位置，动核投射到谓语位置构成的单动谓语句"主语—V"。结果动词构成的"主语—V"句对应于"结果+V"语义结构和"结果—动核"句模，表示某种新事物通过某种动作行为行将产生或已经产生。例如：

a) cɛ^{24}ha^{43}tou^{44}ta^{21}.背篓编好了。
   背篓 编 得 了

b) m̥oŋ^{55}mau^{13}zo^{24}tau^{55}lo^{21}ta^{21}.麦面磨回来了。
   面粉 麦 磨 回 来 了

c) ntɛ^{55}ntsua^{55}zoŋ^{44}ta^{21}.信写好了。
   信 写 好 了

d) ŋkua^{31}mpua^{44}ʐa^{44}mpo^{13}ha^{31}ʂi^{33}tʂi^{44}mpo^{13}?猪圈要盖还是不盖？
   圈 猪 要 盖 还是 不 盖

III. 施事+V+致使

这是含有致使义的自主及物动词（致使动词）组成动核结构时构成的语义结构，它联系着两个论元，一个是动作行为的发出者，即施事，一个是动作行为致使的对象，即致使论元，形成"施事+动核+致使"的句子模式，表示施事通过动作行为涉及客体，使客体以支配它的动作行为性状。这种结构，施事论元投射到主语位置，动核作句中谓语动词，致使论元投射到宾语位置，作致使宾语（causative object），构成"主语—动词—致使宾语"句。例如：

a) ni^{21}tua^{44}ten^{43}lɛ^{24}ta^{21}.他熄了灯了。
   他 熄 灯 了 了

b) to^{21}to^{43}n̥a^{13}i^{44}n̥au^{44}hou^{55}lu^{21}.那个小偷耷拉着脑袋。
   个 者 偷 那 俯 首 低 垂貌

c) tei³¹n̠ua¹³i⁴⁴tʂaŋ⁴⁴ntʂei³¹ntʂha³³noŋ¹³.孩子们竖起耳朵来听。
　　些 小孩那 竖　耳朵 耸立貌 听

d) kau³¹tʂi⁴⁴ti³³khoŋ⁵⁵tl̠ua⁵⁵.你别弓腰。
　　你　不别 弓　腰

由于"施事+V+致使"具有表示动作行为性状的特点，所以，致使动词同时兼有性状动词的性质，使得致使动词的动作性较弱，特别是致使动词表达致使结果处于情状貌状态时，动词的动作行为淡化，施事不是动作行为的发出者，只是致使状态的承当者。例如：

a) ni²¹n̠cou²⁴hou⁴⁴ŋkoŋ²¹.他缩头缩脑的。
　　他 缩 　头 蜷缩貌

b) ni²¹zi¹³cɛ⁴⁴t̠oŋ³¹nti⁴⁴.他家门窗紧闭着。
　　他 家 关 门 紧闭貌

c) tl̠ei⁵⁵lei⁴⁴mplai¹³lei¹³.狗老长地吐着舌头。
　　狗　伸 舌 耷拉貌

d) ni²¹tʂaŋ³¹qaŋ⁴³loŋ⁴⁴ lɛ²⁴ta²¹.他一颠一颠地走了。
　　他 颠　屁股 劲直貌去了

"施事+V+致使"在动态语境中，除表身体动作行为的动词外，大部分致使动词可以形成mua⁴³"把"字句和tʂo²⁴"被"字句，构成"施事+mua⁴³（把）致使+V"和"致使+tʂo²⁴（被）施事+V"的语义结构及其相关的句子模式。

"施事+mua⁴³（把）致使+V"是"施事+V+致使"结构为了强调致使对象，用介词引导并使之提前而派生的语义结构，相关的句子模式是"施事+mua⁴³（把）致使+动核"。例如：

a) kau³¹mua⁴³qhau⁵⁵mua¹⁴qei⁴⁴tɕa⁴⁴.你把眼睛闭起来。
　　你 把　眼睛　闭 起来

b) ni²¹mua⁴³ten⁴³tua⁴⁴lɛ²⁴ta²¹.他把灯熄了。
　　他 把 灯 熄 了 了

c) o⁵⁵mua⁴³qhau⁵⁵t̠oŋ³¹qhei⁴³tou⁴⁴.我把门给开上。
　　我 把　　门 开 着

d) tʂhaŋ⁵⁵nto³¹ta²¹, kau³¹mua⁴³cou³³qo³³taŋ⁴⁴.天晴了，你把伞闭掉。
　　晴　天 了 你 把 伞 关 掉

"致使+tʂo²⁴（被）施事+V"是"施事+V+致使"结构中，致使论元作为主题描述，用介词tʂo²⁴"被"引导施事，致使论元投射到主语位置，动核投射到谓语位置时，构成的语义结构框架，其句子模式为"致使+tʂo²⁴（被）施事+动核"，不过，这种结构和模式只限于表非身体动作行为的动词，表

第七章　苗语动词的句法语义属性

身体动作行为的动词一般不用"致使+tṣo²⁴（被）施事+V"的"被"字句。例如：

a) qhau⁵⁵toŋ³¹tṣo²⁴ni²¹laŋ²¹tɕa⁴⁴lɛ²⁴.门被他闩起来了。
　　洞　门　被他　闩　起来了

b) phlo⁴⁴tṣo²⁴ni²¹thua⁵⁵pua²¹taŋ²¹.脸面被他扫尽了。
　　脸　被他　扫　坏　完

c) tṣaŋ⁴³tṣo²⁴o⁵⁵tl̥au⁵⁵ʂɛ⁵⁵lo²¹lɛ²⁴ta²¹.席子被我卷起来了。
　　席子被我　卷　起来了了

d) ŋkua³¹tʂhi³³tṣo²⁴ni²¹qhei⁴³lɛ²⁴.羊圈门被他打开了。
　　圈　羊被他　开了

"致使+tṣo²⁴（被）施事+V"结构，如果施事隐含，就形成"当事+V"的语义结构和"当事+动核"的句子模式。例如：

a) ten⁴³tua⁴⁴lɛ²⁴ta²¹.灯熄了了。
　　灯　熄　了了

b) qhau⁵⁵toŋ³¹cɛ⁴⁴lɛ²⁴ta²¹.门已经关了。
　　洞　门　关　了了

c) ŋkua³¹tʂhi³³qhei⁴³lɛ²⁴ta²¹.羊圈门开了。
　　圈　羊　开　了了

d) tl̥ei³¹to⁵⁵tɕa⁴⁴lɛ²⁴ta²¹.水已经埋起来了。
　　水　止　起来了了

IV. 施事+V+处所

这种结构是自主及物动词组成动核结构时联系着的两个论元，即施事论元和处所论元。施事论元是动作行为的发出者，处所论元表示动作行为位移的位置，形成"施事—动核—处所"句子模式，施事投射到主语位置，动核作句中谓语动词，处所投射到宾语位置，作处所宾语（locative object），构成"施事主语—动词—处所宾语"句，表示动作行为存在和顺延的位置，或者表示动作行为位移运动的起点、终点和经过、朝向的位置。

"施事+V+处所"可以表示动作行为存在的位置和顺延的位置。例如：

a) ni²¹n̪au⁴³ʂou⁴⁴nthaŋ.他在楼上。
　　他　在上面　楼

b) tʂhu⁴⁴pu⁴⁴ntɛ³³nto¹³tɕo⁴³.猫睡在火塘边。
　　猫　睡近处边　火塘

c) to²¹ntshai⁴⁴i⁴⁴n̪tɕi¹³ka⁴³lɛ²⁴.那姑娘逛街去了。
　　个　姑娘那　逛　街去了

d) kau³¹tʂi⁴⁴ti³³ntha⁴⁴so⁴³tʂaŋ⁵⁵.你别扶墙。

　　　你　不别　扶　前缀墙

a）、b）表示施事发出动作行为存在的位置。c）、d）表示施事发出动作行为顺沿的位置。"施事+V+处所"映射到表层句型（superficial sentence pattern）上，动词后面可以加tou⁴⁴ "在""到"标注处所，经重新分析（reanalyse），这种标注属核心标注（head-marking），作前置词（preposition）介引处所，使处所论元成为方所题元（locative semantic role），作句子结构的后状语（post-posing adverbial）。例如：

a) kau³¹tʂhei⁵⁵mo²¹pa⁵⁵tou⁴⁴ʂou⁴⁴toŋ⁴⁴.你拿去摆在桌子上。

　　　你　拿　去　摆　在　上　桌

b) ni²¹lou⁴³tou⁴⁴hou⁴³thoŋ⁴³lɛ²⁴.他倒到桶里了。

　　　他　倒　到　里　桶　了

c) o⁵⁵tɬai⁴⁴tou⁴⁴ʂou⁴⁴tshaŋ²¹, kau³¹ta⁴³to²¹mo²¹mua⁴³.我挂在墙上，你自己去拿。

　　　我　挂　在　上　墙　你　单个　去　拿

d) kau³¹tʂau⁴⁴tou⁴⁴lua³¹tei⁴³, o⁵⁵lo²¹mua⁴³.你放到地上，我来拿。

　　　你　放　到　土　地　我　来　拿

这种情况，在动态句法（dynamic syntax）平面上的语义结构为"施事+V+受事+tou⁴⁴（在、到）处所"，可以扩展为"施事+mua⁴³（把）受事+V+tou⁴⁴（在、到）处所"，其中"受事"或"mua⁴³（把）受事"可以隐含，"tou⁴⁴（在、到）处所"在句法平面上是一个介词结构，作方所题元，也充当句子结构的后状语。例如：

a') kau³¹tʂhei⁵⁵mo²¹pa⁵⁵tou⁴⁴ʂou⁴⁴toŋ⁴⁴.你拿去摆在桌子上。

　　　你　拿　去　摆　在　上　桌

→ kau³¹tʂhei⁵⁵nti¹³mo²¹pa⁵⁵tou⁴⁴ʂou⁴⁴toŋ³¹.你拿碗去摆在桌子上。

　　　你　拿　碗　去　摆　在　上　桌

→ kau³¹mua⁴³nti¹³tʂhei⁵⁵mo²¹pa⁵⁵tou⁴⁴ʂou⁴⁴toŋ³¹.你把碗拿去摆在桌子上。

　　　你　把　碗　拿　去　摆　在　上　桌

b') ni²¹lou⁴³tou⁴⁴hou⁵⁵thoŋ⁴³lɛ²⁴.他倒到桶里了。

　　　他　倒　到　里　桶　了

→ ni²¹lou⁴³qo⁴³tɕua¹³tou⁴⁴hou⁵⁵thoŋ⁴³lɛ²⁴.他倒剩饭到桶里了。

　　　他　倒　旧　饭　到　里　桶　了

→ ni²¹mua⁴³qo⁴³tɕua¹³lou⁴³tou⁴⁴hou⁵⁵thoŋ⁴³lɛ²⁴.他把剩饭倒到桶里了。

　　　他　把　旧　饭　倒　到　里　桶　了

表示动作行为存在的位置和顺沿的位置的"施事+V+处所"结构，在动态句法平面上可以派生出"施事—ȵau⁴³（在）处所—V"和"处所—V—施事"两种语义结构及其相关句模。

"施事—n̠au⁴³（在）处所—V"表示施事在某位置或处所发出动作行为。例如：

a) ni²¹n̠au⁴³pei²¹hou⁵⁵tei⁴³n̠tɕɛ³³ņʈo⁴³ņʈai⁵⁵.他在地头叮咚叮咚地挖着。

　　他　在 坡上 顶 地　挖　叮咚响声貌

b) po³¹qai⁴³n̠au⁴³hou⁵⁵lo⁴³ẓei²¹tʂou³¹.母鸡在窝里叫。

　　母　鸡 在　里 个　窝 叫

"处所—V—施事"表示某处所或位置存在施事发出的动作行为。处所论元投射到主语位置，作处所主语（locative subject），动核作句中的谓语，施事投射到宾语位置，作主体宾语（subjective object），构成"处所主语—动词—主体宾语"句。例如：

a) ʂou⁴⁴tɕei¹³ntoŋ⁴⁴tʂɛ⁴³to²¹noŋ¹³.树枝上落只鸟。

　　上　枝　树　停息 只　鸟

b) tɕei³¹qaŋ⁴³ko⁴⁴ntoŋ⁴⁴pu⁴⁴i⁴³to²¹tl̥ei⁵⁵.树荫下躺着一只狗。

　　下　底 脚 树　睡 一只 狗

"处所—V—施事"如果隐含施事，又可以派生出"处所—V—受事"结构，表示某位置或处所存在某物。处所论元投射到主语位置，动核作句中的谓语，受事投射到宾语位置，作客体宾语（objective object），构成"处所主语—动词—客体宾语"句。例如：

a) ʂou⁴⁴tɕhɛ⁴⁴pua⁴⁴phau⁴³paŋ¹³.床上垫了床被子。

　　上面 床 铺垫 床　棉被

b) qhei⁵⁵hou⁴⁴ntsaŋ⁴⁴tʂɛ⁴³lo⁴³qhou³³.坟头置放着个罐子。

　　处　头　坟　置放 个　罐

表示动作行为存在和涉及的位置构成的语义结构的动词，常见的有：pu⁴⁴睡、tl̥ai⁴⁴挂、tl̥ɛ²¹撞、pa⁵⁵摆、ntha⁴⁴扶、ploŋ¹³闲逛、n̠au⁴³在、n̠au⁴³居住、ẓou²⁴坐、sau⁵⁵栅、ʂɛ⁵⁵站立、ʂo⁵⁵住宿、ʂo⁴⁴停留、ʂo⁴⁴栖息、voŋ⁴³壅、l̥oŋ⁴⁴蜷伏、tɕou²⁴揪、tʂɛ⁴³停息，等等。

"施事+V+处所"可以分别表示动作行为位移运动的起点、终点和经过、朝向的位置。

"施事+V+处所"中，处所论元表示动作行为位移运动的起点位置时，处所论元由含有方所意义的普通名词或方所结构充当，并作句法结构的处所宾语。例如：

a) ni²¹tɛ²⁴toŋ³¹lɛ²⁴ta²¹.他出门去了。

　　他　出　门　了 了

b) tʂhi³³ᴺqai²¹pei²¹ʈoŋ⁴³lo²¹ta²¹.羊下山坡来了。
   羊　下　坡上山　来 了
c) plaŋ²¹ȵtɕi⁴³naŋ⁴⁴thoŋ⁵⁵tɕhɛ⁴⁴lɛ²⁴ta²¹.这片蘑菇场换地儿了（不长蘑菇了）。
   片　蘑菇　这　迁移　地方 了 了
d) o⁵⁵ȵtɕai²⁴qaŋ⁴³tei⁴³qua⁴⁴tɕhɛ⁴⁴tou⁴⁴cou²⁴coŋ⁴⁴ta²¹.我离开故乡有十年了。
   我 离开　　故乡　　　得 十　年 了

在动态句法平面上，"施事+V+处所"表示动作行为位移运动起点的结构，可以派生由自主动词tua³¹"来"语法化为介词tua³¹"自、从"引导的"施事—tua³¹（自、从）处所—V"的语义结构和"施事—tua³¹（自、从）处所—动核"句模。施事投射到主语位置，动核作句中谓语动词，介词结构充当状语位于主语之后，作前置状语（preposing adverbial），表示动作行为的起点位置。例如：

a) ni²¹tua³¹hou⁴⁴tsei⁵⁵tua³¹.他从家里来。
   他 自　里 屋　来
b) na²⁴ʑɛ²⁴tua³¹ʂou⁴⁴nthaŋ⁴³ᴺqai²¹lo²¹ta²¹.老头儿从楼上下来了。
   大 翁　自 上　楼　　下　来 了
c) tu²⁴qhau⁴⁴tua³¹hou⁵⁵paŋ²¹aŋ⁵⁵tɛ²⁴lo²¹.水牛刚从泥塘里出来。
   水牛　刚　自 里　塘 泥 出 来
d) to⁴³ȵa¹³tua³¹tau²⁴tau¹³tsei⁵⁵tʂi⁵⁵lɛ²⁴.小偷从屋后逃走了。
   者 偷 自　侧　后 屋　逃跑 了

可带表起点的处所论元的动作行为动词，常见的有：tua³¹来、lo²¹回来、ᴺqai²¹下、tɛ²⁴出来、thoŋ⁵⁵迁移、tsaŋ⁵⁵移动、ȵtɕai²⁴离开、thou⁴⁴退出、ʑɛ³³越出，等等。

"施事+V+处所"中，处所论元表示动作行为位移运动终点位置时，处所论元也由含有方所意义的普通名词或方所结构充当，并作句法结构的处所宾语。例如：

a) ni²¹tso¹³tsei⁵⁵lɛ²⁴ta²¹.他已经到家了。
   他 到　家 了 了
b) ȵo³¹ŋkaŋ¹³hou⁵⁵tɕo⁴³tei⁴³lɛ²⁴ta²¹.牛进地里头去了。
   牛　进　里 块 地 了 了
c) to²¹ȵaŋ⁴³ʈau⁵⁵ni²¹na²⁴ʑi¹³lɛ²⁴.媳妇回娘家去了。
   个 媳妇　回 她 娘家 了
d) ȵoŋ⁴³lou⁵⁵qhau⁵⁵lɛ²⁴ta²¹.太阳已经下山了。
   日　梭　洞　了 了

由于处所论元是动作行为位移运动的终点，所以，在动态句法平面上，

"施事+V+处所"结构经常扩展为"施事+V+tɬua⁴⁴(到……)/tso¹³(到达)+处所",表示动作行为已经达到终点。例如:

a) ni²¹mo²¹tɬua⁴⁴pei²¹hou⁵⁵tau³¹lɛ²⁴.他到山上去了。
　　他 去 到 坡上头 山坡 了

b) ni²¹ʑi¹³tʂi⁵⁵tɬua⁴⁴ŋtaŋ²¹ŋtaŋ²¹lɛ²⁴.他家迁到坝子去了。
　　他 家 迁居 到 下面 坝子 了

c) pei⁴³qhau⁵⁵lo²¹tso¹³tsei⁵⁵.我们刚回到家。
　　我们 刚 回 到 家

d) ɳoŋ⁴³tua³¹tso¹³ti¹³mpoŋ⁴⁴tau³¹ta²¹.太阳升到山梁上了。
　　日 升起 到 对面 边缘 山坡 了

可带表示终点的处所论元的动作行为动词,常见的有:lo²¹回、mo²¹去、ŋkaŋ¹³进、ŋtau⁵⁵回、tʂi⁵⁵迁居、lo²¹tso¹³回到、mo²¹tso¹³去到、tua³¹tso¹³来到、ṭau⁵⁵tso¹³回到、mo²¹tɬua⁴⁴到……去、tua³¹tɬua⁴⁴到……来,等等。

"施事+V+处所"中,处所论元表示动作行为位移运动经过的位置时,处所论元可以由普通名词和蕴含方所意义的量词短语充当,并作句法结构的处所主语。例如:

a) pei⁴³tɬi¹³tɬei³¹mo²¹ta²¹.我们渡河而去吧。
　　我们 渡 河 去 吧

b) tʂo⁵⁵ntsen⁴⁴tau³¹lɛ²⁴ta²¹.老虎已经越过山岭去了。
　　虎 翻越 山坡 了 了

c) kau³¹tsi⁴⁴ti³³ku²⁴o⁵⁵tɕo⁴³mplei³¹.你别践踏我的稻田。
　　你 不别 涉 我 块 稻

d) mei³¹tsi⁴⁴ɕau⁴³tɬhou⁴⁴hou⁵⁵lo⁴³ka⁴³i⁴⁴ta²¹.你们不要穿越那条街了。
　　你们 不 消 穿越 里 条 街 那 了

可带表示经过的处所论元的动作行为动词,常见的有:tɬi¹³"渡"、ku²⁴"涉"、laŋ⁴⁴"跨越"、tɬhou⁴⁴"穿越"、tɬua⁴⁴"路过"、ntsen⁴⁴"翻越"、ti¹³"绕道"、ʐau²¹"绕道",等等。

"施事+V+处所"中,处所论元表示动作行为位移运动朝向的位置时,处所论元几乎都由方位词充当,并作句法结构的处所宾语。例如:

a) nen⁴³ʐa⁴⁴tʂhau³¹tau²⁴ntei³¹nua²⁴.人要向前看。
　　人 要 朝 侧 前面 看

b) kau³¹tsi⁴⁴ɕau⁴³thou⁴³qaŋ⁴³lo²¹tso³¹tou¹³o⁵⁵.你可别向后退来踩着我。
　　你 不 消 退 后 来 踩 着 我

c) ni²¹chɛ³³ta¹³tu⁴³tou⁴⁴o⁵⁵hou⁵⁵sa⁴³.他用刀对着我的胸口。
　　他 用 刀 对 着 我 胸口

d) to²¹ȵua¹³tļei⁵⁵i⁴⁴na³¹ŋoŋ⁴³tsau³¹o⁵⁵qaŋ⁴³.那只小狗天天跟在我屁股后面。
　　只　崽　狗那　每日　跟　我 后面

在动态句法平面上,处所论元表示动作行为位移运动朝向位置的结构,除了用"施事+V+处所"表达外,还可以派生出"施事+V+lɛ²⁴'到……去'+处所",其中,lɛ²⁴"到……去"表动作行为趋向,构成"施事+VP动核+处所"句模,施事投射到主语位置,动词短语(VP, verb phrase)动核结构作句中谓语,处所论元投射到宾语位置,形成"施事主语—VP动词短语—处所宾语"句。例如:

a) o⁵⁵ʐa⁴⁴mo²¹lɛ²⁴o⁵⁵na²⁴ʑi¹³.我要到我母亲家去。
　　我 要　去到 我 母　家

b) ni²¹ȵtɕi⁴⁴lɛ²⁴pei²¹toŋ⁴³.他到山上去。
　　他 上　到 坡上　山

c) kau³¹ʐa⁴⁴lai³¹lɛ²⁴ti¹³tei³¹nto¹³tei⁴³tha⁴³.你也要犁朝那些地边。
　　你　要　犁 到 对面 些 边缘 地　也

d) kau³¹lua³¹lɛ²⁴tau²⁴pei²¹, o⁵⁵lua³¹lɛ²⁴tau²⁴tou¹³.你朝上面钐,我朝下面钐。
　　你　钐 到 上面　　我 钐 到　下面

可以带表示朝向的处所论元的动作行为动词,常见的有:tʂhau³¹朝、thou⁴³"向后退"、tu⁴³"对"、tsau³¹"跟随"、mo²¹lɛ²⁴"到……去"、ȵtɕi⁴⁴lɛ²⁴"上到……去"、ɴqai²¹lɛ²⁴"下到……去"、ȶaŋ¹³lɛ²⁴"跑到……去"、tua³¹lɛ²⁴"到……来"、ŋkaŋ¹³lɛ²⁴"进到……去",等等。

V. 施事+V+数量

"施事+V+数量"是自主及物动词组成动核结构时构成的语义结构,动核联系着两个论元,一个是动作行为的发出者,即施事,一个是动作行为相关的数量或频度(frequentness),形成"施事+动核+数量"的句子模式,表示施事通过动作行为涉及的数量或达成结果的数量。根据数量的性质可以分成三类,一是由名量词构成的量词短语作数量论元,二是由动量词构成的量词短语作数量论元,三是由时量词构成的量词短语作数量论元。

由名量词构成的数量论元,数量论元投射到宾语的位置,充当数量宾语(quantitive object),有的表动作行为关涉的数量,有的表动作行为达成结果的数量,构成"施事+动核+宾语"句模,构成"施事主语—动词—数量宾语"句。例如:

a) o⁵⁵tʂo¹³lo³¹tou⁴⁴au⁴³ki⁵⁵.我只称了两斤。
　　我只 称　得　两 斤

b) ni²¹mpo¹³tou⁴⁴i⁴³lo⁴³ta²¹.他盖了一个了。
　　他 盖　得 一 个 了

c) kau³¹mo²¹hai³³plou⁴³tṣi⁴³fu⁴³lo²¹.你去舀四五勺来。
　　你　去　舀　四　五　勺　来

d) kau³¹tṣhei⁵⁵au⁴³qhou³³mo²¹.你拿两罐去。
　　你　拿　两　罐　去

这种结构在静态句法（static syntax）中隐含了数量短语中的名词，在动态句法平面上可以补出省略的名词。例如：

a') o⁵⁵tṣo¹³lo³¹tou⁴⁴au⁴³ki⁵⁵ɴqai³¹.我只称了两斤肉。
　　我　只　称　得　两　斤　肉

b') ni²¹mpo¹³tou⁴⁴i⁴³lo⁴³tsei⁵⁵ta²¹.他盖了一所房了。
　　他　盖　得　一　个　房　了

c') kau³¹mo²¹hai³³plou⁴³tṣi⁴³fu⁴³mau⁴⁴lo²¹.你去舀四五勺饭来。
　　你　去　舀　四　五　勺　饭　来

d') kau³¹tṣhei⁵⁵au⁴³qhou³³tau³¹mo²¹.你拿两罐油去。
　　你　拿　两　罐　油　去

由动量词和时量词构成的数量论元，投射到补语的位置，表动作行为关涉的频度，充当数量补语（quantitative complement），构成"施事+动核+补语"句模，形成"施事主语+动词+数量补语"句。静态和动态句法结构中的数量短语都不带名词，这种数量论元是动核的可选论元而非必有论元。例如：

动量词作数量论元的

a) pei⁴³i⁴³ŋoŋ⁴³nau³¹pei⁴³plua¹³.我们一天吃三顿。
　　我们一日　吃　三　顿

b) ni²¹ʈau⁵⁵lɛ²⁴au⁴³pei⁴³ʐa¹³ta²¹.他回去了两三次了。
　　他　回　了　两　三　次　了

时量词作数量论元的

c) tɕo⁴³tei⁴³naŋ⁴⁴pei⁴³nthua⁴⁴lɛ²⁴au⁴³tai³³ki²¹ta²¹.这块地我们已经薅了两早上了。
　　块　地　这　我们　薅　了　二　早上　了

d) ni²¹mo²¹lɛ²⁴tei³¹qa³³ɕoŋ⁴⁴ta²¹.他去了些年了。
　　他　去　了　些　前缀　年　了

VI. 施事+V+工具

"施事+V+工具"是自主及物动词组成动核结构，构成的语义结构联系着的两个论元，一个是动作行为的发出者，即施事，一个是施事发出动作行为凭借的工具，形成"施事+动核+工具"句模，施事论元投射到主语位置，工具论元投射到宾语位置，充当动词的工具宾语（instrumental object），动核作句中谓语，构成"施事主语+动词+工具宾语"句。例如：

a) po³¹moŋ⁴³ti¹³tsɛ³¹tsua³¹vaŋ⁴³.苗族妇女都会使用簸箕。
    妇女 苗族 都 会 簸 簸箕

b) kau³¹za⁴⁴nau³¹nti¹³na³¹la¹³za⁴⁴nau³¹nti¹³ko⁴³.你要用银碗吃还是用金碗吃。（故事）
    你 要 吃 碗 银 还 要 吃 碗 金

c) ni²¹zi¹³pua⁴⁴tṣen⁴³vu⁵⁵paŋ¹³.他家垫毯子盖棉被。
    他家 铺 毡 盖 被

d) ta²⁴lou²¹i⁴⁴ti¹³tsɛ³¹tua⁴⁴ṇen⁵⁵.老的那一代都会使用弓弩。
    代 老 那 都 会 射 弓弩

"施事+V+工具"在动态句法平面上可以派生出"工具+V"和"施事+sua³³（用）工具+V"或"施事+chɛ³³（拿）工具+V"的语义结构及其相关句模。

"工具+V"是施事隐含时，工具论元作主题、述题描述位移到主体的位置构成的语义结构，工具论元投射到主语位置，动核作句中谓语动词，形成单动谓语"工具主语—动词"句。例如：

a) lo⁴³ho⁴³naŋ⁴⁴nti¹³tṣi⁴⁴taŋ²¹.这个坛子装不完。
    个 坛 这 装 不 完

b) tɕau⁵⁵ṇtṣei⁵⁵naŋ⁴⁴tṣi⁴⁴tsou³³laŋ²¹.这些盐腌不了。
    些 盐 这 不 够 腌

c) to²¹tɕu³¹kau⁴⁴ki³³zoŋ⁴⁴ṇʈi¹³?那根拐杖是否好用？
    根 棍 那 是否 好 拄

d) tei²¹ɕaŋ⁴³qhei⁵⁵tṣi⁴⁴ti³³le⁵⁵ta²¹.那把香别烧了。
    把 香 那 不别 烧 了

"工具+V"根据语用的需要可以扩展为"工具+V+客体"，表示动词的语义指向不是工具，而是动作行为涉及的客体，构成"工具—动核—客体"句模，工具论元投射到主语位置，受事客体投射到宾语位置，动核作句中谓语动词，形成"工具主语—动词—客体宾语"句。例如：

a') lo⁴³ho⁴³naŋ⁴⁴nti¹³tṣi⁴⁴taŋ²¹tɕau⁵⁵zou⁴³ṇtṣei⁵⁵kau⁴⁴.这个坛子装不完那些腌菜。
    个 坛 这 装 不 完 些 菜 盐 那

b') tɕau⁵⁵ṇtṣei⁵⁵naŋ⁴⁴tṣi⁴⁴tsou³³laŋ²¹i⁴³to²¹mpua⁴⁴.这些盐腌不了一头猪的肉。
    些 盐 这 不 够 腌 一 头 猪

"施事+sua³³'用'工具+V"或"施事+chɛ³³'拿'工具+V"是"施事+V+工具"结构在动态句法平面上强调工具论元并用介词引导，使之位移充当与事论元时构成的语义结构。施事论元投射到主语位置，动核作句中谓语动词，介词短语处于状语位置，形成"施事—与事—动核"句模和"施事主语—介词短语状语—动词"句。例如：

a) kau³¹sua³³tʂhua³¹tʂhou³³.你用药灌。
   你　用　药　灌
b) ni²¹tsi⁴⁴tsɛ³¹sua³³ma̠ŋ⁴³khi⁴⁴la¹³?难道他不会用藤子拴吗？
   他　不　会　用　藤　拴　吗
c) pei⁴³sua³³ʂa⁴³lo³¹, ni²¹za⁴⁴sua³³ki⁵⁵lo³¹.我们用斗量，他要用秤称。
   我们 用　斗 量　他 要 用　秤　称
d) o⁵⁵tʂhɛ³³tlei³¹tsa²¹ntua¹³tou⁴⁴lɛ²⁴ta²¹.我用冷水给淋上了。
   我 拿　水 凉　淋　给 了 了
e) ni²¹tʂhɛ³³qua⁵⁵n̠o³¹lo⁴⁴tɕa⁴⁴lɛ²⁴ta²¹.他用牛屎给糊上了。
   他 拿　屎 牛 糊　起来 了 了
f) kau³¹tʂhɛ³³zei⁴³zo²⁴.你用石磨推。
   你　拿 磨 磨

"施事+sua³³'用'工具+V"或"施事+tʂhɛ³³'拿'工具+V"在需要表明动词的语义指向时，可以扩展为"施事+sua³³'用'工具+V+客体"或"施事+tʂhɛ³³'拿'工具+V+客体"，构成"施事主语—介词短语状语—动词—客体宾语"句。例如：

a) ni²¹sua³³mo̠ŋ⁵⁵tʂou¹³tli¹³tʂhou⁴³po²¹.他用豪猪针挑刺儿。（受事客体宾语）
   他 用　　针 豪猪 挑　　刺
b) pei⁴³ua⁴⁴na³¹sua³³nd̠³³ti³³n̠ua¹³.我们通常用背带背小孩。（受事客体宾语）
   我们　通常　用　背带 背 小孩
c) ni²¹tʂhɛ³³thu⁵⁵tɕi⁴³tʂhi³³tʂhaŋ³¹.他用夯土砌墙。（结果客体宾语）
   他 拿　　夯土　砌　墙
d) ni²¹tʂhɛ³³ntaŋ³¹ŋkua⁵⁵tʂo⁵⁵tou⁴³qou²⁴.他用剑扎老虎后背。（处所客体宾语）
   他 拿　　剑　猛刺　虎　背

VII. 施事+V+方式

"施事+V+方式"是自主及物动词组成动核结构表示动作行为的方式、方法或形式的语义结构，动词联系着两个论元，一个是动作行为的发出者施事，一个是施事发出动作行为的方式。这一结构构成"施事—动核—方式"句模，施事投射到主语位置，动核充句中谓语动词，方式投射到宾语位置，作方式宾语（manner object），形成"施事主语—动词—方式宾语"句。例如：

a) to²¹nau²¹i⁴⁴zou²⁴qua⁵⁵tɕi⁴³tɕau²¹.那个和尚盘腿而坐。
   个 和尚 那 坐 盘腿　端坐貌
b) kau³¹ɲɛ³³lua⁴⁴thou³³la¹³ʂi³³lua⁴⁴tua¹³?你打活结还是死结？
   你　打结　活结　还是 死结

c) pei⁴³ntou³¹tɛ³³mo²¹.我们走路去。
　　我们 走　 脚 去

d) ni³³n̩ua¹³tʂi⁴⁴ti³³hai³³lo²¹tlei⁵⁵.小孩别说脏话。
　　前缀小孩 不 别 说 话 狗

VIII. 施事+V+原因

"施事+V+原因"是自主及物动词组成动核结构表示动作行为产生的原因时，构成的语义结构，动词带两个必有论元，一个是动作行为的发出者，即施事，一个是施事发出动作行为的原因论元。这一结构构成"施事—动核—原因"句模，施事论元投射到主语位置，动核作句中谓语动词，原因论元投射到宾语位置，作原因宾语（cause object），形成"施事主语—动词—原因宾语"句。例如：

a) to⁴³ŋtʂua¹³qua³¹na²⁴tsi⁵⁵, qa³³lou²¹n̩a⁵⁵cu⁵⁵ti³¹.孤儿哭父母，老人哭弟兄。
　　儿 孤　哭　母 父　前缀老哀号弟兄

b) ni²¹ʑi¹³au⁴³na²⁴tsi⁵⁵mo²¹ncou¹³nen⁴³tlo⁴³lɛ²⁴.他家夫妇俩躲黑户去了。
　　他 家 二 母 父 去　躲避 人 黑 了

c) ta²⁴lou¹³i⁴⁴ua⁴⁴na³¹tʂi⁵⁵lou³³tsa²¹.老一代经常逃避土匪。
　　代 老 那 经常 逃避 土匪

d) n̩o³¹pu⁴⁴tɕei³¹ntsoŋ⁴⁴n̩ai²⁴tʂhan⁵⁵.牛躺树荫下避烈日。
　　牛 睡 下面 荫　躲避 阳光

a)"孤儿"因"父母"早逝而"哭"，"老人"因"弟兄"散失或过世而"号"；b)"夫妇"因超生有"黑户"而"躲"避；c)"老一代"因"土匪"侵扰而"逃避"；d)"牛"因"阳光"强烈而躲于"荫"。

IX. 施事+V+时间

"施事+V+时间"是自主及物动词组成动核结构表示动作行为产生的时点、时段或时机时，构成的语义结构，动核联系着两个必有论元，一个是动作行为的发出者施事，一个是施事发出动作的时间。这种结构构成"施事—动核—时间"句模，施事论元投射到主语位置，动核作句中谓语动词，时间论元投射到宾语位置，作时间宾语（temporal object），形成"施事主语—动词—时间宾语"句。例如：

a) pei⁴³mo²¹zo⁵⁵m̩au⁴⁴zo⁵⁵tso¹³qai⁴³qua⁴⁴pei⁴³ntʂo¹³.我们去守夜守到鸡叫三遍。
　　我们 去 守 夜　守到　鸡 叫　三　遍

b) mei³¹ tua¹³Nqou³³tau³¹ki¹³tʂa⁴³ka³³?你们是来踩花山的吗？
　　你们 来 耍　 坡场　年　是否

c) o⁵⁵mo²¹tlei⁴⁴ntʂi³³mi²¹ntso⁵⁵lo²¹nau³¹tʂha⁴³.我去掰点早玉米来尝个新鲜。
　　我 去　摘点 玉米早 来 吃 新

d) ni²¹to⁴³tɕai³¹no̱¹³tau²¹o⁵⁵.他订了时间等我。

  他 订立 时间 等 我

在动态句法平面上，时间论元作为一个陈述对象的话题时，位移到主体位置充当主体论元，施事隐含，构成"时间+V"结构，时间论元投射到主语位置，充当时间主语（temperal subject），动词作谓语，形成"时间主语—动词"单动句。例如：

a) no̱ŋ⁴³naŋ⁴⁴tau²¹, tɕa⁴⁴ki²¹la²¹za⁴⁴tau²¹.今天等，明天也要等。

  今天 等 明天 也 要 等

b) pei⁴³tɕou²⁴ma̱u⁴⁴ni³³lo²¹tso¹³.年三十儿才回来到。

  三 十 夜 才 来 到

这种结构，根据语用的需要可以扩展为"时间+V+受事"，表示在某个时间内，动作行为涉及的客体，构成"时间—动核—受事"句模，时间论元投射到主语位置，受事论元投射到宾语位置，动核作句中谓语动词，形成"时间主语—动词—受事宾语"句。例如：

a) ʂɛ⁵⁵ntso⁵⁵tḻau⁴³ʐo⁴³, taŋ²¹no̱ŋ⁴³lai³¹la³¹.上午拔秧，下午犁田。

  上午 拔 秧 下午 犁 田

b) no̱ŋ⁴³naŋ⁴⁴zu²⁴tsha³¹, tɕa⁴⁴ki²¹ma̱u⁴⁴tsaŋ⁴⁴qen³¹n̠ʈua²¹.今天入棺，明晚起笙鼓。

  今天 入 棺 明天 晚上 立 芦笙 鼓

在动态句法平面上，如果时间论元是表达对动作行为进行或持续的时间加以说明时，充当补事论元，在语义结构中成为可选论元，在句法结构中处于补语位置，作数量补语。时间作补事论元的位置有"施事+V+客体+时间"和"施事+V+时间+客体"两种。

"施事+V+客体+时间"表示动作行为持续的时间数量时，时间论元投射到客体宾语之后补语的位置，构成"施事主语—动词—客体宾语—数量补语"句。例如：

a) o⁵⁵cɛ⁴⁴to²¹ʐaŋ¹³i⁴⁴au⁴³pei⁴³no̱ŋ⁴³ta²¹.我关那骡子两三天了。

  我 关 匹 骡 那 二 三 日 了

b) ni²¹qha⁴⁴ntɛ⁵⁵pei⁴³ɕoŋ⁴⁴ta²¹.他教书三年了。

  他 教 书 三 年 了

c) kau³¹paŋ⁴³o⁵⁵au⁴³no̱ŋ⁴³.你帮我两天。

  你 帮 我 二 天

d) o⁵⁵ʂo⁴⁴ni²¹ʑi¹³i⁴³ma̱u⁴⁴.我住他家一宿。

  我 歇 他 家 一 夜

"施事+V+客体+时间"结构中，客体作为陈述对象的话题前移时，施事隐含，构成"受事+V+时间"，受事论元投射到主语位置，形成"受事主语—动词—数量补语"句。例如：

a) qei⁴⁴pua¹³tou⁴⁴tshai³³l̥i⁴⁴ta²¹.蛋孵了半个月了。
　　蛋　孵　得　半　月　了

b) zaŋ³¹ɲcou³¹naŋ⁴⁴ho⁴⁴lɛ²⁴i⁴³m̥au⁴⁴.这首古歌唱了一夜。
　　首　古歌　这　唱了　一　夜

"受事+V+时间"结构，如果需要说明动作行为发生并持续的地点时，可以扩展为"受事+V+处所+时间"，处所论元投射到宾语位置，形成"受事主语—动词—处所宾语—数量补语"句。例如：

a) to²¹zaŋ¹³i⁴⁴cɛ⁴⁴hou⁵⁵ŋkua³¹au⁴³pei⁴⁴n̥oŋ⁴³ta⁴³.那匹骡子关圈里两三天了。
　　匹　骡 那 关　里　　圈　　二　三　天　了

b) n̥en⁵⁵tɕua⁴³tau²⁴toŋ⁴³tei³¹qa³³l̥i⁴⁴ta²¹.弩安放山上个把月了。
　　弩　安放 侧　山　些 前缀 月 了

"施事+V+时间+客体"表示动作行为进行的时间数量，时间论元投射到客体宾语之前、谓语动词之后补语的位置，作数量补语，构成"施事主语—动词—数量补语—客体宾语"句。例如：

a) o⁵⁵ku⁵⁵lɛ²⁴i⁴³tai³³ki²¹tɕhi⁵⁵.我挑了一早上粪肥。
　　我　挑　了　一　早上　粪

b) ni²¹nua²⁴i⁴³m̥au⁴⁴ntɛ⁵⁵.他看了一夜书。
　　他　看　一　夜　书

c) pei⁴³tou¹³i⁴³n̥oŋ⁴³mpua⁴⁴zi²¹.我们跟踪了一天野猪。
　　我们　跟踪　一　日　猪　野

d) ni²¹cɛ²⁴tl̥ua⁴⁴au⁴³ɕoŋ⁴⁴qen³¹.他学过两年芦笙。
　　他　读　过　二　年　　芦笙

"施事+V+时间+客体"在动态句法平面上，客体论元作为陈述对象的话题前移时，施事隐含，客体论元投射到主语位置，构成"受事+V+时间"结构，形成"受事主语—动词—数量补语"句。例如：

a') tɕhi⁵⁵ku⁵⁵lɛ²⁴i⁴³tai³³ki²¹.粪肥挑了一早上了。
　　粪　挑　了　一　早上

b') ntɛ⁵⁵nua²⁴lɛ²⁴i⁴³m̥au⁴⁴.书看了一夜了。
　　书　看　了　一　夜

d') qen³¹cɛ²⁴tl̥ua⁴⁴au⁴³ɕoŋ⁴⁴.芦笙学过两年。
　　芦笙　读　过　二　年

上述例句c)不能转换为"受事+V+时间"，因为句中的受事宾语具有[+动物]特征，所以，其后的动作行为动词可以是自己发出的，如果转换成"受事+V+时间"，句子有歧义。由此，"施事+V+时间+客体"可以派生出另一种结构"施事+V+时间",客体论元隐含,也表示动作行为进行的时间数量,构成"施事—动核—补语"句模,形成"施事主语—动词—数量补语"句,在句法结构上的特点与"施事+V+数量"相同。例如:

a") o^{55}ku^{55}lɛ^{24}i^{43}tai^{33}ki^{21}.我挑了一早上。
 我 挑 了 一 早上

b") ni^{21}nua^{24}i^{43}m̥au^{44}.他看了一夜。
 他 看 一 夜

c") pei^{43}tou^{13}i^{43}ŋoŋ^{43}.我们跟踪了一天。
 我们 跟踪 一 日

d") ni^{21}cɛ^{24}tl̥ua^{44}au^{43}ɕoŋ^{44}.他学过两年。
 他 读 过 二 年

在动态句法平面上,时间论元对动作行为进行的时间或持续的时段作出限制时,在句子结构中处于状语的位置,充当时间状语(temporal adverbial)。位于施事论元前时,充当语用话题,位于施事后时,充当语用的焦点。语义结构上表现为"时间+施事+V+受事"或"施事+时间+V+受事",语用结构为"话题—施事—V—受事"或"施事—焦点—V—受事",句法结构为"时间状语—施事主语—动词—受事宾语"或"施事主语—时间状语—动词—受事宾语"。例如:

时间+施事+V+受事

a) ŋoŋ^{43}naŋ^{44}pei^{43}tua^{44}tou^{44}to^{21}maŋ^{43}len^{33}.今天我们打了只果子狸。
 日 这 我们 射杀 得 只 果子狸

b) au^{43}pei^{43}ɕoŋ^{44}tau^{24}ntei^{31}i^{44}ni^{21}tɕi^{44}tsɛ^{31}ʂɛ^{33}maŋ^{31}.两三年前她不会绩麻。
 二 三 年 前面 那 她 不 会 绩 麻

c) ɕoŋ^{44}pua^{55}naŋ^{44}tei^{31}to^{43}ki^{55}i^{44}paŋ^{43}tou^{21}ni^{21}ta^{21}.这年把儿孙们能帮他了。
 年 把 这 些 儿孙 那 帮 能够 他 了

施事+时间+V+受事

a) o^{55}plou^{43}tɕi^{43}ɕoŋ^{44}tau^{55}mo^{21}hou^{44}tɕei^{55}i^{43}n̥tɕi^{13}.我四五年回家一趟。
 我 四 五 年 回去 里 屋 一 转

b) ni^{21}ʑi^{1}tɕa^{44}ki^{21}m̥au^{44}za^{44}mua^{13}mpua^{44}ta^{21}.他家明晚要卖猪了。
 他 家 明天 晚上 要 卖 猪 了

c) ŋo^{31}a^{33}naŋ^{13}taŋ^{55}ʂo^{44}tl̥ua^{44}ŋtou^{44}tua^{13}lɛ^{24}i^{43}to^{21}tʂhi^{33}.牛昨天午后抵死了一只羊。
 牛 昨天 中午 过 抵 死 了 一只 山羊

X. 范围+V+受事/结果

"范围+V+受事/结果"是自主及物动词组成动核结构时联系着的两个论元,一个是动作行为的发出者施事,由表示领域或范围的名词性词语充当,另一个是动作行为涉及的客体对象或作用的结果，构成"范围—动核—受事/结果"句模，范围论元投射到主语位置，受事论元或结果论元投射到宾语位置，动核作句中谓语动词，形成"施事主语—动词—受事宾语/结果宾语"句。例如：

"范围+V+受事"结构

a) na³¹maŋ⁴³mi⁴⁴ʂua⁵⁵mpua³¹tei²¹lua¹³tḷau¹³.各族人民欢欣鼓舞。
   前缀 彝 前缀 汉 拍 手 笑 欢腾貌

b) ʑi¹³ʑi¹³ti¹³tɕau¹³qau³³.家家都栽洋芋。
   家 家 都 栽 洋芋

c) kau³¹ta⁴³to²¹hai³³tɕua¹³nau³¹.你自个儿盛饭吃。
   你 单个 舀 饭 吃

d) tei³¹n̩ua¹³i⁴⁴to²¹to²¹ŋaŋ⁵⁵tʂhau⁴⁴tʂha⁴³.那些小孩个个穿新衣服。
   些 小孩 那 个 个 穿 衣 新

"范围+V+结果"结构

a) tau²⁴pei²¹tau²⁴tou²¹mpo¹³tʂei⁵⁵taŋ²¹.上上下下都盖了房子了。
   上面 下面   盖 房 完

b) n̩a²¹tua⁵⁵n̩a²¹n̩tɕua⁵⁵, n̩a²¹tsi⁴⁴n̩a²¹tḷaŋ⁴³.各自为政。
   各个 舂 各个 粑粑 各个祭 各个 鬼神

c) nta³¹te⁴³nen⁴³tʂi⁴⁴tse³¹ua⁴⁴qoŋ⁴³lei³¹lou¹³lo²¹qha⁴⁴, nta³¹tei⁴³nen⁴³tʂi⁴⁴tse³¹se³³tʂhau⁴⁴
   世界 人 不 会 做 粮食 伏羲 来 教 世界 人 不 会 缝 衣
tu⁵⁵mi²¹lo²¹qhua⁴³.
女娲 来 教

世人不会种庄稼伏羲氏来教，世人不知缝衣女娲氏来诲。（《伏羲女娲》）

XI. 材料+V+受事/结果

"材料+V+受事/结果"是自主及物动词组成动核结构时联系着的两个论元，一个是施事借以发出动作行为的材料论元，一个是施事用材料发出动作行为后涉及的客体或产生的结果。这种结构，是施事隐含，构成"材料—动核—受事/结果"句模，材料论元投射到主语位置，做当事主语，受事论元或结果论元投射到宾语位置，动核作句中谓语动词，形成"当事主语—动词—受事宾语"或"当事主语—动词—结果宾语"句。例如：

"材料+V+受事"结构

a) tɕau⁵⁵tɕa⁴³naŋ⁴⁴tsou³³n̩taŋ³¹au⁴³tɕhɛ⁴⁴ntou⁴³.这些蜂蜡够染两匹布。
   些 蜂蜡 这 够 蜡染 二 匹 布

b) thoŋ⁴³tḷei⁴³kau⁴⁴tʂi⁴⁴tsou³³n̩tʂei⁴⁴m̩oŋ⁵⁵.那桶水不够和面。
   桶 水 那 不 够 和 面粉

c) qo⁴³mau⁴⁴tʂhei⁵⁵mo²¹po⁴³mpua⁴⁴.剩饭拿去喂猪。
　　旧　饭　拿　去　喂　猪

d) tɕhi⁵⁵qua⁵⁵qai⁴³zoŋ⁴⁴ʐua²⁴thua⁴⁴.鸡粪肥适合施于韭菜。
　　粪肥　屎　鸡　好　施肥　韭菜

"材料+V+结果"结构

a) tei³¹ɕoŋ⁴³naŋ⁴⁴tso¹³zoŋ⁴⁴ha⁴³tu⁴³noŋ¹³.这些竹子只适合编鸟笼。
　　些　竹　这　只　好　编　笼　鸟

b) tɕau⁵⁵ntou⁴³naŋ⁴⁴tsou³³ua⁴⁴phau⁴³ta⁴³ta²¹.这些布够做笼裙子了。
　　些　布　这　够　做　笼　裙　了

c) cou⁵⁵mploŋ³¹vu²¹tɕhi⁵⁵la²¹zoŋ⁴⁴nɛ³³.腐叶也可沤肥。
　　垢　叶子　沤　粪肥　也　好　呢

d) moŋ⁵⁵noŋ⁴³tshoŋ⁵⁵nto³¹ua⁴⁴ntɕua⁵⁵tʂi⁴⁴zoŋ⁴⁴nau³¹.天星米面做粑粑不好吃。
　　面粉　籽　苋菜　做　粑粑　不　好　吃

在动态句法平面上，材料论元可以由介词sua³³"用"、chɛ³³"拿"引导，移位到自主及物动词前，构成"施事+sua³³'用'/chɛ³³'拿'材料+V+受事/结果"结构和"施事—sua³³'用'/chɛ³³'拿'材料—动核—受事/结果"句模，施事论元为第二人称代词时，祈使句化（imperatization），构成祈使句，施事论元可以隐含，派生出"sua³³'用'/chɛ³³'拿'材料+V+受事/结果"结构和"sua³³'用'/chɛ³³'拿'材料—动核—受事/结果"。施事论元投射到主语位置，受事论元或结果论元投射到宾语位置，动核作句中谓语动词，介词短语位于动词前作状语，形成"施事主语—介词短语状语—动词—受事宾语/结果宾语"或"介词短语状语—动词—受事宾语/结果宾语"句。

"施事+sua³³'用'/chɛ³³'拿'材料+V+受事"表示施事通过材料发出动作行为后涉及的受事客体。例如：

a) ni²¹sua³³ntaŋ⁵⁵mplei³¹po⁴³qai⁴³, qai⁴³tʂi⁴⁴nau³¹.他用瘪谷喂鸡，鸡不吃。
　　他　用　瘪　谷　喂　鸡　鸡　不　吃

b) pei⁴³sua³³mploŋ³¹tho⁵⁵tshɛ⁴³ɲcɛ³¹.我们用松树叶熏蜂子。
　　我们　用　叶　松树　熏　蜂子

c) pei⁴³na³¹n̥oŋ⁴³chɛ³³ntʂei⁵⁵po⁴³tʂhi³³.我们天天用盐喂羊。
　　我们　每　日　拿　盐　喂　山羊

d) kau³¹tʂi⁴⁴ti³³chɛ³³tshua³¹tshou³³n̥ua¹³ta²¹.你别用药灌小孩了。
　　你　不别　拿　药　灌　小孩　了

"施事+sua³³'用'/chɛ³³'拿'材料+V+结果"表示施事通过材料发出动作行为后产生的结果。例如：

a) ni²¹sua³³ẓou⁴³ɳtsua⁴³ua⁴⁴ẓou⁴³ɳtsei⁵⁵.他用芥菜做咸菜。
　　 他 用 菜　青　 做 菜　 盐
b) o⁵⁵vai²⁴sua³³n̠aŋ⁴³mplei³¹nto³³chou⁴⁴tḻau⁴⁴.我父亲用稻草打草鞋。
　　 我 父 用 草　稻　 织　鞋 光
c) ni²¹chɛ³³tsoŋ⁴³sɛ³³si⁴³.他用棕皮缝蓑衣。
　　 他 拿 棕皮 缝 蓑衣
d) pei⁴³chɛ³³ẓou⁴³tshu⁴³n̠o³¹hou⁴⁴ɴqai³¹.我们用茴香炖肉。
　　 我们 拿 菜 茴香　　 煮 肉

"施事主语—介词短语状语—动词—受事宾语/结果宾语"句型可以构成祈使句，施事主语隐含时，形成"介词短语状语—动词—受事宾语/结果宾语"句。例如：

a) kau³¹sua³³m̠oŋ⁵⁵mpua⁴⁴ɕɛ⁴⁴mpua⁴⁴qou⁵⁵ka⁴³.你一定要用猪食面搅和猪食啊。
　　 你 用 面粉　猪 搅拌 猪　食 祈使语气词
→ sua³³m̠oŋ⁵⁵mpua⁴⁴ɕɛ⁴⁴mpua⁴⁴qou⁵⁵ka⁴³.用猪食面搅和猪食啊。
　　 用 面粉　猪　搅拌 猪 食 祈使语气词
b) kau³¹tʂi⁴⁴ɕau⁴³chɛ³³ɳtsei⁵⁵po⁴³to²¹tɕoŋ⁴³kau⁴⁴ɣo³¹.你千万别用盐喂那只画眉鸟噢。
　　 你 不 消 拿 盐　喂 只 画眉鸟 那 祈使语气词
→ tʂi⁴⁴ɕau⁴³chɛ³³ɳtsei⁵⁵po⁴³to²¹tɕoŋ⁴³kau⁴⁴ɣo³¹.别用盐喂那只画眉鸟噢。
　　 不 消 拿　盐　喂 只 画眉鸟 那 祈使语气词
c) kau³¹sua³³tɕau⁵⁵ni³³m̠oŋ⁵⁵naŋ⁴⁴ua⁴⁴ɳtsi³³kua⁴⁴mpo⁵⁵.你用这点面做点面羹。
　　 你 用 些 少 面粉 这 做 点 烫 面
→ sua³³tɕau⁵⁵ni³³m̠oŋ⁵⁵naŋ⁴⁴ua⁴⁴ɳtsi³³kua⁴⁴mpo⁵⁵.用这点面做点面羹。
　　 用 些 少 面粉 这 做 点 烫 面
d) kau³¹chɛ³³au⁴³ʂa⁴³ɳtsa⁴³naŋ⁴³tua⁵⁵ɳtsi³³n̠tɕua⁵⁵.你用这两升米舂点粑粑。
　　 你 拿 二 升 米 这 舂 点 粑粑
→ chɛ³³au⁴³ʂa⁴³ɳtsa⁴³naŋ⁴³tua⁵⁵ɳtsi³³n̠tɕua⁵⁵.用这两升米舂点粑粑。
　　 拿 二 升 米 这 舂 点 粑粑

在动态句法平面上，表达动作行为所消耗材料的数量时，材料论元位于宾语的位置，构成"施事+V+材料"语义结构和"施事—动核—材料"句模，施事论元投射到主语位置，材料论元投射到宾语位置，充当表示数量性质的结果宾语，动核作句中谓语动词，形成"施事主语—动词—结果宾语"句。例如：

a) ni²¹i⁴³plua²¹nau³¹lɛ²⁴au⁴³tei²¹so⁵⁵mau²¹.他一顿吃了两把面条。
　　 他 一 顿 吃 了 两 把 线麦

b) o⁵⁵ɕi⁵⁵lɛ²⁴i⁴³tʂha⁴³tɬai²⁴tsa³¹ta²¹.我花了一千块钱了。
　　我 使了 一千　 块 钱 了
c) pei⁴³lɛ⁵⁵lɛ²⁴i⁴³taŋ⁴⁴mplei³¹tʂo¹³tou⁴⁴ɕaŋ⁴⁴tɛ⁵⁵ŋtʂa⁴³.我们碾了一石谷子只得七斗米。
　　我们 碾了 一石　 稻　 只　 得　七斗　米
d) kau³¹ua⁴⁴tɕaŋ²¹tʂo¹³qhau⁵⁵phua⁴⁴lɛ²⁴au⁴³ni³³to²¹ɕoŋ⁴³?你怎么才破了两小根竹子？
　　你　 怎么　　 只 才　破 了 二小 根 竹

7.3.3.2 二价非自主及物动词的句法语义属性

苗语二价非自主及物动词的句法语义属性有：当事+V+致使、当事+V+涉事、起事+V+止事、范围+V+止事、当事+V+原因、当事+V+时间、当事+V+比况等 7 种。

I. 当事+V+致使

"当事+V+致使"是具有外动致使义素的非自主及物动词组成动核结构联系着的两个论元，一个是事物变化的承担者，一个是事物变化致使的对象，形成"当事—动核—致使"句模，表示当事论元通过事物的变化发展涉及客体，使客体以支配它的变化为性状。当事论元投射到主语位置，动核作句中谓语动词，致使论元投射到宾语位置，构成"当事主语—动词—致使宾语"句。例如：

a) to²¹na²⁴naŋ⁴³phlou⁴³maŋ³¹naŋ⁴⁴tha⁴³nen⁴³ʐen²¹.这条大麻蛇使人毛骨悚然。
　　条 大 蛇 壳 麻　 这 懔　人 悚然貌
b) tei³¹tɬei³¹naŋ⁴⁴tshou⁴⁴tshaŋ⁴⁴qa³³lau¹³.这些水冰凉得刺骨。
　　些 水 这 刺激　 骨头 助词 剧烈貌
c) to²¹cɛ³³pua⁵⁵qhei⁵⁵pei⁵⁵sua⁴⁴nen⁴³la⁴³.那只蛤蟆真让人恶心。
　　只 蛤蟆　 近处那 太　 呕　 人 啦
d) ni²¹qou²¹ʂa⁴³lou⁴³ni³³.他陶醉得不得了。
　　他 醉 肝 不得了

外动致使义素非自主及物动词不具有[+动作]的语义特征，所以，不能像"施事+V+致使"结构那样构成"施事+mua⁴³（把）致使+V"和"施事+tʂo²⁴（被）致使+V"结构。

II. 当事+V+涉事

"当事+V+涉事"是非自主及物动词组成动核结构时联系着的两个论元，一个是表示心理、感知、认知、遭遇等变化的承担者，即当事论元，一般由指人名词和人称代词充当；另一个是表示心理、感知、认知、遭遇等变化涉及的客体，即涉事论元。

"当事+V+涉事"语义结构表达心理活动或变化时，动词具有[情感][态度]的语义特征。

当事论元即是发生或具有动词所表示的情感态度的人，是情感态度的承当者，它所带的客体论元是当事者的情感态度涉及的对象，这个对象同时也是引起当事者情感态度的刺激因素。这类动词可以形成"当事—动核—涉事"句模，当事论元投射到主语位置，动核作句中谓语动词，涉事论元投射到宾语位置，作对象宾语（target object），构成"当事主语—动词—对象宾语"句。例如：

a) to^{21}lua^{33}i^{44}na^{24}to^{21}ntshai^{33}naŋ^{44}hen^{55}lɛ^{24}.那个小伙子喜欢这个姑娘得不得了。
　　个 青年 那 喜欢 个 姑娘 这 不得了

b) kau^{31}tʂi^{44}ɕau^{43}ntso^{43}ni^{21}.你别恨他。
　　你 不 消 恨 他

c) to^{21}na^{24}i^{44}tʂi^{44}lo^{43}ʐo^{21}to^{21}ȵua^{13}i^{44}.那母亲不疼爱自己的孩子。
　　个 母 那 不 疼 自己 个 孩子 那

d) o^{55}ntʂhai^{44}to^{21}tu^{13}la^{24}?我怕谁呀？
　　我 怕 个 哪 呀

在动态句法平面上，涉事论元充当话题位移到句首时，"当事+V+涉事"可以派生出"涉事+当事+V"语义结构和"涉事—当事—动核"句模，涉事论元作为话题位于句首，当事论元投射到主语位置，动核作句中谓语动词，宾语位置空位，构成"话题—当事主语—动词"句。例如：

a) ni^{21}ni^{44}lo^{21}o^{55}tʂi^{44}ntʂei^{13}.他的话我不相信。
　　他 的 话 我 不 相信

b) lo^{43}tʂhau^{44}naŋ^{44}ni^{21}tʂi^{44}na^{24}.这件衣服他不喜欢。
　　件 衣服 这 他 不 喜欢

c) kau^{31}ni^{44}zi^{24}tɕin^{23}pei^{43}thoŋ^{31}zi^{24}ta^{21}.你的意见我们同意了。
　　你 的 意 见 我们 同 意 了

d) la^{13}tʂa^{44}ni^{21}ti^{13}ntʂhai^{44}.什么他都怕。
　　什么 他 都 怕

"当事+V+涉事"语义结构表达主体对客观事物的感觉和认知或主体自身的感觉和认知时，形成"当事—动核—涉事"句模，构成"当事主语—动词—对象宾语"句。例如：

a) o^{55}tʂi^{44}pou^{43}ʐaŋ^{31}plou^{43}kau^{44}.我不知道那件事。
　　我 不 知 件 事 那

b) ni^{21}tʂo^{13}ʂu^{24}kau^{31}.他只熟悉你。
　　他 只 熟悉 你

c) o^{55}nau^{55}ni^{21}lɛ^{24}.我忘记他了。
　　我 忘记 他 了

d) to²¹na²⁴po³¹m̥oŋ⁴³kau⁴⁴lau⁴³ṣi³¹pou⁴³tʂhua³¹.那个苗族妇女通晓草药。
　 个　大　妇女 苗族 那　老　实　通晓　草药

在动态句法平面上的,涉事论元也可以充当话题并位移到句首时,派生出"涉事+当事+V"语义结构和"涉事—当事—动核"句模,涉事论元作为话题位于句首,当事论元投射到主语位置,动核作句中谓语动词,宾语位置空位,构成"话题—当事主语—动词"句。例如:

a) ni²¹na²⁴lo⁴³pla³¹phlo⁴⁴ni²¹ti¹³tṣi⁴⁴n̩tɕo⁴⁴lɛ²⁴.他母亲的模样他都记不得了。
　 他　母　个　额　脸　他　都　不 记得　了

b) kau³¹ni⁴⁴si²⁴tɕhi³¹o⁵⁵ŋau⁵⁵hai³³ta²¹.你的事情我听说了。
　 你　 的 事 情　我 听见 说　了

c) hou⁴⁴ẓau²¹i⁴⁴ni⁴⁴tɕhin³¹khuaŋ³¹to²¹tu¹³ti¹³liau⁵⁵kai⁵⁵.村里的情况谁都了解。
　 里　村 那 的 情　况　 个 哪 都 了　解

d) la¹³tʂa⁴⁴ni²¹ti¹³tsɛ³¹.什么他都会。
　 什么　 他　都 会

"当事+V+涉事"语义结构表达主体遭遇或接受外在因素带来的变化时,动词语义指向主体,也形成"当事—动核—涉事"句模,当事论元投射到主语位置,动核作句中谓语动词,涉事论元投射到宾语位置,构成"当事主语—动词—客事宾语"句。例如:

a) ho⁴³ẓou⁴³ŋtsei⁵⁵ntai³³i⁴⁴tou¹³tau³¹ta²¹.旁边那坛酸菜着油了。
　 坛　菜　盐　近处 那　着　油　了

b) ni²¹mau⁴³mpɛ³³.他患了疟疾。
　 他　病　 疟疾

c) ni²¹tʂi⁴⁴kho⁵⁵nen³¹tʂhuaŋ⁵⁵tou¹³ntsoŋ¹³.他不可能撞见了老变婆。
　 他 不 可 能　 闯 　着 老变婆

d) o⁵⁵ŋtʂi⁴³ni²¹tau²⁴nto¹³ki⁵⁵.我在路边遇到他。
　 我 遇到 他 侧 边 路

"当事+V+涉事"语义结构表达主体遭遇或接受外在因素带来的变化时,不能派生"涉事+当事+V"语义结构及其相关句模和句型。

III. 起事+V+止事

"起事+V+止事"是非自主及物动词中,二价属性动词构成动核结构时联系着的两个论元,一个是属性双方的起方,即起事论元,另一个是属性双方的止方,即止事论元。"起事+V+止事"语义结构构成"起事—动核—止事"句模,表示属性双方的系属、领属、表称、对比和数量等关系。

"起事+V+止事"表示属性双方的系属关系(relative relationship)时,起事论元投射到主语位置,作为当事主语,动核作句中谓语动词,止事论元投射到宾语位置，作表称宾语（predicative object），形成"当事主语—动词—表称宾语"句。这种结构主要由系属动词ʐau¹³"是"联系。例如：

a) o⁵⁵ʐau¹³to²¹m̥oŋ⁴³, ni²¹ʐau¹³to²¹maŋ⁴³.我是苗族，他是彝族。
　　我　是　个　苗族　　他　是　个　彝族

b) ni²¹po³¹tai³³ʐau¹³o⁵⁵mi³³n̥aŋ³¹.他外婆是我姑妈。
　　他　外婆　　是　我　姑妈

c) tl̥ei⁵⁵ʐi²¹tsi⁴⁴ʐau¹³maŋ⁴⁴.豺狗不是狼。
　　狗　野　不是　狼

d) to²¹kau⁴⁴tsi⁴⁴ʐau¹³qai⁴³tl̥o⁴³tshaŋ⁴⁴.那只不是乌骨鸡。
　　只　那　不　是　鸡　黑　骨

"起事+V+止事"表示属性双方的领属关系（possessive relation）时，形成"当事主语—动词—客事宾语"句，由领属动词mua³¹"有"联系；也可以由系属动词ʐau¹³"是"联系，不过，它联系的客事宾语必须由结构助词短语充当，表止事论元对起事论元的领有。例如：

a) ni²¹tso¹³mua³¹tsei⁵⁵n̥aŋ⁴³, tsi⁴⁴mua³¹tsei⁵⁵vua²¹.他只有草房，没有瓦房。
　　他　只　有　房　草　不　有　房　瓦

b) ni²¹mua³¹to⁴³la²¹mua³¹ntshai³³.他有儿子也有女儿。
　　他　有　儿　也　有　　女

c) lo⁴³ʈi²¹naŋ⁴⁴ʐau¹³ni²¹ni⁴⁴.这条裤子是他的。
　　条　裤　这　是　他　的

d) to²¹na²⁴tshi³³i⁴⁴ki³³ʐau¹³kau³¹ʐi¹³ni⁴⁴?那只母羊是你家的吗？
　　只　母　羊　那　是否是　你　家　的

"起事+V+止事"表示属性双方的表称关系（appellative relationship）时，形成"当事主语—动词—表称宾语"句。经常由属性动词ɕin²⁴"姓"、ho⁴⁴"叫"、ho⁴⁴ua⁴⁴"叫做"、ho⁴⁴ta¹³"叫做"等联系。例如：

a) ni²¹ʐi¹³ɕin²⁴ʐaŋ³¹, o⁵⁵ʐi¹³ʐau¹³toŋ³¹mphlai⁴³ʐaŋ¹³.他家姓杨，我家是马家。
　　他　家　姓　杨　我　家　是　铜　环　骡

b) ni²¹mpei⁴⁴ho⁴⁴ʐaŋ⁴³ʐua¹³.他名叫杨亚（后羿）。
　　他　名　叫　杨　亚

c) o⁵⁵to²¹ntshai³³i⁴⁴ho⁴⁴ua⁴⁴ɲcou¹³ntsua⁴³.我女儿名叫青儿。
　　我　个　姑娘　那　叫　做　姑娘　青

d) tɕau⁵⁵tʂhua³¹naŋ⁴⁴ho⁴⁴ta¹³kua⁴³tua⁴⁴pau³³.这些药叫做草乌。
　　些　药　这　叫　做　药　杀　豹

"起事+V+止事"还可以表示属性双方的对比和数量关系。表对比关系时，形成"当事主语—动词—客事宾语"句，由属性动词ɕaŋ²⁴"像"、su³³

"像"、ʑoŋ[13] "像"、lua[31] "大如"、mpou[24] "多如"、tsi[31] "高如"等联系。例如：

a) ni[21]tʂi[44]ɕaŋ[24]ni[21]na[24].他不像他母亲。
   他 不 像 他 母亲

b) to[21]zɛ[13]qhei[55]su[33]ɲcou[33]to[21]qa[33]po[31].那个男人像个女人似的。
   个 男 那 像 逼真貌 个 前缀 女

c) to[21]tu[13]ʑoŋ[13]ni[21]!谁像他！
   个 哪 像 他

d) tei[31]tɬi[43]i[44]qhau[55]lua[31]nti[55]tei[21].黄瓜才有手指那么大。
   些 黄瓜那 才 大如 指 手

e) pai[13]mplei[31]naŋ[44]la[21]mpou[24]pai[13]kau[44]nɛ[33].这堆谷子也有那堆多呢。
   堆 谷 这 也 多如 堆 那 语气词

f) o[55]tʂo[13]tsi[31]ni[21]qhau[55]tʂo[33].我只有他胳肢窝高。
   我 只 高如 他 洞 腋

表示数量关系时，形成"当事主语—动词—数量宾语"句。可以由属性动词mua[31]"有"、tʂi[24]"值"、ho[24]"合"等联系，例如：

a) pai[13]tɛ[21]naŋ[44]tʂhai[44]tʂo[13]mua[31]i[43]tʂha[43]ki[55].这堆柴恐怕只有一千公斤。
   堆 柴 这 恐 只有 一 千 公斤

b) to[21]ntoŋ[44]naŋ[44]mua[31]au[43]tʂaŋ[24]ntei[55].这根木头有两丈长。
   根 木 这 有 二 丈 长

c) to[21]ȵo[31]naŋ[44]tʂi[24]n̥au[13]au[43]tsha[43]tɬai[24]tsa[31].这头牛能值两千块钱。
   头 牛 这 值 能 二 千 块 钱

d) o[55]i[43]ɕoŋ[44]ni[44]ɴqei[21]zo[13]qhau[55]ho[24]ɕaŋ[44]tsha[43]tɬai[24].我一年的工钱才合七千块。
   我 一 年 的 价 力 才 合 七 千 块

IV. 范围+V+止事

"范围+V+止事"是表变化或属性的非自主及物动词构成动核结构时联系着的两个论元，一个是变化或属性所关涉的领域或范围，即范围论元，一个是变化或属性的对象，即止事论元，这种结构相当于"起事+V+止事"，构成"范围—动核—止事"句模，可以表示变化或属性双方的存现关系（existential relation）和属性双方的表称关系，范围论元投射到主语位置，动核作句中谓语动词，止事论元投射到宾语位置，充当存现宾语（existential object）。

"范围+V+止事"表示变化或属性双方的存现关系时，"范围"由表示范围或领域的名词、处所名词充当时，形成"处所主语—动词—存现宾语"句；"范围"由表示全量的量词和量词的重叠式充当时，形成"数量主语—

动词—存现宾语",两者都可以由变化动词联系,也可以由领属动词mua³¹"有"和系属动词ʐau¹³"是"联系。

由变化动词联系时,语义结构上,存现宾语兼表结果和数量。例如:
a) ʂou⁴⁴ni²¹lo¹³hou⁴⁴au⁴⁴lo⁴³pau⁴³.他头上肿了个包。
　　上面　他　个　头　肿　个　包
b) tɕei³¹ni²¹au⁴³ki⁴⁴tɕi¹³i⁴⁴ʂɛ⁵⁵lo⁴³qo¹³.他的两条大腿根各起了个淋巴结。
　　下面　他　二　叉　腿　那　起　个　淋巴结
c) ntɛ³³nto¹³qhau⁵⁵tlei³¹i⁴⁴tua³¹i⁴³tsau⁴³lu¹³ʐaŋ³¹.水塘边长了一棵杨柳树。
　　处　边　洞　水　那　出　一　棵　杨柳
d) lo⁴³mpoŋ⁴⁴nti¹³i⁴⁴ŋkhi³³au⁴³pei⁴³lo⁴³qhau⁵⁵.碗缘缺了两三个口。
　　个　边缘　碗　那　缺　二　三　个　洞

由领属动词mua³¹"有"联系时,语义结构上,存现宾语可兼数量。例如:
a) ti¹³ʈoŋ⁴³kau⁴⁴mua³¹tɛ²¹qhua⁵⁵.对面那座山有干柴火。
　　对面　山　那　有　柴　干
b) ʂou⁴⁴nthaŋ⁴³mua⁴³to²¹tʂhu³³.楼上有只猫。
　　上面　楼　有　只　猫
c) qhei⁵⁵naŋ⁴⁴mua³¹qhau⁵⁵tlei³¹, tau²⁴tsɛ³¹mua³¹nen⁴³ʑi¹³.这儿有水井,那边会有人家。
　　处　这　有　洞　水　侧面　会　有　人　家
d) to²¹to²¹ku³¹tlei³¹ti¹³mua³¹nto³³n̥o³¹.每条山涧都有牛蛙。
　　条　条　沟　水　都　有　蛙　牛

由系属动词ʐau¹³"是"联系的句子,表示属性双方的表称关系,止事论元充当表称宾语。例如:
a) qhau⁴⁴qhau⁴⁴ti¹³ʐau¹³qhau⁵⁵ku³¹tlei³¹qhau⁵⁵haŋ⁵⁵.到处都是沟壑。
　　处　处　都　是　洞　沟　水　洞　山谷
b) ʈou⁴⁴ʂaŋ⁴³ʈoŋ⁴³i⁴³tshi³¹ʐau¹³pau⁴³ʐei¹³pau⁴³tʂua⁴⁴.山后背全是岩石。
　　外面　边　山　一　切　是　前缀　石　前缀　岩
c) qhei⁵⁵naŋ⁴⁴tshua⁴⁴ʐei³¹tshua⁴⁴ʐau²¹ti¹³ʐau¹³mŋ⁴³.这里的村村寨寨都是苗族。
　　那　这　全　寨　全　寨　都　是　苗族
d) nti¹³nti¹³ti¹³ʐau¹³Nqai³¹, tʂi⁴⁴mua³¹i⁴³nti¹³ʐau¹³ʐou⁴³.碗碗都是肉,没有一碗是菜。
　　碗　碗　都　是　肉　不　有　一　碗　是　菜

"范围+V+止事"表示属性双方的表称关系时,"范围"由表示范围或领域的名词、处所名词充当时,形成"处所主语—动词—表称宾语"句;"范围"由表示全量的量词和量词的重叠式充当时,形成"数量主语—动词—表称宾语",两者都由系属动词ʐau¹³"是"联系。例如:

a) lo⁴³ʐau²¹pei²¹kau⁴⁴ʐau¹³ʐau²¹maŋ⁴³.坡上面那个村是彝族村。
　　个　村　坡上那　　是　村　彝族
b) tau²⁴pei²¹tau²⁴tou²¹ni⁴⁴nen⁴³ti¹³ʐau¹³nen³¹tʂan⁵⁵.上面下面的人都是亲戚。
　　上面　　下面　　的　人　都 是　亲戚
c) to²¹to²¹ti¹³ʐau¹³qa³³ʑɛ¹³.个个都是男子汉。
　　个　个　都 是　前缀 男子汉
d) ho²⁴ho²⁴ti¹³ʐau¹³tʂei⁵⁵tʂha⁴³.幢幢都是新房子
　　阖　阖　都　是　房　新

V. 当事+V+原因

"当事+V+原因"是非自主及物动词构成动核结构时联系着的两个论元，一个是事物变化发展的担当者，一个是事物变化发展的原因，构成"当事—动核—原因"句模，当事论元投射到主语位置，动核作句中谓语动词，原因论元投射到宾语位置，作原因宾语，形成"当事主语—动词—原因宾语"句。例如：

a) to²¹n̺ua¹³i⁴⁴tʂi⁴⁴ʐau²¹tau¹³nau⁴⁴ʐau¹³tua¹³tʂhai⁴³.那个小孩不是死于冷而是死于饿。
　　个　小孩那　不 是　死　冷　是 死　饿
b) ni²¹mau⁴³plaŋ⁴³tɕaŋ⁴³.他因蛔虫而肚子痛（他患蛔虫病）。
　　他　痛　肚子　蛔虫
c) o⁵⁵tʂhua⁴⁴ni²¹su³³mo⁵⁵vu¹³paŋ³¹.我思念她就像蜜蜂因花而疯狂。
　　我 思念　她 似　蜜蜂　疯　花
d) qai⁴³tʂou³¹tl̥aŋ⁵⁵, noŋ¹³tʂou³¹naŋ³¹.鸡因鹰而叫，鸟因蛇而鸣（事出有因）。
　　鸡　叫　鹰　　鸟　叫　蛇

"当事+V+原因"没有派生的语义结构及句法结构模式。

VI. 当事+V+时间

"当事+V+时间"是非自主及物动词构成动核结构时联系着的两个论元，一个是事物变化发展的承当者，一个是事物变化发展经历的时间，构成"当事—动核—时间"句模，表示事物变化发展经历的时间、时段或时机，当事论元投射到主语位置，动核作句中谓语动词，时间论元投射到宾语位置，作时间宾语，形成"当事主语—动词—时间宾语"句。例如：

a) to²¹n̺ua¹³naŋ⁴⁴qhau⁵⁵po⁵⁵li⁴⁴.这小孩刚满月。
　　个　小孩 这　刚　满月
b) tsi⁵⁵plou³¹tl̥ua⁴⁴tɕai³¹lɛ²⁴ta²¹.草莓过季了（不是草莓成熟的季节）。
　　果　草莓　过　时候　了 了
c) ntshai³³ta⁵⁵ncou³¹, to⁴³ntau⁴⁴ɳtou¹³.子女都成年了。
　　女孩　成　姑娘　男孩冒　小伙子

d) mploŋ³¹tsau³¹tɕua⁴⁴laŋ⁵⁵, paŋ³¹tou²⁴naŋ²¹tɛ¹³.叶随春风生，花迎春雨开。
　　叶　　随　　风　萌　花　对　雨　开

在动态句法平面上，时间论元作为一个陈述对象的主题时，位移到句首充当主体论元，作时间主语（temporal subject），形成"时间主语—动词—主体宾语"句。例如：

a) n̥oŋ⁴³naŋ⁴⁴tʂi⁴⁴tsɛ³¹lo²¹naŋ¹³.今天不会下雨。
　　日　这　不　会　下　雨
b) tai³³ki²¹naŋ⁴⁴po³³fua⁴³nti⁴⁴.今天上午大雾笼罩。
　　早晨　这　蒙　雾　紧闭貌
c) ɕaŋ⁴⁴tin⁵⁵tɕou²⁴tʂou³³nto³¹ta²¹.七点天就黑了。
　　七　点　就　暗　天空　了
d) tɕa⁴⁴ki²¹tsɛ³¹tʂhaŋ⁵⁵nto³¹ta²¹.明天会天晴了。
　　明天　会　晴　天　了

时间论元作为主题描述，表示为人所熟知的自然规律或时令时，没有明显的谓语动词，形成"时间主语—表称宾语"句。例如：

a) n̥oŋ⁴³naŋ⁴⁴sa⁴³tʂi⁴³.今天初五。
　　日　这　初　五
b) naŋ¹³ki²¹li²⁴tɕhou⁴³.后天立秋。
　　后天　立　秋
c) tɕa⁴⁴ki²¹ɕin⁴³tɕhi⁴³thin⁴³.明天星期天。
　　明天　星　期　天

但是，在表示自然规律或时令的细节上，或者语用需要强调时，谓语动词必须出现，谓语动词一般是系属动词ʐau¹³ "是"，形成"时间主语—动词—表称宾语"句。例如：

a) n̥oŋ⁴³naŋ⁴⁴ʐau¹³sa⁴³cou²⁴ta²¹.今天是初十了。
　　日　这　是　初　十　了
b) n̥oŋ⁴³naŋ⁴⁴ʐau¹³n̥o³¹n̥oŋ⁴³, tɕa⁴⁴ki²¹ʐau¹³tʂo⁵⁵n̥oŋ⁴³.今天是丑日，明天是寅日。
　　日　这　是　牛　日　明天　是　虎　日
c) tʂei³¹naŋ⁴⁴ʐau¹³naŋ⁴³ɕoŋ⁴⁴, ɕoŋ⁴⁴naŋ⁴⁴ʐau¹³nen²¹ɕoŋ⁴⁴.去年是蛇年，今年是马年。
　　去年　是　蛇　年　年　这　是　马　年

"当事+V+时间"在动态句法平面上，时间论元如果是表达对事物变化发展经历的时间的量作补充说明时，充当补事论元，在语义结构中成为可选论元，在句法结构中处于补语位置，作表时间的数量补语。动词不带宾语时，形成"当事主语—动词—数量补语"句。例如：

a) ni²¹tua¹³lɛ²⁴pei⁴³ɕoŋ⁴⁴ta²¹.他死了三年了。
   他 死 了 三 年 了

b) lo⁴³nto³¹naŋ⁴⁴tʂhai⁴⁴ʐa⁴⁴nau⁴⁴au⁴³pei⁴³ŋoŋ⁴³ta²¹.这老天怕要冷两三天了。
   个 天空 这 怕 要 冷 两 三 天 了

c) naŋ¹³naŋ⁴⁴lo²¹tou⁴⁴tei³¹qa³³tshai³³li̠⁴⁴ta²¹.这雨下了大半个月了。
   雨 这 下 得 些 前缀 半 月 了

d) ni²¹mau⁴³tou⁴⁴ta⁴³ni³³tau¹³ɕoŋ⁴⁴tɕou²⁴tua¹³lɛ²⁴.他只病了一小半年就死了。
   他 病 得 一 小 半 年 就 死 了

动词带宾语时，时间作补事论元的位置有"当事+V+客体+时间"和"当事+V+时间+客体"两种，两者中时间论元的语义指向有所不同，前者时间论元指向事件，表示事件持续的时间，后者时间论元指向动词，表示[变化]持续的时间。

"当事+V+客体+时间"结构，形成"当事主语—动词—主体宾语—数量补语"句，数量补语表示事件持续的时间。例如：

a) ni²¹mau⁴³n̠a⁵⁵pei⁴³plou⁴³ŋoŋ⁴³ta²¹.他牙疼三四天了。
   他 疼 牙 三 四 天 了

b) noŋ⁴³mplei⁴³tua³¹cou²¹au⁴³pei⁴³ŋoŋ⁴³ta²¹.谷种出芽两三天了。
   种 稻 出 芽 二 三 天 了

c) tʂau⁴³tsi⁵⁵na²¹naŋ⁴⁴tsi⁴⁴tsi⁵⁵au⁴³pei⁴³ɕoŋ⁴⁴ta²¹.这棵柿子树挂果两三年了。
   棵 果柿 这 结 果 二 三 年 了

"当事+V+时间+客体"结构，形成"当事主语—动词—数量补语—主体宾语"句，数量补语表示[变化]持续的时间。例如：

a) lo⁴³nto³¹lou²¹naŋ⁴⁴qhau⁵⁵lo²¹au⁴³ni³³ŋoŋ⁴³naŋ¹³.这老天爷才下了两小天雨。
   个 天空 老 这 才 下 二 小 天 雨

b) tʂau⁴³tʂhua³¹naŋ⁴⁴la̠ŋ⁵⁵i⁴³ɕoŋ⁴⁴mploŋ³¹tɕou²⁴tua¹³lɛ²⁴.这棵药长一年叶就死了。
   棵 药 这 发 一 年 叶 就 死 了

c) to²¹n̠ua¹³kau⁴⁴mau⁴³tou⁴⁴tsi⁵⁵ɕoŋ⁴⁴qhua⁵⁵.那个小孩患了五年疳血痨。
   个 小孩 那 患 得 五 年 疳血痨

"当事+V+时间"在动态句法平面上，如果时间论元对动作行为进行的时间或持续的时段作出限制时，在句子结构中处于状语的位置，充当时间状语（temporal adverbial）。位于当事论元之前时，充当语用话题，语义结构上表现为"时间+当事+V+客事"，语用结构为"话题—当事—V—客事"，句法结构为"时间状语—当事主语—动词—主体宾语"。例如：

a) nto³¹tʂou¹³ɕoŋ⁴³tsi⁴⁴tse³¹la̠ŋ⁵⁵ntsua¹³.冬天竹子不会长笋。
   冬天 竹 不会 发 笋

b) ņoŋ⁴³naŋ⁴⁴o̥⁵⁵mua³¹ņtʂi³³tḷa²¹hou⁴⁴.今天我有点头疼。
　　日　这我有　点　疼头

c) lo⁴³cou²⁴li̥⁴⁴qau³³tou²⁴paŋ³¹tua¹³tʂua¹³taŋ²¹le²⁴ta²¹.十月份蘑芋全都枯株了。
　　个　十　月　芋　豆　花死　丛　完了了

与前者相反，时间位于当事之后时，充当语用的焦点，语义结构上表现为"当事—时间—V—客事"，语用结构为"当事—焦点—V—客事"，句法结构为"当事主语—时间状语—动词—主体宾语"。例如：

a') çoŋ⁴³nto³¹tʂou¹³tʂi⁴⁴tsɛ³¹ḷaŋ⁵⁵ņtʂua¹³.竹子冬天不会长竹笋。
　　竹　冬天　　不会　发　笋

b') o̥⁵⁵ņoŋ⁴³naŋ⁴⁴mua³¹ņtʂi³³tḷa²¹hou⁴⁴.我今天有点头疼。
　　我日　这有　点　疼头

c') qau³³tou²⁴paŋ³¹lo⁴³cou²⁴li̥⁴⁴tua¹³tʂua¹³taŋ²¹le²⁴ta²¹.蘑芋十月份全都枯株了。
　　芋　豆花个　十　月死　丛　完了了

VII. 当事+V+比况

"当事+V+比况"是属性非自主不及物动词构成动核结构时联系着的两个论元，一个是比较基准（comparative standard），即当事论元，一个是比较的对象，即比况论元，构成"当事—动核—比况"句模，当事论元投射到主语位置，动核作句中谓语动词，比况论元投射到宾语的位置，形成"当事主语—动词—对象宾语"句。这种语义结构和句型是受现代汉语影响的结果，并用汉语借词pi⁵⁵"比"联系前后两个论元，通常在宾语之后要出现补语，用以说明当事主语的性质或性状。例如：

a) ni²¹pi⁵⁵o̥⁵⁵tsɛ³¹taŋ²⁴.他比我会唱。
　　他　比我会　唱

b) zaŋ¹³pi⁵⁵nen²¹thuo²¹tou²¹.骡子比马能驮。
　　骡　比马驮　　能

c) çoŋ⁴⁴naŋ⁴⁴ni⁴⁴qoŋ⁴³pi⁵⁵tsei⁴³naŋ⁴⁴ni⁴⁴ntou⁴⁴.今年的粮食比去年的多。
　　年　这　的粮食比　去年　的　多

d) kau³¹pi⁵⁵ni²¹ʂa⁴³.你比他高。
　　你　比他高

在语用平面上，苗语习惯于采用否定一方、肯定另一方的方式来表达比况的概念，被否定的那一方是陈述的主题，充当当事论元，被肯定的一方是比较基准，充当比况论元，在语义结构、句模和句型上，与上述情况一致，不同之出在于，上述的间接客体在这种结构中转换为主体，主体转换为间接客体，由属性动词mua³¹"有"的否定形式tʂi⁴⁴mua³¹"没有"联系主、客体论元。以上四例可转换如下：

a') o⁵⁵tʂi⁴⁴mua³¹ni²¹tsɛ³¹taŋ²⁴.他比我会唱。
　　我 不 有 他 会 唱
b') nen²¹tʂi⁴⁴mua³¹zaŋ¹³thuo³¹tou²¹.骡子比马能驮。
　　马 不 有 骡 驮 能
c') tʂei⁴³naŋ⁴⁴ni⁴⁴qoŋ⁴³tʂi⁴⁴mua³¹ɕoŋ⁴⁴naŋ⁴⁴ni⁴⁴ntou⁴⁴.今年的粮食比去年的多。
　　去年　的 粮食 不 有 年 这 的 多
d') ni²¹tʂi⁴⁴mua³¹kau³¹ʂa⁴³.你比他高。
　　他 不 有 你 高

7.3.4 三价动词的句法语义属性

苗语的三价动词都是及物动词，其中，主要是自主及物动词，有一小部分非自主及物动词。

7.3.4.1 三价自主及物动词的句法语义属性

苗语的三价自主及物动词，主要是给予类、取得类和互向类动词，根据它们与其所联系的论元的关系，三价动词的语义结构模式有：施事+V+与事+受事、施事+共事+V+受事/结果、施事+V+受事+补事等3种。

I. 施事+V+与事+受事

"施事+V+与事+受事"是含有给予义、取得义的自主及物动词构成动核结构时联系着的三个论元，分两种情况：其一，动词含有给予义的，施事论元是动作行为的发出者，与事论元既是获得者，也是动作行为传递、交接的对象，受事论元既是施事论元给予的事物，也是与事获得的事物。其二，动词含有取得义时，施事论元是通过动作行为获得事物的受益者，与事论元是动作行为发出后被夺取事物的受损者，受事论元既是施事论元发出动作行为后获取的事物，也是与事论元失却的事物。

动词含有给予义时，"施事+V+与事+受事"语义结构形成"施事—动核—与事—受事"句模，施事论元投射到主语位置，动核作句中谓语动词，与事论元投射到直接宾语（direct object）的位置，受事论元投射到间接宾语（indirect object）的位置，构成"施事主语—动词—与事宾语—受事宾语"给予双宾语句（offer double objects construction）及"主语—谓语—直接宾语—间接宾语"句结构。例如：

a) lou⁴⁴ntɛ⁵⁵chɛ³³o⁵⁵au⁴³pen⁵⁵ntɛ⁵⁵.老师给我两本书。
　　老师　给 我 二 本　书
b) o⁵⁵saŋ⁴⁴kau³¹i⁴³lo⁴³tʂhau⁴⁴paŋ³¹.我送你一件棉衣。
　　我 送　你 一 件 衣 棉

c) ni²¹qhau⁵⁵pou³¹o⁵⁵tsi⁴³pua⁴⁴tḷai²⁴tsa³¹.他才还我五百块钱。
   他 才 还 我 五 百 块 钱

d) ni²¹pu⁴⁴ṣou⁴⁴tɕhɛ³³po⁴³ɲua¹³kua⁴⁴.她躺床上喂小孩奶。
   她 睡 上面 床 喂 小孩 奶

这种结构，受事话题化位移至句首时，派生"受事+施事+V+与事"结构，形成"话题—施事主语—动词—与事宾语"句。例如：

a) ɲcɛ²⁴chou⁴⁴tɛ⁵⁵naŋ⁴⁴o⁵⁵chɛ³³kau³¹ta²¹.这双皮鞋我给你了。
   双 鞋 皮 这 我 给 你 了

b) to²¹ntṣhen⁴⁴naŋ⁴⁴ni²¹tʂi⁴⁴mua¹³kau³¹ta²¹.这只箐鸡他不卖给你了。
   只 箐鸡 这 他 不 卖 你 了

c) nti⁵⁵mphlai⁴³i⁴⁴ni²¹ʑa⁴⁴saŋ⁴⁴kau³¹.那只戒指他要送你。
   指 戒指 那 他 要 送 你

d) au⁴³pen⁵⁵ntɛ⁵⁵i⁴⁴o⁵⁵pou³¹kau³¹lɛ²⁴ta²¹.那两本书我已经还你了。
   二 本 书 那 我 还 你 了 了

受事话题化位移至句首的语义结构，施事可以隐含，形成"受事+V+与事"结构。以上四例可转换为：

a') ɲcɛ²⁴chou⁴⁴tɛ⁵⁵naŋ⁴⁴chɛ³³kau³¹ta²¹.这双皮鞋给你了。
    双 鞋 皮 这 给 你 了

b') to²¹ntṣhen⁴⁴naŋ⁴⁴tʂi⁴⁴mua¹³kau³¹ta²¹.这只箐鸡不卖给你了。
    只 箐鸡 这 不 卖 你 了

c') nti⁵⁵mphlai⁴³i⁴⁴ʑa⁴⁴saŋ⁴⁴kau³¹.那只戒指要送你。
    指 戒指 那 要 送 你

d') au⁴³pen⁵⁵ntɛ⁵⁵i⁴⁴pou³¹kau³¹lɛ²⁴ta²¹.那两本书已经还你了。
    二 本 书 那 还 你 了 了

在动态句法平面上，可以用由动词语法化来的介词tou⁴⁴"给"、tou⁴⁴"给"介引与事论元，这种情况，有两种语义结构，一种是在动词之后用介词介引与事论元，另一种是介词介引与事论元后，受事论元跟与事论元换位。

介词在动词之后介引与事论元时，派生"施事+V+tou⁴⁴'给'+与事+受事"语义结构，形成"施事—动核tou⁴⁴'给'—与事—受事"句模，这种结构，介词没有完全语法化，仍具有动词的性能，表明动核的语义指向与事论元，这时施事论元投射到主语位置，动核和具有动词性能的介词构成动词短语VP做句中谓语动词，与事论元和受事论元分别投射到直接宾语和间接宾语的位置。例如：

a) ni²¹qen⁴⁴tou⁴⁴to²¹ɲua¹³i⁴⁴i⁴³nti¹³mau⁴⁴mplei³¹.他扒给那小孩一碗米饭。
   他 扒 给 个 小孩 那 一 碗 饭 稻

b) o^{55}tɕi^{55}tou^{44}ni^{21}i^{43}pau^{43}ʑin^{43}.我递给他一包烟。
　　我 递给　 他 一 包 烟

c) o^{55}fai^{43}tou^{44}kau^{31}au^{43}zei^{21}la^{21}.我分给你两丘田。
　　我 分　 给 你 二 丘 田

d) to^{21}maŋ^{43}i^{44}tsai^{33}tou^{44}to^{21}ʑi^{55}i^{44}tʂi^{43}tɛ^{55}tɕei^{31}.那个彝族借给那个壮族五斗荞。
　　个 彝族那 借 给　个壮族那 五 斗 荞

上述语义结构可以用由动词语法化来的介词mua^{43}"把"介引受事论元，使之位移到动词前，派生"施事+mua^{43}'把'受事+V+tou^{44}/tou^{44}'给'+与事"，这种结构中，介词tou^{44}"给"没有明显的动词性能，已经语法化为介词并与介词tou^{44}"给"的语法功能一致，为介宾结构（preposition-object structure），只用于说明动词的语义指向与事论元，整个结构构成"施事主语—介宾结构—动词—介宾结构"句。例如：

a) o^{55}mua^{43}to^{21}no^{31}naŋ^{44}qei^{55}tou^{44}/tou^{44}kau^{31}.我把这头牛借给你。
　　我 把 头 牛 这　 借　 给　 你

b) ni^{21}mua^{43}lo^{43}pau^{43}mi^{21}i^{44}lɛ^{24}tou^{44}/tou^{44}o^{55}.他把那棒玉米扔给我。
　　他 把　棒 苞 米 那 扔 给　 给 我

c) ni^{21}mua^{43}ni^{21}pou^{44}ni^{44}tʂhua^{31}qha^{44}ʑai^{33}tou^{44}/tou^{44}o^{55}.他把他懂的草药全教给我。
　　他 把　他 懂 的 药　 教　 全 给 给 我

d) ni^{21}mua^{43}to^{21}pli^{33}i^{44}mua^{13}tou^{44}/tou^{44}i^{43}to^{21}ho^{43}laŋ^{13}.他把那只野猫卖给一个货郎。
　　他 把 只 野猫那 卖 给 给 一 个 货 郎

在"施事+V+tou^{44}'给'+与事+受事"语义结构中，受事论元话题化位移至句首时，可以派生"受事+施事+V+tou^{44}'给'+与事"结构，施事隐含时，派生出"受事+V+tou^{44}/tou^{44}'给'+与事"结构，也可以用介词tʂo^{24}"被"引导施事，派生"受事+tʂo^{24}'被'施事+V+tou^{44}/tou^{44}'给'+与事"，句型被动句化（passivization），形成以tʂo^{24}"被"为标记的被动句（passive sentence）。例如：

a) ni^{21}to^{21}ntʂhai^{33}i^{44}ni^{21}qua^{44}tou^{44}/tou^{44}i^{43}to^{21}tua^{13}pau^{43}lɛ^{24}.
　　他 个 女儿 那 他 嫁 给　 给 一 个 哑巴　 了
　　他女儿他嫁给了一个哑巴。

→ ni^{21}to^{21}ntʂhai^{33}i^{44}qua^{44}tou^{44}/tou^{44}i^{43}to^{21}tua^{13}pau^{43}lɛ^{24}.
　　他 个 女儿 那 嫁给 给 一 个 哑巴 了
　　他女儿嫁给了一个哑巴。

→ ni^{21}to^{21}ntʂhai^{33}i^{44}tʂo^{24}ni^{21}qua^{44}tou^{44}/tou^{44}i^{43}to^{21}tua^{13}pau^{43}lɛ^{24}.
　　他 个 女儿 那 被 他 嫁 给 给 一 个 哑巴 了
　　他女儿被他嫁给了一个哑巴。

b) tsu²⁴cou³¹ɳtʂei³¹i⁴⁴ni²¹chɛ³³tou⁴⁴/tou⁴⁴tʂo⁵⁵lɛ²⁴.那对耳环她送给老虎了。
　　对　环　耳　那　她　给　　给　　给　虎　了
→ tsu²⁴cou³¹ɳtʂei³¹i⁴⁴chɛ³³tou⁴⁴/tou⁴⁴tʂo⁵⁵lɛ²⁴.那对耳环送给老虎了。
　　对　环　耳　那　给　　给　　给　虎　了
→ tsu²⁴cou³¹ɳtʂei³¹i⁴⁴tʂo²⁴ni²¹chɛ³³tou⁴⁴/tou⁴⁴tʂo⁵⁵lɛ²⁴.那对耳环被她送给老虎了。
　　对　环　耳　那　被　她　给　　给　　给　虎　了

c) tei³¹tʂhau⁴⁴mplau⁴⁴i⁴⁴ni²¹mplua⁵⁵tou⁴⁴/tou⁴⁴o⁵⁵lɛ²⁴.那些半新衣服他硬塞给我了。
　　些　衣　半新　那　他　砸　　给　　给　我　了
→ tei³¹tʂhau⁴⁴mplau⁴⁴ i⁴⁴mplua⁵⁵tou⁴⁴/tou⁴⁴o⁵⁵lɛ²⁴.那些半新衣服硬塞给我了。
　　些　衣　半新　那　砸　　给　　给　我　了
→ tei³¹tʂhau⁴⁴mplau⁴⁴ i⁴⁴tʂo²⁴ni²¹mplua⁵⁵tou⁴⁴/tou⁴⁴o⁵⁵lɛ²⁴.
　　些　衣　半新　那　被　他　砸　　给　　给　我　了
那些半新衣服被他硬塞给我了。

d) tei⁵⁵paŋ³¹i⁴⁴o⁴⁴lo⁵⁵tou⁴⁴/tou⁴⁴ni²¹lɛ²⁴.那枝花我摘给她了。
　　枝　花　那　我　掰　给　　给　她　了
→ tei⁵⁵paŋ³¹i⁴⁴lo⁵⁵tou⁴⁴/tou⁴⁴ni²¹lɛ²⁴.那枝花摘给她了。
　　枝　花　那　掰　给　　给　她　了
→ tei⁵⁵paŋ³¹i⁴⁴tʂo²⁴o⁴⁴lo⁵⁵tou⁴⁴/tou⁴⁴ni²¹lɛ²⁴.那枝花被我摘给她了。
　　枝　花　那　被　我　掰　给　　给　她　了

介词介引与事论元后，受事论元跟与事论元换位时，派生"施事+V+受事+tou⁴⁴/tou⁴⁴'给'+与事"语义结构，这种结构的受事论元不能用介词mua⁴³"把"介引，也不能话题化，施事论元不能介词tʂo²⁴"被"介引，不能构成以tʂo²⁴"被"为标记的被动句，只有"施事—动核—受事—tou⁴⁴/tou⁴⁴'给'与事"一种句模。例如：

a) o⁵⁵fai⁴³au⁴³ki⁵⁵noŋ⁴³mi²¹tou⁴⁴/tou⁴⁴kau³¹.我分两斤玉米种给你。
　　我　分　二　斤　种　玉米　给　　给　你

b) ni²¹na²⁴saŋ⁴⁴i⁴³lo⁴³pou¹³ko⁴³tou⁴⁴/tou⁴⁴ni²¹.他母亲送一只金手镯给她。
　　他　母　送　一　只　手镯　金　给　　给　她

c) o⁵⁵tsai³³pei⁴³pua⁴³tlai²⁴tsa³¹tou⁴⁴/tou⁴⁴ni²¹.我借三百块钱给他。
　　我　借　三　百　块钱　给　　给　他

d) ni²¹ʑa⁴⁴mua¹³i⁴³taŋ⁵⁵ʑaŋ³¹tou⁴⁴/tou⁴⁴o⁵⁵.他要卖一群绵羊给我。
　　他　要　卖　一　群　绵羊　给　　给　我

动词含有取得义时，"施事+V+与事+受事"语义结构形成"施事—动核—与事—受事"句模，施事论元投射到主语位置，动核作句中谓语动词，与事论元投射到直接宾语的位置，受事论元投射到间接宾语的位置，构成

"施事主语—动词—与事宾语—受事宾语"取得双宾语句（obtain double objects construction），即"主语—谓语—直接宾语—间接宾语"，表示获得者主动地使受事论元由与事论元转移到施事论元。例如：

a) $o^{55}mua^{21}ni^{21}au^{43}to^{21}qai^{43}$.我买他两只鸡。
　　我 买　他 两 只　鸡

b) $ni^{21}hou^{33}lɛ^{24}o^{55}i^{43}thou^{55}tɕe^{55}$.他喝了我一瓶酒。
　　他　喝 了 我 一 瓶　　酒

c) $ni^{21}pua^{55}la^{13}qa^{33}po^{31}$.他霸占人妻。
　　他 霸占别人前缀妻

d) $la^{13}fua^{44}lɛ^{24}ni^{21}ʑi^{13}i^{43}to^{21}no^{31}$.别人罚了他家一头牛。
　　别人罚 了 他 家 一 头 牛

e) $tei^{43}tsu^{55}i^{43}ɕoŋ^{44}sou^{44}ni^{21}au^{43}tɛ^{55}qoŋ^{43}$.地主一年收他两斗粮。
　　地 主　一 年　收 他 两 斗 粮

f) $ni^{21}tʂhua^{55}o^{55}tʂi^{43}ʂa^{43}ntʂa^{43}$.他欠我五升米。
　　他　差　我 五 升 米

g) $ni^{21}ŋki^{13}o^{55}au^{43}to^{21}zo^{13}$.他浪费了我两个工时。
　　他 白费 我 二 个 力气

h) $o^{55}noŋ^{13}kau^{31}i^{43}lo^{43}ven^{24}thi^{31}$.我问你一个问题。
　　我 问　你 一 个　问　题

在这种语义结构中，与事论元和受事论元之间经常有领属关系时，在句法上，与事论元和受事论元可以构成修饰结构。例如：

a) $ni^{21}mua^{43}lɛ^{24}o^{55}au^{43}taŋ^{43}pi^{31}$.他拿了我两支笔。
　　他 拿 了 我 二 支 笔

→ $ni^{21}mua^{43}lɛ^{24}o^{55}ni^{44}au^{43}taŋ^{43}pi^{31}$.他拿了我的两支笔。
　　他 拿 了 我 的 二 支 笔

b) $o^{55}ʂei^{43}kau^{31}au^{43}ki^{55}ɴqai^{31}no^{31}$.我赊你两斤牛肉。
　　我 赊　你 二 斤 肉 牛

→ $o^{55}ʂei^{43}kau^{31}ni^{44}au^{43}ki^{55}ɴqai^{31}no^{31}$.我赊你的两斤牛肉。
　　我 赊　你 的 二 斤 肉 牛

c) $o^{55}tou^{44}ni^{21}to^{21}ntshai^{33}i^{44}$.我娶了他那女儿。
　　我 得 他 个 女儿　那

→ $o^{55}tou^{44}ni^{21}ni^{44}to^{21}ntshai^{33}i^{44}$.我娶了他的那女儿。
　　我 得 他 个 女儿　那

在动态句法平面上，一部分三价取得义动词可以派生"与事+tso^{24}'被'+施事+V+$lɛ^{24}$'了'+受事"结构，强调施事论元使与事论元失去受事论元，但是并不表示施事论元使受事论元离开与事论元并最终转移到施事论元上。例如：

a) o^{55}tṣo^{24}ni^{21}tṣoŋ^{44}lɛ^{24}tṣi^{43}pua^{44}tḷai^{24}tsa^{31}.我被他敲诈了五百块钱。
我 被 他 敲 了 五 百 块 钱

b) to^{21}vou^{55}i^{44}tṣo^{24}neɲ^{31}noŋ^{21}fa^{44}lɛ^{24}au^{43}to^{21}qai^{43}.那女婿被舅子们罚了两只鸡。
个 女婿那 被 兄弟 罚 了 二 只 鸡

c) ni^{21}tṣo^{24}la^{13}chɛ^{24}lɛ^{24}i^{43}lo^{43}ḷi^{44}ni^{44}ɴqei^{44}ẓo^{13}.他被别人扣了一个月的工钱。
他 被 别 人 扣 了 一 个 月 的 价 力

这种结构，如果与事论元与受事论元之间有明显的领属关系，则构成"与事+受事+tṣo^{24}'被'施事+V+lɛ^{24}'了'"结构，其中，与事论元与受事构成修饰结构，成为句法结构中的主题，表示施事论元使受事论元离开与事论元，但并不一定转移到施事论元上。例如：

a) ni^{21}ẓi^{13}ni^{44}tṣhi^{33}tṣo^{24}to^{43}n̠a^{13}mua^{13}lɛ^{24}.他家的羊被贼卖了。
他 家 的 羊 被 贼 卖 了

b) o^{55}ni^{44}ṭi^{21}tṣo^{24}ni^{21}lo^{55}lɛ^{24}.我的裤子被他调换了。
我 的 裤 被 他 调换了

c) ni^{21}ni^{44}la^{31}tei^{24}tṣo^{24}ti^{24}tṣu^{55}tṣaŋ^{24}lɛ^{24}.他的田地被地主占了。
他 的 田 地 被 地 主 占 了

d) o^{55}ṭaŋ^{43}tou^{33}tṣha^{43}i^{44}tṣo^{24}ni^{21}qei^{55}lɛ^{24}.我那把新斧子被他借走了。
我 把 斧 新 那 被 他 借 了

在苗语的"与事+受事+tṣo^{24}'被'施事+V+lɛ^{24}'了'"语义结构中，动词可以由介词mua^{43}"把"介引，构成"与事+受事+tṣo^{24}'被'施事+mua^{43}'把'V+lɛ^{24}'了'"结构，表示受事论元在施事论元的被迫下，与事论元失去受事论元。例如：

a) ni^{21}au^{43}to^{21}ko^{24}ẓou^{13}i^{44}tṣo^{24}la^{13}mua^{43}ṣou^{44}lɛ^{24}.他那两只穿山甲被人给没收了。
他 二 只 穿山甲 那 被 别人把 没收 了

b) ni^{21}ni^{44}tsa^{31}tṣo^{24}lou^{33}tsa^{21}mua^{43}hua^{33}lɛ^{24}.他的钱被散兵游勇给抢了。
他 的 钱 被 散兵游勇 把 抢 了

c) ni^{21}to^{21}ntshai^{31}i^{44}tṣo^{24}nen^{43}faɲ^{24}ntsi^{21}mua^{43}po^{33}lɛ^{24}.他那女儿被人贩子给拐走了。
他 个 姑娘 那 被 人 贩 子 把 蒙骗了

从句子结构自身来看，在介词mua^{43}"把"和动词 V 之间应该存在一个代替受事论元的泛指代词，但是，在语用层面（pragmatic level）上，这个代词并不出现，从而形成空语类（empty category），其语义结构严格地讲应该是"与事+受事+tṣo^{24}'被'施事+mua^{43}'把'+泛指代词+lɛ^{24}'了'"。从这个角度来讲"施事+V+与事+受事"语义结构，可以派生出新的语义结构

"施事+mua⁴³'把'[与事+受事]+V+lɛ²⁴'了'",与事论元隐含时,语义结构为"施事+mua⁴³'把'受事+V+lɛ²⁴'了'",表示施事论元从与事论元那里取得受事论元。例如:

a) ni²¹mua⁴³hou⁵⁵ʐou²¹ni⁴⁴tsa³¹thaŋ⁴³lɛ²⁴.他把村里的公款给贪了。
　　他 把　里 村　的 钱 贪 了
→ ni²¹mua⁴³tsa³¹thaŋ⁴³lɛ²⁴.他把公款给贪了。
　　他 把 钱 贪 了

b) phai²⁴tʂhu³¹so⁵⁵mua⁴³ni²¹zi¹³ʐaŋ²⁴si²⁴ti¹³tʂhau⁴³lɛ²⁴.派出所把他家什么都给抄了。
　　派 出 所 把 他家 各种东西都 抄 了
→ phai²⁴tʂhu³¹so⁵⁵mua⁴³ʐaŋ²⁴si²⁴ti¹³tʂhau⁴³lɛ²⁴.派出所把什么都给抄了。
　　派 出 所 把 各种东西都 抄 了

c) ni²¹mua⁴³o⁵⁵tɕau⁵⁵ʐoŋ⁴⁴tʂhua³¹i⁴⁴n̯a¹³lɛ²⁴.他把我那些好药给偷了。
　　他 把 我 些 好 药 那 偷 了
→ ni²¹mua⁴³tɕau⁵⁵ʐoŋ⁴⁴tʂhua³¹i⁴⁴n̯a¹³lɛ²⁴.他把那些好药给偷了。
　　他 把　 些 好 药 那 偷 了

d) kau³¹tʂi⁴⁴ɕau⁴³mua⁴³o⁵⁵tei³¹zo¹³ŋki¹³lɛ²⁴.你别把我的力气给白费了。
　　你 不 消 把 我 些 力气 白费 了
→ kau³¹tʂi⁴⁴ɕau⁴³mua⁴³tei³¹zo¹³ŋki¹³lɛ²⁴.你别把力气给白费了。
　　你 不 消 把　 些 力气 白费 了

由于"施事+mua⁴³'把'[与事+受事]+V+lɛ²⁴'了'"结构及其与事论元隐含时的结构"施事+mua⁴³'把'受事+V+lɛ²⁴'了'",具有表示施事论元从与事论元那里取得受事论元的语义,所以,可以派生出新的语义结构"施事+tua³¹'从'与事+方所+V+受事",其中,与事论元由动词语法化来的介词tua³¹"从"介引并于其前添加方所题元,于其后添加指示词,严格的语义结构是"施事+tua³¹'从'+方所+与事+指示+V+lɛ²⁴'了'/tou⁴⁴'得/了'+受事",与事论元隐含时,构成"施事+V+受事"结构。这样的语义结构也表示施事论元从与事论元那里取得受事论元。例如:

a) ni²¹tua³¹qhei⁵⁵o⁵⁵i⁴⁴tʂi⁴³lɛ²⁴i⁴³tɕau⁵⁵tsa³¹.他从我那儿支走了一些钱。
　　他 从 处 我那 支 了 一 些 钱
→ ni²¹tʂi⁴³lɛ²⁴i⁴³tɕau⁵⁵tsa³¹.他支了一些钱。
　　他 支 了 一 些 钱

b) o⁵⁵tau³¹hou⁵⁵ni²¹i⁴⁴lo⁵⁵tou⁴⁴au⁴³ʂa⁴³noŋ⁴³tou²⁴tɕou³¹.
　　我 从 里 他那 换 得 二 升 种 豆 早
　　我从他那儿对换了两升早豆种。

→ o⁵⁵lo⁵⁵tou⁴⁴au⁴³ṣa⁴³noŋ⁴³tou²⁴tɕou³¹.我对换了两升早豆种。
   我 换 得 二 升 种 豆 早
c) ni²¹tua³¹ntɛ³³ʑi¹³kau⁴⁴tl̩i⁴³lɛ²⁴ncɛ²⁴qai⁴³.他从那人家那儿骗走了两只鸡。
   他 从 处 家 那 诓 了 双 鸡
→ ni²¹tl̩i⁴³lɛ²⁴ncɛ²⁴qai⁴³.他诓走了两只鸡。
   他 诓 了 双 鸡
d) to²¹ho⁴⁴qhou⁵⁵i⁴⁴tua³¹qhei⁵⁵o⁵⁵naŋ²¹ʐua⁵⁵tou⁴⁴ṣa⁴³mi²¹.那乞丐从我这讨了升玉米。
   个 乞丐 那从 处 我 这 讨要 得 升 玉米
→ to²¹ho⁴⁴qhou⁵⁵i⁴⁴ʐua⁵⁵tou⁴⁴ṣa⁴³mi²¹.那乞丐讨了升玉米。
   个 乞丐 那 讨要 得 升 玉米

II. 施事+共事+V+受事/结果

"施事+共事+V+受事/结果"是自主及物动词构成动核结构时联系着的三个论元，一个是动作行为的主要发出者，即施事论元，一个是参与施事论元发出动作行为的参与者（participant），即共事论元，另一个是动作行为涉及的客体或动作行为作用的结果，即受事论元或结果论元。三个论元与动词构成"施事—共事—动核—受事/结果"句模。其中，自主及物动词动核实际上是二价自主及物动词，它在句子结构中，由于有其他论元的衬托，可以带三个论元，这样它就成为三价自主及物动词，但是，相对于给予类和取得类三价自主及物动词来说，它只是二价动词，带三个论元时，具有三价动词的特征，可以称之为准三价自主及物动词，即准三价动词（quasi-trivalent verb）。

"施事+共事+V+受事/结果"结构中的"共事"通常由协同动词（collaborative verb）或称副动词（coverb）ntɕo¹³"跟、同"、tha⁴³"和、同"引导，表示施事论元与共事论元相互协同完成动作行为。ntɕo¹³"跟、同"、tha⁴³"和、同"这两个协同动词在语用上没有多大的区别。所不同的是，tha⁴³"和、同"可以作连词，ntɕo¹³"跟、同"不能。从词源上看，两者都由动词语法化而来，原意是"陪伴、伴随"，作动词用时，它在句子结构中，与后面的动词构成连动式。例如：

a) ni²¹tua³¹ntɕo¹³ni²¹to²¹noŋ²¹i⁴⁴n̩au⁴³au⁴³ŋoŋ⁴³.她来跟她弟弟住两天。
   她 来 陪伴 她个 弟弟 那 住 两 天
b) o⁵⁵tha⁴³kau³¹mo²¹.我陪你去。
   我 随 你 去
c) pei⁴³tʂi⁴⁴tha⁴³ni²¹ua⁴⁴ʂi⁴⁴.我们不跟他玩耍。
   我们 不 陪 他 玩儿

有时它们可以直接带宾语，构成"施事+V+受事"结构。例如：

d) to²¹n̪ua¹³i⁴⁴ŋʈo¹³ŋʈai²⁴to²¹na²⁴i⁴⁴.那小孩形影不离母亲。
　　个　小孩那 伴随紧随貌个母 那
e) o⁵⁵tsi⁴⁴tha⁴³ni²¹, tṣo¹³tha⁴³kau³¹.我不跟他,只跟你。
　　我 不 和 他　只 和 你

但是,作为协同动词或副动词,它们只起到引导一个参与行动主体的作用,在句子结构中充当共事论元的先行词,与共事论元构成状语并位于动词之前,从而在"施事+共事+V+受事/结果"语义结构构成的"施事—ŋʈo¹³'跟、同'/tha⁴³'和、同'共事—动核—受事/结果"句模中,施事论元投射到主语位置,"ŋʈo¹³'跟、同'/tha⁴³'和、同'共事"投射动核前状语的位置,动核作句中谓语动词,受事论元或结果论元投射到宾语位置。协同动词或副动词引导的共事论元,既可以与单向动词(unidirectional verb)结合,也可以与互向动词(bidirectional verb)结合。

协同动词或副动词引导共事论元,与单向动词结合构成的结构,包含两种语义,一种是不仅施事论元与共事论元一起去做某事,而且是施事论元帮助共事论元,两者相互协同来完成某个事件。例如:

a) o⁵⁵ŋʈo¹³kau³¹tḷau⁴³lou³¹pu²⁴.我跟(帮)你拔萝卜。
　　我 跟 你　拔　萝卜
b) la¹³tei³¹i⁴⁴ŋʈo¹³ni²¹ɕi³³n̪ua¹³.别人跟(帮)他带小孩。
　　别人些 那跟 他　领　小孩
c) ni²¹tha⁴³o⁵⁵tu²¹ntoŋ⁴⁴.他和(帮)我削木头。
　　他 和　我 削　木头
d) o⁵⁵vai²⁴tha⁴³ni²¹ha⁴³tou⁴⁴lo⁴³ʈu⁴³noŋ¹³.我父亲和(帮)他编了个鸟笼。
　　我 父 和 他 编得 个　笼 鸟

但是,在如下两个例句中,"施事+共事+V+受事/结果"结构的语义,只表示施事论元与共事论元进行同一动作行为,不表示它们协同来完成同一动作行为:

a) ni²¹ŋʈo¹³o⁵⁵mo²¹cɛ²⁴ntɛ⁵⁵.他跟我一起去上学。
　　他　跟我 去 读书
b) naŋ¹³m̪au⁴⁴o⁵⁵tha⁴³ni²¹nau³¹mau⁴⁴.昨晚我和他一起吃饭。
　　昨晚　　我 和 他 吃 饭

另一种是,共事论元与施事论元对受事论元或将要产生的结果发出一种动作行为,这种动作行为两者共同进行,但受事论元或将要产生的结果论元,只属于共事论元,为共事论元所拥有。例如:

a) o⁵⁵ŋʈo¹³ti²¹lou²¹ṣi⁵⁵ni²¹to²¹nen²¹i⁴⁴.我跟兄长一起使用他的马。
　　我 跟 兄老 使他 匹 马 那

b) ni²¹ɳʈo¹³o⁵⁵n̥aŋ⁵⁵o⁵⁵tei³¹tʂhau⁴⁴i⁴⁴.他跟我一起穿我的那些衣服。
  他 跟 我 穿 我 些 衣服 那

c) to²¹n̥ua¹³i⁴⁴tha⁴³o⁵⁵nau³¹hou⁴⁴o⁵⁵nti¹³mau⁴⁴i⁴⁴.那小孩和我一起吃我碗里的饭。
  个 小孩 那 和 我 吃 里 我 碗 饭 那

d) ni²¹tha⁴³o⁵⁵hou³³o⁵⁵thou⁵⁵tɕɛ⁵⁵i⁴⁴.他和我一起喝我那瓶酒。
  他 和 我 喝 我 瓶 酒 那

上述两种语义含义中的受事论元，在动态句法平面上可以位移到句首作句子结构的话题，这时"施事+共事+V+受事/结果"结构可以派生"受事/结果+施事+共事+V"结构，句法结构表现为"话题—施事主语—状语—谓语"。例如：

a) o⁵⁵ɳʈo¹³ni²¹mpo¹³tʂei⁵⁵, ɳʈo¹³ni²¹mua⁴³n̥aŋ⁴³.我跟（帮）他盖房子，娶媳妇。
  我 跟 他 盖 房 跟 他 拿 媳妇

→ tʂei⁵⁵o⁵⁵ɳʈo¹³ni²¹mpo¹³, n̥aŋ⁴³ɳʈo¹³ni²¹mua⁴³.房我帮他盖，媳妇我帮他娶。
  房 我 跟 他 盖 媳妇 跟 他 拿

b) o⁵⁵tha⁴³kau³¹ɳtʂi³³hou⁴⁴, tha⁴³kau³¹tou⁴⁴chou⁴⁴.我和（帮）你梳头，穿鞋子。
  我 和 你 梳 头 和 你 穿 鞋

→ hou⁴⁴o⁵⁵tha⁴³kau³¹ɳtʂi³³, chou⁴⁴o⁵⁵tha⁴³kau³¹tou⁴⁴.头我帮你梳，鞋我帮你穿。
  头 我 和 你 梳 鞋 我 和 你 穿

c) ni²¹ɳʈo¹³o⁵⁵ʂai³³o⁵⁵tei³¹maŋ³¹i⁴⁴.他跟我一起绩我的那些麻。
  他 跟 我 绩 我 些 麻 那

→ o⁵⁵tei³¹maŋ³¹i⁴⁴ni²¹ɳʈo¹³o⁵⁵ʂai³³.我的那些麻他跟我一起绩。
  我 些 麻 那 他 跟 我 绩

d) ni²¹na²⁴tha⁴³ni²¹ʂi⁴⁴ni²¹pau⁴³ta⁴³ɳtaŋ³¹i⁴⁴.她母亲和她一起做她的那笼蜡染裙。
  她 母 和 她 做 她 笼 裙 蜡染 那

→ ni²¹pau⁴³ta⁴³ɳtaŋ³¹i⁴⁴ni²¹na²⁴tha⁴³ni²¹ʂi⁴⁴.她那笼蜡染裙她母亲和她一起做。
  她 笼 裙 蜡染 那 她 母 和 她 做

协同动词或副动词引导共事论元，与互向动词结合构成的结构"施事+共事+V+受事/结果"，表示施事论元与共事论元相互通过动作行为作用于某一存在的客体，对它产生一定的影响，或者表示施事论元和共事论元通过动作行为共同创造出一个新的客体或确立一种新的关系或商定某一新的客体事件。例如：

a) o⁵⁵ɳʈo¹³ni²¹lo⁵⁵noŋ⁴³tɕei³¹.我跟他换荞种。
  我 跟 他 换 荞 种

b) ni²¹ɳʈo²¹la¹³tsen⁴³tlei³¹noŋ²⁴.他跟别人抢工作。
  他 跟 别人 争 水 活计

c) ni²¹tha⁴³tsi⁵⁵ʑi²¹ʂaŋ⁴³liaŋ³¹ni²¹vai²⁴ni⁴⁴plo³¹tua¹³.他和叔叔商量他父亲的丧事。
   他 和 叔叔   商 量   他 父 的 消失死亡

d) to²¹naŋ⁴³tha⁴³to²¹na²⁴tlou¹³i⁴³tai³³ki³³tɕua²⁴.媳妇和婆婆吵了一早上的架。
   个 媳妇 和 个 母亲 互颠 一早上 架

e) tʂi⁴⁴tou²¹tei²¹, to²¹mua¹³tʂo²¹mua¹³ntʂo¹³to²¹non²¹ti³³tʂhon⁴³.不得已,兄妹只好成亲。
   不得已   个 妹 只 有 跟 个 兄 结缔婚姻

f) to²¹to⁴³ntʂua¹³tha⁴³to²¹ntʂhai⁴³ntʂua¹³zen²⁴ua⁴⁴mua¹³non²¹.孤儿和寡女认做兄妹。
   个 儿 寡 和 个 女 寡 认 作 妹 兄

这种结构没有派生语义结构。

III. 施事+V+受事+补事

"施事+V+受事+补事"是自主及物动词构成动核结构时联系着的三个论元。苗语的自主及物动词中,只有具有给予义和取得义的动词才是真正意义上的三价动词。但是在"施事+V+受事+补事"结构中,动词临时具有三价动词的特征,可以带三个论元,构成"施事—动核—受事—补事"句模,施事论元是动作行为的发出者,投射到主语的位置,受事论元是动作行为涉及的客体,投射到宾语的位置,补事论元是动作行为所联系的补体论元,补充说明动作行为涉及客体后,客体所发出的动作或表现出的情状,投射到小句宾语或小句补语句的位置,由自主动词性质的述宾结构充当,形成"施事主语—动词₁—受事宾语₁—动词₂—受事宾语₂"兼语句句型,动词₁的动作行为由施事论元发出,动词₂的动作行为由受事宾语₁发出,即受事宾语₁兼为动词₂的施事,属连动结构范畴。例如:

a) o⁵⁵tɕaŋ⁴³n̩o³¹mo²¹hou³³tlei³¹.我牵牛去喝水。
   我 牵 牛 去 喝 水

b) ni²¹saŋ⁴⁴to²¹n̩ua¹³i⁴⁴tua³¹cɛ²⁴ntɛ⁵⁵.他送那个小孩来上学。
   他 送 个 小孩 那 来 读书

c) ni²¹tua³¹ho⁴⁴o⁵⁵mo²¹nau³¹mau⁴⁴.她来叫我去吃饭。
   她 来 喊 我 去 吃 饭

d) ni²¹chɛ³³to²¹to⁴³ntu¹³i⁴⁴mo²¹zo⁵⁵n̩o³¹.他叫那个侄儿去看牛。
   他 让 个 儿 侄 那 去 看守 牛

e) to²¹na²⁴tsi⁴³to²¹to⁴³mo²¹n̩a¹³zou⁴³.母亲指使儿子去偷菜。
   个 母 指使 个 儿 去 偷 菜

在这种结构中,施事论元和受事论元的关系有三种:其一,施事论元虽然不直接参与受事论元的动作行为,但是在受事论元发出动作行为前,隐含着施事论元总是伴随着受事论元,如a)、b),在a)例中,虽然"我"没有喝水,但是在"牛"发出"喝"的动作行为前,"我"总是和"牛"在一起；在b)例中，虽然"他"不是去上学，但是"他"和"小孩"一起到了学校。其二，隐含了施事论元直接参与受事论元的动作行为，如c)，隐含了"我"随"她"去，"我"吃，"她"也吃。其三，施事论元不参与受事论元的动作行为，如d)、e)。从句子结构的语义来看，前者的动词只具有[+动作]的语义特征，后两者的动词除具有[+动作]的语义特征外，还具有[致使]义素。

"施事+V+受事+补事"结构中的动词具有[+动作]的语义特征时，可以派生出新的语义结构"施事+共事+V+受事+补事"。前例a)、b)派生的结构如下：

a') o^{55}ɳʈo^{13}/tha^{43}kau^{31}tɕaŋ^{43}ɳo^{31}mo^{21}hou^{33}tlei^{31}.我跟/和你牵牛去喝水。
　　 我　跟　和　你　牵　牛　去　喝　水

a") kau^{31}ɳʈo^{13}/tha^{43}o^{55}tɕaŋ^{43}ɳo^{31}mo^{21}hou^{33}tlei^{31}.你跟/和我牵牛去喝水。
　　 你　跟　和　我　牵　牛　去　喝　水

b') ni^{21}ɳʈo^{13}/tha^{43}o^{55}saŋ^{44}to^{21}ɳua^{13}i^{44}tua^{31}cɛ^{24}ntɛ^{55}.他跟/和我送小孩来上学。
　　 他　跟　和　我　送　个　小孩　那　来　读书

b") o^{55}ɳʈo^{13}/tha^{43}ni^{21}saŋ^{44}to^{21}ɳua^{13}i^{44}tua^{31}cɛ^{24}ntɛ^{55}.我跟/和他送小孩来上学。
　　 我　跟　和　他　送　个　小孩　那　来　读书

"施事+V+受事+补事"结构中的动词具有[致使]义素义时，可以派生出新的语义结构"施事+V+受事+共事+补事"。前例c)、d)、e)派生的结构如下：

c') ni^{21}tua^{31}ho^{44}o^{55} ɳʈo^{13}/tha^{43}ni^{21} mo^{21}nau^{31}mau^{44}.她来叫我跟/和她去吃饭。
　　 她　来　喊　我　跟　和　她　去　吃　饭

d') ni^{21}chɛ^{33}to^{21}to^{43}ntu^{13}i^{44}ɳʈo^{13}/tha^{43}ni^{21}mo^{21}zo^{55}ɳo^{31}.他叫侄儿跟/和去他看牛。
　　 他　让　个　儿　侄　那　跟　和　他　去　看守　牛

e') to^{21}ɳa^{24}tsi^{43}to^{21}to^{43}ɳʈo^{13}/tha^{43}to^{21}ɳa^{24}mo^{21}ɳa^{13}zou^{43}.母亲指使儿子跟/和她去偷菜。
　　 个　母　指使　个　儿　跟　和　个　母　去　偷　菜

7.3.4.2 三价非自主及物动词的句法语义属性

苗语的非自主及物动词都不是三价动词。但是一些非自主及物动词构成动核结构时，临时具有三价动词的特点，可以联系三个论元，成为准三价非自主及物动词，语义结构是"当事+V+涉事+补事"，形成"当事—动核—涉事—补事"句模。当事论元是事物变化的承当者，投射到主语的位置。动核是非自主及物动词，充当句子的谓语。涉事论元是非自主动词涉及的客体，投射到宾语的位置。补事论元既可以由自主动词性述宾结构充当，也可以由非自主动词性述宾结构充当，补充说明非自主动词涉及客体后，客体发出动作行为的关系或客体表现出的属性关系，投射到小句宾语或者小句补语句的位置，构成"当事主语—动词$_1$—客事宾语—动词$_2$—受事宾语"或"当事主语—动词₁—客事宾语—动词₂—表称宾语"兼语句。

"当事+V+涉事+补事"构成形式为"$S_1+V_1+O_1[S_2]+V_2+O_2$"的兼语句型，其中，V_1是非自主及动词，V_2是自主及物动词，即"当事主语—动词₁—客事宾语—动词₂—受事宾语"。例如：

a) o⁵⁵po²⁴ni²¹n̩a¹³qau³³la⁴³.我看见他偷红薯。

    我 见 他 偷 薯 红

b) ni²¹tṣi⁴⁴tou⁴⁴n̩au⁵⁵tl̩ua⁴⁴kau³¹than²⁴tso³¹.他没有听见过你唱苗歌。

    他 不 得 听见过 你 唱 苗歌

c) o⁵⁵n̩tṣhai⁴⁴kau³¹tṣi⁴⁴tua³¹kaŋ⁵⁵ka⁴³.我以为你不来赶集。

    我 怕 你 不 来 赶 集

d) pei⁴³tṣi⁴⁴su³³ni²¹tsɛ³¹tl̩i⁴³nen⁴³.我们不像他会骗人。

    我们 不 像 他 会 骗 人

"当事+V+涉事+补事"构成形式为"$S_1+V_1+O_1[S_2]+V_2+O_2$"，其中，V_1、V_2都是非自主及物动词，在句法结构上有"当事主语—动词₁—客事宾语₁—动词₂—客事宾语₂"和"当事主语—动词₁—客事宾语—动词₂—表称宾语"两种。

"当事主语—动词₁—客事宾语₁—动词₂—客事宾语₂"结构中，客事宾语₁既是当事主语关涉的客体对象，又是客事宾语₂的起事主体，客事宾语₂是兼作主体的客事宾语₁的止事客体。例如：

a) pei⁴³tṣi⁴⁴mua³¹kau³¹mua³¹tsa³¹.我们没有你有钱。

    我们 没有 你 有 钱

b) ni²¹zei²¹mau⁴³lo²¹ki³³pei⁴³.他惹病来传染我们。

    他 惹 病 来 传染我们

c) n̩ɹa¹³ntua⁵⁵kua⁴⁴lo⁴⁴o⁵⁵.小孩吐奶沾到我。

    小孩 吐 奶 沾 我

d) tau³¹l̩ou⁵⁵aŋ⁵⁵na³³lq̩³¹.山梭泥巴压田（山体滑坡泥石流压了田）。

    山 梭 泥巴 压 田

"当事主语—动词₁—客事宾语—动词₂—表称宾语"结构中，客事宾语既是当事主语关涉的客体对象，又是表称宾语的起事主体，表称宾语是兼作起事主体的客事宾语的止事客体，是对它的性质或属性的表称。例如：

a) o⁵⁵tṣo¹³n̩au⁵⁵ni²¹lo⁴³mpei⁴⁴ho⁴⁴ua⁴⁴maŋ³³.我只听说他的名字叫作芒。

    我 只 听见 他 个 名 叫 作 芒

b) ni²¹tṣi⁴⁴pou⁴³o⁵⁵zau¹³to²¹m̩oŋ⁴³.他不知道我是个苗族。

    他 不 知道 我 是 个 苗族

c) tou²⁴qei³¹l̩ou⁵⁵plua⁵⁵qhau⁵⁵lua³¹ko⁴⁴ɕaŋ⁴³.蚕豆豆英刚大如香火棍。

    蚕豆 抽 英 刚 大如把 香

d) len³¹tu¹³ʐoŋ¹³ni²¹su³³to²¹tua¹³.谁像他像个傻瓜似的。
　　位　哪　像　他　像　个　傻瓜

7.4　小　结

本章对苗语及物动词和不及物动词的论元、配价、语义结构、句模和句型进行了描写和分析，从中可以看到苗语动词的句法语义属性。下面就苗语动词的句法语义属性作扼要的总结。

7.4.1　关于苗语的动词及其论元属性

根据苗语动词的自主、非自主和及物、不及物与其所联系的论元属性，在最小自足主谓结构中，动词论元的语义角色有主事论元、客事论元、与事论元和补事论元四类。其中，主事论元又可分为施事论元、当事论元、起事论元、范围论元、材料论元等5个小类；客事论元又可分为受事论元、结果论元、致使论元、处所论元、涉事论元、止事论元、数量论元、工具论元、方式论元、原因论元、时间论元和比况论元等12个小类；与事论元可分为与事论元和共事论元两个小类；补事论元不作细的分类。

7.4.2　关于苗语一价动词的句法语义属性

苗语一价不及物的自主、非自主动词与其论元属性只构成一种语义结构模式，这种语义结构与句模、句型的关系如下表：

	一价自主不及物动词	一价非自主不及物动词
语义结构	施事+V	当事+V
句模	施事—动核	当事—动核
句型	施事主语—谓语	当事主语—谓语
例句	ni²¹tua³¹ta²¹.他来了。 他　来　了	tsi⁵⁵plou³¹ou⁵⁵ta²¹.草莓熟了。 果　莓　初熟了

7.4.3　关于苗语二价动词的句法语义属性

苗语二价自主、非自主及物动词与其论元属性各可以构成若干种语义结构模式，有的语义结构能派生新的结构。语义结构与句模、句型间的关系稍有复杂。

7.4.3.1　关于苗语二价自主及物动词的句法语义属性

苗语二价自主及物动词有11种基本的语义结构模式，它们与句模、句型的关系如下表：

基本语义结构	基本句模	基本句型	例　句
施事+V+受事	施事+动核+受事	施事主语+动词+受事宾语	o⁵⁵nau³¹mau⁴⁴.我吃饭。 我　吃　饭
施事+V+结果	施事+动核+结果	施事主语+动词+结果宾语	o⁵⁵mpo¹³tɕei⁵⁵.我盖房子。 我　盖　房
施事+V+致使	施事+动核+致使	施事主语+动词+致使宾语	o⁵⁵cɛ⁴⁴toŋ³¹.我关门。 我　关　门
施事+V+处所	施事+动核+处所	施事主语+动词+处所宾语	o⁵⁵nau⁴³hou⁴⁴tɕei⁵⁵. 我　在　里　家 我在家里。
施事+V+数量	施事+动核+数量	施事主语+动词+数量宾语	o⁵⁵nau³¹i⁴³nti¹³.我吃一碗。 我　吃　一　碗
		施事主语+动词+数量补语	o⁵⁵lai³³i⁴³ta¹³.我割一刀。 我　割　一　刀
施事+V+工具	施事+动核+工具	施事主语+动词+工具宾语	o⁵⁵tua⁴⁴ŋen⁵⁵.我射箭。 我　射　箭
施事+V+方式	施事+动核+方式	施事主语+动词+方式宾语	o⁵⁵ntou³¹tɛ⁴⁴.我走路（来）。 我　走　脚
施事+V+原因	施事+动核+原因	施事主语+动词+原因宾语	o⁵⁵ncou²⁴naŋ¹³.我避雨。 我　避　雨
施事+V+时间	施事+动核+时间	施事主语+动词+时间宾语	o⁵⁵zo⁵⁵mau⁴⁴.我守夜。 我　守　夜
范围+V+受事	范围+动核+受事	施事主语+动词+受事宾语	zi¹³zi¹³tɕau¹³qha⁵⁵. 家家　栽　姜 家家都栽姜。
范围+V+结果	范围+动核+结果	施事主语+动词+结果宾语	zi¹³zi¹³tua⁵⁵ntɕua⁵⁵. 家家　舂　粑粑 家家都舂粑粑。
材料+V+受事	材料+动核+受事	当事主语+动词+受事宾语	tsi¹³ntsei⁵⁵zoŋ⁴⁴laŋ²¹ɴqai³¹. 碎盐　好　腌　肉 细盐好用于腌肉。
材料+V+结果	材料+动核+结果	当事主语+动词+结果宾语	ntʂa⁴³mplou²⁴zoŋ⁴⁴ua⁴⁴tɕɛ⁵⁵. 米糯　好　酿　酒 糯米好用于酿酒。

在这 11 种基本语义结构模式中，不同的语义结构在不同的动态句法平面上有不同的派生结构。

"施事+V+受事"在动态句法平面上，受事由介词 mua⁴³ "把"、tʂo²⁴ "被"

引导和施事隐含、受事位移到句首作主题时，有如下的派生结构：

派生语义结构	派生句模	派生句型	例　句
施事+mua^{43}（把）受事+V	施事+受事+动核	施事主语+状语+动词	o^{55}mua^{43}tɬei^{55}tua^{44}lɛ^{24}. 我 把 狗 杀 了 我把狗杀了。
受事+tʂo^{24}（被）施事+V	受事+施事+动核	受事主语+状语+动词	tɬei^{55}tʂo^{24}o^{55}tua^{44}lɛ^{24}ta^{21}. 狗 被 我 杀 了 了 狗被我杀了。
受事+V	受事+动核	受事主语+动词	tɬei^{55}tua^{44}lɛ^{24}ta^{21}.狗杀了了。

"施事+V+结果"在动态句法平面上，结果论元由介词mua^{43}"把"引导和结果论元作话题位移到句首或施事论元隐含，结果论元作主题位移到句首时，有如下的派生结构：

派生语义结构	派生句模	派生句型	例　句
施事+mua^{43}（把）结果+V	施事+结果+动核	施事+状语+动词	o^{55}mua^{43}tʂei^{55}mpo^{21}zoŋ^{44}ta^{21}. 我 把 房 盖 好 了 我把房子盖好了。
结果+施事+V	结果+施事+动核（话题+施事+动核）	话题+施事主语+动词	tʂei^{55}o^{55}mpo^{13}zoŋ^{44}ta^{21}. 房 我 盖 好 了 房子我盖好了。
结果+V	结果+动核（主题+动核）	当事主语+动词	tʂei^{55}mpo^{13}zoŋ^{44}ta^{21}. 房 盖 好 了 房子盖好了。

"施事+V+致使"在动态句法平面上，致使论元需要强调并用介词mua^{43}"把"引导或者致使论元作为主题位移到句首并用介词tʂo^{24}"被"引导施事及其施事隐含时，构成如下派生结构：

派生语义结构	派生句模	派生句型	例　句
施事+mua^{43}（把）致使+V	施事+结果+动核	施事+状语+动词	o^{55}mua^{43}ten^{44}tua^{44}lɛ^{24}ta^{21}. 我 把 灯 熄 了 了 我把灯熄了。
致使+tʂo^{24}（被）施事+V	致使+施事+动核（主题+施事+动核）	当事主语+状语+动词	ten^{43}tʂo^{24}o^{55}tua^{44}lɛ^{24}ta^{21}. 灯 被 我 熄 了 了 灯被我熄了。
致使+V	致使+动核（主题+动核）	当事主语+动词	ten^{43}tua^{44}lɛ^{24}ta^{21}.灯熄了了。 灯 熄 了 了

"施事+V+处所"在动态句法平面上比较灵活，随着动作行为存在的位置或位移运动的起点、终点和经过、朝向的位置在语义结构中的不同变化、强调程度的不同，形成了比较复杂的派生语义结构，派生语义结构中又有派生结构，构成一种套叠的语义结构和复杂的句模、句型。这种情况不是由动词自身决定的，而是由复杂的位置方位词和处所方位词导致的，它们与动词构成了多种多样的动核结构，同时，又由于介词的介入，使得动词构成动核结构时联系着的论元显得丰富多彩、复杂多变。具体参见下表：

派生语义结构	派生句模	派生句型	例 句
施事+V+受事+tou^{44}（在）处所	施事+动核+受事+处所	施事主语+动词+受事宾语+介词宾语	o^{55}tʂau^{44}na^{31}tou^{44}hou^{55}ho^{43}. 我 放 银 在 里 坛 我放银子在坛子里。
施事+mua^{43}（把）受事+V+tou^{44}（在）处所	施事+受事+动核+处所	施事主语+状语+动词+介词宾语	o^{55}mua^{43}na^{31}tʂau^{44}tou^{44}hou^{55}ho^{43}. 我 把 银 放 在 里 坛 我把银子放在坛子里。
施事+V+tou^{44}（在）处所	施事+动核+处所	施事主语+动词+介词宾语	o^{55}tʂau^{44}tou^{44}hou^{55}ho^{43}. 我 放 在 里 坛 我放在坛子里。
施事+ȵau^{43}（在）处所+V	施事+处所+动核	施事主语+状语+动词	o^{55}ȵau^{43}ʂou^{44}tɕhɛ^{44}pu^{44}. 我 在 上面 床 睡 我在床上睡。
处所+V+施事	处所+动核+施事	处所主语+动词+主体宾语	ʂou^{44}ntoŋ^{44}tʂɛ^{43}to^{21}noŋ^{13}. 上面 树 停 只 鸟 树上落只鸟。
处所+V+受事	处所+动核+受事	处所主语+动词+受事宾语	ʂou^{44}ntoŋ^{44}tɬai^{44}to^{21}noŋ^{13}. 上面 树 挂 只 鸟 树上挂笼鸟。
施事+tua^{31}（从）处所+V	施事+处所+动核	施事主语+状语+动词	o^{55}tua^{31}tau^{24}i^{44}lo^{21}.我从那边来。 我 从 侧面 那来
施事+V+tso^{13}（到）+处所	施事+动核+tso^{13}（到）+处所	施事主语+动词+补语+处所宾语	o^{55}mo^{21}tso^{13}ni^{21}zi^{13}ta^{21}. 我 去 到 她 家 了 我去到她家了。
施事+V+tɬua^{44}（到……）+处所	施事+动核+ tɬua^{44}（到……）+处所	施事主语+动词+补语+处所宾语	o^{55}mo^{21}tɬua^{44}ni^{21}zi^{13}lɛ^{24}. 我 去 到 她 家 了 我过她家去了。
施事+V+lɛ^{24}（到……去）+处所	施事+动核+lɛ^{24}（到……去）+处所	施事主语+动词+补语+处所宾语	o^{55}mo^{21}lɛ^{24}ni^{21}zi^{13}.我到她家去。 我 去 到 她 家

"施事+V+工具"在施事论元隐含、工具论元位移到句首作主题或工具论元由介词sua^{33}"用"、chɛ^{33}"拿"引导时，可以派生新的语义结构。具体

如下表所示：

派生语义结构	派生句模	派生句型	例句
工具+V	工具+动核	工具主语+动词	lo^{43}vaŋ^{43}i^{44}tʂi^{44}zoŋ^{44}ntsua^{31}. 个 簸箕 那 不 好 簸 那簸箕不好用。
工具+V+受事	工具+动核+受事	工具主语+动词+受事宾语	lo^{43}vaŋ^{43}i^{44}tʂi^{44}zoŋ^{44}ntsua^{31}ntsa^{43}. 个 簸箕 那 不 好 簸 米 那个簸箕不好簸米。
施事+sua^{33}（用）/chɛ^{33}（拿）+工具+V	施事+工具+动核	施事主语+状语+动词	o^{55}sua^{33}/chɛ^{33}vaŋ^{43}ntsua^{31}. 我 用 拿 簸箕 簸 我用/拿簸箕簸。
施事+sua^{33}（用）/chɛ^{33}（拿）+工具+V+受事	施事+工具+动核+受事	施事主语+状语+动词+受事宾语	o^{55}sua^{33}/chɛ^{33}vaŋ^{43}ntsua^{31}ntsa^{43}. 我 用 拿 簸箕 簸 米 我用/拿簸箕簸米。

"施事+V+时间"语义结构中的时间论元的位置比较灵活，既可以位于句首，也可以位于句末，还可以位于句中，它在动态句法平面中的不同位置与动词发生关系时，表现出不同的语义特征。动词构成动核结构与含有不同语义特征的时间发生联系时，就派生出了不同的、新的语义结构。时间论元可以作为话题位移至句首，可以作为事件发生的时间焦点，还可以作为动作行为进行或持续时间加以说明的可选论元。具体参见下表：

派生语义结构	派生句模	派生句型	例句
时间+V	时间+动核（主题+动核）	时间主语+动词	ŋoŋ^{43}naŋ^{44}tʂi^{44}tau^{21}, tɕa^{44}ki^{21}tau^{21}. 日 这 不 等 明天 等 今天不等，明天等。
时间+V+受事	时间+动核+受事	时间主语+动词+受事宾语	ŋoŋ^{43}naŋ^{44}tʂi^{44}tau^{21}qhua^{44}. 日 这 不 等 客 今天不待客。
施事+V+受事+时间	施事+动核+受事+时间	施事主语+动词+受事宾语+时间补语	o^{55}paŋ^{43}ni^{21}au^{43}ŋoŋ^{43}. 我 帮 他 两 天 我帮他两天。
受事+V+时间	受事+动核+时间	受事主语+动词+时间补语	zaŋ^{31}ɲcou^{31}naŋ^{44}ho^{44}lɛ^{24}i^{43}mau^{44}. 首 古歌 这 唱 了 一 夜 这首古歌唱了一夜（才唱完）。
受事+V+处所+时间	受事+动核+处所+时间	受事主语+动词+处所宾语+时间补语	nen^{21}cɛ^{44}hou^{55}ŋkua^{31}au^{43}ŋoŋ^{43}ta^{21}. 马 关 里 圈 二 日 了 马关圈里两天了。
施事+V+时间+受事	施事+动核+时间+受事	施事主语+动词+时间补语+受事宾语	o^{55}nua^{24}i^{43}mau^{44}ntɛ^{55}. 我 看 一 夜 书 我看了一夜书。

第七章 苗语动词的句法语义属性

续表

派生语义结构	派生句模	派生句型	例 句
受事+V+时间	受事+动核+时间	受事主语+动核+时间补语	ntɛ^{55}nua^{24}lɛ^{24}i^{43}mau^{44}.书看了一夜。 书 看 了 一夜
施事+V+时间	施事+动核+时间	施事主语+动核+时间补语	o^{55}nua^{24}lɛ^{24}i^{43}mau^{44}.我看了一夜。 我 看 了 一夜
时间+施事+V+受事	时间+施事+动核+受事（话题+施事+动核+受事）	状语+施事主语+动词+受事宾语	noŋ^{43}naŋ^{44}o^{55}tsi^{44}mo^{21}ua^{44}noŋ^{24}. 日 这 我 不 去 做 活 今天我不去干活。
施事+时间+V+受事	施事+时间+动核+受事（施事+焦点+动核+受事）	施事主语+状语+动词+受事宾语	o^{55}noŋ^{43}naŋ^{44}tsi^{44}mo^{21}ua^{44}noŋ^{24}. 我 日 这 不 去 做 活 我今天不去干活。

"材料+V+受事/结果"用介词sua^{33}"用"、chɛ^{33}"拿"引导材料论元时，它位移到自主及物动词前，可以派生"施事+sua^{33}（用）/chɛ^{33}（拿）材料+受事/结果"，施事隐含时，构成"sua^{33}（用）/chɛ^{33}（拿）材料+V+受事/结果"。表达动作行为消耗的材料的数量时，派生"施事+V+材料"。语义结构与句模、句型的关系如下表所示：

派生语义结构	派生句模	派生句型	例 句
施事+sua^{33}（用）/chɛ^{33}（拿）材料+V+受事	施事+材料+动核+受事	施事主语+状语+动词+受事宾语	o^{55}sua^{33}/chɛ^{33}ntsei^{55}po^{43}tshi^{33}. 我 用 拿 盐 喂 羊 我用盐喂羊。
施事+sua^{33}（用）/chɛ^{33}（拿）材料+V+结果	施事+材料+动核+结果	施事主语+状语+动词+结果宾语	o^{55}sua^{33}/chɛ^{33}maŋ^{31}sua^{43}lua^{44}. 我 用 拿 麻 搓 绳 我用麻皮搓绳子。
sua^{33}（拿）/chɛ^{33}（拿）材料+V+受事	材料+动核+受事	状语+动词+受事宾语	sua^{33}/chɛ^{33}ntsei^{55}po^{43}tshi^{33}. 用 拿 盐 喂 羊 用盐喂羊。
sua^{33}（用）/chɛ^{33}（拿）材料+V+结果	材料+动核+结果	状语+动词+结果宾语	sua^{33}/chɛ^{33}maŋ^{31}sua^{43}lua^{44}. 用 拿 麻 搓 绳 用麻皮搓绳子。
施事+V+材料	施事+动核+材料	施事主语+动词+结果宾语	o^{55}nau^{31}lɛ^{24}au^{43}to^{21}qua^{55}ntsua^{33}. 我 吃 了 二 根 秆 高粱 我吃了两根甘蔗。

在"施事+V+数量""施事+V+方式""施事+V+原因""范围+V+受事/结果"四种语义结构中，由于主体论元和客体论元的位置比较稳定，在动态句法平面上，不派生新的语义结构。

7.4.3.2 关于苗语二价非自主及物动词的句法语义属性

苗语二价非自主及物动词有7种基本的语义结构模式，它们与句模、句型的关系如下表：

基本语义结构	基本句模	基本句型	例 句
当事+V+致使	当事+动核+致使	当事主语+动词+致使宾语	o^{55}tṣi^{44}tsɛ^{31}qou^{13}ṣa^{43}! 我 不会 醉 肝 我不会陶醉的。
当事+V+涉事	当事+动核+涉事	当事主语+动词+对象宾语	o^{55}tṣi^{44}n̠a^{24}ni^{21}.我不喜欢他。 我 不 喜欢他 o^{55}nau^{55}ni^{21}lɛ^{24}.我忘记了他。 我 忘记 他 了
		当事主语+动词+客事宾语	o^{55}mau^{43}mpɛ^{33}.我患了疟疾。 我 疼 疟疾
起事+V+止事	起事+动核+止事	当事主语+动词+表称宾语	o^{55}ʑau^{13}m̠oŋ^{43}.我是苗族。 我 是 苗族 o^{55}ɕin^{24}ʑaŋ^{31}.我姓杨。 我 姓 杨
		当事主语+动词+客事宾语	o^{55}tṣi^{44}mua^{31}tṣhei^{43}.我没有车。 我 不 有 车 o^{55}tṣi^{44}su^{33}ni^{21}.我不像他。 我 不 像 他
		当事主语+动词+数量宾语	o^{55}mua^{31}ʑi^{13}tɕou^{24}ki^{55}. 我 有 八 十 公斤 我有八十公斤重。
范围+V+止事	范围+动核+止事	处所主语+动词+存现宾语	hou^{55}si^{43}tei^{21}ṣɛ^{55}lo^{43}lu^{55}. 里 掌手 起 个 泡 手掌上起个水泡。
		数量主语+动词+存现宾语	to^{13}to^{13}mua^{31}ndu^{31}mua^{31}n̠aŋ^{55}. 个个 有 吃 有 穿 人人都有吃的有穿的。
当事+V+原因	当事+动核+原因	当事主语+动词+原因宾语	pau^{43}mi^{21}tua^{13}tɕua^{44}taŋ^{21}. 苞 米 死 风 完 玉米刮枯叶病全枯了。
当事+V+时间	当事+动核+时间	当事主语+动词+时间宾语	ni^{21}qou^{13}tou^{44}li^{44}.他中暑。 他 醉 六 月
当事+V+比况	当事+动核+比况	当事主语+动词+对象宾语	o^{55}pi^{55}ni^{21}lou^{21}.我比他老。 我 比 他 老

在这 7 种非自主动词的基本语义结构中，有些语义结构由于客体论元话题化、主题化、焦点化或主体论元隐含，于是派生了一些新的语义结构。下面作扼要的概述。

"当事+V+涉事"结构中的涉事论元作话题位移到句首时或者部分非自

主动词联系的涉事论元由介词mua⁴³"把"引导时，可以派生新的语义结构，具体见下表：

派生语义结构	派生句模	派生句型	例 句
涉事+当事+V	涉事+当事+动核（话题+当事+动核）	话题+当事主语+动词	o⁵⁵ni⁴⁴lo²¹ni²¹tsi⁴⁴ntsei¹³. 我 的 话 他 不 相信 我的话他不信。 ni²¹ni⁴⁴plou⁴³qai⁴³to²¹to²¹ti¹³pou⁴³. 他 的 毛 鸡 个 个 都 知道 他的事情人人都知道。
当事+mua⁴³（把）涉事+V	当事+涉事+动核	当事主语+状语+动词	o⁵⁵mua⁴³ni²¹nau⁵⁵lɛ²⁴. 我 把 他 忘记 了 我把他给忘记了

"当事+V+时间"结构在动态句法平面上，时间论元作为陈述的主题位移至句首时或者是补充说明事物变化经历的时间或者作为事物变化的时间焦点时，都可以派生新的语义结构。具体如下表所示：

派生语义结构	派生句模	派生句型	例 句
时间+V+当事	时间+动核+客事	时间主语+动词+主体宾语	noŋ⁴³naŋ⁴⁴za⁴⁴lo²¹naŋ¹³. 日 这 要 下雨 今天要下雨。
时间+V+时间	时间+动核+时间	时间主语+动词+表称宾语	noŋ⁴³naŋ⁴⁴zau¹³lua⁵⁵noŋ⁴³. 日 这 是 兔 日 今天是卯日。
时间+（V）+时间	时间+（动核）+时间	时间主语+表称宾语	noŋ⁴³naŋ⁴⁴sa⁴³tsi⁴³.今天初五。 日 这 初 五
当事+V+涉事+时间	当事+动核+涉事+时间	当事主语+动词+主体宾语+时间补语	o⁵⁵mau⁴³na⁵⁵au⁴³pei⁴³noŋ⁴³ta²¹ 我 疼 牙 二 三 天 了 我牙疼两三天了。
当事+V+时间+涉事	当事+动核+时间+涉事	当事主语+动词+时间补语+主体宾语	tsau⁴³ntoŋ⁴⁴i⁴⁴te¹³au⁴³ɕoŋ⁴⁴paŋ³¹ta²¹. 棵 树 那 开 二 年 花 了 那棵树开两年花了。
时间+当事+V+涉事	时间+当事+动核+涉事（话题+当事+动核+涉事）	状语+当事主语+动词+主体宾语	noŋ⁴³naŋ⁴⁴o⁵⁵tla²¹hou⁴⁴hen⁵⁵. 日 这 我 痛头 很 今天我头疼得很。
当事+时间+V+涉事	当事+时间+动核+涉事（当事+焦点+动核+涉事）	当事主语+状语+动词+主体宾语	o⁵⁵noŋ⁴³naŋ⁴⁴tla²¹hou⁴⁴hen⁵⁵. 我 日 这 痛头 很 我今天头痛得很。

在二价非自主动词的语义结构中，当事+V+致使、起事+V+止事、范围+V+止事、当事+V+原因、当事+V+比况五种语义结构，由于非自主及物动词组

成动核结构时，它们所联系的主体论元和客体论元的位置比较稳定，不易位移，所以，一般没有新的派生语义结构。

7.4.4 关于苗语三价动词的句法语义属性

苗语三价动词的语义结构模式有两种，一种是由三价自主及物动词构成的语义模式：施事+V+与事+受事、施事+共事+V+受事/结果、施事+V+受事+补事，其中，"施事+V+与事+受事"模式主要由含有给予义和取得义的自主及物动词联系着的三个论元构成，是真正意义上的三价动词的语义结构模，"施事+共事+V+受事/结果、施事+V+受事+补事"是二价自主及物动词构成动核结构时，联系着的三个论元，使二价自主及物动词临时具有三价动词的语义特征。临时具有三价动词的二价动词可以称之为准三价动词。另一种是二价非自主及物动词构成动核结构时联系着的三个论元，也就是二价非自主及物动词在联系主体和客体时，临时具有三价动词的语义特征，带有三个论元，语义结构模式为：当事+V+涉事+补事。

7.4.4.1 关于苗语三价和准三价自主及物动词的句法语义属性

苗语三价自主及物动词和准三价自主及物动词构成动核结构时形成的语义结构模式共有三种，它们与句模、句型的关系，如下表所示：

基本语义结构	基本句模	基本句型	例　句
施事+V+ 与事+受事	施事+动核+ 与事+受事	施事主语+给予类动词+ 与事宾语+受事宾语	o^{55}saŋ^{44}ni^{21}i^{43}lo^{43}tʂhau^{44}. 我 送 她 一件 衣服 我送她一件衣服。
		施事主语+取得类动词+ 与事宾语+受事宾语	o^{55}tou^{44}ni^{21}i^{43}lo^{43}tʂhau^{44}. 我 得 他 一件 衣服 我得到他一件衣服。
施事+共事+ V+受事	施事+共事+ 动核+受事	施事主语+状语+动词+ 受事宾语	o^{55}ŋtʂo^{13}/tha^{43}ni^{21}lai^{33}mplei^{31}. 我 跟 和 他 割 稻 我跟/和他割稻子。
施事+共事+ V+结果	施事+共事+ 动核+结果	施事主语+状语+动词+ 结果宾语	o^{55}ŋtʂo^{13}/tha^{43}ni^{21}mpo^{13}tsei^{55}. 我 跟 和 他 盖 房 我跟/和他盖房子。
施事+V+ 受事+补事	施事+动核+ 受事+补事	施事主语+动词$_1$+受事宾语$_1$[施事主语]+动词$_2$+受事宾语$_2$	o^{55}saŋ^{44}ni^{21}mo^{21}cɛ^{24}ntɛ^{55}. 我 送 她 去 读书 我送她去读书。

三价和准三价自主及物动词在"施事+给予类V+与事+受事"结构中，构成动核结构时所联系的三个论元，施事和受事的位置比较灵活，施事可以隐含，受事可以话题化，介词tou^{44}/tou^{44}"给"可以引导与事，介词tʂo^{24}

"被"可以引导施事，介词mua^{43} "把"可以引导受事，这样就派生了复杂多变的语义结构。具体参见下表：

派生语义结构	派生句模	派生句型	例 句
受事+施事+V+与事	受事+施事+动核+与事	话题+施事主语+动词+与事宾语	lo^{43}tʂhau^{44}naŋ^{44}o^{55}saŋ^{44}kau^{31}ta^{21}. 件 衣 这 我 送 你 了 这件衣服我送你了。
受事+V+与事	受事+动核+与事	受事主语+动词+与事宾语	lo^{43}tʂhau^{44}naŋ^{44}saŋ^{44}kau^{31}ta^{21}. 件 衣 这 送 你 了 这件衣服送你了。
施事+Vtou^{44}（给）+与事+受事	施事+VP动核+与事+受事	施事主语+动词（给）+与事宾语+受事宾语	o^{55}saŋ^{44}tou^{44}kau^{31}i^{43}lo^{43}tʂhau^{44}. 我 送 给 你 一 件 衣服 我送给你一件衣服。
受事+施事+Vtou^{44}（给）+与事	受事+施事+VP动核+与事	话题+施事主语+动词（给）+与事宾语	lo^{43}tʂhau^{44}naŋ^{44}o^{55}saŋ^{44}tou^{44}kau^{31}. 件 衣 这 我 送 给 你 这件衣服我送给你。
受事+Vtou^{44}（给）+与事	受事+VP动核+与事	受事主语+动词（给）+与事宾语	lo^{43}tʂhau^{44}naŋ^{44}saŋ^{44}tou^{44}kau^{31}. 件 衣 这 送 给 你 这件衣服送给你。
施事+mua^{43}（把）受事+V+tou^{44}/tou^{44}（给）与事	施事+mua^{43}（把）受事+V+tou^{44}/tou^{44}（给）与事	施事主语+状语+动词+介构宾语	o^{55}mua^{43}lo^{43}tʂhau^{44}naŋ^{44}saŋ^{44}tou^{44}/tou^{44}kau^{31}. 我 把 件 衣 这 送 给 给 你 我把这件衣服送给你。
受事+tʂo^{24}（被）施事+V+tou^{44}/tou^{44}（给）与事	受事+tʂo^{24}（被）施事+动核+tou^{44}/tou^{44}（给）与事	受事主语+状语+动词+介构宾语	lo^{43}tʂhau^{44}i^{44}tʂo^{24}o^{55}saŋ^{44}tou^{44}/tou^{44}ni^{21}lɛ^{24}. 件 衣 那 被 我 送 给 给 他 了 那件衣服被我送给他了。
施事+V+受事+tou^{44}/tou^{44}（给）与事	施事+动核+受事+tou^{44}/tou^{44}（给）与事	施事主语+动词+受事宾语+与事宾语	o^{55}saŋ^{44}lo^{43}tʂhau^{44}naŋ^{44}tou^{44}/tou^{44}kau^{31}. 我 送 件 衣 这 给 给 你 我送这件衣服给你。

三价和准三价自主及物动词在"施事+取得类V+与事+受事"结构中，与事跟受事可以存在领属关系，它们存在领属关系时，在动态句法结构中两者可以合并为一个论元，派生新的语义结构，此其一。其二，如果在基本语义结构中强调施事使与事失去受事，与事可以位移到句首，由介词tʂo^{24}"被"引导施事，构成新的语义结构，在这种新的语义结构中，与事与受事之间有领属关系时，两者能合并为一个修饰结构并位移到句首充当句法结构的主题，构成另一种新的语义结构，其中，可以用介词mua^{43}"把"引导动词，又构成另一种新的语义结构。其三，在基本语义结构中，可以表示

施事从与事那里取得受事,所以,可以由介词tua^{31}"从"引导与事,构成新的语义结构。具体参见下表:

派生语义结构	派生句模	派生句型	例 句
施事+V+受事	施事+动核+受事	施事主语+动词+受事宾语	ni^{21}na^{13}o^{55}ni^{44}au^{43}to^{21}qai^{43}. 他 偷 我的 二 只 鸡 他偷我的两只鸡。
与事+tṣo^{24}(被)施事+V+lɛ^{24}(了)+受事	与事+施事+动核+受事	当事主语+状语+动词+受事宾语	o^{55}tṣo^{24}ni^{21}pli^{21}lɛ^{24}au^{43}to^{21}qai^{43}. 我 被 他 骗了 二 只 鸡 我被他骗了两只鸡
与事+受事+tṣo^{24}(被)施事+V+lɛ^{24}(了)	与事+受事+施事+动核	受事主语+状语+动词	o^{55}au^{43}to^{21}qai^{43}i^{44}tṣo^{24}ni^{21}na^{13}lɛ^{24}. 我 二 只 鸡 那 被 他 偷 了 我那两只鸡被他偷了。
与事+受事+tṣo^{24}(被)施事+mua^{43}(把)+V+lɛ^{24}(了)	与事+受事+施事+动核	受事主语+状语+动词	o^{55}au^{43}to^{21}qai^{43}i^{44}tṣo^{24}ni^{21}mua^{43}na^{13}lɛ^{24}. 我 二 只 鸡 那 被 他 把 偷 了 我那两只鸡被他给偷了。
施事+mua^{43}(把)[与事+受事]+V+lɛ^{24}(了)	施事+与事+受事+动核	施事主语+状语+动词	ni^{21}mua^{43}o^{55}au^{43}to^{21}qai^{43}na^{13}lɛ^{24}. 他 把 我 二 只 鸡 偷 了 他把我的两只鸡给偷了
施事+mua^{43}(把)受事+V+lɛ^{24}(了)	施事+受事+动核	施事主语+状语+动词	ni^{21}mua^{43}qai^{43}na^{13}lɛ^{24}.他把鸡偷了。 他 把 鸡 偷 了 他把鸡偷了。
施事+tua^{31}(从)方所+与事+指示词+V+lɛ^{24}(了)+受事	施事+与事+动核+受事	施事主语+状语+动词+受事宾语	ni^{21}tua^{31}qhei^{55}o^{55}naŋ^{44}na^{13}lɛ^{24}au^{43}to^{21}qai^{43}. 他 从 处 我 这 偷了 两 只 鸡 他从我这里偷了两只鸡。
施事+V+受事	施事+动核+受事	施事主语+动词+受事宾语	ni^{21}na^{13}lɛ^{24}au^{43}to^{21}qai^{43}. 他 偷了 二 只 鸡 他偷了两只鸡。

由准三价自主及物动词构成的"施事+共事+V+受事/结果"语义结构中的受事论元或结果论元能位移到句首充当句法结构的话题,于是派生如下语义结构:

派生语义结构	派生句模	派生句型	例 句
受事+施事+共事+V	受事+施事+共事+动核	话题+施事主语+状语+动词	o^{55}tei^{31}tṣhau^{44}ni^{21}ŋto^{13}o^{55}ntshua^{44}. 我 些 衣服 他 跟 我 洗 我那些衣服他跟我一起洗。
结果+施事+共事+V	结果+施事+共事+动核	话题+施事主语+状语+动词	o^{55}lo^{43}tsei^{55}i^{44}ni^{21}tha^{43}o^{55}mpo^{13}. 我 个 房 那 他 和 我 盖 我那所房子他和我一起盖。

由准三价自主及物动词构成的"施事+V+受事+补事"语义结构中,动词具有[+动作]的语义特征和[+致使]义素特征时,可以派生新的语义

结构。具体参见下表：

派生语义结构	派生句模	派生句型	例 句
施事+共事+V+受事+补事	施事+共事+动核+受事+补事	施事主语+状语+动词$_1$+受事宾语[施事主语]+动词$_2$+受事宾语$_2$	o^{55}ŋʈo^{13}ni^{21}tɕaŋ^{43}ɲo^{31}mo^{21}hou^{33}tl̥ei^{31}. 我 跟 他 牵 牛 去 喝 水 我跟他牵牛去喝水。
施事+V+受事+共事+补事	施事+动核+受事+共事+补事	施事主语+动词$_1$+受事宾语$_1$[施事主语]状语+动词$_2$+受事宾语$_2$	o^{55}kua^{13}ni^{21}tha^{43}o^{55}mo^{21}nau^{31}mau^{44}. 我 让 他 和 我 去 吃 饭 我让他和我去吃饭。

7.4.4.2 关于苗语准三价非自主及物动词的句法语义属性

苗语由准三价非自主及物动词构成的"当事+V+涉事+补事"语义结构，由于动词所联系的各个论元的位置比较稳定，在动态句法平面上不派生新的语义结构。

第八章　关于苗语动词的句法语义属性的基本结论

本书对苗语动词的句法语义属性进行了研究，内容包括苗语的自主动词和非自主动词、动词的体貌范畴、动词重叠式的语义特征、动词连动结构的语义特征、动补结构的语义特征、自主不及物动词和及物动词与非自主不及物动词和及物动词的句法语义属性。根据本书的研究，有如下结论。

8.1　苗语存在自主动词和非自主动词的对立

自主动词和非自主动词是根据动词与主体的关系划分出的动词的次类。与施事主语、受事主语相结合的动词是自主动词，受事主语是由受事宾语转化来的，与受事宾语相结合的动词也是自主动词。与当事主语结合的动词是非自主动词。能否进入祈使句，也是区分自主动词和非自主动词的语法标准，能进入祈使句的动词是自主动词，不能进入祈使句的动词是非自主动词。根据动词与主体的组合关系，自主动词主要是能施动的动作动词，非自主动词主要是表示变化、属性的动词，包括非动作动词、关系动词、系属动词和能愿动词。在语义特征上，自主动词具有[+自主]、[动作]的语义特征；非自主动词具有[-自主]、[变化]/[属性]的语义特征。[+自主]、[动作]的语义特征与表示感受的动词的[+感受]义素相互排斥，具有[+感受]义素的动词是非自主动词。自主动词具有他动致使义素，能进入"mua^{43}'把'+N+V……"的句式，非自主动词具有外动致使义素，不能进入。自主动词涉及客体时具有[+他动]义素，不涉及客体时具有[+自动]义素，非自主动词涉及客体时具有[+外动]义素，不涉及客体时具有[+内动]义素。具有[+他动]义素的动词是他动动词，具有[+自动]义素的动词是自动动词，具有[+外动]义素的动词是外动动词，具有[+内动]义素的动词是内动动词。在结构特征上，自主动词的语义既指向能够施动的施事主体，包括人、动物和苗族认知系统中有生命的、可施动的自然物体，也指向受事主体和受事客体。非自主动词的语义只指向主体宾语[-动物]或客体宾语[-动物]。自主动词能与含有"允许"义的能愿动词结合，非自主动词不能。自主动词能受表示数量、时间、性质的形容词的修饰，非自主动词不能。自主动词能受表示禁止的祈使语气的否定副词的修饰，非自主动词不能。自主动词可以表达结果体和将完成体，非自主动词不能。非自主动词可以表达完成体，自主动词不能。自主动词可以表达速度貌，非自主动词不能；非自主动词可以表达情状貌，自主动词不能。自主动词能修饰名词，非自主动词不能。自主动词能带可能补语，非自主动词不能。非自主动词能带程度补语，自主动词不能。

苗语动词的自主和非自主的分类，与汉语和藏缅语有共同之处。

汉语的自主动词和非自主动词，如：

古代汉语		现代汉语	
自主动词	非自主动词	自主动词	非自主动词
视	见	tu^{35}吐	tu^{53}吐
听	闻	tʂə^{214}折	ʂə^{214}折

古代汉语和现代汉语只有少数自主动词可以从语音上看出与非自主动词的关系，自主非自主的对立有的表现为声调的不同，有的表现为韵母的不同，与苗语相似。

胡坦（1984，1991）指出古藏语书面语中，大部分自主动词有四种形态：现在时、未来时、过去时和命令式，非自主动词没有命令式，因此，至多有三种形态：现在时、未来时和过去时，实际上不分时态者居多。例如（马学良主编《汉藏语概论》1991：pp.163—164）：

自主动词					非自主动词			
现在时	未来时	过去时	命令式	词义	现在时	未来时	过去时	词义
lta	blta	bltas	ltos	看	snuŋ	bsnuŋ	bsnuŋs	生病（敬）
za	bzaɦ	bzas	zo	吃	çes	çes	çes	知；会
ɦthuŋ	btuŋ	btuŋs	ɦthuŋs	喝	mthoŋ	mthoŋ	mthoŋ	看见
sro	bsro	bsros	sros	晒干	thos	thos	thos	听见

金鹏（1979，1983）、王志敬（1994）都对藏语的自主动词和非自主动词作了简洁的阐述，认为现代藏语口语，自主动词能直接构成祈使句，非自主动词不能直接构成祈使句。

祈使句对苗语、藏语、汉语自主动词和非自主动词的划分有着重要的意义。苗语和汉语都是形态变化不丰富的语言，词汇语法范畴的表达往往需要借助词汇的语法分布和语法功能，语法分布和语法功能的不同，动词的自主性和非自主性就会不同，有的有交叉现象，即自主动词和非自主动词的兼用。藏语是形态变化丰富的语言，动词的自主和非自主可以用形态来表达或借助辅助动词、附加成分来表达。总之，苗语、汉语、藏语及至藏缅语的动词都有自主范畴，自主范畴的存在是苗语、汉语、藏缅语的共同特点，甚至是汉藏语系的共同特点。

8.2　苗语的动词有体貌范畴

苗语是形态变化不丰富的语言，动词的体由体助词附着在动词之后表达，貌由状词附着在动词之后表达。体和貌是苗语动词的一对范畴。体范畴表达动词的客观时间概念，貌范畴表达动词的主观感知印象。

苗语表达现在进行的动作行为或变化，不需要体助词和时间词就可以表达。将来要进行的动作行为或要发生的变化，受到时相、时制的限制和制约。苗语动词的体范畴有进行持续体、实现体、结果体、终结体和将完成体 5 种。持续进行体用体助词 tʂo^{21} "着"、tou^{44} "着" 附着在动词之后表达动作行为或变化历程的动态或静态持续。实现体用体助词 lɛ^{24} "了"、ta^{21} "了" 附着在动词之后表示动作行为或变化历程从无到有的实现过程。结果体用体助词 tou^{44} "得"、tou^{13} "着" 附着在动词之后表示动作行为或变化历程已实现并有了结果。实现体和结果体的区别在于实现体不见得有结果，结果体有结果。终结体由体助词 tɬua^{44} "过" 表示过去完成的动作行为或变化历程。将完成体由体助词 taŋ^{44} "掉"、tɕa^{44} "起来"、tou^{44} "给" 附着在动词之后表示的是将要去完成的动作行为或变化历程。

苗语动词的貌范畴有情状貌、速度貌、声音貌和达成貌 4 种。情状貌由情状状词附着在动词之后表示。速度貌由速度状词附着在动词之后表示。声音貌由声音状词附着在动词之后表示，达成貌由 "ua^{44}+状词" 位于动词前或动词后表示。

苗语动词的体范畴与汉语、侗台语的体范畴属于同一类型，主要通过体助词附着在动词之后或句末表达。苗语的体范畴与藏缅语的体范畴属于不同的类型，处于不同的层次，藏缅语的体范畴主要通过形态变化来表达。苗语动词的貌范畴与侗台语的貌范畴也属于同一类型，都是在动词之后附加状词。苗语动词的貌范畴与汉语、藏缅语的貌范畴的类型学关系还有待研究。

8.3　苗语动词重叠式是形态变化的语法手段

苗语的自主动词和非自主动词都可以构成重叠式，汉语只有自主动词能重叠，非自主动词不能重叠。苗语非定量的自主动词和非自主动词能重叠，重叠后定量化，定量的自主动词和非自主动词不能重叠。

苗语非定量的自主动词能构成 AA 式、AA+ni^{44}"的"式、一 A 一 A+ni^{44} "的"式、AABB 式和 ABAC 式等 5 种重叠形式。AA 式表示时量短、动量小或时量长、动量大的语义特征。AA+ni^{44}"的"式和一 A 一 A+ni^{44} "的" 式表示动作行为的状态的，也表示时量短、动量小。AABB 式和 ABAC 式都是表示短时、反复，量小、轻微，尝试、不经意、活泛、松散。

苗语非定量的非自主动词能构成 AA 式、AA+ni^{44}"的"式、一 A 一 A+ni^{44}"的"式等 3 种重叠形式。AA 式表示时量长、连续量大的语义特征。AA+ni^{44}"的"式和一 A 一 A+ni^{44} "的"式表示时量短、连续量小的语义特征和"随意的、自由自在的"的情态范畴。

重叠式作为形态的语法手段，普遍存在于汉藏语系诸语言中，无论是重叠式的构成形式、语义特征，还是语法功能都大同小异。在重叠式的构成形式上普遍存在 AA 式、AABB 式、ABAC 式。在语义特征上，AA 式都表示时量短、动量小。AABB 式和 ABAC 式都是表示短时、反复，量小、轻微，尝试、随意、活泛、松散。在句法功能上都具有动词的特点，充当谓语动词中心语。汉藏语系诸语言动词重叠式的语义特征和结构特征，很有类型学的价值。

8.4　苗语动词连动结构是动词的线性序列

苗语动词连动结构有能愿式、递系式、连动式三种格式。

能愿式的语法结构有 S+cwV+V、S+V+cwV、S+V+cwV+cwV 和 S+cwV+O[S]+V 等 4 种。S+cwV+V 表示主体发出动作行为或事物变化的可能性、必要性、愿望、估价和许可的语义特征。S+V+cwV 表示对主体发出动作行为或事物变化可能性的判断的语义特征。S+V+cwV+cwV 表示对主体发出动作行为或事物变化可能性判断的完全肯定，与 V+cwV 结构的否定形式相对。S+cwV+O[S]+V，表示主体对客体发出动作行为或事物变化的态度、判断和估价的语义特征。

递系式有 $S_1+V_1+O[S_2]+V_2$ 和 $\{S_1+V_1+O+V_2\}+\{S_2+V\}=S_1+V_1+O[S_2]+V$（其中 $O=S_2$，$V_2=V$）两种结构。$S_1+V_1+O[S_2]+V_2$ 结构中，V_1 是使令动词。V_1 的语义指向 S_1 和 O，V_2 的语义指向 $O[S_2]$，表示使令的语义特征。$S_1+V_1+O[S_2]+V$ 结构中，V_1 含有"伴随""协助"义，S_1 和 $O[S_2]$ 都参加了 V，S_1 和 $O[S_2]$ 都是 V 的施事。V_1 的语义指向 S_1，V 的语义指向 S_1 和 $O[S_2]$，表示伴随或协助的语义特征。

连动式有 $S+V_1+O_1+V_2+O_2$、$S+V_1+O+V_2$、V_1+O+V_2 三种结构，或是表示动作行为的线性连续，或是表示动作行为或事物变化的目的、方式、原因、结果、判断、假设、能愿等的语义特征。

8.5 苗语动词的补语是对动词句法结构语义的补充

根据苗语动词与补语的关系，动补结构的结构类型为动词作核心语、补语作附加语，其类型学特征表现为"核心语构架语言"；动补结构的语义类型为结果、趋向、可能、状态、数量和程度，句法结构为结果补语动补结构、趋向补语动补结构、可能补语动补结构、状态补语动补结构、数量补语动补结构、程度补语动补结构。动词后的介引方所结构，不是动词的补语，而是句法结构和语用结构的焦点。结果补语动补结构有 4 种句法结构、8 种语义结构，补语的语义分别指向当事主语、受事主语、结果宾语和话题结构，说明动作行为或变化的结果。趋向补语动补结构有 3 种句法结构、9 种语义结构，补语的语义分别指向施事主语、当事主语、受事宾语、处所宾语和话题结构，补充说明动作行为或变化的趋向。可能补语动补结构有 5 种句法结构、10 种语义结构，补语的语义分别指向施事主语、受事主语、当事主语、受事宾语、结果宾语、对象宾语、数量宾语，补充说明动作行为或变化的可能性和能力性。状态补语动补结构有 9 种句法结构、22 种语义结构，补语的语义分别指向施事主语、受事主语、当事主语、受事宾语、客事宾语和话题结构，补充说明动作行为或变化的状态。数量补语动补结构有 6 种句法结构、14 种语义结构，补语的语义指向都是动词，补充说明动作行为或变化时量持续的时间和动量发生的频率，即时量和动量。程度补语动补结构有 1 种句法结构、3 种语义结构，补语的语义指向都是动词，补充说明动词感受认知的程度。

8.6 苗语动词的句法语义属性是对苗语动核句法结构的说明

根据苗语动词所表示的动作或状态与相关的主体、客体之间的语义、语法联系，把苗语动词分为及物动词和不及物动词。能带宾语的动词是及物动词，不能带宾语的动词是不及物动词。这种分类是基于格语法或配价语法对述语动词的分类，即将动词的语法范畴跟其格关系或价位关系直接挂钩的分类。格语法注重动词对名词或名词性成分格关系的研究。配价语法着重研究动词对名词或名词性成分论元的选择。二者都强调动词意义的论元属性和论旨属性。据此苗语动词的论元属性有一元的、二元的、三元的。苗语动词的论旨属性有主事论元、客事论元、与事论元和补事论元四类。其中，主事论元又可分为施事论元、当事论元、起事论元、范围论元、材料论元等5个小类；客事论元又可分为受事论元、结果论元、致使论元、处所论元、涉事论元、止事论元、数量论元、工具论元、方式论元、原因论元、时间论元和比况论元等12个小类；与事论元可分为与事论元和共事论元两个小类；补事论元不作细的分类。根据动词与其必有论元构成动核结构的关系，自主、非自主的不及物动词只能构成一种语义结构模式。二价自主及物动词能构成11种基本的语义结构模式、14种基本句型和38种派生语义结构模式及句型。二价非自主及物动词能构成7种基本的语义结构模式、11种基本句型和9种派生语义结构模式及句型。三价自主及物动词和准三价自主及物动词能构成4种基本语义结构模式、5种句型和20种派生语义结构模式及句型。准三价非自主及物动词能构成一种基本的语义结构模式和两种基本句型。导致苗语动核结构基本语义结构模式转换并派生新的语义结构的原因主要有：为了强调客体宾语，宾语由客体位移到句首充当主体；主体隐含；客体话题化或焦点化；介词mua^{43}"把"使客体前移充当状语；介词sua^{33}"用"、chɛ^{33}"用"、tou^{44}"给"、ṭou^{44}"给"等介入句法结构，使动核结构增加新的论元。

附录：汉英术语分类对照

苗族　　　　　　　　　　Hmong ethnic
苗族语言　　　　　　　　Hmong languages
苗语　　　　　　　　　　Hmong language

词类　　　　　　　　　　word classes
程度副词　　　　　　　　degree adverb
处所词　　　　　　　　　locative word
动量词　　　　　　　　　verbal quantifier
反复副词　　　　　　　　frequency adverb
范围副词　　　　　　　　range adverb
方式副词　　　　　　　　manner adverb
否定词　　　　　　　　　negative word
否定副词　　　　　　　　negative adverb
副词　　　　　　　　　　adverb
介词　　　　　　　　　　adposition
连词　　　　　　　　　　conjunction
前置词　　　　　　　　　preposition
时间词　　　　　　　　　temporal word
时间副词　　　　　　　　temporal adverb
数词　　　　　　　　　　numeral
体貌助词　　　　　　　　aspectuality particle
体助词　　　　　　　　　aspect auxiliary
形容词　　　　　　　　　adjective
语气助词　　　　　　　　modal particle
助词　　　　　　　　　　auxiliary
状词　　　　　　　　　　ideophone，expressive

动词　　　　　　　　　　verb

自主动词	volitional verb
非自主动词	nonvolitional verb
及物动词	transitive verb
不及物动词	intransitive verb
内动词	internal verb
外动词	external verb
自动词	automatic verb
他动词	initiative verb
单向动词	unidirectional verb
互向动词	bidirectional verb
存在动词	existential verb
动作行为动词	behavioral verb
副动词	coverb
感受动词	sensative verb
感知动词	perception verb
给予类动词	give-type verb
关系动词	relational verb
光杆动词	bare-verb
互向类动词	mutual-type verb
结果动词	result verb
经验动词	experiential verb
静态动词	stative verb
领属动词	possessive verb
能愿动词	can-wish verb
取得类动词	gain-type verb
认知活动动词	cognitive activity verb
使令动词	causative verb
述语动词	predicate verb
位移动词	moving verb
系属动词	relative verb
协同动词	collaborative verb
心理活动动词	psychological activity verb
性状动词	state verb
遭遇动词	encounter verb
致使动词	cause verb

状态动词	stative verb
义素	semanteme
动作行为义素	behavioural semanteme
感受义素	sentient semanteme
结果义素	resultant semanteme
趋向义素	appulsive semanteme
使动义素	causative semanteme
体貌义素	aspectuality semanteme
义素指向	semanteme orientation
义位	sememe
义项	semantic item
引申义	extended meaning
语素	morpheme
词汇意义	lexical meaning
概念义	conceptual meaning
语法	grammar
语法功能	grammatical function
语法特点	grammar character
词汇语法范畴	lexical grammar category
句法	syntax
句法特征	syntactic feature
句法现象	syntactical phenomenon
句法表现形式	syntactic representation
动态句法	dynamic syntax
静态句法	static syntax
句法平面	syntactic plane
系属属性	relative attribution
领属属性	possessive attribution
句法属性	syntactic property
句法语义属性	syntactic semantic property
分布特征	distribution characteristic
替代方法	alternative method

分裂的	split
假设	suppose
可能性	possibility
可逆性	reversibility
空语类	empty category
联系	connexion
能力性	ability
黏着的	bound
排列	array
判断	judge
频度	frequentness
频率	frequency
受动性	causally affected
双向	bidirectional
提升	promote
替换	replace
位移	displacement
相互性	reciprocity
映射	mapping
语气	mood
支配	dominate
结构类型	structure type
句法结构	syntactic structure
主谓结构	subject-predicate structure
动补结构	verb-complement structure
整体性动补结构	integral verb-complement structure
动词核心（动核）	verb core
结构核心	syntactic core
动核结构	verb core structure
方位结构	directional construction, direction compound
介宾结构	preposition-object structure
介词结构	adposition structure
连动结构	serial verb construction
量词结构	quantifier structure

逻辑语义结构	logic semantic structure
名核结构	nominal semantic construction
述宾结构	predicate-object construction
述补结构	predicate-complement structure
双宾结构	double object construction
体貌结构	aspectuality structure
谓核结构	predicate core structure
向心结构	endocentric construction
修饰结构	modificative structure
重叠结构	reduplicative structure
动词短语	verb phrase
关系子句	relative clause
介词短语	adpositional phrase
联合短语	combinative phrase
量词短语	quantifier phrase
名词短语	norminal phrase
名量词短语	classifier-norminal phrase
比较关系	comparative relationship
变化属性	variation property
表称关系	appellative relationship
存现关系	existential relation
当事关系	experienceral relationship
领属关系	possessive relationship
逻辑语义关系	logic semantic relation
判断关系	assertive relationship
系属关系	relative relationship
因果关系	causal relationship
句法关系	syntactic relationship
基式	original form
基本式	basic form
基本句式	basic sentence pattern
扩展式	extensive form

扩展句式	extended sentence pattern
动词重叠式	verb reduplication
动结式	resultative construction
动趋式	directional verb construction
黏着式	bound form
分裂式	split structure
否定形式	negative form
兼语式	pivotal construction
特殊形式	idiosyncratic construction
句子模式	sentence pattern, sentence model
句子结构模式	sentence structural mode
主谓句	subject-predicate sentence
被动句	passive sentence
表层句型	superficial sentence pattern
处置句	disposal sentence
存现句	existential sentence
给予双宾语句	offer double objects construction
祈使句	imperative sentence
祈使语气	imperative mood
取得双宾语句	obtain double objects construction
无主句	subjectless sentence
小句宾语句	clausal-object construction
小句补语句	clause-as-complement sentence
重动句	verb copying sentence
空间	space
场景	circumstance
处所	location
范围	range
方所	locative
方位	orientation
方向	direction
目标	goal
源点	source

终点   destination

数量   quantity
动量   motional quantity
时量   time persistence
定量的   quantitative
非定量   nonquantitative

形态   morphology
形态变化   morphologic change
屈折   inflection
构词形态   word form
重叠形态   reduplicative morphology

标记   marker
标注性   marking
非标注性   unmarking
从属标注   subordinate marking
核心标注   head marking
附加语   satellite
附加语构架语言   satellite-framed language
核心语   core
核心语构架语言   core-framed language
比较基准   comparative standard

体   aspect
体范畴   aspect category
体貌   aspectuality
体貌范畴   aspectuality category
进行持续体   progressive-durative aspect
实现体   achieved aspect
结果体   resultative aspect
终结体   terminative aspect
将完成体   future perfect aspect
持续状态   durative situation

动态持续	dynamic continuity
静态持续	static continuity
将来进行	future progressive
现在进行	present progressive
前时点	preceding time point
实现点	achieved point
终结点	terminal point
时相	time phase
时制	tense phase
貌	aktionsart
貌范畴	aktionsart category
速度貌	speed aktionsart
快速貌	speedy aktionsart
缓慢貌	slow aktionsart
声音貌	vocal aktionsart
反复声音貌	iterative vocal aktionsart
持续声音貌	durative vocal aktionsart
猝然声音貌	semelfactive vocal aktionsart
情状貌	situational aktionsart
达成貌	causative aktionsart
连动结构	serial verb construction
能愿式	optative form
连动式	verbal expression in series
递系式	recursive structure, telescopic form
动词连用	serial verb
连续的	serial, sequential
线性的	linear
线性序列	linear sequence
顺呈线性序列	successive linear sequence
存现线性序列	existential linear sequence
因果线性序列	causal linear sequence
比照线性序列	contrastive linear sequence

格	case
必需格	obligatory case
格关系	case relation
格语法	case grammar
施事格	agentive case
受事格	patient case
配价	valenz
配价语法	valency grammar
价位关系	valence position relation
最小自足	minimum self-completed
一元动词	one-place verb
一价动词	univalent verb, monovalent verb
二元动词	two-place verb
二价动词	bivalent verb
三元动词	three-place verb
三价动词	trivalent verb
准三价动词	quasi-trivalent verb
虚拟可能性	virtual possibility
论元	argument
论元属性	argument property
必有论元	obligatory argument
可选论元	optional argument
非论元成分	non-argument constituent
必有成分	compulsory element
可选成分	optional member
强制性语义成分	obligatory semantic element
方所题元	locative semantic role
状语题元	adverbial thematic
角色	role
论旨角色	thematic role
补语角色	completive role
主体论元，主事论元	subject argument
施事论元	agent argument

材料论元	material argument
当事论元	experiencer argument
范围论元	range argument
关事论元	corelative argument
起事论元	initiative argument
客体论元，客事论元	object argument
受事论元	patient argument
比况论元	comparative argument
处所论元	location argument
方式论元	mannar argument
工具论元	instrumental argument
结果论元	result argument
涉事论元	experiencee argument
时间论元	time argument
数量论元	quantitative argument
系事论元	relative argument
原因论元	cause argument
止事论元	terminative argument
致使论元	causative argument
与事论元	dative argument
共事论元	comitative argument
语义	semantic
语义成分	semantic component
强制性语义成分	obligatory semantic element
非强制（可选）语义成分	optional　semantic element
语义制约	semantic constraint
语义功能	semantic function
语义关系	semantic relationship
语义核心	semantic core
语义角色	semantic role
语义结构	semantic structure
语义结构模式	semantic structure patter
语义类型	semantical type
语义平面	semantic plane

语义属性	semantic property
语义特点	semantic characteristic
语义特征	semantic feature
语义辖域	semantic scope
语义指向	semantic orientation
语义语法范畴	semantic-grammatical category
主事，施事，施事者	agent
主体	subject
当事	experiencer
当事主体	experiencer subject
受事，受事者	patient
客体	object
领属客体	possessive object
属性客体	attributive object
系属客体	relative object
运动事件	motion event
事态	state of affairs
起事	initial event
止事	terminative event
因果	causal
存现	exist
主语	subject
大主语	major subject
小主语	minor subject, subsidiary subject
无主语	subjectlessness
施事主语	agentive subject
受事主语	patient subject
当事主语	experiencer subject
处所主语	locative subject
时间主语	temporal subject
共同主语	common subject
谓语	predicate
复杂谓语	complex predicate
宾语	object

受事宾语	patient object
客体宾语	objective object
主体宾语	subjective object
表称宾语	predicative object
处所宾语	locative object
存现宾语	existential object
对象宾语	target object
方式宾语	manner object
工具宾语	instrumental object
结果宾语	resultant object
客体宾语	objective object
时间宾语	temporal object
受事宾语	patient object
数量宾语	quantitive object
致使宾语	causative object
原因宾语	cause object
直接成分	direct constituent
间接成分	indirect constituent
直接宾语	direct object
间接宾语	indirect object
时间宾语	temporal object
双宾语	double-objects
小句宾语	object of minor sentences
补语	complement
程度补语	degree complement
动量补语	motional complement
动相补语	phase complement
二重趋向补语	double directional complement
复合趋向补语	compound directional complement
结果补语	resultative complement
可能补语	potential complement
趋向补语	directional complement
时量补语	temporal complement
数量补语	quantitative complement

原因补语	causative complement
状态补语	stative complement
领属定语	possessive attribute
状语	adverbial modifier
后状语	post-posing adverbial
前置状语	preposing adverbial
时间状语	temporal adverbial
语用	pragmatic
语用层面	pragmatic level
动态语境	dynamic context
主题	theme
述题	rheme
话题	topic
话题化	topicalization
焦点	focus
焦点属性	focus property
辖域	scope
否定辖域	negative scope
被动句化	passivization
祈使句化	imperatization

参考文献

I. 民族语参考文献

[01] 曹翠云. 1999.《苗语动词to^{5}的虚实兼用现象》,戴庆厦主编《中国民族语言论丛》(三),北京:中央民族大学出版社。

[02] 金鹏. 1979.《论藏语拉萨口语动词的特点与语法结构的关系》,《民族语文》第3期。

[03] 金鹏. 1983.《藏语动词表三时的屈折形态简化的两种途径》,《语言研究》第1期。

[04] 罗安源. 1983.《苗语(湘西方言)的"谓—主"结构》,《语言研究》年第1期。

[05] 罗安源. 1986.《松桃苗语词的形态》,中国民族语言学会编《中国民族语言论文集》,成都:四川民族出版社。

[06] 罗安源. 1987.《苗语句法成分的可移动性》,《民族语文》第3期。

[07] 罗安源. 1992.《现代湘西苗语语法》,北京:中央民族学院出版社。

[08] 罗安源. 2005.《松桃苗话描写语法学》,北京:中央民族大学出版社。

[09] 马学良. 主编. 1991.《汉藏语概论》,北京:北京大学出版社。

[10] 马学良. 主编. 2003.《汉藏语概论》(修订本),北京:民族出版社。

[11] 胡坦. 1984.《拉萨藏语中几种动词句式的分析》,《民族语文》第2期。

[12] 胡坦. 1992.《藏语语法的类型特征》,《藏学研究论丛》(4),拉萨:西藏人民出版社。

[13] 李炳泽. 1984.《黔东苗语词的重叠》,《贵州民族研究》第3期。

[14] 李炳泽. 1993.《黔东苗语的一小类动词》,贵州苗学会编《苗语文集》,贵阳:贵州民族出版社。

[15] 李炳泽. 1997.《黔东苗语介词形成初探》,戴庆厦主编《中国民族语言论丛》(二),昆明:云南民族出版社。

[16] 李炳泽. 1999.《黔东苗语动词的音节形态》,戴庆厦主编《中国民族语言论丛》(三),北京:中央民族大学出版社。

[17] 黎意. 2005.《苗语的述补结构:兼与汉语对比》,《中央民族大学学报》第3期。

[18] 李云兵. 1995.《苗语川黔滇次方言的状词》,《民族语文》第 4 期。
[19] 李云兵. 2002.《论苗语动词的体貌》, 戴庆厦主编《中国民族语言文学论文集》(二), 北京: 民族出版社。
[20] 李云兵. 2003.《苗语的形态及其语义语法范畴》,《民族语文》第 3 期。
[21] 李云兵. 2003.《苗语动词重叠式的语义及结构特征》, 戴庆厦 顾阳主编《现代语言学理论与中国少数民族语言研究》, 北京: 民族出版社。
[22] 李云兵. 2004.《花苗苗语方位结构的语义、结构及类型特征》,《语言科学》第 4 期。
[23] 李云兵. 2006.《苗语重叠式的构成形式、语义和句法结构特征》,《语言科学》第 2 期。
[24] 李云兵. 2006.《苗瑶语的非分析形态及其类型学意义》,《民族语文》第 2 期。
[25] 石德富. 2003.《黔东苗语动词的体范畴系统》,《中央民族大学学报》第 3 期。
[26] 石德富. 1999.《黔东苗语动词虚化初探》, 戴庆厦主编《中国民族语言论丛》(三), 北京: 中央民族大学出版社。
[27] 石怀信. 1987.《苗语形态初探》,《贵州民族研究》第 1 期。
[28] 王春德. 1986.《苗语语法(黔东方言)》, 北京: 光明日报出版社。
[29] 王辅世. 1982.《我对苗语语法上几个问题的看法》,《民族语文》编辑部编《民族语文研究文集》, 西宁: 青海民族出版社。
[30] 王辅世. 主编. 1985.《苗语简志》, 北京: 民族出版社。
[31] 王辅世. 王德光. 1983.《贵州威宁苗语的状词》,《语言研究》第 1 期.
[32] 王辅世. 王德光. 1997.《威宁苗语动词形容词的形态变化》,《中国语言学报》第 8 卷, 北京: 商务印书馆。
[33] 王志敬. 1992.《藏语拉萨口语中的兼类词re$ʔ^{231}$、tu$ʔ^{231}$》,《语言研究》第 1 期。
[34] 杨再彪. 1993.《关于〈苗语句法成分的可移动性〉及其补正》,《民族语文》第 3 期。
[35] 杨再彪. 2004.《苗语东部方言土语比较》, 北京: 民族出版社。
[36] 向日征. 1999.《吉卫苗语研究》, 成都: 四川民族出版社。
[37] 张济民. 1963.《苗语语法纲要(川黔滇方言)》, 贵阳: 贵州民族出版社。
[38] 张永祥. 1984.《黔东苗语的谓词》,《贵州民族研究》第 3 期。
[39] 张永祥、曹翠云. 1984.《黔东苗语的谓$_2$—体结构》,《语言研究》第 2 期。

[40] 中国科学院少数民族语言研究所. 1959.《中国少数民族语言简志·苗瑶语部分·苗语简志》，北京：科学出版社。

II. 汉语参考文献

[01] 陈昌来. 2001.《现代汉语动词的句法语义属性》，上海：学林出版社。
[02] 丁声树等. 1961.《现代汉语语法讲话》，北京：商务印书馆。
[03] 范晓. 1996.《三个平面的语法观》，北京：北京语言学院出版社。
[04] 高名凯. 1957.《汉语语法论》（修订本），北京：科学出版社。
[05] 龚千炎. 2000.《汉语的时相时制时态》，北京：商务印书馆。
[06] 黄锦章. 1997.《汉语格系统研究》，上海：上海财经大学出版社。
[07] 黎锦熙. 1955.《新著国语文法》（校订本），北京：商务印书馆。
[08] 李如龙. 1996.《动词的体·前言》，张双庆主编《动词的体》，香港：香港中文大学中国文化研究所吴多泰中国语文研究中心。
[09] 林杏光. 1999.《词汇语义和计算语言学》，北京：语文出版社。
[10] 林杏光等主编. 1994.《现代汉语动词大词典》，北京：北京语言学院出版社。
[11] 龙果夫 A.A. 1958.《现代汉语语法研究》，郑祖庆译，北京：科学出版社。
[12] 陆俭明. 1993.《八十年代中国语法研究》，北京：商务印书馆。
[13] 吕叔湘. 1982.《中国文法要略》（新 1 版），北京：商务印书馆。
[14] 吕翼平. 1958.《复杂谓语》，北京：新知识出版社。
[15] 马庆株. 1992.《汉语动词和动词性结构》，北京：北京语言学院出版社。
[16] 马庆株. 1998.《汉语语义语法范畴问题》，北京：北京语言文化大学出版社。
[17] 孟琮，等编. 1999.《汉语动词用法词典》，北京：商务印书馆。
[18] 沈阳，主编. 2000.《配价理论与汉语语法研究》，北京：语文出版社。
[19] 沈阳、郑定欧主编. 1995.《现代汉语配价语法研究》，北京：北京大学出版社。
[20] 石毓智. 2000.《语法的认知语义基础》，南昌：江西教育出版社。
[21] 石毓智. 2001.《肯定与否定的对称与不对称》，北京：北京语言文化大学出版社。
[22] 王力. 1985.《中国现代语法》（新 1 版），北京：商务印书馆。
[23] 王力. 1990.《王力文集》（第一卷），济南：山东教育出版社。
[24] 雅洪托夫. 1958.《汉语的动词范畴》，陈孔伦译，罗时豫校，北京：

中华书局。
［25］杨伯峻. 1956.《中国文法语文通解》(第 3 版)，北京：商务印书馆。
［26］杨树达. 1984.《高等国文法》(新 1 版)，北京：商务印书馆。
［27］袁毓林. 1998.《汉语动词的配价研究》，南昌：江西教育出版社。
［28］袁毓林、郭锐主编. 1998.《现代汉语配价语法研究》(第二辑)，北京：北京大学出版社。
［29］张志公主编. 1982.《现代汉语》，北京：人民教育出版社。
［30］赵元任. 1979.《汉语口语语法》，吕叔湘译，北京：商务印书馆。
［31］郑定欧. 1998.《词汇语法理论与汉语句法研究》，北京：北京语言文化大学出版社。
［32］朱德熙. 1982.《语法讲义》，北京：商务印书馆。
［33］朱晓亚. 2001.《现代汉语句模研究》，北京：北京大学出版社。

III. 外语参考文献

［01］Allwood, Andersson & Dahl. 1977. Logic in Linguistics. Cambridge University Press.

［02］Cassandre Creswell, Kieran Snyder. 2000. Passive and Passive-like Constructions in Hmong. Proceedings of the 19th West Coast Conference on Formal Linguistics, ed. Billerey and Lillehaugen, pp. 71-82. Somerville, MA: Cascadilla Press.

［03］Chafe, W.. 1970. Meaning and the Structure of Language. University of Chicago Press.

［04］Chistaller, Rev. J. G. 1980. Derivation between Goal and Source Verbs in Hmong. University of Hawaii Working Papers in Linguistics 12.2, 51-9.

［05］Chistaller, Rev. J. G. 1982. Some Auxiliary Verbs in Hmong, Bruce T. Downing & Douglas P. Olney (eds.), The Hmong in the West: Observation and Reports. Minneapolis: Center for Urban and Regional Affairs, University of Minnesota.

［06］Dowty, D.. 1991. Thematic Proto-Role and Argument Selection. Language, Vol. 67, No. 3.

［07］Fillmore, C.. 1968. The Case for Case. In Emmon Bach and Robert T. Harms (eds.), Universals in Linguistic Theory, pp.1-90. New York: Holt, Rinchart & Winston.

［08］Fillmore, C.. 1977. The Case for Case Reopende. In P. Cole & J. M. Sadock (eds.), Syntax and Semantics, Vol. 8, Grammatical Relations, pp.59-81. Santiago:Academic Press.

[09] Li, Charles N., Bettina Harrienhausen & Donald Litton. 1986. iconicity: A View from Green Hmong Serial Verbs, Paper presented to 22nd International Conference on Sino-Tibetan Languages and Linguistics, UniVersity of Hawaii at Manoa.

[10] Lyman, Thomas Amis. 1979. Grammar of Mong njua(green Miao): A Descriptive Linguistic Study. Sattley, CA: The Blue Oak Press.

[11] Mottin, Jean. 1978. Elément de Grammaire Hmong Blanc. Bangkok: Don Bosco Press.

[12] Martha Ratliff. 1992. Meaningful Tone: A Study of Tonal Morphology in Compounds, Form Classes, and Expressive Phrases in White Hmong. Monograph Series on Southeast Asia, Special Report No. 27. DeKalb: Center for Southeast Asian Studies. Northern Illinois University.

[13] Riddle, Elizabeth. 1989. Serial Verbs and Propositions in White Hmong. Linguistics of the Tibeto-Burman Area, Vol. 12, No. 2, pp.1-13.

[14] Nerida, Jarkey. 1991. Serial Verbs in White Hmong: A Functional Approach. A thesis submitted in fulfilment of the requirement for the degree of Doctor of Philosophy. Department of Linguistics, University of Sydney.

后 记

　　本书的初稿是笔者2002年5月答辩通过的博士学位论文《花苗苗语动词的语义和结构特征研究》，答辩委员会成员戴庆厦、孙宏开、张公谨、吴安其、黄行诸先生有于后之决议："该博士学位论文在许多方面具有开创性：1）自主与非自主、及物与不及物是语言中动词最高范畴，以此为切入点来描写一种语言的语法是重要的，也是有相当难度的。2）强调了苗语的特色语法，即动词的重叠和助词是苗语类分析型语言主要的表现形态，论文充分注意到这一点，并运用于体貌、重叠式及连动结构的分析，同时用语义分析来弥补苗语缺乏显性形态的不足。3）在方法上运用了语料库的手段，从而使语料的把握和得出的结论较之传统的举例式分析更加周遍和令人信服。论文依据的语料出自作者母语，可以说是准确可靠的。4）采用现代语法理论对动词的语义、结构等方面进行了较深入的微观研究，认为苗语的动词存在自主和非自主、及物和不及物的对立，有体貌范畴，重叠式是苗语形态变化的主要语法手段，在汉藏语系语言研究方面有重要的类型学上的价值。该论文仍有可深入的地方。纵观全文，论文资料丰富，研究有一定深度，突破了前人对苗语动词的研究水平，是一篇有较高学术价值的论文。"论文答辩后，针对答辩委员会的意见和建议作了适当的修改，形成博士学位论文书稿，但是，当时的出版补贴对青年人来说还是很难和很高的，没有机会出版。

　　博士学位论文书稿搁置一段时间后，觉得有些问题还可以进行进一步的研究。于是在2003年以"苗语动词的句法语义属性研究"为题申请国家社科基金项目，2003年9月获批准立项为国家社科基金青年项目，批准号是03CYY007，资助金额为5.5万元，因2003~2005年在中国社会科学院语言研究所跟随刘丹青教授从事博士后合作研究，2008年10月才完成最终的研究。结项评审专家戴庆厦、张公谨、张伯江、覃晓航、李蓝诸先生对结项成果"苗语动词的句法语义属性研究"进行了评审，经国家社科基金规划办审批，"苗语动词的句法语义属性研究"获结项，等级为良好，同时，提出于后意见反馈："1）配价方面的分析可再深入一些。根据动词与主体的关系来划分自主动词和非自主动词，应该注意其与传统语法中划分及物动词和非及物动词在方法、原则和结果上的主要差别。2）适当说明为何把能愿动词加动词的结构算成连动结构以及"连动式"和"连动结构"的关系。3）建议就不同流派的术语的界定、理论方法方面整合情况以及作者的处理情况有所交待；建议说明动词特征中分别属于苗语的普遍现象和土语所独有的情况。"课题结项后，作者根据结项时评审专家的意见和建议，对研究成果作了进一步的修改，完善了书稿。由于经费困难，也没有出版。

多年来总是被一些课题捆住手脚，许多半成品研究成果都不能及时修订和申请出版，不过也是好事，让一些完成的半成品成果沉淀沉淀，其问题和学术价值会在沉淀中浮现出来，也总会有机会出版。近几年来，随着中国社会科学院创新工程的实施，设立了中国社会科学院哲学社会科学创新工程学术出版基金，资助学者科研成果出版，很幸运此次申请中国社会科学院哲学社会科学创新工程学术出版基金获资助。书稿在交中国社会科学出版社前，笔者又从头到尾对书稿进行了再次修改，在正文增加了相关术语的英文表述，做了汉英术语对照附录，以便查询和使用。

苗语是分析性较强的语言，与汉语、侗台语、仡央语、孟高棉语、越芒语的诸多语言的句法结构的标记性成分隐现或标记性成分低或无标记性成分，研究起来难度较大，要研究苗语动词的句法语义属性，必须用多种理论和方法，本书在研究中借鉴了现代西方语言学的理论和方法，诸如格语法、功能语法、配价语法、形式语法等，也借鉴了中国学者提出的句法、语用、语义相结合的理论和方法，针对不同的问题采取不同的处理方式，如在对动词的语义研究时，主要运用词汇语法和语义语法的理论和方法；在对以动词为中心的语义结构和句法语义属性研究时，既考虑到格语法和配价语法关于论元的理论和方法，也考虑到句法平面和结构的研究方法，而且由于句法结构可以转换，句法结构的转换可以导致语义结构特征的改变，即语义结构特征改变时，动词的一些必有论元可以话题化或焦点化，因而重视功能语法关于话题和焦点的理论。本书把各种适合于苗语语法研究的理论和方法融合在一起进行应用，以期对苗语动词的句法语义属性进行较为清楚的解释，以期对探索和研究像苗语这样分析性较强的民族语言研究有所裨益，如果能做到这一点，也就实现了本书研究的目的和意义。

对一种语言的语法现象是可以穷尽研究的，但对她的语用现象则是无限的，所以，本书的研究所揭示的只是苗语动词句法语义属性的最基本的语法现象和语法表现，由于水平所限，其他方面的很多语法现象和规律还有待进一步的探索和研究。

本书完成后沉淀多年，目的是对其中的一些问题作进一步的思考。经过几年来的思考，觉得原来的绝大多数想法是符合苗语的语言实际的，基本反映了苗语的口语语法和语用规则,当然,这仅是基于苗语川黔滇方言川黔滇次方言第一土语的口语做出的判断,对苗语其他方言、次方言和土语是否具有普遍的类型学意义,尚期待苗语其他方言、次方言和土语的母语学者的对比研究。谨以此作抛砖引玉。

在本书即将出版之际,要对我的博士导师戴庆厦先生表示衷心感谢,要对我的博士论文答辩委员会戴庆厦、孙宏开、张公谨、吴安其、黄行诸先生表示诚挚感谢,要对评审鉴定国家社科基金项目"苗语动词的句法语义属性研究"的戴庆厦、张公谨、张伯江、覃晓航、李蓝诸先生及石德富博士表示真诚感谢,还要诚挚感谢博士后合作导师刘丹青、潘悟云二先生及时给我注入新的理论方法,真诚感谢同仁们多年来的帮助和支持,真诚感谢支持这本书出版的所有领导,真诚感谢中国社会科学出版社任明主任的支持和对书稿的精心编辑,感谢为这本书出版付出劳动的人员,同时,诚心致谢家人多年的理解和支持。

由于作者的水平有限,对一些理论的阐述、应用难免有不到位之处,皆由作者负责,欢迎专家学者批评指正。由于作者的英文水平和涉猎的文献有限,对一些术语的英文表述,会有所不精确,恳请行家里手指点。您的批评、指点意见,请发送到:ybli@cass.org.cn 或 liyb@sina.com,不胜感激!

作者识
2015 年 5 月 16 日